以厚積薄發四字篆印一方

贈高等教育出版社

厚積薄發

李嵐清

二〇〇七年初秋

生也有涯
学無止境

任繼愈

教育部哲学社会科学研究
后期资助项目

马克思与
20世纪美学问题

汪正龙 著

MAKESI
YU 20 SHIJI
MEIXUE
WENTI

高等教育出版社·北京

图书在版编目（CIP）数据

马克思与20世纪美学问题 / 汪正龙著. -- 北京 ：高等教育出版社，2014.10
ISBN 978-7-04-040716-7

Ⅰ. ①马… Ⅱ. ①汪… Ⅲ. ①马克思主义美学-研究 Ⅳ. ①B83

中国版本图书馆CIP数据核字(2014)第178900号

策划编辑 孙 璐　　责任编辑 孙 璐　　封面设计 张志奇　　版式设计 王 莹
责任校对 殷 然　　责任印制 尤 静

出版发行	高等教育出版社	咨询电话	400-810-0598
社　　址	北京市西城区德外大街 4 号	网　　址	http://www.hep.edu.cn
邮政编码	100120		http://www.hep.com.cn
印　　刷	化学工业出版社印刷厂	网上订购	http://www.landraco.com
开　　本	787 mm× 1092 mm　1/16		http://www.landraco.com.cn
印　　张	19.25		
字　　数	340 千字	版　　次	2014年10月第 1 版
插　　页	2	印　　次	2014年10月第 1 次印刷
购书热线	010-58581118	定　　价	72.00 元

本书如有缺页、倒页、脱页等质量问题，请到所购图书销售部门联系调换

物 料 号　40716-00

总　序

哲学社会科学是探索人类社会和精神世界奥秘、揭示其发展规律的科学，是我们认识世界、改造世界的有力武器。哲学社会科学的发展水平，体现着一个国家和民族的思维能力、精神状态和文明素质，其研究能力和科研成果是综合国力的重要组成部分。没有繁荣发展的哲学社会科学，就没有文化的影响力和凝聚力，就没有真正强大的国家。

党中央高度重视哲学社会科学事业。改革开放以来，特别是党的十六大以来，以胡锦涛同志为总书记的党中央就繁荣发展哲学社会科学作出了一系列重大决策，党的十七大报告明确提出："繁荣发展哲学社会科学，推进学科体系、学术观点、科研方法创新，鼓励哲学社会科学界为党和人民事业发挥思想库作用，推动我国哲学社会科学优秀成果和优秀人才走向世界。"党中央在新时期对繁荣发展哲学社会科学提出的新任务、新要求，为哲学社会科学的进一步繁荣发展指明了方向，开辟了广阔前景。在全面建设小康社会的关键时期，进一步繁荣发展哲学社会科学，大力提高哲学社会科学研究质量，努力构建以马克思主义为指导，具有中国特色、中国风格、中国气派的哲学社会科学，推动社会主义文化大发展大繁荣，具有十分重大的意义。

高等学校哲学社会科学人才密集，力量雄厚，学科齐全，是我国哲学社会科学事业的主力军。长期以来，广大高校哲学社会科学工作者献身科学，甘于寂寞，刻苦钻研，无私奉献，开拓创新，为推进马克思主义中国化，为服务党和政府的决策，为弘扬优秀传统文化、培育民族精神，为培养社会主义合格建设者和可靠接班人做出了重要贡献。本世纪头 20 年，是我国经济社会发展的重要战略机遇期，高校哲学社会科学面临着难得的发展机遇。我们要以高度的责任感和使命感、强烈的忧患意识和宽广的世界眼光，深入学习贯彻党的十七大精神，始终坚持马克思主义在哲学社会科学的指导地位，认清形势，明确任务，振奋精神，锐意创新，为全面建设小康社会、构建社会主义和谐社会发挥思想库作用，进一步推进高校哲学社会科学全面协调可持续发展。

哲学社会科学研究是一项光荣而神圣的社会事业，是一种繁重而复杂的创造性劳动。精品源于艰辛，质量在于创新。高质量的学术成果离不开严谨的科学态度，离不开辛勤的劳动，离不开创新。树立严谨而不保守，活跃而不轻浮，锐意创新而不哗众取宠，追求真理而不追名逐利的良好学风，是繁荣发展高校哲学社会科学的重要保障。建设具有中国特色的哲学社会科学，必须营造有利于学者潜心学问、勇于创新的学术氛围，必须树立良好的学风。为此，自2006年始，教育部实施了高校哲学社会科学研究后期资助项目计划，旨在鼓励高校教师潜心学术，厚积薄发，勇于理论创新，推出精品力作。原中央政治局常委、国务院副总理李岚清同志欣然为后期资助项目题字“厚积薄发”，并篆刻同名印章一枚，国家图书馆名誉馆长任继愈先生亦为此题字“生也有涯，学无止境”，此举充分体现了他们对繁荣发展高校哲学社会科学事业的高度重视、深切勉励和由衷期望。

展望未来，夺取全面建设小康社会新胜利、谱写人民美好生活新篇章的宏伟目标和崇高使命，呼唤着每一位高校哲学社会科学工作者的热情和智慧。让我们坚持以马克思主义为指导，深入贯彻落实科学发展观，求真务实，与时俱进，以优异成绩开创哲学社会科学繁荣发展的新局面。

教育部社会科学司

序

赵宪章

正龙教授治学严谨而勤奋，《马克思与20世纪美学问题》已是他第三部个人专著。看到这部书稿，首先让我想起三十多年前自己的相关研究。当时，“马列文论”是南京大学文艺学专业的优势和特色，我在包忠文教授的提携下，先后参加了由包教授主持的《马列文论选读》《马列文论百题》的编注和撰稿，受益匪浅。参与这些工作不仅使我有幸结识了许多学界前辈，而且在耳濡目染中领会到他们的治学经验，从而为后来的学术研究打下了基础。回顾自己20世纪70年代开始步入问学之门，除《鲁迅全集》外，马克思主义论著是我用功最勤的方面，我通读了其中绝大部分原典。我的体会是，马克思和鲁迅发现和阐释问题的方法，堪称现代人文学术的至高境界，无出其右者，这些方法让我终生受用。可以说，马列文论既是我的学术起点，也是我的学术导师，只是后来有了另外的兴趣，我没能在这一论域继续前行。就此而言，正龙教授延续了南京大学文艺学的这一传统，使这一学术薪火得以绵延；就眼前的这部书稿而言，它显然将其提升到了一个全新的境界。

马克思之所以为马克思，首先在于他的现实关怀，所以才可能深刻地影响现实。马克思的现实关怀不是“隔岸观火”，“袖手旁观”，而是零距离介入现实，充任鲜活现实的积极分子；他不是现实矛盾的裁判员或调停者，而是有着非常明确的立场和目的，这就是立足于最广大社会民众的期盼，成就全人类的解放和人的全面解放。就此而言，马克思的现实关怀就是人文关怀，现实的人文关怀构成了马克思美学的灵魂。我们之所以强调马克思美学的这一特点，显然是有感于当下这一研究领域的偏颇，那就是不从现实出发而从本本出发的教条主义。那么，美学研究的现实关怀是什么呢？显然是最广大的文艺参与者对于美的期待。这应当是当代美学研究的立场和目的，由此出发提出和分析问题才是马克思主义的。但是，当下的许多研究并非如此，例如能否将文学定义为“审美意识形态”，曾经讨论得好不热闹，对立的双方各从马克思那里引经据典。我们要问的是：这是最广大的文学参与者所关心的问题吗？我们的作家、读者和文学专业的学生们关心这个问题吗？答案显然是否定的。最广大的文学参与者不仅不关心文学是否是审美意识形态，甚至根本就不关心文学的定义是什么，他们最关心的是“好作品”，关心如何创作好作品，如何欣赏和理解好作品，而这方面的研究却只有微弱的声音。那么，我们为什么不去关心他们最关心的问题，而偏偏关心他们不关心的问题呢？显然是“本本主义”的产物，教条主义的思维惯性使然。正龙的研究显然没有沿袭这一套路。单就其所选择的若干问题来看，例如异化（物化）与批判理论问题、感性问题、自然与生态问题，以及形式和语言符号问题等，就是很有现实针对性的问题。他所针对的就是广大文学参与者最关心的“好作品”问题，也是当代美学尚未讨论清楚、需要进一步讨论的问题。这些不是从“本本”里死抠出来的问题，而是直通文艺和审美现实的问题。显然，他是在用马克思的精神研究马克思，是马克思美学精神的还原，现实关怀成了这部论著的突出亮点。

当然，现实关怀并不意味着将古今学术生拉硬扯。马克思的美学之所以是现代人文学术的经典，就在于其中的学理逻辑超越了时代和民族的界限，其弹性及其所预留的空间足以供后世反复阐发，以便不断从中汲取养分并获取灵感。毫无疑问，这并非轻而易举之事，现实关怀只是先决条件而不能代替有效分析，后者需有长期的学术积累和深厚的学术功力。例如，马克思主义与形式主义似乎是对立的，要发现二者之间的关联，必须将其置于历史语境；再如，马克思主义和精神分析的关系尽管已有西学论析，但将其纳入中国语境并非轻而易举。最重要的还在于马克思并非一个专门的美学家，他的美学思想大多蕴藏在他的哲学、经济学论著中，用正龙自己的话来说，如何将马克思的“美学问题和准美学问题”看作一个整体，并将其对接到20世纪已经变形了的美学疆界，也就成了一个具有挑战性的难题。在我看来，正龙很好地处理了这一难题。论著的上编是历史影响研究，下编是逻辑关联研究，历史与逻辑的交织和统一绘制了“马克思与20世纪美学”的全景图。这是一幅立体全景图，历史之维是它的纵向景深，逻辑之维是它的横向视野。据我所知，这是该领域第一幅如此建构的“全景图”，倘若没有非常缜密的学术思维，单就避免前后重复就很难处理。正龙的成功尝试令我欣喜，他的驾驭能力缘自他多年的刻苦用功，以及对学术的执着和忠诚。我赞赏他对学术的专心不二并不是否定入仕或经商，只是说做好任何事情都应如此，这是一种做人的美德。

确切地说，正龙的这本论著所研究的只是马克思与20世纪“西方”美学，其中较少涉及中国美学，后者仅仅作为“背景”或“作料”，并没有成为独立的问题域。专心致力于“西方”并非不可，在这一论域做到极致已属不易，但就更高的学术境界而言，将自己限定在某一区间仍是遗憾。当然，这需要知识结构的调整，需要补充新的学术资源，往往需要另立炉灶、从头开始，对于耐心和定力也是一种考验，但却是我的期待，也是现代学术应当如此的取向，特别是基础理论研究，并无古今中西之别。

权为序。

2014年初春

目　录

下编　马克思与20世纪美学的关联

Contents

PART Ⅱ THE CORRELATION BETWEEN MARX AND 20th CENTURY AESTHETICS

绪论　马克思与20世纪美学走向

一、美学研究的形而上学颠倒与批判之维的确立

“毫无疑问，马克思是现代社会科学的奠基人之一。”[①]“对于理解当今世界来说，马克思的思想不仅是充分的，而且是必不可少的。在我们看来，尽管其基本观念在必要的地方不得不被其他观念详细地说明、完善和补充，但它是所有此类观点的出发点。”[②]这是学界所公认的，这一点当然也适用于美学研究。具体到审美与艺术领域领域，西方学者也承认，“在马克思的整个学说中，美学占一席十分重要的地位”[③]。“他心目中美好生活的模型基于艺术自由表达的理念之上。”[④]马克思熟读古典文学作品，青年时代曾创作过诗歌和戏剧，具有很高的艺术修养，研读过康德、席勒、莱辛、温克尔曼、歌德、黑格尔、奥古斯特·施莱格尔、狄德罗、卢梭、斯达尔夫人等人的美学著作，在美学和艺术史研究方面具有比较高的造诣。马克思的思想深刻地影响了20世纪美学研究，包括理论思维、话题和范畴转换及体系建构诸方面。威廉·亚当斯曾经把马克思的美学称为“解放感觉”的美学。他认为马克思把近代以前关于美的本质探讨转向美的生成，转向艺术、社会、人生，“马克思富有成效地利用审美维度作为钥匙去想象非异化的世界会是什么样子。它看起来似乎很像是某种艺术才能和审美追求的统一体。在一个有序的充满人性的世界中，劳动将是我们内在的创造力的实现，如同艺术的创造过程实现了艺术家的创造力一样。……

① 丹尼尔·利特:《马克思主义和方法》，见达里尔·格雷泽、戴维·沃克尔编《20世纪的马克思主义——全球导论》，王立胜译，南京：江苏人民出版社2011年版，第370页。

② 列斐伏尔:《马克思的社会学》，谢永康等译，北京：北京师范大学出版社2013年版，第137页。

③ 休·劳埃德–琼斯:《马克思读过的书》，见柏拉威尔《马克思和世界文学·附录》，梅绍武等译，北京：生活·读书·新知三联书店1980年版，第584页。

④ 伊格尔顿:《马克思为什么是对的》，李杨等译，北京：新星出版社2011年版，第234页。

马克思通过把生产与创造、创造与人的本质力量的实现联系起来，使经济领域负载了审美的含义与可能性。”[①] 马克思创立了实践唯物论，声称他要创立的哲学“既不同于唯心主义，也不同于唯物主义，同时又是把这二者结合的真理”[②]。马克思把美学研究由感性认识引向感性活动，“感觉在自己的实践中直接成为理论家”[③]。这就为美学研究提供了新思路。20世纪美学出现了感性解放，马克思在某种程度上也是先行者。从世纪之交的尼采，到弗洛伊德、梅洛－庞蒂、马尔库塞、福柯、德勒兹、苏珊·桑塔格、伊格尔顿、舒斯特曼等，他们都致力于恢复美学原本具有的与身体相关的感觉和知觉的含义。伊格尔顿就说，“现代化时期的三个最伟大的‘美学家’——马克思、尼采和弗洛伊德——所大胆开始的正是这样一项工程：马克思通过劳动的身体，尼采通过作为权力的身体，弗洛伊德通过欲望的身体来从事这项工程”[④]。

另一方面，马克思的政治经济学批判开辟了对资本主义的反思和批判维度。“资本主义社会的特征在这里（按：指马克思）被归结为交换价值的统治。在资本主义社会，所有的经济活动，所有的生产关系和商品都根据它们在流通过程中产生的金钱价值来衡量。”[⑤] 20世纪美学更为关注艺术和人的生存境遇，出现了美学研究的社会文化批判转向。有学者用“批判理论转向”与“语言学转向”来表述20世纪西方美学的发展历程，并认为“马克思的政治经济学理论为批判理论奠定了坚实的基础”[⑥]，这个说法是符合实际的。马克思的政治经济学理论之所以为20世纪美学的社会文化批判转向奠定了基础，主要是因为它揭示了资本主义工业文明中的种种矛盾，确立了对资本主义社会文化的批判性维度。“正是马克思，而且首要的是马克思，仍然在为我们提供批判现存社会的最尖锐的武器。”[⑦] 所以萨特曾经说过：“马克思主义非但没有衰竭，而且还十分年轻，几乎是处于童年时代：它才刚刚开始发展。因此，它仍然是我们时代的哲学，因为产生它的情势还没有被超越。”[⑧] 实际上，马克思对资本主义社会病症的诊断不局限于政治经济学领域，还广泛地涉及哲学、艺术与审美、文化、历史与社会人生，“考察马克思主义话语一些最重要

---

① William Adams, “Aesthetics: Liberating the Senses”, in *The Cambridge Companion to Marx*, edited by Terrell Carver, Cambridge: Cambridge University Press, 1991, pp.252–253.

② 马克思:《1844年经济学哲学手稿》，见《马克思恩格斯全集》第2版第3卷，北京：人民出版社2002年版，第324页。

③ 马克思:《1844年经济学哲学手稿》，见《马克思恩格斯全集》第2版第3卷，北京：人民出版社2002年版，第304页。

④ 伊格尔顿:《美学意识形态》，王杰等译，桂林：广西师范大学出版社1997年版，第189页。

⑤ William Adams, “Aesthetics: Liberating the Senses”, in *The Cambridge Companion to Marx*, edited by Terrell Carver, Cambidge University Press, 1991, pp.251–252.

⑥ 周宪:《20世纪西方美学》，南京：南京大学出版社1997年版，第3页。

⑦ 乔纳森·沃尔夫:《当今为什么还要研读马克思》，段忠桥译，北京：高等教育出版社2006年版，第2页。

⑧ 萨特:《辩证理性批判》，林骧华等译，合肥：安徽文艺出版社1998年版，第28页。

的领域——历史哲学、经济学、社会学、哲学理论——它们向我们提供了一幅从激进视野所揭示出的充满缺陷的全景图画，这幅图画提示了可供选择的也许更有效的对当代社会进行批判的方法”[①]。马克思在多方面推动了20世纪美学的社会文化批判转向，如他的异化－物化学说、商品拜物教、货币拜物教、资本拜物教理论中经卢卡契（又译作卢卡奇）的物化理论开启了20世纪工具理性、技术理性批判；马克思早年对感性的推崇启迪了马尔库塞的新感性，呼应了20世纪美学对感性的重视；马克思的自然观影响了20世纪的生态批评；马克思的意识形态批判激励人们研究20世纪社会控制方式的变化，启发了哲学、社会学以及美学、文学与文化研究中的意识形态批判；马克思的艺术生产理论预示了本雅明、马歇雷等人的艺术生产理论；马克思对商品交换活动的符号分析启发了列斐伏尔、鲍德里亚（又译作波德里亚）的符号政治经济学批判；等等。自20世纪20年代始，卢卡契等人逐步把经典马克思主义对政治经济的关注转移到社会政治文化和上层建筑，“美学成了将方法实际加以运用的实质性领域——或者更广义地说，成了文化领域的上层建筑”[②]。

马克思对20世纪美学社会文化批判转向的影响还在于历史的研究方法，即对意识、概念发生的历史条件或社会事件动力因素的分析。哈贝马斯指出，在马克思那里，“创造世界的主体根本不是一种先验意识，而是在自然条件下建立自身生活的具体的人”。“马克思把类的历史理解为物质活动和意识形态批判的扬弃的范畴、工具活动和改变现实、劳动和反思范畴的统一。”[③] 尤金·伦恩认为，“马克思主义包含了对资本主义经济、社会和文化毫不含糊的富于穿透力的历史批评，以及强大的辩证分析方法。”[④] 詹姆逊（又译作杰姆逊、詹明信）曾经对马克思《资本论》的方法作了如下分析：“内容通过自身的内部逻辑生发出一些范畴，它根据这些范畴在某种形式结构中组织自己，并因此得到最好的研究。在它生发这些范畴所用的方式中，最令人瞩目的模式也许就是马克思的经济研究所提供给我们的那种模式。在这一研究中，他不得不创造适当的研究范畴，而同时又用历史的理由来证明这些范畴的恰当。因此，《资本论》的开头一章，由于确立了关于商品的思想范畴，描述了它既反映又试图理解的商品观念和那种商品生产实际之间的关系，所以它典型地表明了辩证思维是思想范畴永无止休的生发和分解。”[⑤] 也就是说，马克思的

① Alan Carter，*Marx：A Radial Critique*，Brighton：Wheatsheaf Books Ltd，1988，p.7.
② 佩里·安德森：《西方马克思主义探讨》，高铦等译，北京：人民出版社1981年版，第118页。
③ 哈贝马斯：《认识与兴趣》，郭官义、李黎译，上海：学林出版社1999年版，第22~23页、第37页。
④ Eugene Lunn，*Marxism and Modernism*，Berkeley and Los Angeles：University of California Press，1982，p.3.
⑤ 詹姆逊：《马克思主义与形式》，李自修译，南昌：百花洲文艺出版社1995年版，第284页。

辩证思维具有双重的历史性，即不仅把它所研究的现象本身看作是历史的，还要把反映这些现象的概念解冻，把后者的不变性也视为历史现象。在20世纪美学的社会文化批判转向中，马克思所开辟的批判传统不仅在观念层面，而且在方法论层面也刻下了深深的印记。在方法论上，马克思把意识还原为历史，还原为存在，如对资产阶级国民经济学把私有制当作永恒不变状态的揭露，对资产阶级意识形态、法权等主张人生而平等的揭露，就具有解意义化的去蔽功效。比如就政治经济学研究而言，“马克思的目的始终是‘政治经济学批判’，这既意味着对资本主义生产方式进行批判，又意味着对它在资产阶级国民经济学说中的理论反映进行批判”[①]。

正因为具有上述特点，马克思的思想与方法不仅具有可操作性，还具有和其他思潮、思想包括美学思潮进行交叉结合，进而形成新的理论形态的巨大潜能。詹姆逊认为，马克思主义具有开放性，是“理论与实践的统一体。这意味着它虽有概念，但那些概念同时也是实践的形式，因此人们不能只用某种与利益无关的哲学方式来讨论它们，而不在实践立场和承诺方面进行令人不安的干预。但是这也意味着当时的各种各样的哲学潮流总是能够利用那些概念，并把它改造成形形色色貌似自主的哲学……这些‘哲学’中的每一个都对我们有所教益，都揭示出了那个原先的理论与实践统一体（即马克思主义本身）的一个新的方面，但马克思主义与所有这些‘哲学’却永远是不同的”[②]。

二、延伸与拓展：马克思与20世纪美学问题变迁

从美学史的发展和演变的宏观视野来看，马克思与20世纪美学的走向有着复杂的关联。这个关联大致包括两个层面，一是马克思本人的美学话题，即马克思直接、间接与美学有关的思考对20世纪美学的影响。这些思考虽然不少是在政治经济学框架中提出来的，如《1844年经济学哲学手稿》中关于“美的规律”的论述，《共产党宣言》中关于“世界文学”的论述，《〈政治经济学批判〉导言》中关于神话、艺术生产与艺术消费、艺术生产与物质生产不平衡关系的论述，《资本论》中关于资本主义生产与诗歌和艺术相敌对的论述，《致斐·拉萨尔》（1859）的信和《路易·波拿巴的雾月十八日》等文中关于悲剧与喜剧的论述等，这些问题构成了马克思美学的基本问题或经典问题，但它们对20世纪美学形态建构的影响已经远远超出了政治经济学层面，蔓延到社会学、美学和文化批评等领域。此外，在马克思的著作中还存在许多没有直接谈论审美与艺术但却与审美与

① 费彻尔：《马克思与马克思主义：从经济学批判到世界观》，赵玉兰译，北京：北京师范大学出版社2009年版，第51页。
② 詹姆逊：《新版〈列宁和哲学〉导言》，见陈越编《哲学与政治——阿尔都塞读本》，长春：吉林人民出版社2003年版，第518页。

艺术有关的所谓“准问题”，即那些虽然不属于狭义的美学问题，但可以由此生发、引申出美学问题的问题，如《1844年经济学哲学手稿》等著作中关于人与自然的关系，以及关于异化、人性、人道主义、感性和个人全面发展的论述，《德意志意识形态》中关于意识形态、交往方式的论述，《政治经济学批判（1857—1858年手稿）》《资本论》等著作中对物化、商品拜物教、货币拜物教和资本拜物教的论述，等等，都属于与美学研究密切相关的“准问题”，上述问题成为扩大了疆界的美学思维、美学话语和美学体系建构的一部分，与20世纪美学研究所发生的社会文化批判转向有很大的关联性和兼容性，甚至可以说直接推动了这个转向，并且至今仍然具有很强的时代性，对20世纪美学产生了启迪与影响。马克思美学思考的现代性恰恰在于它潜藏着可被不断地拓展和引申的问题和能量。正如英国学者柏拉威尔所指出的，“马克思在那些根本没有公开谈论文学的著述中可能给予的暗示”，诸如“他对意识形态和神话、对‘商品拜物教’、对‘生产性消费’、对矛盾和全面、对实践和权威的看法，像辩证法本身一样，都是可以加以改述、发挥、并入一些与马克思本人思想迥然不同的体系中去”[①]。二是自19世纪末以来，马克思主义成为一种社会运动的世界观之后，马克思的美学思考与当代语境相结合生成体系化的马克思主义美学派别，并与其他思潮产生对话、交流与碰撞。从这些尝试中不仅可以观察马克思主义美学的形成和演变轨迹，还可以从一个侧面反观马克思与20世纪美学的种种关联，即马克思学说在其中的沉积和演化。

西方有些学者如阿尔都塞以1845年为界，把马克思一分为二，前期是资产阶级人道主义思想体系占主导地位的不成熟的马克思，后期才是创建了历史唯物主义的成熟的马克思。我国学界和苏联、东欧也有不少学者持这种观点。这种做法虽然不能说没有一定的道理，但是又有失偏颇。我们认为，一个人的思想具有连续性，马克思的思想也是如此，它具有不同的发展阶段，不同的发展阶段（甚至同一发展阶段）有不同的表现形态，这些构成了马克思思想的整体，不应该简单地划分前期、后期，并制造前后期的对立或不同思想表现形态的对立。在美学上尤其如此。就马克思与20世纪美学的关系来看，恰恰主要是由马克思前期文本（如《1844年经济学哲学手稿》《德意志意识形态》等）和前期提出的一些思想（如异化批判、自然观、感性、意识形态、艺术生产等）对20世纪美学产生的影响更大、更为直接，而且我们也发现，马克思的前期思想大多在中后期得到延伸和深化（如从异化批判到物化或拜物教批判）。德国学者费彻尔甚至认为，对于阅

① 柏拉威尔:《马克思和世界文学》，梅绍武等译，北京：生活·读书·新知三联书店1980年版，第566页。

读马克思著作的读者而言，“只有在早期文章的启示下，成熟时期的著作才能被恰当地认识”[①]。因此,本书将把马克思的美学思考视为一个包括各个阶段与各种表现形态的整体，来探讨其与20世纪美学的关联。

如果我们从上述宏观视野来考察，可以发现，20世纪美学与马克思美学思考的关系，呈现出继承、发挥、修正、质疑或挑战等诸种情况，并且常常多种情况交织在一起。如马克思的自然观的生态整体论和人与自然相统一的思想对20世纪生态批评或环境批评有启发，但是一些生态批评家又坚持生态本位主义或环境本位主义立场而不赞同马克思的生态人文主义。马克思的意识形态批判对当代意识形态批判中哲学、社会学、美学或文学批评以及文化批评各种模式的形成均有重要影响，但是也受到哈贝马斯、鲍德里亚等人的批评。哈贝马斯认为，社会意识的形成不完全依赖于反映与被反映的镜像关系，意识形态批判忽视了民主、法律的规范性建构在现代社会中的作用。鲍德里亚则认为马克思的意识形态批判突出了意识形态的观念性，淡化了其形式性，动摇了经济的基础地位，走向了一种隐性的唯心主义。再比如，马克思曾经用异化理论揭示资本主义生产对人肉体和精神状况乃至社会进程的灾难性影响，继而探讨资本主义制度下生产者与社会总劳动的社会关系相疏离而形成的商品交换逻辑对人的统治，即物化。卢卡契在受到马克思物化理论启发的同时，又受到西美尔（又译作齐美尔）的货币哲学理论的启发和韦伯生产过程对象化形式合理性（工具理性）即主体被量化为客观要素以便具有可计算性思想的影响，把在韦伯那里基本属于肯定的工具理性进行批判性颠倒而套用到马克思身上去，形成了卢卡契式的物化批判和后来法兰克福学派的工具理性批判。马克思的艺术生产理论尽管有“精神生产受制于物质生产”这一哲学含义，却主要还是在政治经济学框架中提出来的，但20世纪对马克思艺术生产理论的解读却出现了明显的分化。本雅明的艺术生产理论在大的方面并未脱离马克思的政治经济学框架，但突出了技术进步对艺术生产的意义。而在马歇雷那里主要变成了文学作为意识形态生产这一哲学层面的解读，艺术生产成为一个相对自主的领域。而鲍德里亚则以西方消费社会的来临为依据，认为马克思的艺术生产理论包含了一种生产中心主义，从而对马克思的艺术生产理论提出质疑，等等。针对上述复杂情况，我们认为，需要辨析马克思作用于20世纪美学问题的种种形态、原因与理据，在一定程度上要承认误读、别解对发展和丰富马克思主义的价值，如卢卡契和法兰克福学派把马克思的异化－物化－拜物教批判发展为工具理性、技术理性

① 费彻尔:《马克思与马克思主义：从经济学批判到世界观》，赵玉兰译，北京：北京师范大学出版社2009年版，第51页。

批判，开辟了当代资本主义批判的新领域，就有其积极的或合理的方面。同样，我们也认为，不应该回避马克思当年提出问题时的特定语境所造成的某些命题的有限性、适用性，如马克思的感性论虽然和20世纪美学相通，但它主要是在政治经济学语境中提出来的，它对美学的有效性就有一定的范围，需要重新界定或改造，等等。

三、从马克思的美学到马克思主义美学：马克思与20世纪美学的关联路径分析

考察马克思与20世纪美学的关系，还需要考察马克思对后来的马克思主义美学思维、范畴及体系建构的影响，或者说，从马克思的美学到马克思主义美学，即马克思美学当代化的过程中，究竟发生了什么。

乔治·卢卡契指出，"马克思主义美学既存在又不存在。……只有通过独立的研究并按照这种方法沿着这一途径才能达到所追求的目标，即正确地建立起马克思主义的美学，或至少接近它的真正本质"[①]。卢卡契这里所说的"马克思主义美学既存在又不存在"，所谓"不存在"指的是马克思没有留下一部完整的美学著作，所谓"存在"是指马克思在他的大量哲学、政论和经济学著作中论及了众多的作家和作品，留下了不少与审美和艺术有关的文字和论述，涉及一些文艺和美学问题，虽然"它们并不等于一套文学理论甚或探究文学与社会关系的理论。但是这些言论并未由此而显得互不联贯。它们是由其总的历史哲学贯通起来的，而且显露出可以理解的演变"[②]。这些文字具有思考上的连贯性，可以构成马克思主义美学理解和建构的起点。如果我们以马克思的生前、身后为标志，把作为马克思主义创始人的马克思本人关于审美、文学、艺术的论述及其所体现出来的思想作为马克思主义美学的历史形态的话，那么，在马克思身后，马克思主义美学则是后人在一定的社会背景之下，根据某种知识框架对马克思主义美学的理解和建构，它们构成马克思主义美学的现实形态。

有学者指出，在我国和苏联、东欧哲学界的马克思主义哲学建构中，不同程度地存在着"以恩解马"、"以苏解马"的倾向，即以恩格斯晚年和苏联哲学教科书模式来解释马克思主义哲学，而自20世纪20年代以来，还存在着"以西解马"，即以西方某种学术思潮或思想理解马克思的情况，以西解马的情况后来在苏联、东欧及我国也有体现。[③]20

① 卢卡契:《审美特性》第1卷，徐恒醇译，北京：中国社会科学出版社1986年版，"前言"第5~6页。

② 韦勒克:《近代文学批评史》第3卷，杨自伍译，上海：上海译文出版社1997年版，第288页。

③ 参见王东《马克思学新奠基》，北京：北京大学出版社2006年版，第3~167页。

世纪下半叶，还出现了“以马解马”，即从文献学入手解读马克思的情况。我们看到，与上述现象相对应，在对马克思主义美学的理解与建构中，也存在着以恩解马、以苏解马、以西解马和以马解马几种理解与建构路径为依归的现象。下面我们对此做一番简要的分析。

其中以恩解马的现象由来已久。第二国际的不少理论家没有全面理解恩格斯在创立马克思主义中的贡献及其局限，把恩格斯的思想与马克思的思想相等同，形成了马克思主义理解上的偏颇。应当看到，恩格斯具有双重身份：他既是马克思主义的参与创立者，又是马克思主义最早的解释者。但是仅就美学而言，恩格斯和马克思的美学与艺术修养并非一致，而恩格斯本人也没有阅读和研究过马克思《1844年经济学哲学手稿》等与美学有关的文本，因而恩格斯关于马克思主义美学的理解与建构既有阐释马克思主义的方面，又有他自己的发挥。从理论构成上说，恩格斯关于美学的论述限于文艺美学问题，不涉及对美本身的哲学层面的探讨。他对马克思主义美学的前理解是马克思的经济学著作以及19世纪以巴尔扎克为代表的现实主义，他发表的相关见解也是对现实主义文学思潮的一种总结。鉴于19世纪现实主义思潮已成过去，就其基本性质与主导倾向而言，恩格斯关于文学艺术的论述在大的方面属于古典美学范畴，与当代审美现象与文艺思潮较少产生对接。而马克思本人的美学观念同时涵盖了哲学美学与文艺美学两个层面，囊括了浪漫主义、感性、对象化与美的创造、审美解放与人的解放、意识形态与社会文化批判等多重内容，明显地受到康德、席勒等人的影响，并不能完全用现实主义来加以概括，较易与当代审美现象与文艺思潮形成对接。如今在西方，人们通常认为马克思的美学思想较多地接续了西方美学传统（古希腊的或弥赛亚主义的、德国古典美学的），因而还具有某种永久的当代价值，而作为典型的19世纪现实主义思潮产物的恩格斯的美学则是陈旧的并且被教条化了的，已经基本不再具有现实性。[①] 但在苏联、东欧及20世纪80年代之前的我国学界情况却完全相反，人们常常把马克思主义美学理解为现实主义美学，现实主义美学成为合乎马克思主义的正统，排斥其他的美学观念、美学派别和文艺思潮。这是典型的以恩解马的理解模式的体现。

以苏解马以斯大林去世为转折，大致分为两个阶段。第一个阶段从苏联建国到20世纪50年代初。20世纪20年代是苏联各种学术思潮相互碰撞、思想相对宽松的时期，产生了以超语言学和对话理论享誉世界的美学家巴赫金。1928—1941年苏共中央马列研究

① 参见张亮《文献学视野中的马克思恩格斯美学思想研究》，载《马克思主义美学研究》第9辑，北京：中央编译出版社2007年版，第362页。

院在世界上首次出版了《马克思恩格斯全集》俄文第一版。在马克思主义美学与文论的资料整理上，苏联也做了不少有益的工作，如1932年第一次用俄文发表了马克思和恩格斯就拉萨尔的悲剧《弗兰茨·冯·济金根》给拉萨尔的信，里夫希茨也编辑出版了《马克思恩格斯论艺术》(1933)一书，同一时期还出版了普列汉诺夫、卢那察尔斯基、拉法格、梅林、高尔基等人的选集。与此同时，苏联美学界片面理解马克思和列宁的美学与文艺观，马克思主义美学被意识形态化、教条化，趋于僵化与保守。列宁把马克思主义理解为辩证唯物主义，和恩格斯一样，认为哲学的基本问题是思维与存在的关系问题，并在《唯物主义与经验批判主义》一书中论证了意识是物质的反映的反映论。出于建立与巩固世界上第一个社会主义国家的需要，列宁还强调文学的党性、阶级性，所以，苏联美学家从卢那察尔斯基等人开始便重视文学的阶级性和社会意识内容，形成了以唯物主义认识论与反映论加上无产阶级政治视角理解与重建马克思主义美学的模式，看重"一定阶级的需要怎样反映在文学中，阶级的结合，即阶级的矛盾或者阶级的联合，就它们在某种具体的艺术个性中得到反映而言，如何反映在文学中"①。推演到文学上，艺术与现实的关系就成为美学的基本问题，如里夫希茨《论马克思的艺术观》(1933)、弗·席勒尔《文学批评家恩格斯》(1933)、别列茨基《马克思恩格斯与文学史》(1934)等都把艺术视为美学的核心问题，并强调艺术的反映论原则与认识功能，把美学问题归结为认识论问题，忽视了美学的人生维度。在斯大林时期，通过《论辩证唯物主义与历史唯物主义》(1938)的小册子，确立马克思主义正统和官方意识形态地位，并进一步指认社会主义现实主义是现实主义发展的高级阶段，炮制出社会主义现实主义与现代主义的对立。这种所谓的马克思主义美学缺乏得自马克思本人著作的学理依据，将马克思主义美学变成哲学或政治的附庸，对马克思主义美学与文艺理论建设产生了很大的消极影响。从1953年斯大林逝世直到苏联解体为苏联美学的第二阶段，这一时期总的来说在走向开放。特别是斯大林刚去世那几年，苏联思想界、美学界比较活跃，出现了一批有影响的美学家如卡冈、奥符相尼科夫、齐斯等和以波斯彼洛夫为代表的自然派，以万斯洛夫、斯托洛维奇为代表的社会派，以及调和两派的以布罗夫为代表的主客统一派等美学派别，对我国当代美学建设也产生了积极的影响。但是即便到了第二阶段，第一个阶段重视认识论和政治意识形态斗争的美学思维方式仍然在发挥作用。20世纪90年代之后，随着苏联解体，这种美学研究模式的影响已经大为减弱。

① 卢那察尔斯基:《马克思主义与文学》，见卢那察尔斯基《关于艺术的对话》，吴谷鹰译，北京：生活·读书·新知三联书店1991年版，第82页。

以西解马的情况比较复杂，存在着黑格尔主义马克思主义、弗洛伊德主义马克思主义、存在主义马克思主义、结构主义马克思主义、实证主义马克思主义、女性主义马克思主义、后现代主义马克思主义等诸多流派。在美学领域也涌现了众多的代表人物，形成了多种理论形态，如卢卡契的物化理论与现实主义理论，布洛赫的希望乌托邦理论，本雅明、马歇雷等人的艺术生产理论，威廉斯的文化唯物主义，阿尔都塞、伊格尔顿、齐泽克的意识形态理论等。就美学领域而言，从人本主义视角理解马克思主义的倾向占据主导地位。不少西方马克思主义美学家借助马克思早期著作如《1844年经济学哲学手稿》中的人本主义异化逻辑和《德意志意识形态》等著作中的意识形态理论，对资本主义进行审美主义社会文化批判，如法兰克福学派的大众文化批判、马尔库塞对单向度的人的分析等，都贯穿着以感性与理性和谐统一的审美主义以及完善论的政治观对交换领域资本强权操控的指控。这是以西解马诸美学派别中影响最大的一支。以西解马的解读模式注意把马克思主义美学与西方各种学术思潮特别是人本主义思潮相结合，拓展了马克思主义美学理解的视域。但是，以西解马的相当一部分学者存在着片面倚重马克思早期文本，低估或忽视马克思晚期文本的现象，同样使对马克思主义美学的理解与建构受到局限。

20世纪下半叶，西方盛行“马克思学”（Marxology），一些对马克思主义不抱有信仰态度的学者标榜客观、中立、超越意识形态，把马克思的思想作为一门学问来研究，尽量从生平、文献及版本考证、思想演变等方面来研究马克思，可以称为以马解马。以马解马在马克思主义美学研究方面的代表有《马克思和世界文学》的作者柏拉威尔，写作《席勒、黑格尔与马克思：国家、社会和古希腊的美学思想》的美国学者凯恩等。这类学者在对马克思主义美学起源与流变的复原上做了不少有益的工作，在方法论上有可取之处，也取得了不少有价值的研究成果，但缺乏对马克思主义美学的重建努力。当然，他们的解读并没有完全做到他们所声称的真正意义上的客观、中立，实际上还是把马克思的美学纳入某种西方文化传统中加以考察，在这个意义也可以视之为以西解马的变种。

人们注意到这样一个现象，从马克思的美学到马克思主义美学的转化，苏联（我国在很长一段时间里也是如此）偏爱认识论的路径，把美学问题归结为认识论问题，并且常常把马克思所论及的美学话题窄化为与艺术有关的问题，又习惯以恩格斯关于现实主义的论述为依据，把美学研究范围进一步限定在现实主义美学范畴之内。事实上，马尔库塞在《审美之维》中加以批评的正统马克思主义美学模式，指的就是这种美学模式。马尔库塞把其基本观点归结为以下六个方面：（1）在艺术与物质基础之间、在艺术与生产关系总体之间，有一种定形的联系。(2) 在艺术作品与社会的阶级之间，也有一种定形的联系。只有上升阶级的艺术才是唯一真诚的、真实的、进步的艺术。它表达着这个阶级的意识。(3) 所以，政治和审美，革命的内容和艺术的性质，趋于一致。(4) 作家的责任，就是去揭示和表现上升阶级的利益和需求。(5) 没落的阶级或它的代表，只能创造出“腐朽”的艺术。(6) 现实主义（以多种不同的含义）被看作是最适应于表现社会关系的艺术形式，因而是“正确的”艺术形式。[①] 虽然带有一定的成见，但是马尔库塞对苏式马克思主义美学特征的概括基本上还是成立的。苏联这种美学研究模式不仅使美学成为哲学或政治的附庸，更大的问题是忽视了马克思美学思考的丰富性，尤其是忽视了马克思原本论及的美学的生存论维度，使得苏联、东欧的马克思主义美学研究思维老化，范式单一化，缺少理论生长点与学术原创性，无法解释 20 世纪新兴的审美现象与艺术思潮。由于置身已建成的社会主义社会，苏联学者自觉不自觉地把马克思主义视为一个终结了真理的、为现状进行辩护的体系，把马克思主义实用化、教条化。

西方马克思主义美学则超出了认识论视角，把马克思的学说视为一个涵盖了社会、文化、艺术与人生的整体，在 20 世纪泛化了的美学疆界里加以审视。不少西方马克思主义美学家除了借助马克思早期著作中的人本主义异化逻辑和意识形态理论，对资本主义进行社会文化批判外，还注意把马克思主义美学与西方各种学术思潮相结合，生成新的学术形态。比如詹姆逊的在《政治无意识》中提出的“政治无意识”理论，借鉴马克思的生产方式学说和弗洛伊德 – 拉康的精神分析学说建构文学批评模式并进行文学批评实践，认为一切文学都渗透着政治无意识，是对群体命运的象征性沉思。再比如，在对资本主义的政治经济学批判中，马克思已经注意到商品交换的符号性和象征性。列斐伏尔注意到“二战”后的资本主义控制并组织了消费，社会是按照消费而不是生产组织群体。在一个商品主导的社会中，语言获得了自足的存在，能指链失去了和所指的关系，商品拜物教向符号拜物教转变，物品的消费与符号的消费连为一体。列斐伏尔以此对资本主义进行符号政治经济学批判。如果说列斐伏尔的符号政治经济学批判在大的方面还没有脱离马克思的政治经济学批判框架，他的学生鲍德里亚则摒弃了马克思所主张的物质生产的基础性地位的说法甚至商品的有用性本身，把商品社会归结为符号交换统治的王国，走向了后马克思主义。纵观西方马克思主义美学的形成路径，可以发现有一些明显的特点，即借用马克思的某些原理或命题如生产方式、意识形态、物化、拜物教、艺术生产

① 参见马尔库塞《审美之维》，李小兵译，北京：生活·读书·新知三联书店 1989 年版，第 207~208 页。

等，与20世纪其他学术思潮和社会发展状况相结合，进行延伸或演绎，生成体系化理论建构。“因为马克思虽然创造性地使用了资产阶级意识形态、商品拜物教等概念来对资本主义进行分析，但他主要是把这一分析指向了生产领域……显然，严格按照马克思的理论，对发达的工业社会进行分析已面临很大的困难。这样，进一步发展与充实马克思的理论，甚至扩大他所使用的一些基本概念的内涵与外延就成为势在必然。”[①]这些做法扩大了马克思主义美学研究的疆界，对我们全面理解和建构马克思主义美学具有重要的方法论意义，但是有时又有偏离马克思所提出的基本原理与范畴的框架，而走向与马克思学术思考相异的其他某一学术思潮相合流的倾向。由于置身发达资本主义社会的现实，西方马克思主义美学家对马克思的批判精神和关于人的自由解放的论述更为青睐。

四、重估马克思：马克思的美学与21世纪

法国学者巴利巴尔（又译作巴里巴尔、巴立巴尔）早在20年前就说过：“为什么我们在21世纪还要阅读马克思的著作：凭着他对哲学提出的问题和他为哲学确定的概念，马克思不仅成为一座历史丰碑，而且还是一位现代作家。”[②]按照巴利巴尔的说法，马克思的著作仍然具有现代性，永远值得我们阅读。他这里虽然说的是哲学，理论上也包含了美学。德里达也说过：“不能没有马克思，没有马克思，没有对马克思的记忆，没有马克思的遗产，也就没有将来。”[③]这就向我们提出了一个严肃而重大的问题，在发生了苏东剧变、国际共产主义运动陷入低潮的20世纪已经成为过去，21世纪也已经到来十多年之际，我们为什么还要研究马克思的美学？为什么还研究马克思与20世纪美学的关系？我们究竟怎样来看待马克思的学说及马克思美学在21世纪乃至未来的有效性？

马克思的思想遗产包括美学遗产的一个主要价值无疑是对资本主义的批判性。马克思对资本主义运行的结构分析和危机诊断，提供了理解和看待当代资本主义的不同角度。鲍曼说，即便是资本主义取得了暂时的胜利，马克思主义与社会主义仍然可以提供“一个全面批判的乌托邦，揭露资本主义价值的历史相对性，揭示它们的历史局限性，并因此而防止它们冻结成一种无边界的常识”[④]。事实上正是如此，马克思与社会文化批判有关的准美学话题如异化－物化观、自然观、意识形态理论等正是对20世纪美学产生了深远

---

① 赵勇：《整合与颠覆：大众文化的辩证法》，北京：北京大学出版社2006年版，第273页。

② 巴利巴尔：《马克思的哲学》，王吉会译，北京：中国人民大学出版社2007年版，第1页。

③ 德里达：《马克思的幽灵》，何一译，北京：中国人民大学出版社1999年版，第21页。

④ Zygmunt Bauman，*Socialism：The Active Utopia*，London：Allen & Unwin，1976，p.99.

影响，并且对当今发展迅猛的边缘性社会文化运动，如女权主义、生态保护运动、后殖民批评等仍然有很大的影响力。而马克思对未来社会潜在趋势的描述如“建立在个人全面发展和他们共同的、社会的生产能力成为从属于他们的社会财富这一基础上的自由个性”①,等等,使马克思汇入启蒙运动以来人的个性发展和人的全面解放的潮流中去。可以说，对个性自由、感觉与精神得到全面解放的美好社会的追求正是马克思思想的永恒活力所在。英国学者蒙克说：“马克思的批判方法反而有助于认识论上的所有极端倾向：从女权主义到解构主义。在马克思自己的思想中，存在着永恒的创新、适应与自我批判的反思。马克思的思想过去和现在都像他所阐释的社会一样充满活力，过去和现在都是旨在实现社会正义。”②马克思阐明了艺术与审美超出人的物质和经济需要，使个人全面发展，进而由必然王国进入自由王国所占的位置，提出了一系列影响深远的与美学有关的问题。就文学艺术而言，“对马克思来说，文学不仅仅是一种表达的手段——在很大程度上来说，也是一种自我构成的手段……艺术作品的生产和欣赏有助于我们成为更完美的人”③。应当说,马克思的批判精神和致力于人的自由解放的目标与旨趣是对20世纪美学影响最大的方面，也是将来会继续发挥影响的方面。

20世纪后期社会发生了从现代向后现代的转变：消费社会的来临，信息社会、图像时代的兴起，并且这个趋势到了21世纪还在演变当中，不可逆转。马克思的学说既面临着发展的机遇,也面临着全新的挑战。在这种情况下,无论对马克思本人美学思想的研究，还是对马克思主义美学的建构，既是一个解释学问题，也是一个面对现实和未来的再创造问题，因为要达到理解的创造性，需要将当代视域与马克思的视域相融合。面对变化了的社会情境需要与时俱进，不断开拓新的视野与命题，在理论思维、范畴更新和方法论变革的层面上推进对马克思的研究，进而推进马克思主义美学的建构。

我们主张在理解与对话中发展马克思主义美学，首先要把马克思的思想看成具有多种来源、多种成分、多种影响的整体，具有多种引申、发展的潜能，这样才能合理地评估马克思的学术贡献，并在当代语境中继承和推进马克思主义美学；其次，需要恰当地处理理解与对话中的复原与建构、阐释与创造之间的关系。理解和建构马克思主义美学自然要回到马克思那里，注意文本自身的意义。但是理解总是客观性与主观性的统一，

① 马克思：《政治经济学批判（1857—1858年手稿）》，见《马克思恩格斯全集》第2版第30卷，北京：人民出版社1995年版，第107~108页。

② 蒙克：《马克思在21世纪》，张英魁等译，南京：江苏人民出版社2011年版，第8页。

③ 柏拉威尔：《马克思和世界文学》，梅绍武等译，北京：生活·读书·新知三联书店1980年版，第543页。

我们无法完全还原马克思。马克思文本自身的意义并不独立于理解者，而是带着前理解与先见的理解者的视界在解读中与对象形成“视界融合”，因此马克思主义美学必然是复原与创造的统一。将当代视域与马克思的视域相融合，不仅要把当代问题与马克思本人的美学问题、准问题、问题域进行对接，还需要应用各种现代学术观念与方法，对马克思的美学问题以及马克思主义美学的形态建构进行新的透视。

鉴于上述情况，本书引入双重视域：一是历史的视域，即它在借鉴以往各种解读马克思的路径的基础上，把马克思本人的美学问题和准美学问题纳入20世纪延伸了的美学情境和变形了的美学图景中加以重新审视，即考察马克思原本相对偏重于政治经济学维度的美学问题、准美学问题、问题域如何演变为艺术、文化、上层建筑层面的美学问题，清理与评估马克思美学话题、准美学话题在当代美学中的演变轨迹，以及马克思对马克思主义美学生成和演进的影响，并在马克思主义美学与当代思潮的对话与碰撞中反观马克思思想的沉淀与潜能。就这个方面来说，本书力求整合国内外马克思主义研究的新成果、新方法，以图在一个比较宏大的思想史视域中，从美学这一个侧面对马克思与20世纪美学的关联进行新的解释和论证。二是当下和未来的视域，即在20世纪已经成为过去的情况下，把马克思放在21世纪的当下，在考察马克思与20世纪美学关系的同时，又超越马克思与20世纪美学的关联，审视马克思美学的未来前景和可能发展。

本书主体内容分为十二章，中分为上、下两编。大致说来，上编追溯马克思本人的思想，讨论马克思对20世纪美学的影响，研究马克思的异化－物化观、感性论、自然观、意识形态理论、现实主义理论、艺术生产理论在当代的发展与流变，尽管也包含了对马克思相关命题基本内涵的揭示，但大的方面属于纵向的历史演变研究；下编探讨马克思与20世纪美学的关联，注重从马克思的美学到马克思主义美学的生成轨迹及马克思主义美学与其他思潮的碰撞中反观马克思，探讨马克思的美学当代化之后面临的问题，包括马克思与弗洛伊德比较与结合中的美学问题、马克思主义与现代主义、马克思主义与形式主义的对话、马克思主义与结构主义、马克思主义与艺术社会学研究、马克思主义与语言及符号问题。这一部分基本上属于一个整体文化框架横截面中所存在问题的共时态的研究，可以说是马克思与20世纪美学关系横向的逻辑展开，但是也隐含着时间中发展演变的历史线索。结语“马克思与中国当代美学建构”试图勾勒马克思的学说作用于中国当代美学的大致情况和学术脉络，结合本土语境考察马克思的美学思考在中国的遭遇，以及中国马克思主义美学的现状、问题与前景。

这里特别需要说明的是，马克思的学说包括美学思考及其展开的问题与论域具有开放性和未完成性，本书只考察了马克思与 20 世纪美学史关联度比较大的一些重要问题。有的问题如马克思主义与后现代主义、马克思主义与后殖民批评、马克思主义与女性主义等应该说也与美学有关，但都涉及复杂的社会文化思潮及其辨析，因而本书并没有专门进行研究。

此外，本书所研究的一些与马克思有关的重要美学问题如异化 - 物化观与批判理论及批判美学的兴起、意识形态、艺术生产、从政治经济学批判到符号政治经济学批判等问题在理论上有一定的交叉，因而本书在少数内容方面免不了也会有一定的关联与交叉。这也是需要向读者说明的。

上编

马克思对20世纪美学的影响

第一章 马克思的异化－物化观与批判理论、批判美学的兴起

异化－物化－拜物教理论是马克思对资本主义进行政治经济学批判的核心范畴，后来演变为当代哲学、经济学、社会学、政治学等领域的重要概念。由于这一理论范式与文化、心理、审美与艺术的兼容性，因此它也成为20世纪美学理论建构的灵感源泉，在很大程度上开启了在20世纪马克思主义美学史、思想史上具有重要地位的批判理论和批判美学。

一、马克思的异化－物化观

毫无疑问，异化学说是马克思影响最大的理论之一，是马克思对资本主义进行社会文化批判的最初尝试，也是一种深刻的批判尝试。美国学者奥尔曼说："异化理论是一种学术建构，在这种建构中马克思展示了资本主义生产对人产生的毁灭性影响，对他们肉体和精神状况的影响，以及对社会进程（他们是社会进程的一个部分）的影响。以行动的个人为中心，这是马克思观察他的同代人和他们的生存状态（一套理解他们相互影响的形式）的方式，同时它也是他在那里所看到的内容（这是注入到上面那些形式中的内容）。"[①] 也就是说，"在青年马克思看来，资本主义是一个全然异化的社会制度，从宗教到国家、劳动、货币、人的关系，甚至到语言，异化无处不在"[②]。这说明异化学说在马克思思想体系中特别是马克思早期学说中的突出地位。

虽然异化理论的初始可追溯到古希腊和《圣经》，但从思想史上看，黑格尔、费尔巴哈和马克思是最初明确论述异化问题并产生重要影响的三位思想家。黑格尔主要把异

① 奥尔曼：《异化：马克思论资本主义社会中人的概念》，王贵贤译，北京：北京师范大学出版社2011年版，第161页。

② 乔纳森·沃尔夫：《当今为什么还要研读马克思》，段忠桥译，北京：高等教育出版社2006年版，第35页。

化理解为绝对精神的对象化，人类主体观念本质的物化，绝对精神异化为自然界，再返回自身为社会制度和文化产品。马克思有时把德语词“异化”（Entfremdung）同“外化”（Entäuβerung）在并称的意义上使用，就是受到黑格尔的影响。费尔巴哈批判了黑格尔的唯心主义，认为主体的对象化不是异化，而是生活本身，唯心主义和宗教反而是人的类本质的异化。在对基督教的批判中，费尔巴哈指认上帝是人创造出来的一个想象中的盲目的异己的存在，是人的本质的绝对化和异化。青年黑格尔派曾有人将人的本质的异化推及政治、经济、社会方面，如赫斯在《论货币的本质》《共产主义信条问答》等文中把费尔巴哈的人本主义批判话语运用于批判资本主义私有制，这些著作启发了马克思的异化理论建构。

应当说，马克思所使用的异化概念虽然以人在经济活动中的异化为核心，但已涉及宗教、社会心理和人的生存方式。美国学者丹尼·贝尔认为，“马克思从一开始就把异化理解为是一个个体在劳动中丧失其表现自我能力的过程，然后把它看作是剥削，即资本家对于劳动者的剩余产品的占有。因此，实际上包含着社会心理条件的哲学表达被转化成了一个经济范畴”[①]。这个说法不够确切。大致说来，马克思的异化观经历了三个时期，其含义也经历了泛异化、劳动异化和客体获得主体地位、人被降低到客体地位的物化的改变。马克思在其异化理论萌生的阶段，便涉及金钱、宗教、人生等方面的异化现象；到了《1844年经济学哲学手稿》以及《政治经济学批判（1857—1858年手稿）》时期，马克思主要关注资本主义经济领域的异化现象。而在以《资本论》为代表的晚期著作中，马克思较少在字面意义上谈论异化问题，而是通过商品拜物教、货币拜物教、资本拜物教等理论形式讨论资本主义制度下人与人之间的关系如何采取物与物之间关系的虚幻形式，即物化。例如，早期在《论犹太人问题》中，马克思便论及宗教及金钱异化问题：“金钱是人的劳动和人的存在的同人相异化的本质；这种异己的本质统治了人，而人则向它顶礼膜拜。”“让渡是外化的实践。正像一个受宗教束缚的人，只有使自己的本质成为异己的幻想的本质，才能把这种本质对象化，同样，在利己的需要的统治下，人只有使自己的产品和自己的活动处于异己本质的支配之下，使其具有异己本质——金钱——的作用，才能实际进行活动，才能实际生产出物品。”[②]在稍早于《1844年经济学哲学手稿》的《詹姆斯·穆勒〈政治经济学原理〉一书摘要》中，马克思再次谈到货币异化。他说货币原本只是交换的媒介，但在私有制条件下“货币的本质，首先不在于财产通过它转

---

① 丹尼·贝尔：《意识形态的终结》，张国清译，南京：江苏人民出版社2001年版，第416页。

② 马克思：《论犹太人问题》，见《马克思恩格斯全集》第2版第3卷，北京：人民出版社2002年版，第194页、第197页。

让，而在于人的产品赖以互相补充的中介活动或中介运动，人的、社会的行动异化了并成为在人之外的物质东西的属性，成为货币的属性。”[①] 并且，该文中马克思从人的主体需要出发区分了两种劳动，一种是同它的对象及同它那作为精神的自身相分离的劳动——“谋生的劳动”，一种是满足了人的需要作为自由的生命表现的劳动，前者就是《1844 年经济学哲学手稿》中所称的异化劳动。马克思对谋生的劳动的四重规定奠定了《1844 年经济学哲学手稿》中异化劳动四个层面的雏形：“（1）劳动对劳动主体的异化和偶然联系；（2）劳动对劳动对象的异化和偶然联系；（3）工人的使命决定于社会需要，但是社会需要是同他格格不入的，……（4）对工人来说，维持工人的个人生存表现为他的活动的目的，而他的现实的行动只具有手段的意义；他活着只是为了谋取生活资料。”[②]

《1844 年经济学哲学手稿》（以下简称《手稿》）是马克思集中讨论异化的著作，在马克思思想形成和发展中占有重要地位，在异化理论发展史上更是举足轻重。甚至在很大程度上可以说，正是由于对异化的讨论，《手稿》才成为 20 世纪 30 年代以来当代哲学、美学、社会学和思想史研究中被引用和讨论最多、影响最大的著作之一。如同人们所注意到的，《手稿》的内容可归结为互相关联的三个部分：从异化劳动入手批判资产阶级国民经济学，以异化的扬弃为核心建立共产主义学说，以人的感性活动为依据对黑格尔思辨唯心主义进行批判。[③] 在此书中，马克思在批判黑格尔《精神现象学》的基础上推进他的异化观，异化多少被赋予了哲学含义。马克思批评黑格尔把“异化”（Entfremdung）等同于“对象化”（Vergegenständlichung），认为对象化是物质存在的前提，而异化是人类与其产品之间的一种关系。《手稿》的论证以异化活动的扬弃和共产主义向社会的人的复归为支配性的主导线索。马克思的经济学批判并不是从现实逻辑的层面展开的。因为他所设置的批判构件——异化劳动已经是对资本主义生产活动的一种否定性指认。他指出，国民经济学从私有财产的事实出发，把它应当说明的东西假定为一种历史事实，从而对资本主义生产方式作了不正确的描述。马克思的分析表明：异化劳动才是对劳动和人的类的本质的真正的颠倒，而私有财产只不过是异化劳动的一个结果，废除私有财产制度是消除异化的途径。

马克思先是按国民经济学的论证推理，发现它的理论和实际之间存在六个方面的矛

① 马克思：《詹姆斯·穆勒〈政治经济学原理〉一书摘要》，见《马克思恩格斯全集》第 42 卷，北京：人民出版社 1979 年版，第 18 页。
② 马克思：《詹姆斯·穆勒〈政治经济学原理〉一书摘要》，见《马克思恩格斯全集》第 42 卷，北京：人民出版社 1979 年版，第 28~29 页。
③ 参见张伟《走向现实的美学——〈巴黎手稿〉美学研究》，北京：人民出版社 2004 年版，第 53 页。

盾:（1）国民经济学宣称劳动的全部产品“本来属于工人”，可工人实际上只得到作为工人生存和繁衍所必要的那一部分;（2）国民经济学声称一切东西都可用劳动来购买，但工人不但远不能购买一切东西，而且不得不出卖自己和自己的人性;（3）按国民经济学的意见，劳动是人用来增大自然产品的价值的唯一东西，而实际上资本家和地主却处处对工人占上风;（4）按照国民经济学家的意见，劳动是唯一不变的物价，可再没有什么比劳动价格波动更大的了;（5）按照国民经济学家的意见，工人的利益从来不同社会的利益相对立，而社会却总是而且必然地同工人的利益相对立;（6）按照理论，地租和资本利润是工资的扣除。但是在现实中，工资却是土地和资本让给工人的一种扣除[①]。在指明了国民经济学把应当加以推论的东西假定为事实的错误之后，马克思以“我们且从当前的经济事实出发”[②]一句话开头，转入异化劳动逻辑的运演。我们发现，在《手稿》当中，马克思是从对象化生产的角度分析异化劳动的。马克思为什么没有继续从货币入手而是从对象化生产开始他对异化劳动的分析？因为他此时觉得直接的物质生产创造了劳动产品:“国民经济学由于不考察工人（劳动）同产品的直接关系来掩盖劳动本质的异化。……劳动对它的产品的直接关系，是工人对他的生产的对象的关系。有产者同生产对象和生产本身的关系，不过是这前一种关系的结果。”[③]由此马克思论证了劳动异化的四个层面:

（1）劳动者同自己的产品相异化。“工人生产的财富越多，他的产品的力量和数量越大，他就越贫穷。工人创造的商品越多，他就越变成廉价的商品。物的世界的增值同人的世界的贬值成正比。……劳动所生产的对象，即劳动的产品，作为一种异己的存在物，作为不依赖于生产者的力量，同劳动相对立。”[④]马克思深刻地揭示了通过劳动者和产品的关系，生产出资本家和产品的关系这一现象：工人被自己创造的产品所奴役。“劳动为富人生产了奇迹般的东西，但是为工人生产了赤贫。劳动生产了宫殿，但是给工人生产了棚舍。劳动生产了美，但是使工人变成畸形。劳动用机器代替了手工劳动，但是使一部分工人回到野蛮的劳动，并使另一部分工人变成机器。劳动生产了智慧，但是给工人生产了愚钝和痴呆。”[⑤]通过对工人同产品的关系的进一步考察，马克思换了个视角，揭示了生产行为本身或者说（2）劳动者主体劳动活动的异化。本来，劳动作为自由的创造活动是主体本质的体现，结果却具有一种异化的性质。劳动对工人说来是外在的东西，他的

---

① 参见马克思《1844年经济学哲学手稿》,见《马克思恩格斯全集》第2版第3卷,北京:人民出版社2002年版,第230~231页。
②《马克思恩格斯全集》第2版第3卷，北京：人民出版社2002年版，第267页。
③《马克思恩格斯全集》第2版第3卷，北京：人民出版社2002年版，第269~270页。
④《马克思恩格斯全集》第2版第3卷，北京：人民出版社2002年版，第267页。
⑤《马克思恩格斯全集》第2版第3卷，北京：人民出版社2002年版，第269~270页。

劳动不是自愿的劳动，而是被迫的。他在劳动中不是肯定自己，而是否定自己，不是感到幸福，而是感到不幸，不是自由地发挥自己的体力和智力，而是使自己的肉体受折磨、精神遭摧残。这种劳动不是为了满足劳动需要的劳动，而是满足劳动需要以外的需要的一种手段。对工人说来，这种劳动的外在性质，还表现在这种劳动不是他自己的，而是别人的[①]。真正的劳动出于内在的必然的需要，是对人的生命和个性的肯定，是自由的生命表现，是生活的乐趣。私有制条件下劳动堕落为一种谋生方式，私有制条件下的劳动是一种外在的、偶然的需要，因而对劳动主体是一种痛苦的活动，是对生命和个性的疏离。在《神圣家族》中，马克思还比较了工人和资本家对异化的不同感受："有产阶级和无产阶级同是人的自我异化。但有产阶级在这种自我异化中感到自己是被满足的和被巩固的，它把这种异化看做自身强大的证明，并在这种异化中获得人的生存的外观。而无产阶级在这种异化中则感到自己是被毁灭的，并在其中看到自己的无力和非人的生存的现实。"[②]在后来的《雇佣劳动与资本》中，马克思也指出，"劳动力的表现即劳动是工人本身的生命活动，是工人本身的生命的表现。工人正是把这种生命活动出卖给别人，以获得自己所必需的生活资料。可见，工人的生命活动对于他不过是使他能够生存的一种手段而已。他是为生活而工作的。他甚至不认为劳动是自己生活的一部分；相反，对于他来说，劳动就是牺牲自己的生活。劳动是已由他出卖给别人的一种商品"[③]。（3）人同他的类本质相异化。这也就是人的自我异化，人自身同一性的丧失。马克思在这里把工人的劳动异化提高到"类"的高度。人的类特性就是"自由的有意识的活动"，他能"使自己的生命活动本身变成自己意志的和自己意识的对象"[④]，而生产活动本来就是人的类生活。私有制下的异化劳动把作为人的类生活的生产活动变成仅仅是维持肉体的生存需要的手段，从而使人同他的类本质相疏离。正是在这一部分，马克思从人的类特征与动物相区别的角度比较了人的生产和动物的生产的不同，提出了"人也按照美的规律来构造"[⑤]的著名观点，指出人的生产是以一定的实践理念为引导的对象性的生产。（4）"人同自己的劳动产品、自己的生命活动、自己的类本质相异化的直接结果就是人同人相异化。当人同自身相对立的时候，他也同他人相对立。凡是适用于人对自己的劳动、对自己的劳动产品和对自

① 参见《马克思恩格斯全集》第2版第3卷，北京：人民出版社2002年版，第270~271页。
② 马克思、恩格斯：《神圣家族》，见《马克思恩格斯全集》第2卷，北京：人民出版社1957年版，第44页。
③ 马克思：《雇佣劳动与资本》，见《马克思恩格斯选集》第1卷，北京：人民出版社1995年版，第335~336页。
④《马克思恩格斯全集》第2版第3卷，北京：人民出版社2002年版，第273页。
⑤《马克思恩格斯全集》第2版第3卷，北京：人民出版社2002年版，第274页。

身的关系的东西，也都适用于人对他人、对他人的劳动和劳动对象的关系。”①工人和资本家都丧失了自己的同一性，工人被迫出卖自己的劳动和身体，他们的真正生活只有当工作结束时才开始，而资本家所有的感情最终都归结为一种占有欲，“作为人格化的资本，他是为生产而生产，想为发财而发财。……他只关心抽象财富的增加，对他人劳动的越来越多的占有。他像货币贮藏者一样，完全受发财的绝对欲望支配”②。这种占有欲使个人进入与真实的可能性不相符合的角色和形象，具有非自然的特征。马克思说：“私有制使我们变得如此愚蠢而片面，以致一个对象，只有当它为我们拥有的时候，就是说，当它对我们来说作为资本而存在，或者它被我们直接占有，被我们吃、喝、穿、住等等的时候，简言之，在它被我们使用的时候，才是我们的。……一切肉体的和精神的感觉都被这一切感觉的单纯异化即拥有的感觉所代替。”③

马克思认为私有制造成人的类本质的异化，使私有制社会成为人的史前史，而共产主义作为异化的扬弃是人的全面性的复归和感性的社会人的生成。在这里，马克思的异化说已经超出政治经济学范畴，他的异化批判一步步由劳动者在生产活动中的地位和生产过程抵达资本主义社会的总体面，共产主义是一切异化的积极的扬弃，是人从宗教、家庭、国家等向社会的人的存在的复归。因此，马克思的劳动异化理论预设了非异化的人的真实的状态、异化了的人的非真实的状态、扬弃异化达到真正的社会的人的逻辑运演。所以有人认为，“马克思的这种人本主义逻辑——理想化的悬设的劳动类本质恰恰是隐性唯心史观的！马克思不得不为了革命结论而伦理地批判现实”④。

通过对私有制度下劳动异化的批判，马克思从哲学上论证了以一种全面的方式占有自己全面本质的共产主义及其社会人生成的必然性。在“社会的人”那里，个人意识与类意识、个人活动与类活动相统一：“甚至当我从事科学之类的活动，即从事一种我只在很少情况下才能同别人进行直接联系的活动的时候，我也是社会的，因为我是作为人活动的。不仅我的活动所需的材料——甚至思想家用来进行活动的语言——是作为社会的产品给予我的，而且我本身的存在是社会的活动；因此，我从自身所做出的东西，是我从自身为社会做出的，并且意识到我自己是社会存在物。”⑤

在《政治经济学批判（1857—1858年手稿）》中，马克思继续谈到劳动者同自己的

---

①《马克思恩格斯全集》第2版第3卷，北京：人民出版社2002年版，第274~275页。

② 马克思：《剩余价值论》，见《马克思恩格斯全集》第46卷Ⅰ，北京：人民出版社1972年版，第292页。

③《马克思恩格斯全集》第2版第3卷，北京：人民出版社2002年版，第303页。

④ 张一兵：《回到马克思——经济学语境中的哲学话语》，南京：江苏人民出版社1999年版，第225页。

⑤《马克思恩格斯全集》第2版第3卷，北京：人民出版社2002年版，第301~302页。

产品相异化。“随着劳动生产力的发展，劳动的物的条件即对象化劳动，同活劳动相比必然增长，——这其实是一个同义反复的命题，因为，劳动生产力的增长无非是使用较少的直接劳动就能创造较多的产品，从而社会财富越来越表现为劳动本身创造的劳动条件，——这一事实，从资本的观点看来，不是社会活动的一个要素（物化劳动）成为另一个要素（主体的、活的劳动）的越来越庞大的躯体，而是（这对雇佣劳动是重要的）劳动的客观条件对活劳动具有越来越巨大的独立性（这种独立性就通过这些客观条件的规模而表现出来），而社会财富的越来越巨大的部分作为异己的和统治的权力同劳动相对立。关键不在于对象化，而在于异化，外化，外在化，在于不归工人所有，而归人格化的生产条件即资本所有，归巨大的对象［化］的权力所有，这种对象［化］的权力把社会劳动本身当作自身的一个要素而置于同自己相对立的地位。”① 在该手稿中，马克思再度论及货币异化和资本主义经济关系下人的类本质的异化，“货币对个人的关系，表现为一种纯粹偶然的关系，而这种对于同个人个性毫无联系的物品的关系，却由于这种物品的性质同时又赋予个人对于社会，对于整个享乐和劳动等等世界的普遍支配权。……因此，货币不仅是致富欲望的一个对象，而且是致富欲望的唯一对象。这种欲望本质上就是万恶的求金欲”。“在资产阶级经济以及与之相适应的生产时代中，人的内在本质的这种充分发挥，表现为完全的空虚化；这种普遍的对象化过程，表现为全面的异化，而一切既定的片面目的的废弃，则表现为为了某种纯粹外在的目的而牺牲自己的目的本身”。②

到了中后期，马克思较少直接谈论异化现象，而是探讨资本主义制度下生产者与社会总劳动的社会关系相疏离而形成的商品交换逻辑对人的统治，即物化（德文Verdinglichung，英文 reification）。而且我们注意到，在 1859—1861 年经济学手稿中，马克思在一定程度上已经把异化与物化相提并论，并开始向物化的说法过渡，“生产交换价值的劳动还有一个特征：人和人之间的社会关系可以说是颠倒地表现出来的，就是说，表现为物和物之间的社会关系。只有在一个使用价值作为交换价值同别的使用价值发生关系时，不同个人的劳动才作为相同的一般的劳动相互发生关系。因此，如果交换价值是人和人之间的关系这种说法正确的话，那么必须补充说：它是隐蔽在物的外壳之

① 马克思：《政治经济学批判（1857—1858 年手稿）》，见《马克思恩格斯全集》第 2 版第 31 卷，北京：人民出版社 1998 年版，第 243~244 页。

② 马克思：《政治经济学批判（1857—1858 年手稿）》，见《马克思恩格斯全集》第 2 版第 30 卷，北京：人民出版社 1995 年版，第 174 页、第 480 页。

下的关系”[①]。物化是马克思在《资本论》《政治经济学批判（1857—1858年手稿）》等著作中对资本拜物教的发生学分析，指的是在资本主义商品生产条件下，人与人之间的社会关系发生了颠倒，转化为物与物之间的社会关系，人的能力转化成物的能力。马克思在《资本论》第一章第四节《商品拜物教性质及其秘密》中写道：“商品形式的奥秘不过在于：商品形式在人们面前把人们本身劳动的社会性质反映成劳动产品本身的物的性质，反映成这些物的天然的社会属性，从而把生产者同总劳动的社会关系反映成存在于生产者之外的物与物之间的社会关系。由于这种转换，劳动产品成了商品，成了可感觉而又超感觉的物或社会的物。……这只是人们自己的一定的社会关系，但它在人们面前采取了物与物的关系的虚幻形式。……我把这叫作拜物教”。“在生产者面前，他们的私人劳动的社会关系就表现为现在这个样子，就是说，不是表现为人们在自己劳动中的直接的社会关系，而是表现为人们之间的物的关系和物之间的社会关系”。[②]马克思关于拜物教的说法原本借自于人类学研究。由于把商品视为由投射的意识行为人格化的物体，偶像显得比崇拜者更有活力，“‘商品拜物教’的比喻是一个矛盾比喻，把人类价值中最原始的、异国情调的、非理性的、堕落的物体与最现代的、普通的、理性的和开化的东西暴力地捆束在一起。通过把商品称作物恋，马克思是在告诉19世纪的读者，现代的、文明的、合理的政治经济的物质基础在结构上与最敌视现代意识的物质基础是相等的”[③]。从异化到物化，表明马克思从浪漫地对资本主义的批判进入对资本主义社会历史进程的深度考察和批判。当然，也有人认为，在马克思那里，物化－拜物教的说法和异化理论仍然是相通的，马克思“认为正是个人行为中的意识要素（如角色、关系和概念）赋予了‘物’和‘劳动产品’以生命力，但这些‘物’、人类创造物却反过来以一种重要的方式开始控制它们的制造者的生活，就是他的商品拜物教的主要论点”[④]。在《政治经济学批判（1857—1858年手稿）》中，马克思有时把异化、物化并列使用也可以证明这一点。

从现有的情况看，马克思的物化理论是对资本主义把人的社会关系转变为物与物关系的揭露和还原，以破除商品世界的神秘性。列斐伏尔说：“商品、货币和资本的这种拜物教特征，有着深远的影响。它制造着现实的假象，更加有效地使‘现实’（实践）模糊化，因为它们就是现实的一部分。分析必须驱散迷雾，穿透假象的面纱。这个被拜物教化的

---

① 马克思：《政治经济学批判（1857—1858年手稿）》，见《马克思恩格斯全集》第2版第31卷，北京：人民出版社1998年版，第426页。

② 马克思：《资本论》第1卷，见《马克思恩格斯全集》第2版第44卷，北京：人民出版社2001年版，第89~90页、第90页。

③ 米歇尔：《图像学：形象，文本，意识形态》，陈永国译，北京：北京大学出版社2012年版，第245页。

④ 卡弗：《政治性写作：后现代视野中的马克思形象》，张秀琴译，北京：北京师范大学出版社2009年版，第34页。

形式呈现出这样两种性质：作为一个抽象物，它变得独立自主，同时掩盖了现实的关系。”[①] 但是我们也应当看到，马克思的物化理论还没有来得及得到充分发展而成为一种独立的理论模式，这也为后人引申、发挥提供了空间。即便如此，异化－物化视域中的马克思对资本主义的判断仍然是辩证的和历史的，即在指认其由于分工、对财产的占有欲等限制了人的发展的同时，对随资本主义发展而来的交往的扩大、人类与自然、社会打交道的能力的提高还是给予了充分肯定。所以，马克思把异化－物化视为资本主义的必然阶段，肯定了异化－物化的历史作用，“在资本对雇佣劳动的关系中，劳动即生产活动对它本身的条件和对它本身的产品的关系所表现出来的极端异化形式，是一个必然的过渡点，因此，它已经自在地、但还只是以歪曲的头脚倒置的形式，包含着一切狭隘的生产前提的解体，而且它还创造和建立无条件的生产前提，从而为个人生产力的全面的、普遍的发展创造和建立充分的物质条件。”马克思甚至认为异化为人的全面发展准备了条件，“全面发展的个人——他们的社会关系作为他们自己的共同的关系，也是服从于他们自己的共同的控制的——不是自然的产物，而是历史的产物。要使这种个性成为可能，能力的发展就要达到一定的程度和全面性，这正是以建立在交换价值基础上的生产为前提的，这种生产才在产生出个人同自己和同别人相异化的普遍性的同时，也产生出个人关系和个人能力的普遍性和全面性。”[②]

如果我们把异化－物化－拜物教理论当作一个总体来看，马克思早期谈论异化时有一个明显的人本主义逻辑在起作用，中后期谈论物化－拜物教旨在揭露隐藏在商品背后的人与人之间的真实关系。正因为如此，我国也有学者认为，“异化是马克思一生理论思考中的一个基本概念。在马克思异化概念的发展史中，存在着一个根本性的视角转换，即从青年马克思的‘道德评价优先’转向成熟时期的马克思的‘历史评价优先’，而这个视角转换的前提则是马克思创立的历史唯物主义理论”[③]。

而如果我们从更广阔的西方思想史发展的背景看，马克思的异化－物化理论特别是异化理论除了受黑格尔、费尔巴哈影响之外，还有启蒙哲学传统和浪漫主义影响的明显印记。启蒙哲学通常认为，“人的本质是从一开始就具有其全部规定性的既有的东西，但

① 列斐伏尔：《马克思的社会学》，谢永康等译，北京：北京师范大学出版社 2013 年版，第 31 页。

② 马克思：《政治经济学批判（1857—1858 年手稿）》，见《马克思恩格斯全集》第 2 版第 30 卷，北京：人民出版社 1995 年版，第 511~512 页、第 112 页。

③ 俞吾金：《重新理解马克思》，北京：北京师范大学出版社 2005 年版，第 313 页。

是它被社会生活的‘不真实的’制度改变了形态”[①]。因而需要对这种不真实的制度加以改变。这种论证模式我们在卢梭的《论人类不平等的起源和基础》《社会契约论》中就可以看得到。比如卢梭在《论人类不平等的起源和基础》中写道：“人与人原本是平等的，就像其他各类动物，在种种自然因素使它们身上发生我们目前尚能观察到的变异之前，同类的动物从来都平等一样。”[②] 私有制使人变得贪婪,使人从“自然的人”变成“人为的人”。卢梭《社会契约论》的著名开头也是如此:“人是生而自由的,但却无往不在枷锁之中。”[③] 对人的“自然状态”的先在逻辑设定和“回归自然”的价值归宿就是一种典型的启蒙哲学论证。席勒在《审美教育书简》中对近代文明的批判和对审美的道德王国的吁求也是如此。马克思《手稿》人的非异化状态—私有制所造成的异化—扬弃异化达到全面的人的复归的逻辑设定和他们这些人的论证逻辑有相通之处，说明了马克思与启蒙运动和浪漫主义的继承关系。但是马克思比他的先驱论证得远为丰富、深刻，因而马克思的异化-物化理论在很大程度上构成了当代哲学、社会学、美学等关于异化-物化问题的讨论和社会文化批判的出发点。

二、从马克思的异化-物化观到卢卡契的物化理论

马克思的异化理论具有多方面的潜在内涵。从社会学层面看，它揭示了资本主义社会异化的普遍性，没有财产的人和有财产的人同样都是异化的。而且指认金钱是人类自我异化以及由此形成的禁欲主义和拜金主义的根源，“你越少吃，少喝，少买书，少去剧院，少赴舞会，少上餐馆，越少想，少爱，少谈理论，少唱，少画，少击剑，等等，你积攒的就越多，你的既不会被虫蛀也不会被贼偷的财宝，即你的资本，也就会越大。你的存在越微不足道，你表现自己的生命越少，你拥有的就越多，你的外化的生命就越大，你的异化本质也积累得越多。国民经济学家把从你的生命和人性中夺去的一切，全用货币和财富补偿给你。你自己不能办到的一切,你的货币都能办到”[④]。这一点预示了后来马克斯·韦伯对资本主义精神的探究。从更深的哲学层面来看，马克思的异化理论包含了一种人本主义批判话语，即对非异化的、全面发展的人的吁求，这是贯穿了马克思一生的理论旨趣和奋斗目标，也是20世纪以来美学和文化思潮中人本主义倾向的主要理论来

① 拉宾:《〈1844年手稿〉对共产主义的经济和哲学论证》，见中央编译局编译《〈1844年经济学哲学手稿〉研究》，长沙：湖南人民出版社1983年版，第35页。

② 卢梭:《论人类不平等的起源和基础》，李常山译，北京：商务印书馆1997年版，第63页。

③ 卢梭:《社会契约论》，何兆武译，北京：商务印书馆1982年版，第8页。

④ 马克思:《1844年经济学哲学手稿》，见《马克思恩格斯全集》第2版第3卷，北京：人民出版社2002年版，第342页。

源之一。从政治经济学意义上说，“在资本主义社会中，异化并不是由商品的生产而导致的，而是由这种生产从对象化的人类活动转变成独立地掌控人类活动的‘客观’规律而形成的。人类主体变成了他自己的产品的客体，而政治经济学的法则是一种颠倒了的意识彻底的与极端的表达，这种意识把人类变成了自己的产品的谓语并进而使人类现实神秘化”①。商品中的主体因素被物化，使包含在其中的人类关系变成了一种物与物之间的关系，马克思的异化批判慢慢向物化批判演变。如前所述，马克思的物化观是其中后期对资本主义社会交往过程中物与物的社会关系遮蔽人的生产关系进而渗透于生活世界的指认。马克思的物化理论是一个没有充分展开的新的理论模式。虽然说该理论和异化理论有密切的关系，却在某种程度上具有替代异化理论的意味。

马克思的异化 – 物化理论通过卢卡契的物化理论对 20 世纪美学和社会文化批判产生了重大影响。虽然卢卡契的物化理论与马克思的异化 – 物化理论并不完全一致，但却有着复杂的关联。“物化”是贯穿卢卡契《历史与阶级意识》(1923) 的中心概念。本来，物化在马克思那里指的是商品交换过程中发生的社会关系物化，商品似乎具有支配生产者命运的神秘力量，资本也似乎具有使自身价值增殖的魔力。在写作《历史与阶级意识》时期，卢卡契没有读过《1844 年经济学哲学手稿》《政治经济学批判 (1857—1858 年手稿)》，他的物化理论是从马克思的《资本论》《政治经济学批判》等经济学著作中有关商品拜物教和货币拜物教等说法中天才地领悟出来的。卢卡契指出，“商品拜物教问题是我们这个时代、即现代资本主义的一个特有的问题”。“由于这一事实，人自己的活动，人自己的劳动，作为某种客观的东西，某种不依赖于人的东西，某种通过异于人的自律性来控制人的东西，同人相对立。”②乍一看，这个说法比较接近马克思《1844 年经济学哲学手稿》中的异化概念，特别是异化劳动中劳动者与其产品相异化，所以，《历史与阶级意识》的中译者杜章智认为，卢卡契所说的物化“与马克思那部手稿中关于异化所说的某些东西极为相似”③。卢卡契首先是从马克思商品拜物教、货币拜物教及资本拜物教理论中得到启发，发现商品流通与交换的结构特征，“它的基础是，人与人直接的关系获得物的性质，并从中获得一种‘幽灵般的对象性’，这种对象性以其严格的、仿佛十全十美和合理的自律性掩盖着它的基本本质，即人与人关系的所有痕迹”④。但是，马克思所说的商品拜物教

① 希洛姆·阿温纳里:《异化与财产》，杨兴林译，见《社会批判理论纪事》第 3 辑，南京：江苏人民出版社 2008 年版，第 290 页。
② 卢卡契:《历史与阶级意识》，杜章智等译，北京：商务印书馆 1992 年版，第 144 页、第 147 页。
③ 卢卡契:《历史与阶级意识》，杜章智等译，北京：商务印书馆 1992 年版，中文版《序言》第 7 页。
④ 卢卡契:《历史与阶级意识》，杜章智等译，北京：商务印书馆 1992 年版，第 143~144 页。

或货币拜物教、资本拜物教指的是资本主义制度下人的社会关系如何转化为物与物的关系的现象，其实不同于作为私有制条件下生产活动中的异化。可以说，卢卡契这层意义上的物化实际指的是马克思中后期在《资本论》等著作中所论及的资本主义社会关系物化。

卢卡契关于物化的思想还受到其师西美尔的货币哲学理论的启发。西美尔意识到"货币的双重本性——它是一种具体的、被衡量的物质实体，同时，它拥有自身的意义取决于把物质性彻底消解于运动和功能之中这一过程——源自于这样一个事实：货币是人与人之间交换活动的物化，是一种纯粹功能的具体化"①。也就是说，西美尔认识到，金钱对资本主义社会进行了重组，锻造出现代生活平均化、量化的价值取向，"货币使一切形形色色的东西得到平衡，通过价格多少的差别来表示事物之间的一切质的差别。……货币挖空了事物的核心，挖空了事物的特性、特有的价值和特点，毫无挽回的余地。事物都以相同的比重在滚滚向前的货币洪流中漂流，全都处于同一个水平，仅仅是一个个大小的不同"②。"一种纯粹数量的价值，对纯粹计算多少的兴趣正在压倒品质的价值，尽管最终只有后者才能满足我们的需要。"③同时，卢卡契又受到马克斯·韦伯生产过程对象化形式合理化（工具理性）即主体被量化为客观要素以便具有可计算性思想的影响。韦伯揭示了形式合理化范畴与资本主义管理体制中目的理性经济行为之间的类似性，从而揭示出社会合理化过程对于资本主义的构成性意义，因而韦伯视之为生产活动和社会生活本身的历史进程而加以肯定。卢卡契把在韦伯那里基本属于肯定的工具理性进行批判性颠倒并套用到马克思身上去，"纵观劳动过程从手工业经过协作、手工工场到机器工业的发展所走过的道路，那么就可以看出合理化不断增加，工人的质的特性、即人的——个体的特性越来越被消除。一方面，劳动过程越来越被分解为一些抽象合理的局部操作，以致于工人同作为整体的产品的联系被切断，他的工作也被简化为一种机械性重复的专门职能。另一方面，在这种合理化中，而且也由于这种合理化，社会必要劳动时间，即合理计算的基础，最初是作为仅仅从经验上可把握的、平均的劳动时间，后来是由于劳动过程的机械化和合理化越来越加强而作为可以按客观计算的劳动定额（它以现成的和独立的客观性同工人相对立），都被提出来了。随着对劳动过程的现代'心理'分析（泰罗制），这种合理的机械化一直推行到工人的'灵魂'里"④。在韦伯看来，科学与技术的进

① 西美尔：《货币哲学》，陈戎女等译，北京：华夏出版社2002年版，第109页。
② 齐美尔：《桥与门——齐美尔随笔集》，崖鸿、宇声译，上海：上海三联书店1991年版，第265~266页。
③ 西美尔：《金钱、性别、现代生活风格》，顾明仁译，上海：学林出版社2000年版，第8页。
④ 卢卡契：《历史与阶级意识》，杜章智等译，北京：商务印书馆1992年版，第149页。

步改变了传统社会制度的框架，包括服从于理性决策的经济活动和官僚权威，行政部门的官僚化和官僚控制的扩张，世界的祛魅和世俗化，以及执着于效率和生产率的企业管理机制等。虽然韦伯曾经用“铁笼”表示现代人的处境，但是仍然在大的方面肯定了这个历史进程的不可避免性。卢卡契尽管也承认合理化是资本主义社会商品普遍化的结果，但他却以物化为名对此进行否定性评判。

卢卡契更进一步指出，物化在资本主义社会造成了一种意识结构。“商品关系变为一种具有‘幽灵般的对象性’的物，这不会停止在满足需要的各种对象向商品的转化上。它在人的整个意识上留下它的印记：它的特性和能力不再同人的有机统一相联系，而是表现为人‘占有’和‘出卖’的一些‘物’，像外部世界的各种不同对象一样。”[①] 卢卡契还用物化现象解释西方工人阶级在俄国十月革命后未能成功进行革命，即由资本主义意识形态和第二国际的阶级调和所加深的物化或工人阶级为虚假意识所控制的状况，“生产的客体被分成许多部分这种情况，必然意味着它的主体也被分成许多部分。由于劳动过程的合理化，工人的人的性质和特点与这些抽象的局部规律按照预先合理的估计起作用相对立，越来越表现为只是错误的源泉”。“随着劳动过程越来越合理化和机械化，工人的活动越来越多地失去自己的主动性，变成一种直观的态度，从而越来越失去意志”[②]。首先，工人作为他的劳动力的所有者把自己想象为商品，这种自我客体化表明了商品关系的非人化性质；其次，个人由于分工被孤立化、原子化。工人机械化的局部劳动同其整个人格相对立的客体化变成持续的日常现实，人格成为旁观者，而生产过程被机械地分成各个部分也切断了个别工人与共同体的联系。“由于工作的专门化，任何整体景象都消失了。”[③] 不同斗争领域的相互隔离，经验主义的认识立场，成为工人运动中机会主义思潮的思想根源。这层物化可谓经过西美尔所中介的韦伯意义上的合理化（rationalization）。

由此可见，卢卡契的物化事实上混合着黑格尔的对象化、马克思的异化－物化、西美尔－韦伯的合理化等多种元素。巴利巴尔说，卢卡契“把两种不同的思想联系了起来。第一种思想认为商品客观性（经济范畴的客观性和经济活动的客观性）是一切客观性的典范，尤其是资产阶级世界里的‘科学’客观性……这些科学在对待自然时区分了主观和客观，而且这一区分是来自交换实践的。第二种思想指客观化，或者如价值的计算和评估一类的合理化，已经延伸到人类活动的各个领域，换句话说，商品成了一切客

① 卢卡契:《历史与阶级意识》，杜章智等译，北京：商务印书馆 1992 年版，第 164 页。

② 卢卡契:《历史与阶级意识》，杜章智等译，北京：商务印书馆 1992 年版，第 150 页、第 151 页。

③ 卢卡契:《历史与阶级意识》，杜章智等译，北京：商务印书馆 1992 年版，第 168 页。

体的模式和形式”[①]。巴利巴尔还把马克思的拜物教（物化）理论和意识形态理论关联起来，指出二者的共同点在于，通过对资产阶级时期“占统治地位”的抽象的形式和内容的分析，把资本主义社会中彼此孤立的人们联系起来，并揭示资本主义社会实践关系、社会关系的普遍性与劳动、价值、财产、个人概念的理论普遍性之间的矛盾。但是，异化–物化–拜物教理论原本预设了生产活动的优先性地位。随着资本主义消费领域相对独立性的加强，马克思建立在拜物教理论基础上的物化批判包含了对由交换关系所构成的人类世界及社会关系重组的揭示，与其对生产活动优先性的强调产生了某种程度的裂痕，为卢卡契–法兰克福学派等的物化–工具理性批判和列斐伏尔、鲍德里亚等人的符号政治经济学批判提供了在文化和美学意义上进行理论演绎的契机，使马克思政治经济学意义上的异化–物化–拜物教批判过渡为社会文化批判意义上的物化–工具理性批判和符号政治经济学批判成为可能。关于这个问题，本书第十二章还将进行详细论述。

梅洛–庞蒂在解释卢卡契所说的物化时说：“这些资本主义的形式，当人们把它们与先于资本主义的各种形式相比较时是‘进步的’，但当人们把它们与资本主义本身所引起的生产力相比较时，它们便立刻是退步的或没落的了。这些形式最初曾是人类自由的投影；一到衰败时，产品便脱离了生产活动，甚至支配着它：客体化变成了物化。”[②]哈贝马斯认为，卢卡契所说的物化指的是资本主义社会中占统治地位的对象性形式预先决定了与世界之间的关系，以及具有言语和行为能力的主体与客观世界、社会世界和各自主观世界发生关联所能具有的方式和方法，复杂的认知工具理性以牺牲实践理性为代价贯彻开来，使交往生活关系变得物化了，“以至于在我们对人际关系和主观经历的理解当中隐含着错误的范畴：我们用物的形式来理解它们，也就是说，把它们当作了属于客观世界的实在”。依照哈贝马斯的评价，“与马克思以及韦伯比较起来看，卢卡契的真正贡献在于，他能够同时从物化和合理化双重角度来考察社会劳动领域与生活世界语境的分离过程。由于行为主体以交换价值为取向，他们的生活世界也就萎缩成为客观世界：他们对待自己以及他人，所采取的都是目的行为的客观立场，并因此而使自己成为其他行为者的处理对象”。[③]詹姆逊则认为，“与最初马克思意义上的‘物化’相比，卢卡奇的‘物化’概念与韦伯有着更多的共同之处，因为，马克思的‘物化’，基本上指物与物的关系取代了人与人之间的关系（对商品的‘崇拜’以及日趋广泛的‘现金交易关系’）。在卢卡奇

---

① 巴利巴尔：《马克思的哲学》，王吉会译，北京：中国人民大学出版社2007年版，第102页。

② 梅洛–庞蒂：《辩证法的历险》，杨大春、张尧均译，上海：上海译文出版社2009年版，第40页。

③ 哈贝马斯：《交往行为理论》第1卷，曹卫东译，上海：上海人民出版社2004年版，第338页、第341页。

看来，韦伯意义上的‘物化’进程——通过劳动力过程被理解为整体感的丧失或者有意义的整体感的丧失，这种整体感不仅指微观的劳动过程，而且也指资本主义宏观现象本身——根据它对主体性产生的影响被理论化”[①]。卢卡契继承了黑格尔把人与人以及人与自然的关系视为理性的客观表现的思想，致力于在商品关系中寻求资本主义社会一切对象化形式和与此相适应的一切主体性形式，商品形式成为资本主义社会的主导对象性形式。有学者概括了异化－物化问题讨论的理论变迁，“黑格尔认为主体（本体）对象化的物化与异化是同体的，所以他对其持既肯定又否定的复杂态度”。青年马克思在对生产过程的分析中“分离了这二者，肯定对象化是进步，否定异化。之后，马克思又区分出物化的两种状态，肯定生产对象化的物化，否定市场交换中产生的物役性的关系物化和更深一层的异化。最后，韦伯也分离了对象化和异化，在他那里，只有流水线上生产进程可计算的对象化，而与主体价值相关的异化被根本祛魅了。到了青年卢卡契，又回到了黑格尔的同一，生产对象化就是物化（物役性）。于是，这种物化具有了本体的意味”。[②]

对物化现象的思考也是卢卡契整体性理论的生成语境之一。在卢卡契看来，整体性作为辩证法的核心，包含一定的趋向和结果，可以统一主体与客体，使物化可以通过对无产阶级历史使命的理解而消除，“对于无产阶级来说，由于它是从辩证地讲是明确的形式（劳动和资本的直接关系）出发的，并把远离生产过程的那些形式和这些形式联系了起来，把它们放到了辩证的总体之中来认识，因此，它就打开了完全窥透物化形式的道路”[③]。后来，由卢卡契开辟的物化批判逐步发展成工具理性批判和批判理论、批判美学，成为西方马克思主义和西方马克思主义美学的一个基本问题。

三、批判理论和批判美学的兴起

卢卡契不认可马克斯·韦伯关于合理化的悲观主义结论。通过把合理化、官僚化现象整合到政治经济学的分析框架中去——他的研究因而看起来更像是文化政治分析而不像政治经济学研究——他在工人阶级身上看到了认识物化和反抗物化的潜力。这是因为卢卡契认为，工人把他的劳动力作为商品来出卖，这样就把劳动力和他自己放到一种已经被合理化和机械化的过程之中。对工人来说，资本主义社会的物化特征被推到了顶点，“这时，那些使工人的社会存在和他的意识形式之间的关系辩证化的，并因而超越单纯直

① 詹姆逊：《单一的现代性》，见王逢振主编《詹姆逊文集》第 4 卷，北京：中国人民大学出版社 2004 年版，第 66 页。
② 张一兵：《文本的深度耕犁》第 1 卷，北京：中国人民大学出版社 2004 年版，第 50 页。
③ 卢卡契：《历史与阶级意识》，杜章智等译，北京：商务印书馆 1992 年版，第 274 页。

接性的因素已经显得更加清楚而具体。只有当工人意识到他自己是商品时，他才意识到他的社会存在。……他的直接的存在使他作为纯粹的、赤裸裸的客体进入生产过程。由于这种直接性表明自己是形形色色的中介的结果，由于这一切都是以这种直接性为前提的这一点开始变得清楚明白，商品结构的拜物教形式也就开始崩溃了：工人认识了自身，认识了在商品中,他自己和资本的关系”[①]。卢卡契这个建立在黑格尔精神自我运动基础上的断言，假定了工人阶级为了摆脱其客体地位，整个阶级要形成一种意识，以便运用这种意识使建立在商品基础上的资本主义社会自我暴露，进而采取行动。但是其后资本主义世界的相对稳定特别是法西斯主义的兴起，并没有应验卢卡契的说法。反而卢卡契经由合理化、官僚化对资本主义社会中无所不在的商品拜物主义的指认被20世纪30年代的法兰克福学派所继承和发挥，成为工具理性批判（the critique of instrumental rationality）的核心内容。法兰克福学派进一步把物化本体化，用于分析商品交换逻辑对资本主义社会的全面操控。在包括劳动力在内的一切都成为商品的世界中，一切转变为可计量性，各种活动失去了它们固有的、内在的满足，在价值衡量标准甚至性质上被拉平了，变成了达到某种目的的手段。“资产阶级社会是由等价物支配的。资产阶级社会通过把不等的东西归结为抽象的量,而使不等的东西变成可以进行比较的东西。”[②]“交换的调节作用出现了;它是资产阶级经济的基础。”[③]这种工具理性也是控制得以实现的基本构架。日益衰落的无产阶级已经不可能区分资本主义的社会现实及其异化状态，他们已被这种现实及其意识形态所支配了。工人和他的老板观看同样的电视节目并漫游同样的游览胜地，打字员和雇主的女儿打扮得一样漂亮，“由于物化有可能凭借其技术形式而成为极权主义，组织者和管理者本身就愈来愈依赖于他们所组织和管理的机器，管理者和被管理者之间的相互依赖不再是主仆之间的辩证关系，这种辩证关系在为相互承认而进行的斗争中已被打破,因此毋宁说它是包括主仆在内的恶性循环”[④]。正因为如此,资本主义已把每个人成功地变成无反省能力的温顺的消费者，即推动和维护资本主义体制有效运转的守法的公民。自从霍克海默1937年发表《传统理论与批判理论》一文，倡导把哲学与社会理论相结合,对资本主义进行批判之后,法兰克福学派的理论著述就被称为“批判理论”（critical theory），其美学也常常被称为“批判美学”（critical aesthetics）。就理论旨趣而言，在更

① 卢卡契:《历史与阶级意识》，杜章智等译，北京：商务印书馆1992年版，第252页。

② 霍克海默、阿多尔诺:《启蒙辩证法》，洪佩郁、蔺月峰译，重庆：重庆出版社1990年版，第5页。

③ 霍克海默:《批判理论》，李小兵等译，重庆：重庆出版社1989年版，第214页。

④ 马尔库塞:《单向度的人》，刘继译，上海：上海译文出版社1989年版，第32页。

广泛意义上，列斐伏尔对消费社会的批判、鲍德里亚的符号政治学批判甚至布尔迪厄（又译作布迪厄）的媒体批判，也可视为批判理论、批判美学的继承和发展而成为批判理论与批判美学的有机构成。

由霍克海默所开辟的批判理论，淡化了卢卡契的实践诉求，成为一种理论化和学院化的批判的社会哲学。虽然在马丁·杰看来，“对幻想特别是体现在伟大作品中的幻想的强调和对实践的关切，是批判理论拒绝把现在永恒化、而取消转向未来的可能性的两个主要表现”①。但是整合理论、审美想象和人类行为只是批判理论家的一个希望，基本不付诸社会行动。可以说，批判理论主要关注哲学认识论和方法论问题。在这个意义上，批判理论一方面旨在对现行资产阶级意识形态与社会控制形式进行去蔽，“哲学的真正社会功能在于它对流行的东西进行批判。……这种批判的主要目的在于，防止人类在现存社会组织慢慢灌输给它的成员的观点和行为中迷失方向。必须让人类看到他的行为与其结果间的联系，看到他的特殊的存在和一般社会生活间的联系，看到他的日常谋划和他所承认的伟大思想间的联系”②。另一方面，它在一定程度上也包含了政治期待或乌托邦想象。“它的目标在于把人从奴役中解放出来……这种崭新的辩证哲学又使人们清楚地认识到：个人的自由发展依赖于社会的合理建构。它在对当时的社会条件进行深刻地分析中，转化为对经济的批判。”③ 批判理论关注的中心不再是政治经济学，而是转向法西斯主义兴起的原因、资本主义的国家控制形式以及大众文化等上层建筑问题的探讨。在《工具理性批判》中，霍克海默视法西斯主义极权国家为工业社会转变为野蛮的唯理主义的顶点。生活在这种国家的人不会自发地或反思地做出决定，而是机械地对事变加以认可，坚信被规定了的秩序。在《极权国家》中，他指认国家官僚、经济官僚、工会官僚甚至工人阶级政党官僚共同参与了对工人阶级全面管理的合理化进程之中。在《启蒙辩证法》当中，霍克海默和阿多尔诺（又译作阿多诺、阿尔多诺）把资本主义社会的大众文化命名为文化工业，认为文化工业是按照商品交换原则批量生产出来的商品，与资本主义统治现状存在同谋关系。霍克海默的上述研究，在很大程度上规定了批判理论后来发展的基本方向和研究思路。马尔库塞说：“批判理论是对其自身的批判，是对那些构成它自己基础的社会因素的批判。”④ 批判理论的目标是揭露“体现于所有特殊事实和条件之中并决定它们

① 马丁·杰：《法兰克福学派史》，单世联译，广州：广东人民出版社 1996 年版，第 93 页。
② 霍克海默：《批判理论》，李小兵等译，重庆：重庆出版社 1989 年版，第 250 页。
③ 霍克海默：《批判理论》，李小兵等译，重庆：重庆出版社 1989 年版，第 232 页。
④ 马尔库塞：《现代文明与人的困境》，李小兵等译，上海：上海三联书店 1989 年版，第 202 页。

的发生和功能的社会结构”，“其任务是去理解和认识事实的本来面目，是理解和认识它们对于那些不得不把它们作为事实接受下来并与之共存的人们‘意味着’什么……在社会理论中，对事实的认识就是对事实的批判”。“它指明和确定合理性中的不合理因素以及现实中的神秘成分”。[①]

而卢卡契对实证主义科学观的批判为物化理论过渡为工具理性批判和批判理论开辟了另一维度。在卢卡契看来，实证主义作为一种直观的、单纯的认识态度，使认识者的思维及其与周围经验对象的关系只能是直接的关系，从而与对象整体处于分裂之中，加剧了物化，构成了资产阶级意识形态的一部分。他批评恩格斯把科学实验看作实践的一种类型的说法就是这一思想的体现。卢卡契认为，“实验恰恰是最纯粹的直观。实验者创造了一种人为抽象的环境，以便排除主体方面和客体方面的一切起妨碍作用的不合理因素,从而有可能顺利地观察规律不受干扰地发挥的作用”[②]。其后,法兰克福学派的霍克海默、阿多尔诺、马尔库塞等人沿袭了卢卡契对实证主义的批判。他们眼中的实证主义涵盖了逻辑经验主义、现象学、分析哲学、科学哲学甚至实用主义。在他们看来，实证主义依赖形式逻辑，排斥实质逻辑，把事实和价值相分离，放弃了反思和批判因素，剥夺了理智判断现实真假的权利，是向现实妥协或投降。当然，霍克海默、阿多尔诺对实证主义的批判还和后者的同一性诉求有关。后来，他们进一步把科学技术对人的统治以及与产品的丰富相伴而生的消费主义视为工具理性的有机构成，认为实证主义科学观大行其道，渗透到人文社会科学甚至自然科学研究中，充当了资产阶级意识形态的同谋。阿多尔诺认为，资本主义社会流行的观念与哲学习惯于拉平本质与现象，使“认识者丧失了把本质之物和非本质之物区别开来的原初能力，没有人知道什么是原因，什么是结果。固执地渴求看护好不相干之物的精确性，而不反思处在恐怖危险中的相干事物，这是一种压抑的意识的最流行的症状。最新风格的乡巴佬不会在‘背后的世界’问题上自寻烦恼，而是愉快地购买‘前台世界’有声或无声地兜售给他的东西。实证主义成了意识形态”[③]。霍克海默还较早地把对技术理性的批判扩大到对科学技术本身的批判中，认为在资本主义社会，科学本身成为意识形态，因为科学保留着一种阻碍它去发现危机的真正原因的形式。其理由是，科学研究有一种以对象为依归的实证主义取向，科学活动被限定在对现象进行描述、分类和概括的范围内，“科学的方法重视的是实在而非生成，一定的社会

---

① 马尔库塞：《单向度的人》，刘继译，上海：上海译文出版社1989年版，第97页、第107页、第170页。

② 卢卡契：《历史与阶级意识》，杜章智等译，北京：商务印书馆1992年版，第206页。

③ 阿多尔诺：《否定的辩证法》，张峰译，重庆：重庆出版社1993年版，第168页。

形式则被视为是以一种恒常不变的方式运转的机制。……然而，社会实在，即活动于历史中的人的发展具有一种结构。想要把握这种结构，那就需要在理论上描述那些使所有文化关系发生革命性变革的极为复杂的转换过程”①。而科学拒绝以恰当的方式处理与社会进程相关的问题，无论是被认作科学缔造者的独立自足意识的概念，个人及其在世界安身立命的理性，自然的永恒规律，主体与客体之间的不变关系，心灵与自然、灵魂与肉体之间的生硬区分等，都体现了科学的内在理性思维在方法和内容上的局限性和肤浅性。马尔库塞更是把技术批判与意识形态批判合而为一，认为技术在资本主义社会已经摆脱了传统意义上的“中立性”，“技术成了社会控制和社会团结的新的、更有效的、更令人愉快的形式。……在技术的媒介作用中，文化、政治和经济都并入了一种无所不在的制度，这一制度吞没或拒斥所有历史替代性选择。这一制度的生产效率和增长潜力稳定了社会,并把技术进步包容在统治的框架内。技术的合理性已经变成政治的合理性”②。生产技术的组织作用使统治转化为管理,改变重体力劳动的特点,使不同的职业阶层同化,在消费领域实现平均化，“技术的面纱掩盖了不平等和奴役的再生产。以技术的进步作为手段，人附属于机器这种意义上的不自由，在多种自由的舒适生活中得到了巩固和加强。它的新颖之处在于这种不合理事业中的压倒一切的合理性和预处理的深度。这种预处理形成各个个人的本能的动机和愿望，模糊真假意识之间的区别”。所以，技术与科学具有奴役性，“掌握了科学和技术的工业社会之所以组织起来，是为了更有效地统治人和自然，是为了更有效地利用其资源……工业化的技术是政治的技术；由此，它们预先就判断着理性和自由的种种可能性”③。技术因而成为资产阶级意识形态的一部分。在马尔库塞对技术文明时代社会压抑现状的研究中，他发现经验社会学倾向于把个人的历史和特殊的工作结合进一个具体的共相之中而消除了意义的指涉性，由此他进而反思经验主义研究方法本身,“取消及物的意义至今仍是经验社会学的一个特征……一旦意义的‘不现实’的超出部分被消除，研究就会被封闭在社会用以确认和否认命题有效性的界限的广阔范围之内。这种经验主义因其方法论的特征而具有意识形态的性质”④。按照哈贝马斯的说法，实证主义的最大问题在于隔绝了科学研究与认知主体的关系，从认识论的自我反思中剥离开来。哈贝马斯虽然不赞成马尔库塞关于技术的解放力量变成了解放的桎梏的观

① 霍克海默:《科学及其危机札记》，见曹卫东编选《霍克海默集》，上海：上海远东出版社 2004 年版，第 160 页。

② 马尔库塞:《单向度的人》，刘继译，上海：上海译文出版社 1989 年版，“导言”第 7~8 页。

③ 马尔库塞:《单向度的人》，刘继译，上海：上海译文出版社 1989 年版，第 31 页、第 17 页。

④ 马尔库塞:《单向度的人》，刘继译，上海：上海译文出版社 1989 年版，第 103 页。

点，但是对工具理性的扩张所形成的生活世界的殖民化（colonization of the life world）也持警觉态度。在《交往行为理论》一书中，哈贝马斯认为生活世界殖民化的实质是日常生活行政权力化、货币拜物教化和意识形态化，其外在表现是日常生活的货币化、机械化、标准化，丧失自主性、独立性和能动性。为抵制生活世界殖民化，他主张一方面要构建“交往理性”（communicative rationality），另一方面要抑制工具理性的扩张。

此后，对实证主义的批判成为西方马克思主义的一个重要主题。詹姆逊也指出，实证主义是一种意识形态，因为它造成了一种幻觉，即将主客体进行机械的、客观的区分，使我们运用的概念外在于主体性，“在西方国家，占支配地位的意识形态，显然是那种英美经验主义的实在论，对于这种实在论，一切辩证的思维都代表着某种威胁，而这种实在论的使命，则在本质上是对社会意识的一种钳制：允许给予经济不平等的语言，用对自由的思考来代替对资本主义本身的怀疑这种思维的方法，就其种种形式和外观而言，在于将现实分离成一些封闭的空间，小心翼翼地把政治同经济，法律同政治、社会学同历史学因素区别开来，结果是，任何特定问题的内涵永远不可能全部看见；而且，还在于将一切陈述都局限在不相联系的以及直接可以证实的事物范围之内，以便排除任何思辨的总体化思想”①。

佩里·安德森说：“鉴于马克思主义一开始就进行彻底的、不动摇的批判，可以说它是由其自身的动力迅速地带进文化批判的领域。”② 20世纪批判理论和批判美学的兴起也有马克思学说自身的原因。应该说，马克思本人的思想也包含着对资本主义时代技术和效率追求对人的统治和奴役的反思。比如，马克思认为，“资本在具有无限度地提高生产力趋势的同时，又在怎样程度上使主要生产力，即人本身片面化，受到限制等等”③，而且马克思还指出，在生产活动中，机械化虽然使劳动在形式上获得某种解放，但实际上使工人陷入了进一步异化，人成了机器的附庸，“机器体系——作为固定资本——则使工人不独立，使他成为被占有者”④。从这些方面看，马克思的政治经济学批判的确包含了后来“工具理性批判”或技术理性批判的一些元素。但是马克思仍然对现代科学技术进步对社会进步的推进意义抱有乐观的评价和预期。马克思异化－物化观的潜在逻辑是消除异化－

① 詹姆逊：《马克思主义与形式》，李自修译，南昌：百花洲文艺出版社1995年版，第311~312页。

② 佩里·安德森：《当代西方马克思主义》，余文烈译，北京：东方出版社1989年版，第3页。

③ 马克思：《政治经济学批判（1857—1858年手稿）》，见《马克思恩格斯全集》第2版第30卷，北京：人民出版社1995年版，第406页。

④ 马克思：《政治经济学批判（1857—1858年手稿）》，见《马克思恩格斯全集》第2版第31卷，北京：人民出版社1998年版，第97页。

物化给人造成的片面性，实现人性和个人的全面发展与解放。卢卡契的物化理论揭示资本主义文明体系是工人劳动以及社会关系物化的产物，反过来又加深了物化。他把历史中主体和客体的统一作为马克思主义辩证法的核心和克服资本主义物化的途径，使得马克思对资本主义的批判回到“人”这个基本点。而1932年马克思《1844年经济学哲学手稿》的出版又直接推动和激发了这股对马克思主义进行人本主义解读的思潮。在《1844年经济学哲学手稿》中，马克思通过对私有制度下劳动异化的批判，从哲学上论证了能以一种全面的方式占有自己全面本质的共产主义以及个人意识与类意识、个人活动与类活动相统一的社会的人生成的必然性。因而，卢卡契的物化思想和马克思以《1844年经济学哲学手稿》为代表的早期著作的隐性的人本主义逻辑成为批判理论和批判美学的出发点。例如弗洛姆就认为，马克思的学说“代表一种抗议，抗议人的异化，抗议人失去他自身，抗议人变成为物。这是一股反对西方工业化过程中人失去人性而变成自动机器这种现象的潮流”①。德国学者魏格豪斯说：“马克思主义理论的实质在于对被异化并产生着异化的社会条件进行一种特殊的批判。批判理论家们……在某种程度上重复着青年马克思的经历。”②但是这种说法只是看到了问题的表面，问题的实质是在国际共产主义运动陷入低潮、资本主义趋于巩固的情况下，批判理论家们把马克思所说的“武器的批判”重新变成“批判的武器”，即工具理性批判和批判理论的兴起把马克思指向社会政治革命的政治经济学批判转变为社会文化心理批判和美学批判。霍克海默的说法就透露了批判理论家们试图通过改变主体进而改变主体所生活的世界的理论旨趣：“今天，在既存社会形式向未来社会形式转变过程中，人类将第一次成为有意识的主体，并将主动地规定自己的生活方式。在此，还需要有意识地重构经济关系。”③有学者这样概括马克思与批判理论的关系：“借助于政治经济学批判，马克思得以恰当地描述资本主义经济体系的功能，同时着眼于资本主义经济体系的变化，认为它是值得批判的。为此，马克思使用了双重概念，如价格/价值、剩余价值/利润或生产/再生产。借此，他不仅能够描述资本主义的必然过程，而且能够描述资本主义的灭亡趋势。批判理论作为一个学派表明，批判理论作为方法，不仅可用于社会理论，而且可用于社会心理学（霍克海默/阿多尔诺语）、政治心理学（弗洛姆语）以及科学理论（哈贝马斯语）。”④

---

① 弗洛姆：《马克思关于人的概念》，见复旦大学哲学系西方哲学研究室编译《西方学者论〈西方学者论一八四四年经济学哲学手稿〉》，上海：复旦大学出版社1983年版，第15页。

② 魏格豪斯：《法兰克福学派：历史、理论及政治影响》，孟登迎等译，上海：上海人民出版社2010年版，第9页。

③ 霍克海默：《批判理论》，李小兵等译，重庆：重庆出版社1989年版，第221页。

④ 伯默：《自然批判理论》，见格·施威蓬豪依塞尔等《今日批判理论》（下），北京：人民出版社2010年版，第5页。

马克思的异化－物化观虽然有其特定的思想内涵和局限性，却是他批判资本主义的深刻尝试。海德格尔说："因为马克思在体会到异化的时候深入到历史的本质性的一度中去了，所以马克思主义关于历史的观点比其余的历史学优越。"①异化－物化理论和马克思早期著作中的感性论一起，中经卢卡契的物化理论、霍克海默的批判理论、马尔库塞的单向度的人和新感性、列斐伏尔和鲍德里亚的符号政治经济学批判，建立了一条对现代资本主义工具理性、技术理性进行浪漫化的人本主义批判的学术研究思路，对20世纪美学产生了深远的影响，并且在21世纪继续产生影响②。

① 海德格尔:《关于人道主义的书信》，熊伟译，见孙周兴选编《海德格尔选集》(上)，上海:上海三联书店1996年版，第383页。

② 就广泛意义上说，海德格尔、列斐伏尔、阿格丽斯·赫勒等人的日常生活批判理论也受到卢卡契物化理论的影响，进而也同样可以追溯到马克思。

第二章　马克思的感性论与 20 世纪美学的感性解放

在学科建立之初，美学具有与身体有关的感觉和感性认识的完善两重内涵，即包含着当下性与超越性的双重维度。但在启蒙运动与德国古典哲学的理性主义氛围中，审美超越性的维度——非功利性的静观被突出，身体感知这一维度被压制。马克思通过对感性活动和全面的人的感觉的强调，把美学研究从重视感性认识引向重视感性活动，从而为 20 世纪美学中身体感知的勃兴埋下了伏笔。同时，马克思的感性论又与人的全面解放和对美好社会的企盼与创造相联系，因而对 20 世纪下半叶以来指向此岸与当下的身体美学又具有矫正意义。

一、马克思早期的感性论思想及其理论渊源

根据英国马克思主义美学家雷蒙德·威廉斯的考证，与感性（sensibility）最接近的拉丁文 sensibilitas 的含义接近法文 sensible 和后期拉丁文 sensibilis，原来的意思是“被感觉到”“被意识到”“通过（身体）感官的”。到了 18 世纪，特别是鲍姆嘉通之后该词获得了美学的内涵，用来表示人的感受和判断，“整体而言，这个词的意涵是从‘各种各类的感受’转移到‘一种特别心智的形成’：一个完整的活动、一个完整的感知与回应方式，无法被化约为‘思想’或‘情感’”[①]。众所周知，美学在其学科的创始人鲍姆嘉通那里被命名为 Ästhetik，意思是“感性学”。鲍姆嘉通对这门学科的研究对象进行了定位。早在《诗的哲学默想录》中，鲍姆嘉通就表达了对建立一种以感性表象为对象的科学的愿望，“诗的哲学考察预先假定诗人具有一种低级的认知能力。现在，广义逻辑学的任务应是指

① 威廉斯：《关键词：文化与社会的词汇》，刘建基译，北京：生活·读书·新知三联书店 2005 年版，第 428 页、第 432 页。

导这种能力去对事物进行感性的认知”。“‘可理解的事物’是通过高级认知能力作为逻辑学的对象去把握的；‘可感知的事物’（是通过低级的认知能力）作为知觉的科学或‘感性学’（美学）的对象来感知的。”[①] 到了《美学》一书中，鲍姆嘉通直接把美学看作感性认识的科学，“美学的目的是感性认识本身的完善。”[②] 他认为，在自然状态中，感觉、想象、虚构、记忆等低级认识能力（即他之所谓感性）通过使用得以发展，这种状态可以称为自然美学。也就是说，美的对象是感觉的对象，审美不仅是感性的，而且是完善的感觉。受到当时大陆理性主义哲学特别是沃尔夫的影响，鲍姆嘉通把认识区分为高级部分和低级部分，即思维和感觉。在鲍姆嘉通那里，感性认识的普遍美是现象的统一体，美学审查感觉，以达到适用它的完善。卡西尔（又译作卡西勒）认为，鲍姆嘉通“不仅想要把感受性从各种约束中解放出来，而且想使感受性达到精神上的完善。这种完美不可能存在于完美之中，而只能存在于美之中。美就是快感，但是这种快感与其他源于纯感官刺激的快感有具体差别。它不受纯欲望力量的支配，而是受对纯思和纯认识的渴望的支配。因此，只有通过美所能提供的这种快感，我们才能体验到内在的生命力和寓于感性的东西之中即寓于‘感性认识的生命’（vita cognitionis sensitivae）之中的纯自发性”[③]。可见，在鲍姆嘉通那里，审美是感受性与精神性、此岸与彼岸的统一体。

此后，康德、席勒、费尔巴哈等人从不同层面丰富了感性的内涵，推进了对感性问题的研究。而 20 世纪美学家从世纪之交的尼采、弗洛伊德，到梅洛－庞蒂、马尔库塞、福柯、德勒兹、苏珊·桑塔格、舒斯特曼等人大多关注感性问题，并使之上升到较为突出的位置。马克思在《1844 年经济学哲学手稿》及其他早期著作中在政治经济学及哲学层面论及的感性问题与美学有重要的相通之处，其贡献在于把感性活动与审美创造和美感享受相关联，因而他的感性论思想上承鲍姆嘉通、康德、席勒、黑格尔、费尔巴哈，下启马尔库塞和 20 世纪美学中的感性论，在近代美学向现代美学的转变过程中带有某种承前启后的性质，产生了重要影响。

应当说，德国古典哲学与美学的主流是关注感性的，但是在启蒙理性笼罩的氛围中，总的来说感性的地位要低于理性（知性）。这一点影响了德国古典美学的思维方式。康德认为知识的形成离不开感性直观，感性直观的对象内容是经验的，形式如时间、空间直观是先天的。感性提供对象，知性整理感性提供的材料，因而感性是被动的，是受刺激

① 鲍姆嘉通：《诗的哲学默想录》，见鲍姆嘉通《美学》，简明、王旭晓译，北京：文化艺术出版社 1987 年版，第 169 页。
② 鲍姆嘉通：《美学》，简明、王旭晓译，北京：文化艺术出版社 1987 年版，第 18 页。
③ 卡西勒：《启蒙哲学》，顾伟铭等译，济南：山东人民出版社 1988 年版，第 352 页。

时接受表象的能力。知性是能动的，对感性的材料加以思维。康德早年在教授资格论文中对感性和知性进行了区分，认为“感性是一个主体的接受性。借助它，主体的表象状态就有可能由于某个对象的在场而以一定的方式被刺激起来。理性（知性）是主体的一种能力，借助它，主体就能表象根据其性质不能进入其感官的东西。感性的对象是可感的，仅仅包含可以被理性认识着的对象，则是理知的。前者在古人的各个学派中叫做现象，后者则叫做本体”[①]。他在《纯粹理性批判》中又说：“通过我们被对象所刺激的方式来获得表象的这种能力（接受能力），就叫作感性。所以，借助于感性，对象被给予我们，且只有感性才给我们提供出直观；但这些直观通过知性而被思维，而从知性产生出概念。”[②]经验知识是感性材料和知性形式的综合。康德在这里虽然是从认知能力而不是在美学意义上谈论感性的，但是他把感性定义为感受性和对象刺激下接受表象的能力，与审美活动还是相通的。在《判断力批判》中，康德所讨论的美学中的感性对象已经不是认识论意义上的客观对象，而是从个别事物出发去寻找普遍一般，审美通过反思的判断力以感性观照的方式在人的经验中沟通现象与本体、自然与自由。他在谈到感性（审美）表象时说：“凡是在一个客体的表象上只是主观的东西，亦即凡是构成这表象与主体的关系、而不是与对象的关系的东西，就是该表象的审美性状；但凡是在该表象上用作或能够被用于对象的规定（知识）的东西，就是该表象的逻辑有效性。在一个感官对象的知识中这两种关系是一起出现的。”审美表象只与主体的情感有关，而不涉及与对象的认识关系，“鉴赏判断并不是认识判断，因而不是逻辑上的，而是感性的（审美的），我们把这种判断理解为其规定根据只能是主观的……这表象是在愉快与不愉快的情感的名义下完全关联于主体，也就是关联于主体的生命感的：这就建立起来一种极为特殊的分辨和评判的能力”[③]。但是由于康德区分了快感、道德感与审美情感，认为快感是被动地接受对象刺激产生的感觉，没有普遍性，只有审美情感与对象的形式相关联，把审美情感归结为无利害感，因而发展了审美的静观与超越性。在席勒的《美育书简》中，人的感性虽然被赋予一定的地位，但是只具有本能性与冲动性，并局限于事物个别的存在方式。席勒认为在人的身上同时存在着感性冲动和形式冲动，前者“把我们自身之内必然的东西转化为现实”，后者“使我们自身之外现实的东西服从必然性的规律”[④]，感性冲动产生于人的

① 康德：《论可感世界与理知世界的形式及其原则》，李秋零译，见《康德全集》第 2 卷，北京：中国人民大学出版社 2005 年版，第 397 页。译文略有改动。

② 康德：《纯粹理性批判》，邓晓芒译，北京：人民出版社 2004 年版，第 25 页。

③ 康德：《判断力批判》，邓晓芒译，北京：人民出版社 2002 年版，第 24 页、第 37~38 页。

④ 席勒：《美育书简》，徐恒醇译，北京：中国文联出版公司 1984 年版，第 74 页。

自然存在或感性本性，它唤起和发展人性的素质，但有使无限的可能性局限于事物个别的存在方式的倾向。形式冲动"产生于人的绝对存在或理性本性，致力于使人处于自由，使人的表现的多样性处于和谐中，在状态的变化中保持其人格的不变"。如果说感性冲动提供的是事件，形式冲动提供的便是法则。感性冲动的对象是最广义的生命，形式冲动包括事物一切形式方面的性质以及它与各种思考力的关系（形象），二者需要第三种冲动即游戏冲动来调节各自的片面性，游戏冲动的对象是"活的形象"，即"最广义的美"①。但是，席勒将感性与人的生命存在相关联，赋予感性冲动比形式冲动更为基础性的地位，无疑对马克思产生了影响。席勒说过："感性冲动的作用先于理性冲动的作用，因为感觉是走在意识之前的，在这种感性冲动在先的过程中，我们开辟了人的自由的全部历史。"②

黑格尔的哲学是绝对唯心论，自然重视理性而轻视感性。虽然他也说过，"最初的知识……是感性的意识"③，他还是认为最适合表达绝对精神自身的是纯粹概念。在《美学》中，黑格尔把艺术中的美说成是理念的感性显现，把文学形象及其性格当成以观念形式存在着的理念的反映，就说明了这一点。但是黑格尔把精神的外化称为对象化，对马克思把美的创造视为按照实践理念进行的感性活动有启发。黑格尔在《美学》中写道："艺术的普遍而绝对的需要是由于人是一种能思考的意识，这就是说，他由自己而且为自己造成他自己是什么，和一切是什么。""人还通过实践的活动来达到为自己（认识自己），因为人有一种冲动，要在直接呈现于他面前的外在事物之中实现他自己，而且就在这实践过程中认识他自己。人通过改变外在事物来达到这个目的，在这些外在事物上面刻下他自己内心生活的烙印，而且发见他自己的性格在这些外在事物中复现了。人这样做，目的在于要以自由人的身份，去消除外在世界的那种顽强的疏远性，在事物的形状中他欣赏的只是他自己的外在现实。"④艺术品包含心灵意蕴，但又是以感性的方式存在。作为感性存在物，体现了人的本质力量。

到了费尔巴哈，才恢复了感性在哲学中的地位，并进一步把感性与审美活动相联系。他明确提出，"只有在人身上，感官的感觉从相对的、从属于较低的生活目的的本质成为绝对的本质、自我目的、自我享受"。人的"感官的对象不限于这一种或那一种可感觉的东西，而是包括一切现象、整个世界、无限的空间；而且他们所以常常追求这些，又

① 席勒：《美育书简》，徐恒醇译，北京：中国文联出版公司1984年版，第76页、第86页。
② 席勒：《美育书简》，徐恒醇译，北京：中国文联出版公司1984年版，第106页。
③ 黑格尔：《精神现象学》（上），贺麟、王玖兴译，北京：商务印书馆1979年版，第17页。
④ 黑格尔：《美学》第1卷，朱光潜译，北京：商务印书馆1979年版，第38~39页。

仅仅是为了这些现象本身，为了美的享受。……人的存在只归功于感性”。[①] 费尔巴哈认为黑格尔的思辨唯心主义是一种经过改造的精致化的神学，是人的本质异化的另一种形式，因为它把绝对的实体与有限的现实的实体分割开来。费尔巴哈同时还批评康德建立的是一种建立在经验论基础上的唯心主义，提出应当把属于人的东西归还给人，具体说就是感觉、感性和需要等。感觉、受动和需要是费尔巴哈对人的类本质的规定。他说：“思维中的存在，没有客观性，没有现实性，没有独立性的存在，当然就是无。”[②] 他把感性、现实性、真理性视为一体，“真理性，现实性，感性的意义是相同的。只有一个感性的实体，才是一个真正的，现实的实体。只有通过感觉，一个对象才能在真实的意义之下存在”[③]。正因为把感觉视为人的绝对官能，费尔巴哈把黑格尔所说的艺术在感性事物中表现真理修改为“艺术表现感性事物的真理”[④]。科尔纽评价说，费尔巴哈的唯物主义主张“从有感觉的人和自然界出发”，“这种世界观已不再把观念或意识的发展看作是本质要素，而是把在自然界和社会中活动的具体的人看作是本质要素了”[⑤]。

马克思借鉴了费尔巴哈的感性论思想，确认了人是感性的、自然的存在物，赋予感性以非常突出的地位，指认感性“必须是一切科学的基础。科学只有从感性意识和感性需要这两种形式的感性出发，因而，科学只有从自然界出发，才是现实的科学。可见，全部历史是为了使‘人’成为感性意识的对象和使‘人作为人’的需要成为需要而作准备的历史”[⑥]。马克思不仅把自然看作感性存在，人也是感性的存在物，并且认为社会主义“是从把人和自然界看作本质这种理论上和实践上的感性意识开始的”[⑦]。马克思还写道：“人作为自然存在物，而且作为有生命的自然存在物，一方面具有自然力、生命力，是能动的自然存在物；这些力量作为天赋和才能、作为欲望存在于人身上；另一方面，人作为自然的、肉体的、感性的、对象性的存在物，同动植物一样，是受动的、受制约的和受限制的存在物，就是说，他的欲望的对象是作为不依赖于他的对象而存在于他之外

---

① 费尔巴哈：《反对身体和灵魂、肉体和精神的二元论》，见《费尔巴哈哲学著作选集》（上），北京：生活·读书·新知三联书店 1959 年版，第 212 页、第 213 页。
② 费尔巴哈：《未来哲学原理》，见《费尔巴哈哲学著作选集》（上），洪谦等译，北京：生活·读书·新知三联书店 1959 年版，第 156 页。
③ 费尔巴哈：《未来哲学原理》，见《费尔巴哈哲学著作选集》（上），洪谦等译，北京：生活·读书·新知三联书店 1959 年版，第 166 页。
④ 费尔巴哈：《未来哲学原理》，见《费尔巴哈哲学著作选集》（上），洪谦等译，北京：生活·读书·新知三联书店 1959 年版，第 171 页。
⑤ 科尔纽：《马克思的思想起源》，王瑾译，北京：中国人民大学出版社 1987 年版，第 57 页。
⑥ 马克思：《1844 年经济学哲学手稿》，见《马克思恩格斯全集》第 2 版第 3 卷，北京：人民出版社 2002 年版，第 308 页。
⑦ 马克思：《1844 年经济学哲学手稿》，见《马克思恩格斯全集》第 2 版第 3 卷，北京：人民出版社 2002 年版，第 311 页。

的；但是，这些对象是他的需要的对象；是表现和确证他的本质力量所不可缺少的、重要的对象。”[①] 这一方面说明人类由自然界进化而来，以自然为自己的无机的肉体，另一方面也说明人的感性存在的受动性和受制于需要的性质。可见在这里，马克思在一定程度上受到费尔巴哈的影响，把感性理解为感觉与现实性。在《神圣家族》中，马克思赞扬了欧仁·苏的小说《巴黎的秘密》中描写的“在大自然的怀抱中”所呈现出来的玛丽花“本来的、非批判的形象”，“玛丽花可以自由地表露自己固有的天性，因此她流露出如此蓬勃的生趣、如此丰富的感受以及对大自然美的如此合乎人性的欣喜若狂”[②]，马克思认为作者在这里突破了资产阶级世界观的限制，描写了人物性格如其本性的自发成长。玛丽花虽然处在极端屈辱的境遇中，但“她仍然保持着人类的高尚心灵、人性的落拓不羁和人性的优美”。“她是朝气蓬勃、精力充沛、愉快活泼、生性灵活的，只有这些品质才能说明她怎样在非人的境遇中得以合乎人性地成长”[③]。而一旦玛丽花经过了作者所崇尚的思辨哲学的批判的改造，便产生了批判的变态，使人物性格的发展背离了自身运行的逻辑。这表明马克思憧憬着人的感性的、非异化的真实存在状态。

但是费尔巴哈的感性论存在两个比较突出的问题，一是感性的特征主要被归结为自发性和受动性。他说：“没有限制、没有时间、没有痛苦的地方，也就没有性质、没有力量、没有精神、没有热情、没有爱。只有感到痛苦的实体才是必然的实体。没有需要的存在是多余的存在。”“一种哲学，如果不包含被动的原则，……是一种绝对片面的哲学，必然要与经验相对立。”[④] 二是他把对象化看作只是主体与对象的接近过程，“哲学，一般科学的任务，并不在于离开感性事物即实际事物，而在于接近这些事物——并不在于将对象转变成思想和观念，而在于使平常的，看不见的东西可以看得见，亦即对象化”[⑤]。这使他的感性论及其对美学的适用性受到很大的局限，因而受到了马克思的批评。

此外，英国唯物主义对感觉经验的重视，法国唯物主义如爱尔维修认为感性的印象和自私的欲望、享乐和正确理解的个人利益是整个道德的基础的观点，对马克思感性论的形成也有重要影响。在《神圣家族》中，马克思在对他们进行了批判性考察之后指出：“关于人性本善和人们智力平等，关于经验、习惯、教育的万能，关于外部环境对人的影响，

① 马克思：《1844年经济学哲学手稿》，见《马克思恩格斯全集》第2版第3卷，北京：人民出版社2002年版，第324页。

② 马克思、恩格斯：《神圣家族》，见《马克思恩格斯全集》第2卷，北京：人民出版社1957年版，第217~218页。

③ 马克思、恩格斯：《神圣家族》，见《马克思恩格斯全集》第2卷，北京：人民出版社1957年版，第215页。

④ 费尔巴哈：《关于哲学改造的临时提纲》，见《费尔巴哈哲学著作选集》（上），洪谦等译，北京：生活·读书·新知三联书店1959年版，第110页。

⑤ 费尔巴哈：《未来哲学原理》，见《费尔巴哈哲学著作选集》（上），洪谦等译，北京：生活·读书·新知三联书店1959年版，第174页。

关于工业的重大意义，关于享乐的合理性等等的唯物主义学说，同共产主义和社会主义之间有着必然的联系。既然人是从感性世界和感性世界中的经验中汲取自己的一切知识、感觉等等，那就必须这样安排周围的世界，使人在其中能认识和领会真正合乎人性的东西，使他能认识到自己是人。既然正确理解的利益是整个道德的基础，那就必须使个别人的私人利益符合于全人类的利益。既然从唯物主义意义上来说人是不自由的，就是说，既然人不是由于有避免某种事物的消极力量，而是由于有表现本身的真正个性的积极力量才得到自由，那就不应当惩罚个别人的犯罪行为，而应当消灭犯罪行为的反社会的根源，并使每个人都有必要的社会活动场所来显露他的重要的生命力。既然人的性格是由环境造成的，那就必须使环境成为合乎人性的环境。”①

二、马克思论感觉和感性的解放

马克思早期多次谈到感觉与感性问题。虽然马克思的感性论思想更为直接地是在批判地吸收和改造费尔巴哈感性理论的基础上形成的，但也借鉴了康德、席勒、黑格尔等人感性论的合理成分。他的感性论尽管主要建立在物质生产实践的基础之上，却与美学息息相通。早在博士学位论文中，马克思就写道：“影象是自然物体的形式，这些形式好像一层外壳，从自然物体上脱落下来，并把自然物体移到现象中来。事物的这些形式不断地从它们中流出，侵入感官，从而使客体得以显现出来。因此，是自然在听的过程中听到它自己，在嗅的过程中嗅到它自己，在看的过程中看见它自己。所以，人的感性是一个媒介，通过这个媒介，犹如通过一个焦点，自然的种种过程得到反映，燃烧起来形成现象之光。”② 马克思在《1844 年经济学哲学手稿》中所论证的社会人的一个重要特点是感觉的全面性和感性的生存状态。如果说马克思的政治经济学批判为扬弃私有制的共产主义学说奠定了基础，他对社会人的感性与理性、自然与社会相统一的生存状态的描绘则发展了萌生于近代德国的“感性”美学。马克思所向往的社会的人是感觉和感性的彻底解放，他有时称之为“富有的人”：“富有的人和富有的人的需要代替了国民经济学上的富有和贫困。富有的人同时就是需要有总体的人的生命表现的人，在这样的人的身上，他自己的实现作为内在的必然性、作为需要而存在。”③

① 马克思、恩格斯：《神圣家族》，见《马克思恩格斯全集》第 2 卷，北京：人民出版社 1957 年版，第 166~167 页。

② 马克思：《论德谟克利特的自然哲学和伊壁鸠鲁自然哲学的差别》，见《马克思恩格斯全集》第 2 版第 1 卷，北京：人民出版社 1995 年版，第 53~54 页。

③ 马克思：《1844 年经济学哲学手稿》，见《马克思恩格斯全集》第 2 版第 3 卷，北京：人民出版社 2002 年版，第 308 页。

马克思对人的感性和感觉的重视，首先还是和费尔巴哈及其人本主义思想有关。“费尔巴哈独特的地方是他的人本学——他把人看作是这样一种存在，他的本质是社会的，他的知识是由感觉得来的，而且他是生活在与自然经常交换之中的。”[①]费尔巴哈把感性的人作为科学的普遍对象。他在《未来哲学原理》中写道：“新哲学将人连同作为人的基础的自然当作哲学唯一的，普遍的，最高的对象——因而也将人类学连同生理学当作普遍的科学。”[②]马克思认为，费尔巴哈的历史功绩之一是揭示了黑格尔的思辨哲学是经过改装的宗教，是人的本质异化的另一种形式，功绩之二是从物质的也即感性的、感官可以把握的东西出发，使人与人之间的社会关系成了理论的基本原则，从而创立了真正的唯物主义和现实的科学。但是马克思又认为，费尔巴哈“把人只看作是‘感性对象’，而不是‘感性活动’……他还从来没有看到现实存在着的、活动的人，而是停留于抽象的‘人’，并且仅仅限于在感情范围内承认‘现实的、单独的、肉体的人’，也就是说，除了爱与友情，而且是观念化了的爱与友情以外，他不知道‘人与人之间’还有什么其他的‘人的关系’”[③]。而在马克思看来，正是这种对象性活动，“这种连续不断的感性劳动和创造、这种生产，正是整个现存的感性世界的基础”[④]。人的对象性活动的最一般形式就是劳动。马克思把全部人类历史看成是人类通过劳动的诞生，“劳动的对象是人的类生活的对象化：人不仅像在意识中那样在精神上使自己二重化，而且能动地、现实地使自己二重化，从而在他所创造的世界中直观自身”[⑤]。马克思正是从人的实践活动的自由自觉的类特性方面看待人的生产和动物“生产”的区别，并提出“人也按照美的规律来构造”的“美的规律”学说的。关于美的规律，国内学界讨论很多，在这里不拟展开论述。但是有一点是肯定的，马克思强调人的对象化劳动具有一种把主体尺度和对象尺度融为一体的实践理念，所以它“不仅使自然物发生形式变化，同时他还在自然物中实现自己的目的”[⑥]。可见，在马克思那里，实践论、感性学（美学）是联系在一起的。

与费尔巴哈相比，马克思凸显了人的感觉、感性的实践性与主动性。在《关于费尔巴哈的提纲》中，马克思指出，“从前的一切唯物主义（包括费尔巴哈的唯物主义）的主要缺点是：对对象、现实、感性，只是从客体的或者直观的形式去理解，而不是把它们

---

① 戴维·麦克米伦：《青年黑格尔派与马克思》，夏威仪等译，北京：商务印书馆1982年版，第111页。

② 费尔巴哈：《未来哲学原理》，见《费尔巴哈哲学著作选集》（上），洪谦等译，北京：生活·读书·新知三联书店1959年版，第184页。

③ 马克思、恩格斯：《德意志意识形态》，见《马克思恩格斯选集》第1卷，北京：人民出版社1995年版，第77~78页。

④ 马克思、恩格斯：《德意志意识形态》，见《马克思恩格斯选集》第1卷，北京：人民出版社1995年版，第77页。

⑤ 马克思：《1844年经济学哲学手稿》，见《马克思恩格斯全集》第2版第3卷，北京：人民出版社2002年版，第274页。

⑥ 马克思：《资本论》第1卷，见《马克思恩格斯全集》第2版第44卷，北京：人民出版社2001年版，第208页。

当作感性的人的活动，当作实践去理解，不是从主体方面去理解"[①]。这就把人的感性活动，首先是劳动视为沟通人自身的自然和外在自然的桥梁，认为"劳动作为使用价值的创造者，作为有用劳动，是不以一切社会形式为转移的人类生存条件，是人和自然之间的物质变换即人类生活得以实现的永恒的自然必然性"[②]。通过劳动，人不仅改变了外在自然，也改变和丰富了内在自然。在这个过程中，马克思注意到人的身体、感知等方面的潜能的发挥，"劳动首先是人和自然之间的过程，是人以自身的活动来中介、调整和控制人和自然之间的物质变换的过程。人自身作为一种自然力与自然物质相对立。为了在对自身生活有用的形式上占有自然物质，人就使他身上的自然力——臂和腿、头和手运动起来。当他通过这种运动作用于他身外的自然并改变自然时，也就同时改变他自身的自然。他使自身的自然中蕴藏着的潜力发挥出来，并且使这种力的活动受他自己控制"[③]。马克思本人对人的能力的实现抱有乐观的信念。他相信人的感觉力量和能力的运用本身就是一种绝对目的。马克思的这种认识可能受到席勒的影响。席勒认为近代以来，国家与教会、法律与习俗分裂，享受与劳动、手段与目的、努力与报酬脱节，使人失去了古希腊人的完整性，更由于分工被束缚在一个个孤零零的断片上。他主张通过审美教育，沟通感性与理性，培养完整的人。

如上所述，马克思的感性论建立在物质生产实践的基础之上。他认为人是对象性的存在物，在指认人的受动性的基础上同时又肯定人的主动性和创造性。马克思把人的自我对象化看作人的现实的对象性，人的本质力量在于凭借外部对象并在外部对象中充分利用一切"对象性"的东西，"一个有生命的、自然的、具备并赋有对象性的即物质的本质力量的存在物，既拥有它的本质的现实的、自然的对象，它的自我外化又设定一个现实的、却以外在性的形式表现出来因而不属于他的本质的、极其强大的对象世界"[④]，这个对象世界体现了人的本质，是对人的肯定。马克思在《1844年经济学哲学手稿》中最后展开的对黑格尔的哲学批判，其实质是马克思对黑格尔把人设定为抽象的自我意识并进行观念外化的一种批判，从而为自己从现实的感性的人出发的新唯物主义作哲学论证。由于黑格尔把对象化看作人的观念本质的外化和异化，"根据否定的否定所包含的肯定方面把否定的否定看成真正的和惟一的肯定的东西，而根据它所包含的否定方面把它

① 马克思：《关于费尔巴哈的提纲》，见《马克思恩格斯选集》第2版第1卷，北京：人民出版社1995年版，第54页。
② 马克思：《资本论》第1卷，见《马克思恩格斯全集》第2版第44卷，北京：人民出版社2001年版，第56页。
③ 马克思：《资本论》第1卷，见《马克思恩格斯全集》第2版第44卷，北京：人民出版社2001年版，第207页。
④ 马克思：《1844年经济学哲学手稿》，见《马克思恩格斯全集》第2版第3卷，北京：人民出版社2002年版，第323页。

看成一切存在的惟一真正的活动和自我实现的活动，所以他只是为历史的运动找到抽象的、逻辑的、思辨的表达”，但是黑格尔的意识本身作为意识与自我意识的统一以颠倒的形式显示了人的本质力量：“黑格尔把人的自我产生看作一个过程，把对象化看作非对象化，看作外化和这种外化的扬弃；可见，他抓住了劳动的本质，把对象性的人、现实的因而是真正的人理解为他自己的劳动的结果。”[①]以歪曲的形态看到人的对象性的本质。马克思批判地吸收了黑格尔对象化理论的合理内核，确立了人的感性活动是人的本质的对象化活动。他说，主体“是对象性的本质力量的主体性，因此这些本质力量的活动也必须是对象性的活动。对象性的存在物进行对象性活动，如果它的本质规定中不包含对象性的东西，它就不进行对象性活动。它所以只创造或设定对象，因为它是被对象设定的，因为它本来就是自然界。因此，并不是它在设定这一行动中从自己的‘纯粹的活动’转而创造对象，而是它的对象性的产物仅仅证实了它的对象性活动，证实了它的活动是对象性的自然存在物的活动”[②]。在马克思看来，人和对象统一于社会实践之中，人的对象化活动不仅改变了自然界，使之成为人化的自然，也发展和丰富了感觉、感性乃至人自身，“任何一个对象对我的意义（它只是对那个与它相适应的感觉来说才有意义）恰好都以我的感觉所及的程度为限。因此，社会的人的感觉不同于非社会的人的感觉。只是由于人的本质客观地展开的丰富性，主体的、人的感性的丰富性，如有音乐感的耳朵、能感受形式美的眼睛，总之，那些能成为人的享受的感觉，即确证自己是人的本质力量的感觉，才一部分发展起来，一部分产生出来。因为，不仅五官感觉，而且连所谓精神感觉、实践感觉（意志、爱等等），一句话，人的感觉、感觉的人性，都是由于它的对象的存在，由于人化的自然界，才产生出来的。五官感觉的形成是迄今为止全部世界历史的产物”[③]。这充分说明，马克思超越了近代追问美的本质的认识论思路，在主体与对象的关系中探讨美的生成。

马克思不仅确立了人的感性活动是人的本质的对象化活动，还进一步在肯定人的本质的多样性的基础上肯定了人的本质的对象化活动的多样性。费尔巴哈曾经在一般意义上把主体的本质与对象本质相联系，“一个实体是什么，只有从它的对象中去认识，一个实体必须涉及到的对象，不是别的东西，只是它自己的明显的本质。……眼的对象是光

① 马克思：《1844年经济学哲学手稿》，见《马克思恩格斯全集》第2版第3卷，北京：人民出版社2002年版，第316页、第320页。
② 马克思：《1844年经济学哲学手稿》，见《马克思恩格斯全集》第2版第3卷，北京：人民出版社2002年版，第324页。
③ 马克思：《1844年经济学哲学手稿》，见《马克思恩格斯全集》第2版第3卷，北京：人民出版社2002年版，第305页。

而不是声音，不是气味，而眼的本质就在眼的对象中向我显现出来”[①]。而马克思把人的对象化与实践活动相结合，人之所以能在所创造的世界中直观自身，是因为对象体现了它的类本质：“随着对象性的现实在社会中对人来说到处成为人的本质力量的现实，成为人的现实，因而成为人自己的本质力量的现实，一切对象对他来说也就成为他自身的对象化，成为确证和实现他的个性的对象，成为他的对象，这就是说，对象成为他自身。对象如何对他来说成为他的对象，这取决于对象的性质以及与之相适应的本质力量的性质；因为正是这种关系的规定性形成一种特殊的、现实的肯定方式。眼睛对对象的感觉不同于耳朵，眼睛的对象是不同于耳朵的对象的。每一种本质力量的独特性，恰好就是这种本质力量的独特的本质，因而也是它的对象化的独特方式，它的对象性的、现实的、活生生的存在的独特方式。因此，人不仅通过思维，而且以全部感觉在对象世界中肯定自己。”[②]马克思所说的一切对象对于人来说成为他自身的对象化，人不仅通过思维，还以全部感觉在对象世界中肯定自己，包含了把审美活动由感性认识引向感性活动的意思在里面。

总的来看，费尔巴哈的感性仍然是静观的和非历史的，是受对象作用的感觉。马克思则认为真正意义上的感性是一个变化的历史的范畴。人的活动的对象性能使得思维和存在、主体和客体、人和外在世界之间建立一种相互渗透和相互依赖的关系，在适应自然界的同时使自然界适应于自己。“费尔巴哈对感性世界的‘理解’一方面仅仅局限于对这一世界的单纯的直观，另一方面仅仅局限于单纯的感觉。……他没有看到，他周围的感性世界决不是某种开天辟地以来就直接存在的、始终如一的东西，而是工业和社会状况的产物，是历史的产物，是世世代代活动的结果。”[③]只有全面地占有对象，才能展示人的全部感觉并导致审美的发生，“对私有财产的积极的扬弃，就是说，为了人并且通过人对人的本质和人的生命、对象性的人和人的作品的感性的占有，不应当仅仅被理解为直接的、片面的享受，不应当仅仅被理解为占有、拥有。人以一种全面的方式，就是说，作为一个总体的人，占有自己的全面的本质。人对世界的任何一种人的关系——视觉、听觉、嗅觉、味觉、触觉、思维、直观、情感、愿望、活动、爱，——总之，他的个体的一切器官，正像在形式上直接是社会的器官的那些器官一样，是通过自己的对象性关系，即通过自己同对象的关系而对对象的占有，对人的现实的占有；这些器官同对象的关系，

① 费尔巴哈：《未来哲学原理》，见《费尔巴哈哲学著作选集》（上），洪谦等译，北京：生活·读书·新知三联书店1959年版，第126页。

② 马克思：《1844年经济学哲学手稿》，见《马克思恩格斯全集》第2版第3卷，北京：人民出版社2002年版，第304~305页。

③ 马克思、恩格斯：《德意志意识形态》，见《马克思恩格斯选集》第1卷，北京：人民出版社1995年版，第75~76页。

是人的现实的实现"[①]。人的感性的对象性活动可以丰富和提升人的感觉和本质力量，并与世界产生进一步的对象性关系，在这个过程中又使自己的五官感觉不断进化，如此不断取得进步。马克思的感性论注意到感觉和感性的丰富性和全面性，人以一种全面的方式占有自己的全面的本质，开掘和发挥多方面的感觉与潜能。除了通常所说的视觉、听觉、嗅觉、味觉、触觉，马克思还提到直观、愿望、活动、爱、思维等"个体的一切器官"，以及社会人的感觉不同于非社会人的感觉，这实际上把感性定位为人的自然存在和社会历史存在的统一。特别是马克思对身体及其感知的重视，和20世纪美学中重视身体感知的趋向是吻合的。

马克思对感性活动的倡导与对资本主义私有制的批判联系在一起。私有财产制度是一种物对人的统治，它不仅把人与人的关系变成商品生产和交换的物的关系，而且把人对物的感觉变成单纯的拥有的感觉。废除私有制可以使需要和享受失去利己主义性质，因而也使感觉获得解放。马克思认为私有制使得感觉变得愚蠢而片面，形成感觉的异化。"一切肉体的和精神的感觉都被这一切感觉的单纯异化即拥有的感觉所代替。……对私有财产的扬弃，是人的一切感觉和特性的彻底解放；但这种扬弃之所以是这种解放，正是因为这些感觉和特性无论在主体上还是在客体上都成为人的。眼睛成为人的眼睛，正像眼睛的对象成为社会的、人的、由人并为了人创造出来的对象一样。因此，感觉在自己的实践中直接成为理论家。"[②] 而感觉的异化会破坏审美的丰富性。"囿于粗陋的实际需要的感觉，也只具有有限的意义。……忧心忡忡的、贫穷的人对最美丽的景色都没有什么感觉；经营矿物的商人只看到矿物的商业价值，而看不到矿物的美和独特性；他没有矿物学的感觉。因此，一方面为了使人的感觉成为人的，另一方面为了创造同人的本质和自然界的本质的全部丰富性相适应的人的感觉，无论从理论方面还是从实践方面来说，人的本质的对象化都是必要的。"[③] 有学者评价说："马克思的感性不仅是感性知觉或感性直观，而且是感性活动，因而是实践，所以这种主观感性同时具有一种证明和肯定客观世界的主体性能力。"[④]

在马克思看来，只有共产主义对私有财产积极的扬弃才能克服私有制下感觉的片面性，带来人的感觉和感性的彻底的解放。马克思所展望的共产主义社会就是一个非异化的、

① 马克思：《1844年经济学哲学手稿》，见《马克思恩格斯全集》第2版第3卷，北京：人民出版社2002年版，第303页。
② 马克思：《1844年经济学哲学手稿》，见《马克思恩格斯全集》第2版第3卷，北京：人民出版社2002年版，第303~304页。
③ 马克思：《1844年经济学哲学手稿》，见《马克思恩格斯全集》第2版第3卷，北京：人民出版社2002年版，第305~306页。
④ 邓晓芒：《实践唯物论新解：开出现象学之维》，武汉：武汉大学出版社2007年版，第192页。

感觉与感性得到解放的社会，“那个共同体是生活本身，是物质生活和精神生活、人的道德、人的活动、人的享受、人的本质”①。正是由于马克思对与人的实践活动相联系的感觉的全面性和丰富性的倡导，在一定程度上改变了德国古典哲学与美学中感觉、感性被压抑的状况，恢复了美学原本具有的身体性与精神性的双重维度，融入近代到20世纪所发生的从感性认识到感性活动这样巨大的美学潮流之中。

三、20世纪美学的感性解放

在20世纪反形而上学的大潮中，美学出现了以感性的名义对身体感知含义的回归并使之发扬光大的趋势，我们姑且称之为“感性解放”。“传统本体论遭到了非议：与以逻各斯为基础的存在观相抗衡，出现了一种以非逻辑的东西即以意志和快乐为根据的存在观。这股逆流也想表明其自身的逻各斯，即满足的逻辑。”②从世纪之交的尼采，到弗洛伊德、梅洛－庞蒂、马尔库塞、福柯、德勒兹、苏珊·桑塔格、伊格尔顿、舒斯特曼等人都可以纳入这个大的链条之中。这股思潮虽然在突显感性的重要性方面与早期马克思一脉相承，但是又出现了一个大的变化和逆转，即以当下性、现实性取代超越性，张扬感性而贬低理性。在“回到鲍姆嘉通”的口号下，美学原本具有的与身体相关的知觉和感觉的含义得到了释放：“美学是作为有关肉体的话语而诞生的。在德国哲学家亚历山大·鲍姆嘉通所作的最初的系统阐述中，这个术语首先涉指的不是艺术，而是如古希腊的感性所指出的那样，是指与更加崇高的概念思想领域相比照的人类的全部知觉和感觉领域。”③尼采便颠倒了柏拉图—基督教—笛卡儿以来重视心灵贬低身体的思路，认为心灵是身体的工具，在审美活动中身体是比心灵更加活跃有力的因素，“根本的问题：要以肉体为出发点，并且以肉体为线索。肉体是更为丰富的现象，肉体可以仔细观察。肯定对肉体的信仰，胜于肯定对精神的信仰。”“兽性快感和渴求的细腻神韵相混合，就是美学的状态。后者只出现在有能力使肉体的全部生命力具有丰盈的出让性和满溢性的那些天性身上；生命力始终是第一推动力。”④弗洛伊德更是赋予无意识与本能以空前重要的位置，把艺术视为被压抑的本能和无意识的升华。他说：“我们假设存在于‘本我’的需要所导致

① 马克思：《评一个普鲁士人的〈普鲁士国王和社会改革〉一文》，见《马克思恩格斯全集》第2版第3卷，北京：人民出版社2002年版，第394页。

② 马尔库塞：《爱欲与文明》，黄勇、薛民译，上海：上海译文出版社1987年版，第89页。

③ 伊格尔顿：《美学意识形态》，王杰等译，桂林：广西师范大学出版社1997年版，第1页。译文略有改动。

④ 尼采：《权力意志》，张念东、凌素心译，北京：商务印书馆1996年版，第178页、第253页。

的紧张背后的那种力量，就叫做‘本能’。本能代表的是肉体对于心灵的要求。”[①]“所谓有机体的‘本能’——这个词代表了所有产生于身体内部并且被传递到心理器官的力。”[②]阿多尔诺也说：“每一种感觉都是一种肉体的感受……像‘感官的’、‘感觉的’以及‘感觉’这样的词在语言学上的细微差别本身就表明了所意指的事实很少像认识论对待它们的那样是认识的纯粹要素。对万物世界的主观内在的重构是以感觉作为它的等级制度的基础。”[③]在《知觉现象学》中，梅洛－庞蒂质疑笛卡儿以来的身心二元论，认为人通过身体向世界和他人开放，我们对世界的知觉是通过看、触摸、感受来进行的，诸如视觉、性、运动机能等都无法区分出主体与客体、身体与意识，所以他致力于研究感性世界的复杂性，以语言与身体、意识与潜意识的汇通淡化主客体关系，感知者与被感知对象融为一体。福柯倡导的以自我呵护为原则的生存美学甚至把感官快乐与麻醉相联系。“我以为，那种真正的快乐是如此深沉强烈、压倒一切，会令我窒息，我会因此而死去……某些麻醉毒品对我来说也很重要，因为它们能缓解我对那种强烈而又寻觅不得的快乐的渴望。”[④]福柯鼓吹超越性欲的各种身体愉悦，主张通过人与事物、人和身体的多形态关系来创造多种愉悦，所以他不仅关注到生物能量、性别建构和身体的社会管制问题，而且热衷于从同性恋、性虐待、吸毒等渠道取得高感官强度的满足和愉悦。随着消费社会的到来，身体本身更成为审美化的消费品。“在消费的全套装备中，有一种比其他一切都更美丽、更珍贵、更光彩夺目的物品——它比负载了全部内涵的汽车还要负载了更沉重的内涵。这便是身体。”[⑤]感性替代了理性，当下替代了永恒。

马尔库塞也非常重视感性在审美活动中的地位：“审美方面的基本经验是感性的，而不是概念的；审美知觉本质上是直觉，而不是观念。感性的本性是‘接受’，即通过给予物的影响而产生认识。正是借助这种与感性的内在联系，审美功能才获得了其核心的地位。”[⑥]他提出的“新感性”（new sensibility）就是对马克思早期感性论的一个继承与发挥，也是对现代社会中审美感性化、世俗化倾向的一个理论回应。考虑到德语中“感性”一词sinnlichkeit兼有本能与感性知觉之意，马尔库塞抓住马克思的感性论，将其引申为“新感性”，认为美“就其‘相关于感官’和‘相关于艺术’的双重含义看，可以用来表示在

① 弗洛伊德：《精神分析纲要》，刘福堂等译，见《性爱与文明》，合肥：安徽人民出版社1996年版，第286页。
② 弗洛伊德：《超越唯乐原则》，见《弗洛伊德后期著作选》，林尘等译，上海：上海译文出版社1986年版，第36页。
③ 阿多尔诺：《否定的辩证法》，张峰译，重庆：重庆出版社1993年版，第191页。
④ 福柯：《福柯访谈录：权力的眼睛》，严锋译，上海：上海人民出版社1997年版，第10页。
⑤ 波德里亚：《消费社会》，刘成富等译，南京：南京大学出版社2000年版，第139页。
⑥ 马尔库塞：《爱欲与文明》，黄勇、薛民译，上海：上海译文出版社1987年版，第129页。

自由氛围中,‘生产—创造’过程的性质”[①]。马尔库塞试图从个人最直接和最彻底地体验世界和自身的地方，即感性和本能需求之中，寻找社会关系变革的基础，所以他提出新感性的说法:“新感性并非仅仅是在群体和个体中的‘心理现象’，而是使社会变革成为个人需求的中介,是在‘改变世界’的政治实践与追求个人解放之间的调节者。”[②]在马尔库塞看来，新感性注重感性欲望与感性经验，以想象力为基本动力，在艺术与审美中表达着对既有现实的否定，“新感性已成为实践:新感性诞生于反对暴行和压迫的斗争，这场斗争，在根本上正奋力于一种崭新的生活方式和形式；它要否定整个现存体制，否定现存的道德和现存的文化；它认定了建立这样一个社会的权利:在这个新的社会中，由于贫困和劳苦的废除，一个新的天地诞生了，感性、娱乐、安宁、和美，在这个天地中成为生存的诸种形式，因而也成为社会本身的形式”。他声称他的新感性来自于马克思的《1844年经济学哲学手稿》:“认为感性具有破坏旧历史的潜能，从而把自然作为解放的领域，是马克思《1844年经济学哲学手稿》的主题……所谓‘感觉的解放’，意味着感觉在社会的重建过程中成为有‘实际作用’的东西，意味着它们在人与人、人与物、人与自然之间创造出新的(社会主义的)关系。”[③]审美的感受力已经成为反抗资本主义现实的政治形式，艺术的感觉革命可以培养全新的感官系统，同造成压抑的现行体制相决裂。马尔库塞致力于探讨现代技术或工业文明“制度化的反升华”所造就的从爱欲向性欲的转变。他注意到发达工业文明的运行引起了工作环境的变化，并伴随着较大程度的性自由。“如果身体仍是一种劳动工具，它就会得到在日常工作世界和工作关系中展示其性特征的许可。这是工业社会无与伦比的成就之一。下述情况是使其成为可能的条件:减少肮脏和繁重体力劳动，现成的便宜而漂亮的衣着，美容术、身体卫生学，广告工业的需求，等等。色情商店和女售货员，漂亮、精壮的年轻官员和公司巡视员，都是畅销的商品并为某些老板娘所专有……性被纳入工作和公共关系之中，并因而变得更易于得到(受控制的)满足。技术进步和更舒适的生活使性欲成分有可能有步骤地融入商品生产和交换领域。”[④]但是，马尔库塞又认为，这种力比多的动员、管制和释放恰恰与对社会的顺从相匹配的。性欲的解放使人摆脱了大部分不幸和不满意识，成功地压制了人们生活中的超越性追求。他呼唤的则是爱欲的解放，爱欲的解放和性欲的解放不同:“在一个异化的世

① 马尔库塞:《审美之维》，李小兵译，北京:生活·读书·新知三联书店1989年版，第107页。
② 马尔库塞:《审美之维》，李小兵译，北京:生活·读书·新知三联书店1989年版，第130页。
③ 马尔库塞:《审美之维》，李小兵译，北京:生活·读书·新知三联书店1989年版，第108页、第135页。
④ 马尔库塞:《单向度的人》，刘继译，上海:上海译文出版社1989年版，第68~69页。

界上，爱欲的解放必将成为一种致命的破坏力量，必将全盘否定支配着压抑性现实的原则。在西方文明中，文学巨著只赞颂‘不幸的爱情’……与解放了的爱欲所具有的破坏性不同，在垄断控制的坚固制度内部，性道德的松弛倒是有助于这个制度本身的。否定与肯定、黑夜与白天、梦想世界与工作世界、幻想与挫折，都被协调一致起来了。”[①] 在马尔库塞眼中，马克思所说的社会主义绝不是某些人所理解的吃得好穿得好的“福利国家”，也不仅仅是力比多的释放，而是《1844年经济学哲学手稿》所谈及的人的一切感觉和特性的彻底解放。“要与攻击性和剥削的连续体决裂，也就同时要与被这个世界定向的感性决裂。今天的反抗，就是想用一种新的方式去看、去听、去感受事物；就是要把解放与惯常的和机械的感受的消亡联系在一起。”[②] 因此，他寄希望的是幻想与艺术，娱乐和游戏。于是爱欲的解放成了马尔库塞的乌托邦。除了借鉴马克思之外，马尔库塞的新感性还吸收了弗洛伊德精神分析中的一些元素并加以改造，以图对资本主义展开社会文化批判。关于这个问题，后面第七章我们还要集中论述。

一般认为，苏珊·桑塔格所倡导的“新感受力”（new sensibility）则是受到马尔库塞新感性的启迪而提出来的。她自以为她的新感受力涵盖了从身体到精神的总体反应：“我们所目睹的，与其说是不同文化之间的一种冲突，不如说某种新的（具有潜在一致性的）感受力的创造。这种新感受力必然根植于我们的体验，在人类历史上新出现的那些体验——对极端的社会流动性和身体流动性的体验，对人类所处环境的拥挤不堪（人口和物品都以令人目眩的速度激增）的体验，对所能获得的诸如速度（身体的速度，如乘飞机旅行的情形；画面的速度，如电影中的情形）一类的新感觉的体验，对那种因艺术品的大规模再生产而成为可能的艺术泛文化观点的体验。”[③] 道格拉斯·凯尔纳和斯蒂文·贝斯特评论桑塔格的新感受力是“向理性主义追求内容、意义和秩序的做法提出了挑战”[④]。就其具体论述来看，桑塔格的新感受力关注新兴艺术给人的震惊与刺激，主要还是着眼于身体性与当下性，放弃了马尔库塞新感性中的超越性诉求。

在晚近的美学家中，新实用主义代表人物舒斯特曼在容纳后现代审美化生存和文化多元主义的基础上，进一步提出“身体美学”（somaesthetics）的构想，试图重构鲍姆嘉通使美学涵盖美和艺术、既包含理论也包含实践练习的改善生命的认知科学的观念，把

① 马尔库塞：《爱欲与文明》，黄勇、薛民译，上海：上海译文出版社1987年版，第67~68页。
② 马尔库塞：《审美之维》，李小兵译，北京：生活·读书·新知三联书店1989年版，第118页。
③ 桑塔格：《反对阐释》，程巍译，上海：上海译文出版社2003年版，第343页。
④ 道格拉斯·凯尔纳、斯蒂文·贝斯特：《后现代理论：批判的质疑》，张志斌译，北京：中央编译出版社2001年版，第13页。

身体美学定义为“对一个人的身体——作为审美欣赏及创造性的自我塑造场所——经验和作用的批判的、改善的研究。因此，它也致力于构成身体关怀或对身体的改善的知识、谈论、实践及身体上的训练”[①]。身体美学研究身体感知、身体体验和身体应用。舒斯特曼视身体为感性审美欣赏与创造性自我塑造的核心场所：“身体是我们身份认同的重要而根本的维度。身体形成了我们与这个世界融合的模式。它常常以无意识的方式，塑造着我们的各种需要、种种习惯、种种兴趣、种种愉悦，还塑造着那些目标和手段赖以实现的种种能力。”[②]因而舒斯特曼更看重“体验性”的身体训练如舞蹈、瑜伽、坐禅等，而不是化妆、节食、塑身这些外在的身体训练，认为后者属于诱使大众对身体的审美观趋向标准、统一的表象的“身体美学”。但是，由于舒斯特曼把审美、伦理、生活合而为一，同样忽视了审美的升华需要和提升潜能。

李泽厚20世纪80年代后期也提出过建立新感性的问题。他认为，“从主体性实践哲学或人类学本体论来看美感，这是一个‘建立新感性’的问题，所谓‘建立新感性’也就是建立起人类心理本体，又特别是其中的情感本体”。李泽厚批评马尔库塞把“新感性”理解为纯自然性的东西，是对马克思的误解。他认为对新感性应当从马克思所说的“自然的人化”方面去理解，即“研究理性的东西是怎样表现在感性中，社会的东西怎样表现在个体中，历史的东西怎样表现在心理中……美感便是对自己存在和成功活动的确认，成为自我意识的一个方面和一种形态。它是对人类生存所意识到的感性肯定，所以我称之为‘新感性’，这就是我解释美感的基本途径”。[③]李泽厚把马克思所说的自然的人化分为外在的自然人化（山河大地的人化）与内在的自然人化（感官、情欲的人化）两个部分，其中外在的自然人化形成了美，内在的自然人化形成了美感。这样，李泽厚便把新感性的形成视为内在的自然人化的历史成果。

应该说，马克思的感性论思想对美学这一学科的发展作出了独特贡献，在近现代美学发展史上起到了承前启后的作用。

首先，马克思的感性论思想包含了对人的感觉、情欲和需要的肯定，把传统美学对美的认识论研究，转向人的实践、人的生存、人和对象的关系，与20世纪美学一脉相通，体现了马克思美学思考的现代性。如同海德格尔说的，马克思通过实践沟通主客体，在

---

① 舒斯特曼：《实用主义美学》，彭锋译，北京：商务印书馆2002年版，第354页。

② 舒斯特曼：《身体意识与身体美学》，程相占译，北京：商务印书馆2011年版，第13页。

③ 李泽厚：《美学四讲》，北京：生活·读书·新知三联书店1989年版，第94页、第105页。

某种程度上开启了对西方“形而上学的颠倒”①。20世纪西方美学很少追问形而上的美的本质，而是更为关注人的生存境遇，艺术和审美中主客体的交互关系或主体间性成为美学研究的一个基本问题。这一理论趋向无疑也与马克思对传统哲学的批判和强调人的感性实践活动有关，如同马尔库塞所说：“在马克思那里，正是感性（作为对象化）这一概念，导致了从德国古典哲学到革命理论的决定性的转折，因为他把实践的和社会的存在这一根本的特征引入关于人的本质的存在的定义之中。”②

其次，马克思对感觉、感性的丰富性与全面性的强调预示了20世纪美学对与身体有关的感性问题的研究。邓晓芒认为，马克思的唯物主义包含了一种“感性学”，其特点是“强调感性个体的自由、自发的创造性”，“马克思的感性本身不是一种静止的直观形式，而是一种充满内在矛盾冲突的过程。它有着各种不同的丰富内容，也有由于自身矛盾而带来的片面化、抽象化的趋势，因而体现为一种自我对象化、异化并在实践中扬弃异化的历史，但这个历史本身仍然是感性的”③。这个说法是有一定道理的。马克思的著作虽然较少直接谈论美学问题，也没有把感性作为直接的研究对象，只是在其经济学、哲学著作中部分地涉及上述问题，但他关于扬弃私有制、追求感觉和个性的全面性的思想与美学相通，这种思想主张具有自由自觉的类本质的人的感觉的丰富性与实践的结合，在主体的对象化过程中直观自身，把感觉与感性的全面解放与人的全面解放联系在一起，为美学研究提供了非常有价值的理论思路。德国古典哲学与美学对感性没有给予足够的重视，感性主要是受作用而形成的自发的和被动的感觉。马克思肯定费尔巴哈把自然的感觉的现实放在第一位的做法，又批评费尔巴哈把人理解为直观的感性存在，否定了费尔巴哈感性理论的自发性和非历史性，主张把人的本质理解为自由自觉的感性活动，这里也包含了批评黑格尔理性主义的意图。黑格尔把人的认识发展归结为理性的演化。这种理性的人虽然具有能动性的特点，却缺少现实性的品格。马克思提出以人的感性活动即实践为基础，就意味着把审美活动同人的现实需要、生存活动紧密结合起来，从人的感性活动的丰富性和深刻性出发，充分肯定了人类认识和把握对象世界形式的多样性。在马克思那里，感性本身也是社会的和工业历史的产物，感受性中包含了精神性，感觉通过自己的实践直接变成了理论家，这里面包含了一种审美的人生态度和创造方式。马克

---

① 海德格尔：《面向思的事情》，孙周兴译，见《海德格尔选集》，上海：上海三联书店1996年版，第1244页。

② 马尔库塞：《历史唯物主义的基础》，见复旦大学哲学系西方哲学研究室编译《西方学者论〈西方学者论一八四四年经济学哲学手稿〉》，上海：复旦大学出版社1983年版，第113页。

③ 邓晓芒：《实践唯物论新解：开出现象学之维》，武汉：武汉大学出版社2007年版，第4页、第7页。

思所展望的共产主义社会，是感性和个性的极大发展和人的创造性的全面实现，“任何人都没有特殊的活动范围，而是都可以在任何部门内发展，社会调节着整个生产，因而使我有可能随自己的兴趣今天干这事，明天干那事，上午打猎，下午捕鱼，傍晚从事畜牧，晚饭后从事批判，这样就不会使我老是一个猎人、渔夫、牧人或批判者”[①]。也就是说，感性兼有当下性与超越性。审美不仅是感觉的全面解放，还与个性的建构以及完美社会的企盼与创造联系在一起。所以有人说，马克思把人的本质定位于以劳动实践为中心的自我实现与自我超越，感性第一次进入了本体论范畴，这样不仅他的感觉和感性的论述，即便是他的劳动、分工、私有制以及人的全面发展的学说也获得了全新的美学意义，因而马克思的感性论思想“是对西方数千年形而上学美学的一次真正的颠覆和解放。感性学和美学的人本维度与社会政治维度以及自然的人化向度有机地结合成了一个整体”[②]。众所周知，20世纪美学发生了社会文化批判转向。显然，马克思的美学思想在推动了20世纪美学中的社会文化批判转向的同时，也推动了20世纪美学的感性复苏与感性解放。

但是，感性特别是与身体知觉相关的感性既可能推进人的解放，也可能以无意识的形式使人不知不觉步入欲望的牢笼。20世纪的美学特别是后现代语境中的美学常常以“感性”为名耽溺于欲望和快感，其实遮蔽了感性的超越性且缺乏对本能以及商业对感性的本能化利用的反思。由于马克思的感性论包含了人的全面解放的思想旨趣，从现代到后现代更大的语境来审视，他的感性论更具有辩证性与警醒意义。

当然，我们也要看到，马克思的感性论主要是在政治经济学语境中提出来的，不是在专门谈论美学的语境中提出来的。他所说的感性活动虽然与审美的创造及欣赏相通，但主要还是物质生产活动，与纯粹意义上的审美活动尚存在一定的距离，这使得他的感性论对美学的适用性受到一定的限制。此外，马克思的感性论还带有若干西方理性主义传统的印记，对感性活动中的偶然性、非理性成分重视不够。况且，马克思后来更加关注实践的社会性与阶级性，没能连续一贯地思考早年探讨的感性问题，他的实践感性论也成为其理论生涯早期一个没有得到充分展开的理论模式。所有这些使马克思的感性论思想带有特定时代的痕迹，具有一定的历史局限性。

① 马克思、恩格斯：《德意志意识形态》，见《马克思恩格斯选集》第1卷，北京：人民出版社1995年版，第85页。
② 栾栋：《感性学发微》，北京：商务印书馆1999年版，第119页。

第三章　马克思自然观的生态维度

自然是马克思关注的基本话题之一。加拿大学者莱斯指出："在马克思所有时期的著作中，自然概念都是最重要的范畴之一。"[①]但是对于马克思自然观的内涵和意义，即使在马克思主义内部，看法也是有分歧的。伊格尔顿高度评价马克思这方面的贡献："在自然和环境问题上，他有很多超越时代的惊人观点。"[②]而生态马克思主义的代表人物奥康纳虽然肯定马克思自然观的生态学价值，却又认为马克思"更多地把自然界当作人类劳动的外在对象来考虑"[③]。另一位马克思主义生态批评家本顿则认为，历史唯物主义重视劳动过程在人类活动与资本积累中的意义，是一种生产主义意识形态（productivist ideology），忽视了自然的限度[④]。阿多尔诺也不赞同马克思对人与自然关系的乐观预期，他认为人类劳动靠模仿自然以征服自然是以牺牲的内在化为代价的，必定导致从精神上控制自然的恐怖行为[⑤]。事实情况究竟如何呢？本章我们考察马克思的自然观潜在的生态思想内涵及其与当代生态批评的关联。

一、马克思自然观的基本内容

马克思毕生关注自然问题，关注人与自然的关系。早在中学毕业论文《青年人在选择职业时的考虑》一文中，马克思就写道："自然本身给动物规定了它应该遵循的活动范围，动物也就安分地在这个范围内活动，而不试图越出这个范围，甚至不考虑有其他范

① 莱斯：《自然的控制》，岳长龄等译，重庆：重庆出版社1996年版，第73页。

② 伊格尔顿：《马克思为什么是对的》，李杨等译，北京：新星出版社2011年版，第235页。

③ 詹姆斯·奥康纳：《自然的理由——生态学马克思主义研究》，唐正东、臧佩洪译，南京：南京大学出版社2003年版，第63页。

④ Ted Benton，"Marxism and Natural Limits：An Eclogicai Critique and Recongstruction"，*New Left Review*，178（1989），p.74.

⑤ 参见霍克海默、阿多尔诺《启蒙辩证法》，洪佩郁、蔺月峰译，重庆：重庆出版社1990年版，第51页。

围存在。”[①] 而进行选择则是人比其他生物远为优越的地方。这说明马克思一开始便留意到自然对人的先在制约性和人类活动的能动性。当然细细推究起来，马克思不同时期对自然的关注侧重点有所不同。总的来说，马克思早期受到浪漫主义和费尔巴哈自然观的影响,从人的自然属性及其需要出发看待人与自然的关系,自然不仅构成物质生产的资料，还具有精神无机界的作用。《1844 年经济学哲学手稿》标志着马克思自然观的初步确立，其特点是唯物主义、人本主义和自然主义相统一。马克思从理论上论证了人是自然界的一部分。“无论是在人那里还是在动物那里，类生活从肉体方面来说就在于人（和动物一样）靠无机界生活，而人和动物相比越有普遍性，人赖以生活的无机界的范围就越广阔。从理论领域来说，植物、动物、石头、空气、光等等，一方面作为自然科学的对象，一方面作为艺术的对象，都是人的意识的一部分，是人的精神的无机界，是人必须事先进行加工以便享用和消化的精神食粮；同样，从实践领域来说，这些东西也是人的生活和人的活动的一部分。人在肉体上只有靠这些自然产品才能生活，不管这些产品是以食物、燃料、衣着的形式还是以住房等等的形式表现出来。在实践上，人的普遍性正是表现为这样的普遍性，它把整个自然界——首先作为人的直接的生活资料，其次作为人的生命活动的对象（材料）和工具——变成人的无机的身体。自然界，就它自身不是人的身体而言，是人的无机的身体。人靠自然界生活。这就是说，自然界是人为了不致死亡而必须与之处于持续不断的交互作用过程的、人的身体。所谓人的肉体生活和精神生活同自然界相联系，不外是说自然界同自身相联系，因为人是自然界的一部分。”[②] 马克思把人自身、人类社会和自然视为一个有机的整体，“因为只有在社会中，自然界对人来说才是人与人联系的纽带，才是他为别人的存在和别人为他的存在，才是人的现实的生活要素。只有在社会中，人的自然的存在对他来说才是自己的人的存在，并且自然界对他来说才成为人。因此，社会是人同自然界的完成了的本质的统一，是自然界的真正复活，是人的实现了的自然主义和自然界的实现了的人道主义”[③]。

到了中后期，马克思倾向于以一种历史的眼光探讨自然，研究资本主义条件下人与自然关系的新变化，更多地把人的发展与环境的改变联系起来，在人与自然的相互作用中看待二者的关系，认为人的改变和自然及环境的改变具有一致性。在马克思看来，前资本主义的奴隶制社会和农奴制社会，人与自然还没有分离，只有资本主义社会消除了

① 马克思:《青年在选择职业时的考虑》，见《马克思恩格斯全集》第 2 版第 1 卷，北京：人民出版社 1995 年版，第 455 页。
② 马克思:《1844 年经济学哲学手稿》，见《马克思恩格斯全集》第 2 版第 3 卷，北京：人民出版社 2002 年版，第 272 页。
③ 马克思:《1844 年经济学哲学手稿》，见《马克思恩格斯全集》第 2 版第 3 卷，北京：人民出版社 2002 年版，第 301 页。

农业社会自然的直接性状态。“如果说以资本为基础的生产，一方面创造出普遍的产业劳动，创造价值的劳动，——那么，另一方面也创造出一个普遍利用自然属性和人的属性的体系，创造出一个普遍有用性的体系，甚至科学也同一切物质的和精神的属性一样，表现为这个普遍有用性体系的体现者，而在这个社会生产和交换的范围之外，再也没有什么东西表现为自在的更高的东西，表现为自为的合理的东西。因此，只有资本才创造出资产阶级社会，并创造出社会成员对自然界和社会联系本身的普遍占有。由此产生了资本的伟大的文明作用；它创造了这样一个社会阶段，与这个社会阶段相比，一切以前的社会阶段都只表现为人类的地方性发展和对自然的崇拜。只有在资本主义制度下自然界才真正是人的对象，真正是有用物；它不再被认为是自为的力量；而对自然界的独立规律的理论认识本身不过表现为狡猾，其目的是使自然界（不管是作为消费品，还是作为生产资料）服从于人的需要。”① 资本主义生产的扩大，使利用自然进入了一个全新的层次，“于是，就要探索整个自然界，以便发现物的新的有用属性；普遍地交换各种不同气候条件下的产品和各种不同国家的产品；采用新的方式（人工的）加工自然物，以便赋予它们以新的使用价值。……要从一切方面去探索地球，以便发现新的有用物体和原有物体的新的使用属性，如原有物体作为原料等等的新的属性；因此，要把自然科学发展到它的最高点；同样要发现、创造和满足由社会本身产生的新的需要”②。在资本主义社会，自然转化成一个用科学控制自然过程的工艺学过程，建立了人和自然的新型关系。“自然界没有造出任何机器，没有造出机车、铁路、电报、自动走锭精纺机等等。它们是人的产业劳动的产物，是转化为人的意志驾驭自然界的器官或者说在自然界实现人的意志的器官的自然物质。它们是人的手创造出来的人脑的器官；是对象化的知识力量。”③ 马克思甚至认为，自然地理条件，对资本主义生产方式的形成和发展也起到了一定的作用。“资本主义生产一旦成为前提，在其他条件不变和工作日保持一定长度的情况下，剩余劳动量随劳动的自然条件，特别是随土壤的肥力而变化。但决不能反过来说，最肥沃的土壤最适于资本主义生产方式的生长。资本主义生产方式以人对自然的支配为前提。过于富饶的自然……不能使人自身的发展成为一种自然必然性。资本的祖国不是草木繁茂的热带，

---

① 马克思：《政治经济学批判（1857—1858年手稿）》，见《马克思恩格斯全集》第2版第30卷，北京：人民出版社1995年版，第389~390页。

② 马克思：《政治经济学批判（1857—1858年手稿）》，见《马克思恩格斯全集》第2版第30卷，北京：人民出版社1995年版，第389页。

③ 马克思：《政治经济学批判（1857—1858年手稿）》，见《马克思恩格斯全集》第2版第31卷，北京：人民出版社1998年版，第102页。

而是温带。不是土壤的绝对肥力，而是它的差异性和它的自然产品的多样性，形成社会分工的自然基础，并且通过人所处的自然环境的变化，促使他们自己的需要、能力、劳动资料和劳动方式趋于多样化。”①

从中可见，马克思谈论的自然不仅包括人之外的自然界，还包括作为自然存在的人自身，马克思分别称之为客体的自然和主体的自然。“社会的一部分被社会的另一部分当作只是自身再生产的无机自然条件来对待。奴隶同他的劳动的客观条件没有任何关系；而劳动本身，无论是奴隶形式的，还是农奴形式的，都被作为生产的无机条件与其他自然物列为一类，即与牲畜并列，或者是土地的附属物。换句话说：生产的原始条件表现为自然前提，即生产者的自然生存条件，正如他的活的躯体一样，尽管他再生产并发展这种躯体，但最初不是由他本身创造的，而是他本身的前提；他本身的存在（肉体存在），是一种并非由他创造的自然前提。被他当作属于他所有的无机体来看待的这些自然生存条件，本身具有双重的性质：（1）是主体的自然，（2）是客体的自然。”②

有学者指出：“马克思的自然概念包括两部分内容：其一为自在自然，其二为人化自然。自在自然包括人类历史之前的自然，也包括存在于人类认识或实践之外的自然。人化自然则是指与人类的认识和实践活动紧密相连的自然，也就是作为人类认识和实践对象的自然。”③ 这个说法在一般意义上是正确的。但是严格说来，与其说在马克思那里存在着自在自然和人化自然的区分，不如说存在看待自然的不同角度。因为毋庸置疑，在唯物主义哲学认识论层面，马克思始终承认自在自然的优先性。马克思在批判费尔巴哈亘古不变的纯粹自然的直观唯物主义自然观时提到的“澳洲新出现的一些珊瑚岛”④ 就是自在自然。但是我们要注意的是，在马克思那里人自身也是自然的一部分，人的自然属性生产出人的需要推动生产，而人类劳动实践又不断扩大着人类活动的深度和范围，进而改变人和自然本身并创造人类历史。“‘自在的自然界’是我们必须加以考虑的一个抽象物。但是我们始终只是在人类历史形成过程的视野中看待自然界。”⑤ 正如法兰克福学派第二代代表人物之一施密特所说的，马克思的自然概念强调“在工业社会中以社会、历史为中介的人和自然的统一”，“他关心的与其是自然现象的变化内容，不如说是它变化的历

① 马克思：《资本论》第1卷，见《马克思恩格斯全集》第2版第44卷，北京：人民出版社2001年版，第587页。

② 马克思：《政治经济学批判（1857—1858年手稿）》，见《马克思恩格斯全集》第2版第30卷，北京：人民出版社1995年版，第481~482页。

③ 刘仁胜：《生态马克思主义概论》，北京：中央编译出版社2007年版，第190页。

④ 马克思、恩格斯：《德意志意识形态》，见《马克思恩格斯选集》第1卷，北京：人民出版社1995年版，第77页。

⑤ 哈贝马斯：《认识与兴趣》，郭官义、李黎译，上海：学林出版社1999年版，第29页。

史条件”[①],因而马克思所说的自然具有社会的历史的性质。也就是说,马克思是以历史的眼光把自然纳入人类社会存在的视野中来考察的。“在土地所有制处于支配地位的一切社会形式中,自然联系还占优势。在资本处于支配地位的社会形式中,社会、历史所创造的因素占优势。”“一切关系都是由社会决定的,不是由自然决定的。”[②]马克思的自然既是社会的人的自然属性及其需要,又是劳动资料,同时也是认识对象,这样就出现三重视域:哲学唯物主义意义上的外界自然(自在自然)、历史唯物主义意义上的人化自然和具有自然需要及属性的社会的人。海德格尔说:“人的本质从哪里来以及如何来规定呢?马克思主张要认识并承认‘合人性的人’。他在‘社会’中发现了合人性的人。在马克思看来,‘社会的’人就是‘自然的’人。在‘社会’里,人的‘自然本性’,这就是说‘自然需要’(食、衣、繁殖、经济生活)的整体都同样地得到保证。”[③]

马克思无疑承认外界自然的存在,这是他的理论的一般唯物主义层面。但是,第二国际理论家和苏联哲学教科书模式以外界自然作为马克思主义自然观的核心内容显然有重大偏差。外界自然在马克思那里作为不言自明的前提谈论不多。马克思讨论最多的还是人本身的自然和人对自然的改造以及在此基础上形成的自然关系和社会关系。他在《德意志意识形态》中说:“全部人类历史的第一个前提无疑是有生命的个人的存在。第一个需要确认的事实就是这些个人的肉体组织以及由此产生的个人对其他自然的关系。”“但是为了生活,首先就需要吃喝住穿以及其他一些东西。因此第一个历史活动就是生产满足这些需要的资料,即生产物质生活本身……无论是通过劳动而达到的自己生命的生产还是通过生育而达到的他人生命的生产,就立即表现为双重关系:一方面是自然关系,另一方面是社会关系。”[④]也就是说,马克思的自然观的显性层面是具有自然属性及需要的人如何与自然对象打交道,形成社会关系并形成社会的人,质言之,是自然如何通达社会和自然人如何成为社会人。这也是历史唯物主义的核心问题之一。“如果把工业看成人的本质力量的公开的展示,那么自然界的人的本质,或者人的自然的本质,也就可以理解了……在人类历史中,即在人类社会的形成过程中生成的自然界,是人的现实的自然界;因此,通过工业——尽管以异化的形式——形成的自然界,是真正的、人本学的自然界。”[⑤]

---

① 施密特:《马克思的自然概念》,欧力同等译,北京:商务印书馆1988年版,第15页、第210页。

② 马克思:《政治经济学批判(1857—1858年手稿)》,见《马克思恩格斯全集》第2版第30卷,北京:人民出版社1995年版,第49页、第235页。

③ 海德格尔:《关于人道主义的书信》,熊伟译,见孙周兴选编《海德格尔选集》(上),上海:上海三联书店1996年版,第364页。

④ 马克思、恩格斯:《德意志意识形态》,见《马克思恩格斯选集》第1卷,北京:人民出版社1995年版,第67页、第79~80页。

⑤ 马克思:《1844年经济学哲学手稿》,见《马克思恩格斯全集》第2版第3卷,北京:人民出版社2002年版,第307页。

二、马克思自然观的生态内涵

如果依照生态批评的代表人物之一劳伦斯·布伊尔的说法，生态批评“围绕的核心是一种对环境性的责任感（commitment to environmentality）”[①]，而环境包括自然环境和人工环境，那么我们发现马克思充满对环境的责任感。

马克思把对自然的考察同对资本主义私有制的批判联系在一起，“在私有财产和金钱的统治下形成的自然观，是对自然界的真正的蔑视和实际的贬低”[②]。资本主义改变了人与自然的关系，同时也加剧了对自然的掠夺和破坏，由此也带来人性的扭曲或贪婪。马克思对资本主义对自然的破坏进行了反思，认为资本主义生产对地力的剥削和滥用“代替了对土地这个人类世世代代共同的永久的财产，即他们不能出让的生存条件和再生产条件所进行的自觉的合理的经营。……大工业和按工业方式经营的大农业共同发生作用。如果说它们原来的区别在于，前者更多地滥用和破坏劳动力，即人类的自然力，而后者更直接地滥用和破坏土地的自然力，那么，在以后的发展进程中，二者会携手并进，因为产业制度在农村也使劳动者精力衰竭，而工业和商业则为农业提供使土地贫瘠的各种手段”[③]。“资本主义农业的任何进步，都不仅是掠夺劳动者的技巧的进步，而且是掠夺土地的技巧的进步，在一定时期内提高土地肥力的任何进步，同时也是破坏土地肥力持久源泉的进步。……资本主义生产发展了社会生产过程的技术和结合，只是由于它同时破坏了一切财富的源泉——土地和工人。”[④]所以，有学者评价说：“在马克思关于生产力不断进步的理论和自然不断退化这种更为悲观的观点之间有着一种有趣的对比。”[⑤]

马克思还对未来社会人与自然可能有的新型关系作了热情的展望与想象。马克思所设想的共产主义，正是人与自然相和谐的社会：“共产主义是私有财产即人的自我异化的积极的扬弃，因而是通过人并且为了人而对人的本质的真正占有；因此，它是人向自身、向社会的即合乎人性的人的复归，这种复归是完全的，自觉的和在以往发展的全部财富的范围内生成的。这种共产主义，作为完成了的自然主义 = 人道主义，而作为完成了的人道主义 = 自然主义，它是人和自然界之间、人和人之间的矛盾的真正解决，是存在和

① 劳伦斯·布伊尔：《环境批评的未来》，刘蓓译，北京：北京大学出版社 2010 年版，第 13 页。
② 马克思：《论犹太人问题》，见《马克思恩格斯全集》第 2 版第 3 卷，北京：人民出版社 2002 年版，第 195 页。
③ 马克思：《资本论》第 3 卷，见《马克思恩格斯全集》第 2 版第 46 卷，北京：人民出版社 2003 年版，第 918~919 页。
④ 马克思：《资本论》第 1 卷，见《马克思恩格斯全集》第 2 版第 44 卷，北京：人民出版社 2001 年版，第 579~580 页。
⑤ 乔恩·埃尔斯特：《理解马克思》，何怀远等译，北京：中国人民大学出版社 2008 年版，第 54 页。

本质、对象化和自我确证、自由和必然、个体和类之间的斗争的真正解决。”① 在1868年给恩格斯的信中，他赞扬了德国农学家弗腊斯：“他断定，农民非常喜欢的‘湿度’随着耕作的发展（并且是和耕作的发展程度相适应地）逐渐消失（因此，植物也从南方移到北方），最后形成了草原。耕作的最初影响是有益的，但是，由于砍伐树木等等，最后会使土地荒芜……结论是：耕作如果自发地进行，而不是有意识地加以控制（他作为资产者当然想不到这一点），接踵而来的就是土地荒芜，像波斯、美索不达米亚等地以及希腊那样。可见，他也具有不自觉的社会主义倾向！”② 可见，马克思认为社会主义和共产主义应当包含生态保护和可持续发展。

马克思较早地注意到土壤肥力下降的趋势，创造性地把生理学的新陈代谢概念引入对人与自然关系的思考中。“马克思关于城市和乡村、人类和自然关系中的新陈代谢断裂的概念……使他能够对环境恶化进行批判，而这一批判预示着许多当今的生态学思想。”③ 在农业革命的背景下，马克思考察了安德森的土壤级差肥力理论，指出日益增长的城乡分化使得肥料循环无法进行。而农学家李比希的土壤退化理论促使马克思借用其新陈代谢概念表示人和自然之间复杂的相互依赖和平衡状态。“这个领域内的自由只能是：社会化的人，联合起来的生产者，将合理地调节他们和自然之间的物质变换，把它置于他们的共同控制之下，而不让它作为一种盲目的力量来统治自己；靠消耗最小的力量，在最无愧于和最适合于他们的人类本性的条件下来进行这种物质变换。”④ 马克思用新陈代谢解释人类劳动和环境的关系、有机体与所处环境的相互作用富有前瞻性，新陈代谢如今已经成为社会－生态思想的重要概念。

西方自文艺复兴和启蒙运动以来，人与自然二分化，自然被视为外在物、生产原料，社会实践行为只是对自然的加工过程。我们看到，马克思对待人与自然关系的态度更接近当代生态批评家生态整体论的观点，即“人类既是文化的生产者，又是自然整体的一部分”⑤，文化与自然是同一个世界的组成部分。马克思把人视为自然的一部分，天赋、才能属于人的自然禀赋，自然的改变和人的改变具有一致性。“事实上，如果抛掉狭隘的资产阶级形式，那么，财富不就是在普遍交换中产生的个人的需要、才能、享用、生产

---

① 马克思：《1844年经济学哲学手稿》，见《马克思恩格斯全集》第2版第3卷，北京：人民出版社2002年版，第297页。

② 马克思：《致恩格斯》（1868年3月25日），见《马克思恩格斯全集》第32卷，北京：人民出版社1974年版，第53页。

③ 约翰·贝拉米·福斯特：《马克思的生态学——唯物主义与自然》，刘仁胜、肖峰译，北京：高等教育出版社2006年版，第158页。

④ 马克思：《资本论》第3卷，见《马克思恩格斯全集》第2版第46卷，北京：人民出版社2003年版，第928页。此处“物质变换”（Stoffwechsel）也可译为“新陈代谢”。

⑤ 雅克·里纳尔、赫尔曼·普瑞格恩：《生态美学或审美生态》，见李庆本主编《生态美学读本》，长春：长春出版社2010年版，第155页。

力等等的普遍性吗？财富不就是人对自然力——既是通常所谓的‘自然’力，又是人本身的自然力——的统治的充分发展吗？财富不就是人的创造天赋的绝对发挥吗？”[①] 马克思引入劳动实践沟通了两重自然：人自身的自然和外界自然，人类劳动实践的目的性和能动性使人与动物的本能活动区别开来，“人本身单纯作为劳动力的存在来看，也是自然对象，是物，不过是活的有意识的物”，“劳动首先是人和自然之间的过程，是人以自身的活动来中介、调整和控制人和自然之间的物质变换的过程。人自身作为一种自然力与自然物质相对立。为了在对自身生活有用的形式上占有自然物质，人就使他身上的自然力——臂和腿、头和手运动起来。当他通过这种运动作用于他身外的自然并改变自然时，也就同时改变他自身的自然。他使自身的自然中蕴藏着的潜力发挥出来，并且使这种力的活动受他自己控制。……他不仅使自然物发生形式变化，同时他还在自然物中实现自己的目的，这个目的是他所知道的，是作为规律决定着他的活动的方式和方法的，他必须使他的意志服从这个目的”。[②] 这样，人与自然的物质变换关系便成为一种互动关系，在改变了外界自然的同时，也丰富和发展了人自身。所以马尔库塞说：“马克思的思想，是把自然界看成这样一个宇宙，这个宇宙成为满足人的天生媒介物，由此在很大程度上自然本身的悦人力量和性质也得以恢复和解放出来。与资本主义对自然的掠夺尖锐对立，这种对‘自然的人的占有’将会是非暴力的、非破坏性的，其方向是旨在顺应自然中的生命的维系、感性、审美性质。因此，改造了的、‘人化’的自然，将反过来推动人对完满的追求。”[③] 哈贝马斯也说：“我们不把自然当作可以用技术来支配的对象，而是把它作为能够（同我们）相互作用的一方。我们不把自然当作开采对象，而试图把它看作（生存）伙伴。”[④]

三、对马克思自然观的评价

马克思的自然观具有明显的生态内涵。该自然观的重要特征在于注意把人自身的自然属性和需要及其发展和对外界自然及环境的协调与改变相统一，人类和自然之间的物质变换关系是一种共同进化关系。“在进化的自然观基础之上……自然将被理解成由过程

① 马克思：《政治经济学批判（1857—1858 年手稿）》，见《马克思恩格斯全集》第 2 版第 30 卷，北京：人民出版社 1995 年版，第 479 页。

② 马克思：《资本论》第 1 卷，见《马克思恩格斯全集》第 2 版第 44 卷，北京：人民出版社 2001 年版，第 235 页、第 207~208 页。

③ 马尔库塞：《审美之维》，李小兵译，北京：生活 · 读书 · 新知三联书店 1989 年版，第 138~139 页。

④ 哈贝马斯：《作为意识形态的技术与科学》，李黎、郭官义译，上海：学林出版社 1999 年版，第 45 页。

组成"[1]。马克思中后期的自然观受到生物进化论和近代农业革命的影响,同时又差不多与他创立历史唯物主义同步,因而马克思自然观的深层基础是人文主义意义上人与自然的重新统一。

如前所述,西方自文艺复兴和启蒙运动以来,征服自然、改造自然成为资本主义推进的法则。应当说,马克思作为启蒙运动的产儿,从大的方面没有完全摆脱征服自然、改造自然的思路,比如他在展望未来人的发展时说:"在这个转变中,表现为生产和财富的宏大基石的,既不是人本身完成的直接劳动,也不是人从事劳动的时间,而是对人本身的一般生产力的占有,是人对自然界的了解和通过人作为社会体的存在来对自然界的统治,总之,是社会个人的发展。"[2]西方一些生态批评家如本顿等人正是根据马克思的上述言论断言马克思忽视自然的生态意义。毫无疑问,马克思不会赞同那种离开了人的主体地位来谈论自然的生态中心主义或环境中心主义,但是他所关注的人的自然属性及需要、人口的生产与迁徙、工人的疾病、环境的破坏与恢复,在很大程度上正属于生态政治学的范畴。马克思认为,个人和集体需要的满足使人类在更大的世界范围内劳动,在此过程中发展出复杂的生产形式,而这又产生出新的需要,推动生产形式的变革,如此永无止境,"这样,一种关于人与自然相互作用的哲学观点,就变成了一种历史理论的基本原理"[3]。皮亚杰则从现代认知心理学层面上证明了马克思的认识论同样也是人与自然的双向建构过程,而不是单向的机械反映。"卡尔·马克思的一个根本社会命题就是:人为了生产而作用于自然界,但同时也为自然法则所制约。在对象的特性和人类的生产之间这种相互作用也在认知心理学中为我们所发现。我们只有作用于对象并改变它时,我们才认知对象。"[4]

其次,在马克思眼中,人对自然的依赖是一个无法超越的事实,自然是人类社会历史发展的前提,马克思是在这个前提下谈论人与自然的相互作用的。马克思批评资本主义对环境的破坏,呼唤对环境的责任意识和一种新型的人与自然的关系,并对以技术理性控制自然持一种怀疑和警觉的态度。"技术的胜利,似乎是以道德的败坏为代价换来的。随着人类愈益控制自然,个人却似乎愈益成为别人的奴隶或自身的卑劣行为的奴隶。甚

① 柯林伍德:《自然的观念》,吴国盛等译,北京:华夏出版社1999年版,第18页。

② 马克思:《政治经济学批判(1857—1858年手稿)》,见《马克思恩格斯全集》第2版第31卷,北京:人民出版社1998年版,第100页。

③ 乔纳森·沃尔夫:《当今为什么还要研读马克思》,段忠桥译,北京:高等教育出版社2006年版,第21页。

④ 皮亚杰:《儿童心理学》,吴福元译,北京:商务印书馆1980年版,第151~152页。

至科学的纯洁光辉仿佛也只能在愚昧无知的黑暗背景上闪耀。”[①] 所以生态思想家马特尔认为，“马克思关于人与自然的关系的论述能够被绿色政治学理论所采用”，马克思的“政治经济学说对于分析资本主义和市场结构所造成的环境问题是一个有益的贡献”[②]。日本学者岛崎隆也认为，“马克思恩格斯的思想本来就含有生态学观点的一面”，“马克思主义对当代环境问题同样适用”。[③]

当然，由于马克思身处资本主义上升时期，资源短缺、环境恶化、生态危机问题还没有表现得像当下那么明显和突出，马克思对自然资源的利用和环境的改善以及人与自然新型关系的展望还怀有比较乐观的预期。

20世纪下半叶以来，随着环境问题、生态问题的凸显，生态批评与环境美学异军崛起，马克思的自然观无疑是重要推动因素之一。但是在这个过程中，马克思的自然观也遭遇到一些批评、误解甚至挑战。这些问题有的来自马克思主义阵营内部。自卢卡契在《历史与阶级意识》中为反对第二国际把马克思主义实证化、旁观化，指认“自然是一个社会的范畴……自然按照形式和内容、范围和对象性应意味着什么，这一切始终都是受社会的制约”[④] 以来，在西方马克思主义传统中，自然被社会化，这有它的一定的合理性。然而，这样一来，马克思主义在总体上就被归结为一种社会批判理论，马克思自然观的丰富内涵和潜在价值就被低估或遮蔽了。实际上，自然完全被消融到社会里也是不合适的，社会历史过程不可能完全吞噬自然。而另外一些生态本位或环境本位主义批评家则指责马克思的自然观是一种生产主义或人类中心主义。

我国20世纪90年代中期出现了生态批评及生态美学。进入21世纪之后，我国的生态批评与生态美学发展迅猛，日益成为显学。在这种情况下，重温马克思关于自然的论述，如自然作为人类生存的前提、彻底的自然主义与彻底的人道主义的统一等，辨析马克思生态思想的内涵并使之当代化，有助于我们在新的历史条件下重新思考和看待人自身及其与自然的关系，对生态批评和生态文明建设无疑大有裨益。

---

① 马克思：《在〈人民报〉创刊纪念会上的演说》，见《马克思恩格斯选集》第1卷，北京：人民出版社1995年版，第775页。

② Luck Martell，*Ecology and Society*，*An Introduction*，Cambridge：Polity Press，1994，pp.148–149. 转引自王诺《欧美生态批评》，上海：学林出版社2008年版，第84页。

③ 岛崎隆：《马克思主义哲学及其环境思想的内在转化》，见庞元正主编《全球化背景下的环境与发展》，北京：当代世界出版社2005年版，第22页、第25页。

④ 卢卡契：《历史与阶级意识》，杜章智等译，北京：商务印书馆1992年版，第318~319页。

第四章　马克思与当代意识形态批判

西方学者公认，“马克思的著作在意识形态概念史中占有中心地位。由于马克思，这个概念获得了新的地位,成了一种批判手段和新的理论体系中的一个组成部分”[①]。“正是马克思主义理论首先融合了意识形态的特殊概念和总体概念。正是这一理论在思想上首先给予阶级地位和阶级利益的作用以应有的强调。”[②] 当代意识形态批判形成了哲学、社会学、文学及文化批评等模式，这当中都有马克思本人的影子。可以说，马克思的意识形态研究在很大程度上开辟了当代意识形态批判的基本范式和路径。

一、马克思与作为哲学批判概念的意识形态批判

众所周知，“意识形态”（ideology）这一概念首创于法国哲学家托拉西的《意识形态的要素》（四卷本 1801—1815）一书，其法语词 idéologie 可以直译为“观念学”。托拉西是启蒙运动的思想继承者。在托拉西那里，意识形态是哲学上的基础科学，它致力于研究认识的起源、界限和性质。拿破仑执政时期，在托拉西周围形成了一个以他为首的主张共和的“意识形态家”（idéologues）团体，他们相信只有理性而不是暴力才能解决社会重建问题。抛弃共和走向专制的拿破仑在否定的意义上嘲笑这些人为“不切实际的”空谈家。马克思是继托拉西之后重点研究意识形态问题的思想家,他最早于 1842 年在《关于林木盗窃法的辩论》中提到意识形态概念:“我们究竟应如何来了解意识形态的这一突然的造反表现呢？要知道,我们在思想方面所遇到的只是些拿破仑的追随者。”[③] 从中可以看出，马克思对意识形态的初次使用便受到拿破仑的影响。接下来马克思沿袭并光大了

① 汤普森:《意识形态与现代文化》，高铦等译，南京：译林出版社 2005 年版，第 36 页。
② 卡尔·曼海姆:《意识形态与乌托邦》，黎鸣、李书崇译，北京：商务印书馆 2000 年版，第 75 页。
③ 马克思:《关于林木盗窃法的辩论》，见《马克思恩格斯全集》第 2 版第 1 卷，北京：人民出版社 1995 年版，第 265 页。

关于意识形态的否定性含义，在《德意志意识形态》中把它用于批判青年黑格尔派高估观念的作用、以理论批判替代现实改造的思辨唯心主义。意识形态在哲学层面上获得虚假意识的内涵，被视为现存事物或关系颠倒的反映。“如果在全部意识形态中，人们和他们的关系就像在照相机中一样是倒立呈像的，那么这种现象也是从人们生活的历史过程中产生的，正如物体在视网膜上的倒影是直接从人们生活的生理过程中产生的一样。”[①]也就是说，马克思是用社会存在和社会意识的镜像关系来表示意识形态，意识形态被认为是社会存在歪曲的、颠倒的意识的表征。

在这个批判中，马克思又表达了一个重要思想：占据了物质生产资料的统治阶级，同时也支配着精神资料的生产。统治者为了使自己的统治具有合法性并万古长存，总要制造各种各样的幻想，把自己打扮成全体民众的代表，意识形态被视为阶级社会中统治阶级的社会意识形式。意识形态作为统治阶级的意识形式总是掩盖或扭曲现实关系，在整个社会生活里完成一种特殊的欺骗或神秘化功能，为既有的社会秩序服务。“占统治地位的将是越来越抽象的思想，即越来越具有普遍性形式的思想。因为每一个企图取代旧统治阶级的新阶级，为了达到自己的目的不得不把自己的利益说成是社会全体成员的共同利益，就是说，这在观念上的表达就是：赋予自己的思想以普遍性的形式，把它们描绘成唯一合乎理性的、有普遍意义的思想。”[②]因此在马克思那里，意识形态同时被赋予了社会学层面的内涵，即维护现行统治的虚假的思想体系，包括使得社会控制关系合法化的某些非透明的程序，具有虚假性、实践性、整体性和阶级性，反映了一定的物质状况和阶级利益。

但是应当看到，在马克思那里，即使在社会学层面，意识形态实际上代表了一个阶级看待自己处境和认识社会问题的结构性视野或局限，而不是该阶级在进行有意识的欺骗。马克思在分析路易·波拿巴雾月政变时期小资产阶级的表现时说：“社会民主派的特殊性质表现在，它要求……以民主主义的方法来改造社会，但是这种改造始终不超出小资产阶级的范围。然而也不应该狭隘地认为，似乎小资产阶级原则上只是力求实现其自私的阶级利益。相反，它相信，保证它自身获得解放的那些特殊条件，同时也就是唯一能使现代社会得到挽救并使阶级斗争消除的一般条件。同样，也不应该认为，所有的民主派代表人物都是小店主或崇拜小店主的人。按照他们所受的教育和个人的地位来说，他们可能和小店主相隔天壤。使他们成为小资产者代表人物的是下面这样一种情况：他

① 马克思、恩格斯：《德意志意识形态》，见《马克思恩格斯选集》第1卷，北京：人民出版社1995年版，第72页。

② 马克思、恩格斯：《德意志意识形态》，见《马克思恩格斯选集》第1卷，北京：人民出版社1995年版，第100页。

们的思想不能越出小资产者的生活所越不出的界限，因此他们在理论上得出的任务和解决办法，也就是小资产者的物质利益和社会地位在实际生活上引导他们得出的任务和解决办法。”[①] 英国学者拉雷恩认为，马克思所说的“意识形态指的就是有限的物质实践所产生的思想，该思想为了统治阶级的利益而错误地表达了社会矛盾。……只要人们在其日常活动中再生产这一客观力量及其矛盾，而且只要他们还没有做好准备通过革命手段来摧毁这些客观力量，他们关于这些矛盾的意识就注定是歪曲的。意识和实践之间的密切关系决定了人们只能在意识中解决那些他们在实践中可以解决的问题。……因此，意识形态是一种解决方案，是在社会意识层面解决在实践中无法解决的矛盾的方案”[②]。也就是说，尽管马克思认为各个阶级都能生产出自己的意识形态，但是由于统治阶级能够掩盖矛盾的再生产，因此能够更方便地使意识形态为其所用。

此外，马克思认为意识形态的形成和社会分工、劳动分工也有关系，“生产力、社会状况和意识，彼此之间可能而且一定会发生矛盾，因为分工不仅使精神活动和物质活动、享受和劳动、生产和消费由不同的个人来分担这种情况成为可能，而且成为现实”[③]。而从分工探讨意识形态的形成“这条道路逐渐使马克思意识到‘存在’和‘意识’之间的差距，‘个体利益’和‘集体利益’之间的矛盾，并且最终明白了在权力的独立机制的建立中，这一矛盾还将加剧”[④]。国家、法律等正是由于分工导致的意识抽象，“因为国家是统治阶级的各个人借以实现其共同利益的形式，是该时代的整个市民社会获得集中表现的形式，所以可以得出结论：一切共同的规章都是以国家为中介的，都获得了政治形式。由此便产生了一种错觉，好像法律是以意志为基础的，而且是以脱离其现实基础的意志即自由意志为基础的”[⑤]。

到了后期，马克思较多关注作为观念上层建筑意义上的意识形态。这种意义上的意识形态作为经济基础的观念反映，是社会形态的结构性要素。马克思把资产阶级意识形态的形成和资本主义制度下人与人之间的关系变成物与物之间关系的物化现象相联系。“所有这些现象，似乎都和价值由劳动时间决定相矛盾，也和剩余价值由无酬的剩余劳动形成的性质相矛盾。因此，在竞争中一切都颠倒地表现出来。在表面上呈现出来的经济关系的完成形态，在这种关系的现实存在中，从而在这种关系的承担者和代理人试图借

---

① 马克思：《路易·波拿巴的雾月十八日》，见《马克思恩格斯选集》第1卷，北京：人民出版社1995年版，第614页。

② 拉雷恩：《马克思主义与意识形态》，张秀琴译，北京：北京师范大学出版社2013年版，第25~26页。

③ 马克思、恩格斯：《德意志意识形态》，见《马克思恩格斯选集》第1卷，北京：人民出版社1995年版，第83页。

④ 巴利巴尔：《马克思的哲学》，王吉会译，北京：中国人民大学出版社2007年版，第70页。

⑤ 马克思、恩格斯：《德意志意识形态》，见《马克思恩格斯选集》第1卷，北京：人民出版社1995年版，第132页。

以说明这种关系的观念中，是和这种关系的内在的、本质的、但是隐蔽着的核心形态以及与之相适应的概念大不相同的”[①],甚至是颠倒的和相反的。这样,意识形态既成为对唯心主义哲学进行批判的哲学概念，还与异化、资本拜物教、商品拜物教和货币拜物教等相关概念一起，构成了马克思对资本主义进行社会文化批判的核心范畴。所以大卫·麦克里兰认为:“在马克思自己看来，意识形态的变异主要包括两个方面:首先，意识形态与唯心主义相联系在一起，而唯心主义作为一种哲学观是和唯物主义相对立的:任何正确的世界观在某种意义上都必定是一种唯物主义观点;第二，意识形态与社会中的资源和权力的不公平分配联系在一起:如果社会的和经济的安排受到怀疑，那么作为其一部分的意识形态也会如此。”[②]

既然意识形态是物质和意识镜像关系的歪曲表征，那么意识形态自然也包含了部分真实。在《资本论》中，马克思甚至认为意识形态包含部分真实，流通领域中的自由交换掩盖了生产关系中的剥削和不平等,导致平等、自由一类资产阶级意识形态的产生。“劳动力的买和卖是在流通领域或商品交换领域的界限以内进行的，这个领域确实是天赋人权的真正伊甸园。那里占统治地位的只是自由、平等、所有权和边沁。自由！因为商品例如劳动力的买者和卖者，只取决于自己的自由意志。他们是作为自由的、在法律上平等的人缔结契约的。契约是他们的意志借以得到共同的法律表现的最后结果。平等！因为他们彼此只是作为商品占有者发生关系，用等价物交换等价物。所有权！因为每一个人都只支配自己的东西。边沁！因为双方都只顾自己。使他们连在一起并发生关系的惟一力量，是他们的利己心，是他们的特殊利益，是他们的私人利益。正因为人人只顾自己，谁也不管别人，所以大家都是在事物的前定和谐下，或者说，在全能的神的保佑下，完成着互惠互利、共同有益、全体有利的事业。”[③]平等、自由这类资产阶级意识形态是资本主义市场关系的产物，“平等和自由不仅在以交换价值为基础的交换中受到尊重，而且交换价值的交换是一切平等和自由的生产的、现实的基础。作为纯粹观念，平等和自由仅仅是交换价值的交换的一种理想化的表现;作为在法律的、政治的、社会的关系上发展了的东西,平等和自由不过是另一次方上的这种基础而已。”[④]但是在马克思看来,这种真实其实仍然是有限的，因为“这种真实来自于对表面现象特有的强调。只要它们的限

① 马克思:《资本论》第3卷，见《马克思恩格斯全集》第2版第46卷，北京:人民出版社2003年版，第231页。

② 大卫·麦克里兰:《意识形态》，孔兆政等译，长春:吉林人民出版社2005年版，第13页。

③ 马克思:《资本论》第1卷，见《马克思恩格斯全集》第2版第44卷，北京:人民出版社2001年版，第204~205页。

④ 马克思:《政治经济学批判（1857—1858年手稿）》，见《马克思恩格斯全集》第2版第30卷，北京:人民出版社1995年版，第199页。

制都是未被认识到的，它们就是对全部事实的歪曲，特别是对这种情形中的动力因素的歪曲”①。

马克思对资产阶级意识形态的批判运用的是还原法，把颠倒的镜像恢复过来，“在思辨终止的地方，在现实生活面前，正是描述人们实践活动和实际发展过程的真正的实证科学开始的地方”。“只要这样按照事物的真实面目及其产生情况来理解事物，任何深奥的哲学问题……都可以十分简单地归结为某种经验的事实。”②我们知道，卢梭在《社会契约论》中宣称“人是生而自由的，但却无往不在枷锁之中”③。这说明，资产阶级思想家习惯于将自然法的依据表述为抽象的“自然状态”。但在马克思看来，这是“把市民社会，也就是把需要、劳动、私人利益和私人权利等领域看作自己持续存在的基础，看作无须进一步论证的前提”④，法律就是这种意识形态的表现。“在这种关系中占统治地位的个人……还必须给予他们自己的由这些特定关系所决定的意志以国家意志即法律的一般表现形式。……为了维护这些条件，他们作为统治者，与其他的个人相对立，而同时却主张这些条件对所有的人都有效。由他们的共同利益所决定的这种意志的表现，就是法律。”⑤也就是说，意识形态是具有内化、意义化倾向的，马克思意识形态批判的方向是解意义化的和去蔽的，即把意识的形成还原为历史和阶级。马克思看到了“自然权利”的非自然特征，这具有很大的杀伤力。鉴于社会意识形态是一定社会关系下的存在，不能完全归结为镜像关系，马克思在对自然法等的意识形态批判中，是用事实来批判“应然有效性”的。但是在解决这个问题时，他又用“应然”（私有制的废除、共产主义）来应对意识形态存在这一复杂的“事实”。这说明马克思本人也意识到镜像关系的还原难以完全揭示意识形态的社会历史内涵。

后来在资本主义由自由竞争走向垄断、无产阶级革命蓄势待发的年代，列宁便强调意识形态与生产方式的对应性，将在马克思那里主要作为否定性概念来使用的意识形态概念改造成描述性的中性概念，把马克思主义看作与资产阶级意识形态相对立的无产阶级的意识形态。列宁认为，社会主义学说“是从有产阶级的有教养的人即知识分子创造的哲学理论、历史理论和经济理论中发展起来的”，所以他强调意识形态斗争的重要性，“既然谈不到由工人群众在其运动进程中自己创立的独立的意识形态，那么问题只能是这样：

---

① 奥尔曼：《异化：马克思论资本主义社会中人的概念》，王贵民译，北京：北京师范大学出版社2011年版，第281页。

② 马克思、恩格斯：《德意志意识形态》，见《马克思恩格斯选集》第1卷，北京：人民出版社1995年版，第73页、第76页。

③ 卢梭：《社会契约论》，何兆武译，北京：商务印书馆1982年版，第8页。

④ 马克思：《论犹太人问题》，见《马克思恩格斯全集》第2版第3卷，北京：人民出版社2002年版，第188页。

⑤ 马克思、恩格斯：《德意志意识形态》，见《马克思恩格斯全集》第3卷，北京：人民出版社1960年版，第378页。

或者是资产阶级的意识形态，或者是社会主义的意识形态。这里中间的东西是没有的（因为人类没有创造过任何‘第三种’意识形态，而且在为阶级矛盾所分裂的社会中，任何时候也不可能有非阶级的或超阶级的意识形态）。因此，对社会主义意识形态的任何轻视和任何脱离，都意味着资产阶级意识形态的加强。”①列宁这样做，实际上主要着眼于政治哲学和社会哲学，并没有更多地触及意识形态本身社会内涵的揭示。其实马克思本人并不认为自己的学说是意识形态，因为在他看来，“共产党人的理论原理，决不是以这个或那个世界改革家所发明或发现的思想、原则为根据的”。“这些原理不过是现存的阶级斗争、我们眼前的历史运动的真实关系的一般表述。”②

我们看到，20世纪对意识形态的哲学批判超出了物质和意识的镜像关系分析，而融入更多的社会历史分析的元素。卢卡契的贡献在于对资产阶级意识形态虚假性的发生学机制及其蜕变的分析。在对阶级意识的研究中，卢卡契认为只有到了资本主义社会，形成了无产阶级和资产阶级两大纯粹的阶级，阶级意识的出现才有了可能性。“因为资本主义一方面是第一个按其倾向而言能够在经济上完全渗透整个社会的生产制度，资产阶级因此有可能从这一中心点出发，获得对于生产过程的（被赋予的）意识，然而另一方面，资本家阶级在生产中的地位和决定资产阶级行动的利益又使它不可能控制——甚至只是在理论上——它自己的生产制度。”但是资产阶级意识又是虚假的，达不到整体性，“资本主义社会的人面对着的是由他自己（作为阶级）‘创造’的现实，即和他根本对立的‘自然’，他听凭它的‘规律’的摆布，他的活动只能是为了自己的（自私自利的）利益而利用个别规律的必然进程。但即使在这种‘活动’中，他也……不是主体。他的主动性的活动范围因而将完全是向内的：它一方面是关于人利用的规律的意识。另一方面是关于他内心对事件进程所作的反应的意识”。卢卡契进一步指出，资产阶级意识形态之所以是非历史的、虚假的，是资产阶级的阶级境遇、结构位置以及由此而来的看待问题的方法论上的直接性决定的。“由于不可能看到更多的中介，由于不可能把资产阶级社会的存在和产生把握为那个曾‘创造’了已被把握了的认识总体的同一个主体的产物，资产阶级思想的最终的、决定整个思想的立场就变成了纯直接性的立场。”③在卢卡契看来，对资产阶级来说，历史过程和社会存在的主体与客体始终以双重形态出现：从意识上来讲单个

① 列宁:《怎么办?》，见《列宁选集》第1卷，北京:人民出版社1995年版，第317~318页、第326~327页。其中“思想体系”改译为“意识形态”。在德文、英文、俄文中，“意识形态”与“思想体系”是同一个术语，可以通用、互译。此处谈的是意识形态概念的历史，把列宁这段话暂译为“意识形态”，可以看出这个问题的变迁。

② 马克思、恩格斯:《共产党宣言》，见《马克思恩格斯选集》第1卷，北京：人民出版社1995年版，第285页。

③ 卢卡契:《历史与阶级意识》，杜章智等译，北京：商务印书馆1992年版，第119页、第210页、第237页。

的个体作为认识主体面对社会事件的客观必然性，他所能理解的只是一些细枝末节。而在现实中，个体的自觉行动居于过程的客体方面，而过程的主体（阶级）达不到自觉的意识。商品交换逻辑对社会的全面渗透和操控使得人与人之间的社会关系变为商品交换关系，社会历史规律表现为社会的自然规律，因而资产阶级意识形态执着于经济生活的表面，没有能力揭示经济现象背后的动力。“资产阶级虽然在社会的客观经济发展中是作为阶级在行动，但是它把这一它自己推动的过程的发展只是理解为一种外在于它的、客观上有规律的、发生在它自己身上的过程。资产阶级思想始终地和必然地从个别资本家的立场出发来观察经济生活，正因此也就造成了个人和不可抗拒的超个人的推动一切社会的东西的‘自然规律’之间的这种尖锐的对立。”[①] 正因为资产阶级思想拘泥于商品拜物教的范畴，把人与人的关系变为纯粹的物的关系，这样就必然落在客观情势发展的后面，所以资产阶级意识形态以一种无意识的方式表现为虚假意识。

二、马克思与作为社会学批判概念的意识形态批判

艾伦·斯威伍德指出，马克思“把具体的思想类型与特定类型的社会、政治和经济条件相结合，揭示了一定的社会物质基础如何产生了社会上层建筑的观念和价值观，阐发了具有现代意义的意识形态概念”[②]。由于马克思的意识形态理论包含了一个非常重要的思想，即人们的思想意识总是不可避免地与其物质生活状况和经济利益相联系，因此，20世纪20年代末，德国社会学家卡尔·曼海姆在《意识形态与乌托邦》中，试图超越原先的党派性质把意识形态研究发展成一门知识社会学，用以阐明社会中实际的利益集团同它们所支持的观点和思想方法之间的联系，论证了意识形态是“用来表示特定的历史和社会环境以及世界观和与之有密切联系的思维方式不可避免地联系在一起的观点”。正因为“一个人对历史怎么看，怎样从特定的事实解释全局都有赖于这个人在社会中所处的地位”，因此，“意识形态概念的重要因素是这样发现的：政治思想与社会生活在整体上紧密联系在一起”。[③] 这样意识形态成了受社会环境制约的为集体所共有的思想或观念体系，“意识形态作为说服工具，指导着个人并给予他们以意义的观念。从外部看，意识形态似乎是自给自足的合理性体系；从内部看，它们意味着信仰、坚定的信念和一贯性。在对特定意识形态宣誓忠诚的过程中，个人相信他正在实现自身。实际的情况却是，他

① 卢卡契：《历史与阶级意识》，杜章智等译，北京：商务印书馆1992年版，第121页。
② Alan Swingwood，*Marx and Modern Social Theory*，New York：John Wiley & Sons，1975，p.59.
③ 卡尔·曼海姆：《意识形态与乌托邦》，黎鸣、李书崇译，北京：商务印书馆2000年版，第127页。

没有实现自身,他失去了自身,他被异化了”[①]。意识形态研究即分析这些思想或观念体系被它们所处的历史与社会环境影响并反过来影响历史与社会环境的方式。

在马克思那里，虽然意识形态兼具哲学和社会学含义，但是偏于思想体系。到了西方马克思主义那里，意识形态批判逐步开始从哲学到社会学和美学、从抽象思想体系向日常体验和话语实践层面转化，并更多地与资产阶级统治的社会结构与功能分析相联系。汤普森说：“意识形态解释可以揭发对权力与统治关系、它们的基础、它们的根据以及它们得到支撑的方式进行批判性思考。正是在这个意义上，意识形态解释同所谓的统治的批判具有内在的联系：它在方法论上预先倾向于揭发对权力与统治关系的一种批判性思考。”[②]拉雷恩指出,意识形态之所以为占主导地位的阶级利益服务,是由于“否认或掩盖矛盾在矛盾再生产过程中扮演着关键角色：唯有通过矛盾的再生产，统治阶级才能将自己再造为统治阶级。从这一点来说，矛盾的再生产只能为统治阶级的利益服务。所以意识形态的作用不是由其阶级出身来界定的，而是由掩盖矛盾这一属性来决定的。它的形成则是借助于努力重组一个统一而连贯的意识世界来完成的”[③]。意识形态批判在20世纪逐渐成为一种重要的社会文化批评范式，显然与资本主义统治方式由19世纪的注重暴力镇压到20世纪转向协商民主的温和统治，并伴随着大量关于自由民主、公平竞争、意识形态终结等话语的出现与蔓延有关。詹姆逊认为，“只有在商品化趋于普遍化时，也就是雇佣劳动已经远远超越其他各种形式的阶级关系时，马克思主义的真理假说才可能出现。然而，资本主义社会这种让真理得到揭示的可能性旋即被意识形态——在意识形态专家制造、生产出隐蔽此真理的意义上所说的狭义的意识形态遮蔽了”[④]。“意识形态”批判自然是詹姆逊提到的马克思所论证的真理假说之一。如何切准资本主义社会新的统治形式，复活或者说复兴马克思的意识形态批判锋芒，就成了20世纪马克思主义美学家与批评家的使命之一。

西方马克思主义从多方面开辟了意识形态批判的路径。卢卡契关于资产阶级意识形态从虚假意识走向虚伪意识的分析就是一种从哲学批判走向社会学批判的尝试。卢卡契认为，随着无产阶级、资产阶级斗争成为阶级的自觉意识的时候，即两大阶级的斗争趋于白热化的时候，由于资产阶级的阶级意识与其自身的阶级利益相对立，资产阶级必须

---

① 列斐伏尔:《马克思的社会学》，谢永康等译，北京：北京师范大学出版社 2013 年版，第 53 页。

② 汤普森:《意识形态与现代文化》，高铦等译，南京：译林出版社 2005 年版，第 27~28 页。

③ 拉雷恩:《马克思主义与意识形态》，张秀琴译，北京：北京师范大学出版社 2013 年版，第 26~27 页。

④ 詹姆逊:《重读〈资本论〉》，胡志国、陈清贵译，北京：中国人民大学出版社 2013 年版，第 11~12 页。

创立一种能自圆其说的关于经济、国家和社会等的学说，有意识地掩盖现实社会关系的本质，千方百计地从人民的意识中抹掉阶级意识。这时候资产阶级意识形态表现为虚伪意识，“当这种资本主义发展的没有被意识到的革命原则由于无产阶级的理论和实践而被社会意识到了的时候，资产阶级就在思想上被逼迫进了自觉反抗的境地。资产阶级‘虚假’意识中的辩证矛盾加剧了：‘虚假’意识变成了虚伪的意识。开始时只是客观存在的矛盾也变成主观的了：理论问题变成了一种道德立场，它决定性地影响着阶级在各种生活环境和生活问题上所采取的实际立场”[①]。其做法是使资本主义社会现实关系如国家、法律体系等“自然化”、永恒化。

到了葛兰西和阿尔都塞，他们更是把意识形态引向日常体验和话语实践。葛兰西在《狱中札记》中认为，意识形态是“含蓄地表现于艺术、法律、经济活动和个人与集体生活的一切表现之中”的世界观，意识形态包括哲学、宗教、常识和民间传说等，它能“‘组织’人民群众，并创造出这样的领域——人们在其中进行活动并获得对其所处地位的意识，从而进行斗争”[②]。葛兰西强调意识形态的实践功能，认为正是意识形态创造了主体并使他们行动。他提出的文化霸权理论也同意识形态问题息息相关。他之所谓“霸权”（hegemony）意指统治的权力赢得它所征服的人们赞同其统治的方式，也就是说霸权的实现是一个协商和获得共识的过程。霸权包括意识形态，但涵盖了国家机器以及介于国家与经济之间的机构如新闻媒体、学校、教会、社会团体等范围。根据葛兰西的观点，赢得霸权就是在社会生活中确立道德、政治和智力的领导，其办法是将自己的思想体系作为整个社会的构造，从而将自己的利益等同于社会的利益，“一个社会集团的霸权地位表现在以下两个方面，即‘统治’和‘智识与道德的领导权’。一个社会集团统治着它往往会‘清除’或者甚至以武力来制服的敌对集团，它领导着同类的和结盟的集团。一个社会集团能够也必须在赢得政权之前开始行使‘领导权’（这就是赢得政权的首要条件之一）；当它行使政权的时候就最终成了统治者，但它即使是牢牢地掌握住了政权，也必须继续以往的‘领导’”[③]。也就是说，国家的统治表现在由军队、政府、法律机关等构成的政治社会和非强制的市民社会，后者行使着文化霸权的功能。阿尔都塞更是把意识形态普遍化，将意识形态视为一种存在于特定社会历史中“具有独特逻辑和独特结构的表象（形象、神话、

① 卢卡契：《历史与阶级意识》，杜章智等译，北京：商务印书馆1992年版，第123页。

② 葛兰西：《狱中札记》，曹雷雨等译，北京：中国社会科学出版社2000年版，第239页、第292页。

③ 葛兰西：《狱中札记》，曹雷雨等译，北京：中国社会科学出版社2000年版，第38页。

观念或概念）体系”，“人类通过并依赖意识形态，在意识形态中体验自己的行动”。[①] 意识形态是对生存条件的想象的反映，规约并支配着每一个人的思想与行为。正因为意识形态是对幻想现实的反映，它便不同于作为真实现实的反映的科学，在阶级社会具有阶级功能。在《意识形态与意识形态国家机器》一文中，阿尔都塞把国家机器分为镇压性的国家机器如政府、军队、警察、法庭、监狱等和意识形态国家机器如宗教、教育、家庭、法律、政治、工会、传播、文化等两部分，“镇压性国家机器‘运用暴力’发挥功能，而意识形态国家机器则‘运用意识形态’发挥功能”。他借鉴了拉康关于镜像阶段的婴儿如何通过反射映像进行身份确认进而形成自我的精神分析理论，指认意识形态是个体与其真实存在条件的想象性关系的一种表征，并且认为“所有意识形态都通过主体这个范畴发挥的功能，把具体的个人呼唤或传唤为具体的主体”。[②] 意识形态通过对社会现实的想象性关系而作用于主体，参与主体的建构过程，因此，意识形态对人的控制是无形的，甚至是无意识的。受葛兰西和阿尔都塞的影响，英国马克思主义学派从威廉斯开始，进一步放弃了过去那种将文化当作统治阶级的意识形态骗局的简单化的说法，事实上把意识形态看作“生产各种意义和观念的一般过程”[③]，意识形态成了社会多元决定中的思想观念的生产形式。在这个过程中，意识形态的独立性被强调，上层建筑 / 经济基础的被决定 / 决定关系被淡化。

法兰克福学派继承马克思的批判传统，将意识形态看作统治阶级的社会意识形式。他们所说的意识形态除了包括马克思所说的社会政治、道德、法律、艺术等领域之外，甚至还涵盖了科学技术和社会科学及其方法论。马尔库塞的著作《单向度的人》的副标题就是“发达工业社会意识形态研究”。在该书中马尔库塞宣称，资本主义意识形态已经渗透到思想、文化、技术、社会生活等各个领域，并使艺术整合到资本主义的社会结构之中。这种意识形态鼓励人们尽情享受生活，并使人们的思维同质化，压制了人们内心中批判性、反抗性和超越性的向度。在这个过程中，科学技术也同一般意识形态一样，具有工具性和奴役性，因此科学技术本身成了意识形态。也就是说，意识形态是使统治合法化的各种思想意识的运作机制与程序。后来，哈贝马斯受其启发，发挥了他的观点，认为科学技术作为意识形态取消了技术与实践之间的差别，“一方面，技术统治的意识同

① 阿尔都塞：《保卫马克思》，顾良译，北京：商务印书馆 2006 年版，第 227~228 页、第 230 页。

② 阿尔都塞：《意识形态与意识形态国家机器》，见陈越编《哲学与政治：阿尔都塞读本》，长春：吉林人民出版社 2003 年版，第 336 页、第 364 页。

③ 威廉斯：《马克思主义与文学》，王尔勃、周莉译，开封：河南大学出版社 2008 年版，第 58 页。

以往的一切意识形态相比较，‘意识形态性较少’，因为它没有那种看不见的迷惑人的力量，而那种迷惑人的力量使人得到的利益只能是假的。另一方面，当今的那种占主导地位的，并把科学变成偶像，因而变得更加脆弱的隐形意识形态，比之旧式的意识形态更加难以抗拒，范围更为广泛，因为它在掩盖实践问题的同时，不仅为既定阶级的局部统治利益作辩解，并且站在另一个阶级一边，压制局部的解放的需求，而且损害人类要求解放的利益本身”[①]。

近来，西方意识形态批判一方面受到拉康心理分析的影响，凸显意识形态的主体认同和社会认同功能，另一方面借鉴福柯的权力话语理论，致力于探讨意识形态的社会控制功能与控制形式。斯洛文尼亚学者齐泽克以“幻象”（fantasy）来命名意识形态，认为社会秩序的维持和运行有赖于我们对这一幻象的遵守，“意识形态不是掩饰事物的真实状态的幻觉，而是建构我们社会现实的（无意识）幻象”。其作用是以一种梦幻的方式建构现实以免遭遇真实界的创伤，即“填补他者中的空缺，隐藏其非一致性……幻象隐藏了下列事实，他者（即符号秩序）是围绕着某些创伤性的不可能性，围绕难以符号化的某物——即无法成为快感的实在界的某物，构建起来的”，“意识形态作为梦一样的建构，同样阻碍我们审视事物、现实的真实状态”[②]，但却在更深层面决定了人在现实中的反应与行为。齐泽克借用了拉康的“真实界”（the real）概念，认为现实是由意识形态建构起来的，因为我们用语言、文字、法律等象征符号解释世界时，便在我们与世界之间形成了裂痕与沟壑，从而掩盖了社会对抗这个“真实界”，“精神可以反映外部世界的客观现实……这样一个概念的基础是隐藏的唯心主义，因为在我们的反映之外有一个客观现实的观点预先假定了我们反映现实的精神是作为一种存在于客观现实外部的一种凝视。……问题不是我们的头脑之外没有现实，问题是现实之外没有精神。……因此我们不可能对现实持一种中立的观点：我们的感觉歪曲了现实，因为观察者就是被观察对象的一部分”。[③]按照齐泽克的观点，意识形态的实质是某种真理外表下所暗含的社会控制内容与其表述者主观立场之间的联系方式[④]。当代意识形态理论研究的重点便是意识形态作为社会意识的控制形式，“意识形态并不仅仅向人们提供用于指导世界观的信仰体系，它还在各种社会行为者创造其赖以生存的知识世界的过程中起着根本性的作用。此外，意识形态还能

---

① 哈贝马斯：《作为意识形态的技术与科学》，李黎、郭官义译，上海：学林出版社1999年版，第69页。

② 齐泽克：《意识形态的崇高客体》，季广茂译，北京：中央编译出版社2002年版，第45页、第173页、第67页。

③ 齐泽克、戴里：《与齐泽克对话》，孙晓坤译，南京：江苏人民出版社2005年版，第101页。

④ 齐泽克：《意识形态之幽灵》，参见徐钢主编《跨文化齐泽克读本》，上海：上海人民出版社2011年版，第24页。

掩盖或转化存在于行为者体验的社会现实和不同的社会群体互相竞争的既得利益之间的矛盾，由此而形成社会现实中的集体意识。……意识形态被认为是构建和重建社会的一种方式，而个人意识和这一过程有着密不可分的联系。”[①]

三、马克思与作为文学批评范式的意识形态批评

马克思曾经论及艺术和审美与意识形态的关系。在《〈政治经济学批判〉序言》中，马克思把社会结构分为四个层次：生产力、生产关系、上层建筑和意识形态。“法律的、政治的、宗教的、艺术的或哲学的”形式都被称为“意识形态的形式”[②]，它们受到特定生产方式的制约。按照马克思、恩格斯的说法，文学艺术是一种特殊的意识形态，是“更高地悬浮于空中的意识形态的领域”[③]，与物质生产常常存在不平衡关系。伊格尔顿认为，马克思的意识形态概念包含了两种大相径庭的意义，“一方面，意识形态有目的，有功能，也有实践的政治力量；另一方面，似乎仅仅是一堆幻象，一堆观念，它们已经与现实没有联系，过着一种与现实隔绝的明显自律的生活”[④]。实际上，这正是意识形态的两面性，即一方面意识形态与社会生产方式有着对应关系，另一方面，意识形态又有着相对的独立性。

按照马克思的见解，文学属于整个社会生产关系的网络，这些社会关系被历史地决定和转换，也同其他意识形态相联系。虽然马克思在文学作品评论和历史事件分析方面也提供了若干类似于艺术或审美意识形态批判的例证，如在《神圣家族》和《路易·波拿巴的雾月十八日》等著作中对施里加（齐赫林斯基）、路易·波拿巴等人如何以幻想替代现实进行了话语分析，但是马克思对艺术或审美的意识形态批判的开启与其说是理论上的，不如说是方法论上的。“马克思的意识形态分析通常关注的不是审美现象，而是经济学理论中一方面暴露另一方面又掩盖资本主义社会关系的种种方式。但是对审美领域的批评的意识形态性是显而易见的。艺术作品需要探讨的不仅仅是其审美和社会内涵，还包括对使其功能合法化以及使社会历史关系普遍化和合理化的方式的洞察。”[⑤]

意识形态分析被推延至文学和审美领域有一个过程。早期的文学意识形态批评常常

---

① 丹尼斯·K. 姆贝：《组织中的传播和权力：话语、意识形态和统治》，陈德民等译，北京：中国社会科学出版社 2000 年版，第 80~81 页。

② 马克思：《〈政治经济学批判〉序言》，见《马克思恩格斯选集》第 2 卷，北京：人民出版社 1995 年版，第 33 页。

③ 恩格斯：《致康·施米特》（1890 年 10 月 27 日），见《马克思恩格斯选集》第 4 卷，北京：人民出版社 1995 年版，第 703 页。

④ 伊格尔顿：《历史中的政治、哲学、爱欲》，马海良译，北京：中国社会科学出版社 1999 年版，第 85 页。

⑤ William Adams，“Aesthetics：Liberating the Senses”，in *The Cambridge Companion to Marx*，edited by Terrell Carver，Cambridge：Cambridge University Press，1991，p.261.

关注文学的社会政治内容，或者说，关注文学与社会意识之间的关系。在马克思之后，最早将审美与文学和意识形态联系在一起的人物是俄国马克思主义批评家沃罗夫斯基。沃罗夫斯基1910年在《马克西姆·高尔基》一文中，在否定的意义上批评高尔基的《母亲》中对无产阶级人物的描写表达的是一种"审美的意识形态"，"是对生活作出诗意的反映"，是无产阶级意识尚未成熟的幻想化的表现。[①]可见，沃罗夫斯基是将意识形态看作关于现实的歪曲了的表象。其后，波兰美学家英伽登1937年在《对文学的艺术作品的认识》一书里，提到了文学的意识形态意义。他把文学作品的意义层面区分为语音层、意义单位层、被表现的客体层、图式化方面层与形而上学层，并认为，如果我们阅读作品时"把注意力集中在客体层次上，它们在'意识形态'意义以及审美相关价值的复调性方面就显得非常空洞和贫乏"[②]。他这里的意识形态意义实际是指文学中所包含的社会文化意义和读者对作品所作的社会政治解读。

到了马克思主义批评家那里，文学的意识形态批评达到一个自觉的高度。普列汉诺夫说过："完全没有思想内容的艺术作品是不会有的。"[③]尤金·伦恩指出："众所周知，绝大多数马克思主义批评试图破解文学或隐或显的意识形态内容，即对那些关于人类社会生活的含蓄的基本假设的揭露，这些假设反过来被认为内在于一个阶级在社会结构中的处境。"[④]社会政治、道德对文学的渗透与制约可以说是意识形态影响文学的表现。意识形态对文学的影响主要是社会政治、思想观念对作家创作的渗透和某种文学体制对文学发展的规约。作家生活于一定的时代，各种哲学的、美学的、道德的、政治的、宗教的观念必然同作家产生这样那样的联系，作家在这种情况下形成的哲学观、美学观、道德观、政治观、宗教观等会直接或间接地在作品中表露出来。在中国漫长的封建社会，统治阶级的意识形态对文学创作的影响是十分巨大的，如杜甫的作品便有浓厚的忠君思想，清代文康的小说《儿女英雄传》所渲染的名教纲常、荣华富贵、一夫多妻等思想，无不表露了封建的意识形态观念。美国作家麦尔维尔的《白鲸》中流露的白人种族优异论和对美国式民主的称颂使其打上了美帝国意识形态的烙印。如果我们在一定程度上同意齐泽克的观点，把意识形态当作某种真理外表下所暗含的社会控制内容与其表述者主观立场之间的联系方式，那么，不仅法捷耶夫歌颂苏联十月社会主义革命与反法西斯战争的《毁

---

① 沃罗夫斯基：《马克西姆·高尔基》，见《沃罗夫斯基论文学》，程代熙等译，北京：人民文学出版社1981年版，第271页。

② 英伽登：《对文学的艺术作品的认识》，陈燕谷等译，北京：中国文联出版公司1988年版，第94页。

③ 普列汉诺夫：《艺术与社会生活》，见《普列汉诺夫美学论文选》2，曹葆华译，北京：人民出版社1983年版，第850页。

④ Eugene Lunn, *Marxism and Modernism*, Berkeley and Los Angeles: University of California Press, 1982, p.18.

灭》和《青年近卫军》是意识形态性的，连索尔仁尼琴反对苏联斯大林体制对无辜人的镇压进而反思社会主义制度本身的作品《古拉格群岛》同样也是意识形态性的。

其次，文学的意识形态批评还致力于勘察和辨析文学的意识形态意义与其实现之间的关系。作品建构的是一个充满张力的文本空间，作者的意识形态立场有可能与作品现实的意义表达效果之间出现差异或不一致现象。恩格斯1888年在《致玛·哈克奈斯》的信中,认为“现实主义甚至可以不顾作者的见解而表露出来”[①]。恩格斯以巴尔扎克为例，指出他的同情心虽然是在贵族一边，但却毫不掩饰地赞美他政治上的死对头——圣玛丽修道院共和党的英雄们。按照卢卡契的说法，巴尔扎克作为一个艺术家的伟大性，正是因为他对社会历史的深入观察与他的保皇主义意识形态出现了断裂。这说明作品的客观意义有可能和作者的政治观点不一致，从而将作者的意识形态立场撕开了裂口。阿尔都塞则认为，伟大的艺术与现实的联系是通过艺术对意识形态的反叛关系即对意识形态的颠倒而实现的。因为意识和现实有隐秘的距离，因而在艺术结构的诸要素的内在关系和非内在关系中产生了离心结构，使对意识形态幻觉的批判成为可能，“在意识的任何意识形态形式中，不可能有由其内在的辩证法而离开自身的成分……因为，意识不是通过它的内在发展,而是通过直接发现他物才达到真实的”[②]。阿尔都塞认为,尽管意识形态是主体形象化的对象，是对个体生活经验的抽象，但伟大的艺术又在某种程度上超越了意识形态的束缚，将意识形态的“他物”转变成个人的形象，从而与意识形态的现实形成了特殊的差异性认识关系，即艺术的审美效果产生于个人的意识形态立场与现实的意识形态之间的距离。马尔库塞借鉴了俄国形式主义的陌生化理论，认为艺术能创造一个异在的世界，在把现实转化为幻象的过程中，打破了人们习以为常的感知与理性框架，颠覆了统治阶级的意识形态。“尽管艺术可用作（封建的和资产阶级的）阶层符号、用作纯粹的消遣，用作高雅的东西，然而，艺术仍然与作为艺术本源的现存现实是疏离的。这就是第二层次的异化；艺术家借助于这个异化，使自己逐渐从异化社会中摆脱出来，并创造出只有艺术才能在其中具有和传达其真理的非现实的、幻象的天地。同时，这种异化，将艺术和社会联系起来：它保存了艺术的阶级内容，并且使它成为透明的东西。作为‘意识形态’，使占统治地位的意识形态失去存在理由；因为，在艺术中，阶级内容被‘观念化了’，风格化了，于是成为超越了特定阶级内容的普遍真理的集结地。”[③]

① 恩格斯:《致玛·哈克奈斯》(1888年4月)，见《马克思恩格斯选集》第4卷，北京：人民出版社1995年版，第683页。

② 阿尔都塞:《保卫马克思》，顾良译，北京：商务印书馆2006年版，第135页。译文略有改动。

③ 马尔库塞:《审美之维》，李小兵译，北京：生活·读书·新知三联书店1989年版，第168~169页。

文学是语言的艺术。乔纳森·卡勒说:“语言既是意识形态的具体宣言——是说话者据此而思考的范畴,又是对它质疑或推翻它的基地。”[①]晚近的文学意识形态批评对语言、文体和叙事中的意识形态问题投入了更多的注意力。托多罗夫(又译作托多洛夫)曾经以体裁为例,说明“体裁在社会中演变,通过制度化与社会相联系。……每个时代都有自己的体裁系统,后者同占支配地位的意识形态相关联。……一个社会总是选择尽可能符合其意识形态的行为并使之系统化;所以,某些体裁存在于这个社会,而在那个社会中却不存在,这一事实显示了该意识形态的作用,并有助于我们多少有点把握地确定该意识形态”[②]。通常认为,小说主人公的个体主义证明小说的兴起与资产阶级或市民意识形态有关。在诸如笛福的《鲁滨孙漂流记》之类的小说中,资产阶级的意识形态得到鲜明的体现。鲁滨孙·克鲁梭的海上冒险就表现出浓厚的经济个人主义色彩,经济动机的首要性以及对簿记和契约的重视,这些都带有明显的资本主义特征。同样,故事叙事中包含着意识形态。詹姆逊说:“审美行为本身就是意识形态的,而审美或叙事形式的生产将被看作是自身独立的意识形态行为,其功能就是为不可解决的社会矛盾发明想象的或形式的‘解决办法’。”[③]他在解读巴尔扎克的《老姑娘》时,认为小说表面叙述的是求婚者追求科蒙小姐的故事,实际是“以贵族式的优雅与拿破仑式的活力之间的二元对立”暗示争夺法国统治权的斗争。因而,文学的意识形态分析常常致力于探讨意识形态作用于文学的种种方式和文学叙事颠覆意识形态的可能路径。

究竟应当如何看待文学与意识形态的关系问题?按照伊格尔顿的说法,作家作为社会的人,必然受到现实意识形态的影响,“我所说的‘意识形态’,并不是简单地指人们所具有的根深蒂固的、常常是无意识的信仰,我具体地是指那些与社会权力的维护和再生有着某种联系的感觉、评价、理解和信仰的模式”[④]。文学固然是意识形态的产物,但是文学通过语言与意识形态发生关联而产生新的意识形态,因而文学活动自身又具有意识形态性质。马克思在《1844年经济学哲学手稿》《〈政治经济学批判〉导言》中曾经提出过“艺术生产”概念,把艺术生产视为精神生产的一种形式,在《德意志意识形态》《资本论》等著作中又有“观念生产”“精神生产”的说法,伊格尔顿等当代学者将马克思上述两方面的思想相结合,进一步提出了文学艺术作为“意识形态的生产”概念,即文学

① 乔纳森·卡勒:《文学理论》,李平译,沈阳:辽宁教育出版社1998年版,第63页。
② 托多洛夫:《巴赫金、对话理论及其他》,蒋子华等译,天津:百花文艺出版社2001年版,第29页。
③ 詹姆逊:《政治无意识》,王逢振等译,北京:中国社会科学出版社1999年版,第67~68页。
④ 伊格尔顿:《文学原理引论》,刘峰等译,北京:文化艺术出版社1987年版,第18页。

不仅受意识形态的影响与制约，它自身也是一种意识形态的生产，可以反过来作用于意识形态。这是因为，意识形态对作家来说可能是某种角色限制，但他在运用这种意识形态的同时也是在构想和操演新的意识形态，文学就是这样一种意识形态的生产形式。既受意识形态制约，本身又作为一种意识形态而作用于现存的意识形态，这就是文学与意识形态的关系的两面。其实，马尔库塞在《审美之维》中也谈到艺术的超越现存意识形态的意识形态性："艺术的根本潜力就在于它具有意识形态性质，具有对'经济基础'的超越关系。意识形态并不仅仅是意识形态，不仅仅是虚假的意识。在现存的生产过程中以抽象形式表现出的对真理的意识和表象，同样是意识形态功用；艺术就是这些真理的一种表现。艺术作为这种意识形态，它反对既存的社会。"[①] 关于这个问题，我们将在讨论马克思的艺术生产理论时进一步加以论述。

四、马克思与作为文化批评范式的意识形态批评

意识形态批判越来越多地逾出哲学、社会学和文学分析的框架，渗透到大众文化、社会心理、性别、种族、国家以及身份认同等领域，成为文化研究和文化批评的一种重要模式。弗洛伊德对文化无意识根源的追溯让人们注意到意识形态对人的心灵的塑造。在弗洛伊德看来，人的本能与社会环境之间既相互冲突，又相互妥协，文化的力量与传统对个体的构造是无形的。弗洛伊德曾经将个体的人格结构分为本我、自我和超我三部分，并将超我比作意识形态。他说，道德化的自我即超我仍然蓄积并保留着社会意识的力量与传统，这样的意识形态惯性是不依赖于经济状况的。它们有时会侵袭、渗透到无意识和本我中去，占领无意识领域，使主体把想象性的状况当作事实状况，并以此来行动。

因此，文化研究中的意识形态批判重在揭露各种文化形式中所隐含的意识形态策略，即社会意识的控制形式。汤普森说，意识形态分析"首要关心的是象征形式与权力关系交叉的方式。它关心的是社会领域中意义借以被调动起并且支撑那些占据权势地位的人与集团的方式……研究意识形态就是研究意义服务于建立和支撑统治关系的方式"[②]。依照他的看法，从日常话语行动如仪式、节庆到学校、大学、博物馆、电视节目等总是包罗在具体的社会历史背景与进程之中，被生产、传播与接受，因此文化现象表达了一定的权力关系。

齐泽克在批判当代媒体景观社会的特征时指出，媒体的问题不在于使我们混同现实

① 马尔库塞：《审美之维》，李小兵译，北京：生活·读书·新知三联书店 1989 年版，第 216 页。
② 汤普森：《意识形态与现代文化》，高铦等译，南京：译林出版社 2005 年版，第 62 页。

与虚构，而在于它侵入象征虚构空间，把这些空间都填满了，产生了超真实（hyperrealist），窒息了象征虚构的活动，现实不再由象征虚构所结构，从而使现实“非现实化”[①]。巴尔特（又译作巴特）在《神话》中曾经举了巴黎《竞赛报》封面照片的例子：一个身穿法国军装的黑人士兵在敬礼，双眼上扬，凝神注视着法国国旗。巴尔特评论说，这个封面表明法兰西是一个伟大的帝国，她的所有子民不分肤色都在她的旗帜下忠诚服务。这名黑人对于他的压迫者的效忠，就是对殖民主义的诋毁的再好不过的答复[②]。伊格尔顿认为，美学话语作为情感话语是一种身体性的话语，因为身体是所有的精神活动和情感活动的物质基础，现实关系在身体上的投射和作用，也就是意识形态的作用，“审美只不过是政治之无意识的代名词：它只不过是社会和谐在我们的感觉上记录自己、在我们的情感里留下印记的方式而已，美只是凭借肉体实施的政治秩序”[③]。资产阶级常常巧妙地利用“身体政治”兜售自己的意识形态。在阿多尔诺看来，资本主义文化工业所生产的艺术品，以色情、享乐等梦幻化的形式美化了资本主义现实，它对幸福的许诺具有引诱人们追逐金钱的作用，从而隐秘地宣扬了资产阶级消费主义意识形态，充当了统治者的工具。比如美国电视剧《达拉斯》（又译作《豪门恩怨》），是围绕着金钱和刺激转，人人都过着奢侈生活，开好车，喝好酒，从而阻碍了作品社会政治态度的表达，不致挑起不同利益集团之间的争吵。再比如描写泰坦尼克号沉船事件的数部英美影片，从最早的《劫后余生》，到20世纪50年代的《冰海沉船》和前些年风靡一时的《泰坦尼克号》，它们所渲染的危难中的人性表现，掩盖了泰坦尼克号上的等级划分、民族差异以及部分英国船员充当逃兵的事实。对船长史密斯、总设计师安德鲁绅士风格的礼赞，与沉船后一些英国报刊上关于逃生人群中“中国人、日本人最起劲”的不切实际的报道形成对比，颂扬其文化与种族优越感的意识形态性暴露无遗。“这种可以任意确定某种没经证实的内容的科学的偏向，充当了统治的工具。这种意识形态，被用来强调和有计划地宣传现存的事物。文化工业具有概括记录的趋势，正因为如此，所以它也能无可辩驳地对存在事实预先作出估计。它通过一再忠实地重复迷惑视线的现象，不断地把现实的现象美化为理想，而轻巧灵活地克服重大的错误信息与公开的真实情况之间的矛盾。”[④]类似的例子不胜枚举。比如描写一个穷家女子爱上了一个富家子弟，最终获得了幸福美满的姻缘，这样的故事所包含的

---

① 齐泽克：《快感大转移》，蒋桂琴等译，南京：江苏人民出版社2004年版，第93~94页。
② 罗兰·巴特：《神话——大众文化诠释》，许蔷蔷等译，上海：上海人民出版社1999年版，第175页。
③ 伊格尔顿：《美学意识形态》，王杰等译，桂林：广西师范大学出版社1997年版，第26~27页。
④ 霍克海默、阿多尔诺：《启蒙辩证法》，洪佩郁、蔺月峰译，重庆：重庆出版社1990年版，第138页。

意识形态信息自不必说。而一个下等人如何通过自己的个人奋斗挤入社会上层，过上了花天酒地的生活，这样的故事更是给普通人提供了欺骗性的神话般的满足。

近来文化研究中的意识形态批判关注各种晚期资本主义的权力关系，如将全球化等同于政治上的自由化、经济上的市场化和文化上的盎格鲁－撒克逊主义的新殖民主义意识形态，标榜市场经济无所不能的神话般的力量的新自由主义经济意识形态，根深蒂固的男权主义意识形态，张扬“人权高于主权”进而干涉别国内政的新帝国主义意识形态等，其特征是将某个有限或特殊的命题或范式普遍化，或将少数集团或国家的利益说成是人类的普遍利益，进而造成一种似是而非的伪普遍性。齐泽克认为，既然意识形态是其内容阐明过程与其隐含主体之间的非透明的关联方式，那么使统治关系合法化的真正逻辑必须被掩盖才能有效。他举例说：“当西方势力以违反人权为借口干涉一个第三世界国家时，在这一国家，最基本的人权得不到尊重有可能是‘事实’，而且西方的干涉会有效地促进其人权记录。然而，由于未能提及这类干涉的真正动机（经济利益，等等），对其合法化便仍然是‘意识形态的’。”[①] 萨义德（又译作赛义德）在《东方主义》中，指认西方学者所说的东方其实是西方意识形态的话语建构。此之所谓东方既有某种神秘色彩，又是专制、愚昧、无知、落后的代名词，是长期处于强势的西方对处于劣势的东方的殖民话语压迫方式。美国学者罗伯森在《全球化——社会理论和全球文化》一书中，提醒人们注意全球化进程中甚嚣尘上的新自由主义经济意识形态所包含的使东方从属于西方的危险性，主张全球化必须坚持文化的多样性和差异性。1975 年，劳拉·莫尔维发表了论文《叙事电影的视觉快感》，指出西方电影中妇女的从属者位置。表面上看，她们占据着屏幕的中心，但是她们既是电影中男性角色的色欲目标，又是观众席上男性观众的色欲目标。男性观众不仅在男性角色的成功追逐行为中体验到快感，且很快与角色认同，确认了一个更强大的自我，从而强化了男权主义的意识形态。可见，从意识形态角度观察各种文学与文化现象仍然大有可为。

意识形态批判是哲学、社会学、文学批评和文化研究的一个重要维度。因为在一定意义上，意识形态的运作目标是隐藏并神秘化资本主义制度下阶级结构和社会关系的真正实质，所以意识形态批评担负了一种去神秘化的解蔽功能。虽然意识形态批判在很大程度上已经超出了马克思当年设定的范围，但仍然秉承了马克思主义批判传统的印记，作为一套激进的批判资本主义的话语体系和理论范式发挥了重要作用，并且仍然继续在

① 齐泽克：《意识形态之幽灵》，见徐钢主编《跨文化齐泽克读本》，上海：上海人民出版社 2011 年版，第 24 页。

发挥作用。

当然，我们还应当看到，意识形态批判把复杂的社会意识理解为物质和意识的镜像反映关系，有一定的局限性。一方面，现代社会意识的形成不完全依赖于反映被反映的镜像关系。“思想同时既是认知性的，又是创造性的，……这也正是意识的任何简单的‘反映’模式不能真正起作用的原因。”[①]哈贝马斯认为，意识形态理论建立在物质与意识的（颠倒的）镜像关系上，而现代约法的合法性不是奠定在意识与存在的反映关系中，而是建立在交往领域的社会共识和理性互动关系中。而以意识形态理论为基础的社会批判理论漠视民主、法律的规范性建构在现代社会中的巨大作用，严重低估了西方现代社会体制的合法性基础。哈贝马斯说：“马克思……对资产阶级法权国家的意识形态批判，以及从社会学上对自然权利的基础所作的解释，使得资产阶级的法的观念和自然法的意向，对马克思主义者来说永远信誉扫地；因此，也砸碎了套在自然法和革命身上的枷锁。国际化的内战中的各个政党和派别，命中注定地、明确地分享了各自的遗产：有的接受了革命的遗产，有的接受了自然法的意识形态。”[②]按照哈贝马斯的说法，马克思忽视了盎格鲁－撒克逊文化传统中的自然权利学说的重要性。受马克思影响，其后继者对交换领域规则系统、制度文明肯定性的建设意向的探讨变成了对该领域资本强权操控模式的批判。哈贝马斯认为，意识形态的对立面并非一定是真理或知识，而是有助于解放的批判和自我反思[③]。福柯也认为，有三个理由使得意识形态概念需要慎用。“第一个理由是：不管人们愿意与否，这个概念同真理之间始终存在着潜在的对立。……第二个理由是：我认为意识形态必然要参照作为主体的某样东西。第三个理由是：同作为经济基础、物质决定体起作用的某种东西相比，意识形态是第二位的。”[④]另一方面，哲学、社会学、文学、文化与意识形态的关系是十分复杂的，不一定处于同一个界面并适用于同一种分析模式。我们以文学艺术为例来说明这一点。从传统意义上说，意识形态主要是维护既存现实的思想体系或表象系统，因此是一个偏于社会政治的认识论和社会学范畴，而艺术却主要与审美化的情感和直觉有关，也就是说，意识形态范畴不能完全涵盖艺术概念。此外，作为精神个体交往活动的形式，文学艺术活动固然以一定的物质条件为前提，受到统治阶

---

① 伊格尔顿：《西方马克思主义中的意识形态及其兴衰》，见齐泽克编《图绘意识形态》，方杰等译，南京：南京大学出版社 2002 年版，第 235 页。

② 哈贝马斯：《理论与实践》，郭官义等译，北京：社会科学文献出版社 2010 年版，第 86 页。

③ 当然，正如齐泽克所说，“跨出（我们所经历的）意识形态的作为，正是我们受其奴役的一种方式”（齐泽克：《意识形态之幽灵》，见徐钢主编《跨文化齐泽克读本》，上海人民出版社 2011 年版，第 22 页）。也有人认为，哈贝马斯的言论是其放弃早年的批判立场，走向与资本主义合作的表现。

④ 福柯：《米歇尔·福柯访谈录》，见杜小真编选《福柯集》，上海：上海远东出版社 1998 年版，第 435~436 页。

级思想的影响，但文学艺术在一定程度上又是超乎一般物质交往之上的，是作家自由的创造，因此包含着人们对超越性精神境界的追求，又常常超越了当下的意识形态。依照卢卡契的说法，“只要某种思想仅仅是某个个人的思维产物或思维表现，那么无论它是多么有价值或者反价值的，它都不能被视为意识形态。某种综合的思想即便在社会上得到比较广泛的传播，它甚至也不能直接变为意识形态。某种思想或思想整体若要变成意识形态，它必须执行某种规定得非常确切的社会职能”[①]。所以，准确地说，文学艺术与意识形态有关,但并不是纯粹的意识形态。马克思曾经谈到过“跳出意识形态”[②]的可能性，文学无疑可以成为跳出意识形态的方式之一。

无论是哲学、社会学，还是文学与文化研究中的意识形态批判，都偏重于社会政治历史,它有助于揭示对象社会层面的内容,但是内在冲动或出发点可能还是与政治学有关,即哲学、社会学、文学与文化批判都程度不同地受制于政治学的考量，因而有其局限性。从这个意义上说，马尔库塞的一番说法还是有道理的。“意识形态概念只有当涉及到理论在变革社会结构中的利益时，才具有意义。意识形态概念并非哲学，也非社会学，而是政治学概念；它只考察一种学说与变革的利益的关系，而不考察这种学说与其真理性的社会条件的关系或这种学说与绝对真理性的关系。”[③]鲍德里亚则从另一个角度思考了意识形态批判的局限性。他认为意识形态的形成过程是一个将象征性物质载体还原、抽象为一种形式的过程，但是“对于意识形态的批判（马克思主义也不例外）总是陷入意识形态的神秘性思维之中。这种批判并不将意识形态看作一种形式，而是看作内容，看作一种给定的、超验的价值——与一些宏大的显现密切相连的一种神性（mana），神奇地蕴育了诸多漂浮的、神秘的主体性，这些主体性被称为‘意识’”[④]。即意识形态的客观性并不存在于它的观念性之中，而是存在于它的形式之中，“整个唯物主义的意识形态批判，对意识、文化价值自治的揭发，对理念现实原则的模拟的指责，整个批判以整体的方式回过头来反对着唯物主义,也就是反对着作为决定事件的经济的自治化”[⑤]。即意识形态批判有隐性唯心主义嫌疑。这些说法虽不无可商榷之处，却提醒我们，在新的历史条件下或许需要重新界定意识形态概念，探讨意识形态批判的适用性及其限度。

① 卢卡契:《关于社会存在的本体论》(下卷)，白锡堃等译，重庆：重庆出版社 1993 年版，第 487 页。
② 马克思、恩格斯:《德意志意识形态》，见《马克思恩格斯全集》第 3 卷，北京：人民出版社 1960 年版，第 98 页。
③ 马尔库塞:《现代文明与人的困境》，李小兵等译，上海：上海三联书店 1989 年版，第 181 页。
④ 鲍德里亚:《符号政治经济学批判》，夏莹译，南京：南京大学出版社 2009 年版，第 140 页。
⑤ 鲍德里亚:《生产之镜》，仰海峰译，北京：中央编译出版社 2005 年版，第 136 页。

第五章　马克思、恩格斯与现实主义问题

马克思的美学思想比较丰富，超出了现实主义的范围，但是他的文艺观接近现实主义。恩格斯对以巴尔扎克为代表的19世纪文学思潮加以总结概括，提出一套比较完整的现实主义理论。苏联、东欧以及我国学者主要以恩格斯的现实主义理论和列宁的反映论为依据，发展出一套马克思主义美学观念。卢卡契则借鉴恩格斯现实主义理论中有关艺术方法自主性的思想发展出一套自己的现实主义理论并与其他西方马克思主义美学家发生了长期的论争。这场论争暴露了马克思主义现实主义美学范式的深刻危机，并在一定程度上促就了马克思主义美学中艺术生产理论作为反映论和现实主义理论替代品的复兴。

一、对马克思、恩格斯美学与文艺思想关系的重新审视

人们通常都把马克思、恩格斯的文艺与美学思想统称为“现实主义”理论，以之为马克思主义美学观和文艺观的核心，这种说法其实是不确切的。我们在绪论里说过，马克思本人的美学与文艺思想涵盖了浪漫主义、感性、个人的全面发展、异化－物化批判以及意识形态批判等诸多方面，远远不能以“现实主义”加以概括。而恩格斯主要论述的是以巴尔扎克为代表的艺术创作问题，并且着眼于文艺与社会的关系谈文艺问题，建立了一套比较完整的现实主义文艺理论，该理论在一定程度上可以视为一种艺术社会学。有人正是在艺术社会学和现实主义理论的意义上来看待马克思和马克思主义美学，并把马克思、恩格斯等量齐观，比如李泽厚就说：“从马克思、恩格斯开始，到卢卡契、阿多诺，从苏联到中国，迄至今日，从形态上说，马克思主义美学主要是种艺术理论，特别是艺术社会学的理论。马克思、恩格斯讲现实主义，论歌德，评拉萨尔的悲剧，评论《城市姑娘》、《巴黎的秘密》，提及莎士比亚、巴尔扎克、席勒、狄更斯、乔治桑等等，主要

讲的艺术问题。"[①] 这种把马克思、恩格斯的美学思想一锅煮，共同冠名为"现实主义"和"艺术社会学"的做法至少是不严肃的，是"以恩解马"的思维方式的体现。正如有的学者注意到的，"'为人们所知的马克思的真相'在很大程度上是被晚年的恩格斯所建构的。这种建构很难达到本真的理解"[②]。

从学术背景上看，马克思受到古希腊文学、莎士比亚特别是浪漫主义很深的影响。在波恩大学求学期间，马克思所选修的十门课程中有四门与美学有关：罗马和希腊神话、荷马、现代艺术史、普罗佩提乌斯的挽歌。德国浪漫主义的代表人物奥古斯特·施莱格尔是其中两门课的老师。

还有，马克思与席勒的关系也是一个国内学界关注不够的话题。美国学者凯恩指出，"1848 年之前的马克思的观点与其说更接近成熟期的黑格尔，不如说更为接近席勒和古希腊传统，1848 年之后马克思在许多方面与成熟期的黑格尔而不是席勒更为接近"[③]。这个说法有一定的道理。其实，席勒不仅对早年马克思，甚至对马克思一生的影响都依稀可辨。席勒《美育书简》对近代文明的批判和对审美王国的吁求，与《1844 年经济学哲学手稿》所论证的消除私有制和感性的社会人的生成一脉相通。而席勒关于人的全面发展的思想更是贯穿了马克思思想发展的始终。席勒把审美与人摆脱物质的羁绊所获得的自由联系起来，"对实在的需求和对现实的东西的依附只是人性缺乏的后果，对实在的冷漠和对外观的兴趣是人性的真正扩大和达到教养的决定性步骤。首先这是外在自由的证明，因为在受必然和需求的支配时，想象力就被牢固的绳索捆绑在现实的事物上，只有需求得到满足时，想象力才能发挥毫无拘束的能力。其次这也是内在自由的证明，它使我们看到一种力量，这种力量不依赖外在素材而由自身产生，并有防范素材侵扰的充足能量"。"只有当人在充分意义上是人的时候，他才游戏；只有当人游戏的时候，他才是完整的人。"[④] 而马克思也以人的能力的充分发展为自由的根本内涵，以对物质必然性的超越为实现自由的前提。"事实上，自由王国只是在必要性和外在目的规定要做的劳动终止的地方才开始；因而按照事物的本性来说，它存在于真正物质生产领域的彼岸。像野蛮人为了满足自己的需要，为了维持和再生产自己的生命，必须与自然搏斗一样，文明人也必须这样做；而且在一切社会形式中，在一切可能的生产方式中，他都必须这样

---

① 李泽厚:《美学四讲》，北京：生活·读书·新知三联书店 1989 年版，第 19 页。

② 特雷尔·卡弗:《马克思与恩格斯：学术思想关系》，姜海波等译，北京：中国人民大学出版社 2008 年版，第 140 页。

③ Philip J. Kain, *Shiller, Hegel, and Marx: State, Society, and the Aesthetic Ideal of Ancient Greece*, Kingston and Montreal: McHill-Queen's University Press, 1982, p.115.

④ 席勒:《美育书简》，徐恒醇译，北京：中国文联出版公司 1984 年版，第 133 页、第 90 页。

做。这个自然必然性的王国会随着人的发展而扩大，因为需要会扩大；但是，满足这种需要的生产力同时也会扩大。这个领域内的自由只能是：社会化的人，联合起来的生产者，将合理地调节他们和自然之间的物质变换，把它置于他们的共同控制之下，而不让它作为一种盲目的力量来统治自己；……但是，这个领域始终是一个必然王国。在这个必然王国的彼岸，作为目的本身的人类能力的发挥，真正的自由王国，就开始了。但是，这个自由王国只有建立在必然王国的基础上，才能繁荣起来。工作日的缩短是根本条件。"[①]在这里，马克思与席勒的看法很相似，满足物质需要的自由只是第一步，真正的自由存在于物质生产的彼岸，而这个自由的获得与工作日的缩短以及随之而来的闲暇、游戏及审美活动相联系。

最后，马克思与黑格尔有一种颠倒和叛逆的关系。众所周知，马克思得益于黑格尔的地方之一是其理性辩证法，这种辩证法使理性"可以从现实的同一性和差异中，即从现实的统一和多样性中把握一切的现实，使现实内部的矛盾和对立尖锐化，从而把一切导入运动，使世界不断发展"[②]。马克思把黑格尔的唯心主义辩证法作了唯物主义的改造，引入了现实的维度。而马克思用意识形态批判来还原资本主义社会颠倒的现实关系，最先也是通过对黑格尔法哲学把国家视为绝对精神的体现，从而为普鲁士国家辩护的揭露开始的。"人的自我异化的神圣形象被揭穿以后，揭露具有非神圣形象的自我异化，就成了为历史服务的哲学的迫切任务。对天国的批判变成对尘世的批判，对宗教的批判变成对法的批判，对神学的批判变成对政治的批判。"[③]

正因为其美学与文艺思想具有浪漫主义、古希腊传统、启蒙运动、德国古典哲学与美学、英国经济学、莎士比亚以来的近代文艺思潮等多重背景，马克思直接与间接谈论的美学与文艺问题便超出了他本人在世时美学与文艺理论的一般话题，其经典话题如世界文学、美的规律、艺术生产与消费、资本主义与艺术生产的敌对性、神话的永恒魅力等，莫不如此，其次生话题如自然与人的统一、异化与意识形态批判、个人的全面发展、感性与感觉的解放等，也具有在美学、文艺批评方面被延伸、拓展的潜能。而恩格斯的美学基本上是一种文艺美学，偏重于从文艺与社会的关系考察文艺现象，不涉及对美、美感等问题哲学层面的探讨。

仅仅从上面的分析就可以看出，马克思的美学与文艺思想涉及的论题与范围非常广

---

① 马克思：《资本论》第3卷，见《马克思恩格斯全集》第2版第46卷，北京：人民出版社2003年版，第928~929页。

② 科尔纽：《马克思的思想起源》，王瑾译，北京：中国人民大学出版社1987年版，第21页。

③ 马克思：《黑格尔法哲学批判》，见《马克思恩格斯全集》第2版第3卷，北京：人民出版社2002年版，第200页。

泛，远不是艺术社会学或现实主义所能涵盖的。

二、马克思、恩格斯与现实主义的关系

虽然说马克思的美学思考范围比较广泛，远远超出了现实主义范围，也超出了艺术的范围。但是，仅就文艺观而言，马克思与恩格斯的思考的确有相似之处，即接近现实主义。1845年，马克思写下了关于费尔巴哈的十一个论点，后来发表时称为《关于费尔巴哈的提纲》（以下简称《提纲》）。《提纲》的发表标志着马克思意识到费尔巴哈人本唯物主义的局限性，开始走向历史唯物主义。马克思写道："人的本质不是单个人所固有的抽象物，在其现实性上，它是一切社会关系的总和。费尔巴哈……只能把人的本质理解为'类'，理解为一种内在的、无声的、把许多个人纯粹自然地联系起来的普遍性。"所以，费尔巴哈没有看到，"他所分析的抽象的个人，实际上是属于一定的社会形式的"。[①]马克思认为，旧唯物主义（包括费尔巴哈人本唯物主义、启蒙运动时的机械唯物主义和古典经济学的社会唯物主义）的立脚点是"市民"社会，即把资本主义私有制当作一个既成的、永世不变的事实来看待，因而是不彻底的、抽象的。而他所创立的新唯物主义则主张社会生活在本质上是实践的，这种唯物主义的立脚点是人类社会或社会化了的人类。

比如，早期马克思在《神圣家族》第五章"贩卖秘密的商人所体现的批判的批判或施里加先生所体现的批判的批判"、第八章"批判的批判之周游世界的便服微行"两章中对法国作家欧仁·苏的小说《巴黎的秘密》进行了批评，提出了艺术描写的合理性与真实地评述人类关系问题，这些看法是接近现实主义的。欧仁·苏的小说体现了和青年黑格尔派哲学推论相类似的思辨结构，马克思对小说中从观念出发，由抽象到具体的创作模式进行了批评，主张艺术描写的合理性。他在评论小说中的人物麦克格莱哥尔伯爵夫人时说："欧仁·苏小说中伯爵夫人的生活道路，同小说中大多数人物的生活道路一样，是描写得很不合理的。"并且就作家如何描写现实提出了自己的建议——"真实地评述人类关系"。马克思在评论黑格尔哲学及其后继者鲍威尔时说："如果说黑格尔的'现象学'尽管有其思辨的原罪，但还是在许多方面提供了真实地评述人类关系的因素，那末鲍威尔先生及其伙伴却相反，他们只是提供了一幅毫无内容的漫画，这幅漫画只是满足于从某种精神产物中或从现实的关系和运动中撷取一种规定性，把这种规定性变为想象的规定性、变为范畴，并把这个范畴充作产物、关系或运动的观点。"[②]后来他又提出绘画的

① 马克思：《关于费尔巴哈的提纲》，见《马克思恩格斯选集》第1卷，北京：人民出版社1995年版，第60页。

② 马克思、恩格斯：《神圣家族》，见《马克思恩格斯全集》第2卷，北京：人民出版社1957年版，第84页、第246页。

真实性问题："如果用伦勃朗的浓重色彩终于把革命派的领导人……栩栩如生地描绘了出来，那就太理想了。在现有的一切绘画中，始终没有把这些人物真实地描绘出来，而只是把他们画成一种官场人物，脚穿厚底靴，头上绕着灵光圈。在这些神化了的拉斐尔式的画像中，一切绘画的真实性都消失了。"[①] 在《资本论》中，马克思称赞巴尔扎克"对现实关系具有深刻理解"，因为他在小说《农民》中"切当地描写了一个小农为了保持住一个高利贷者对自己的厚待，如何白白地替高利贷者干各种活，并且认为，他这样做，并没有向高利贷者献出什么东西，因为他自己的劳动不需要花费他自己的现金。这样一来，高利贷者却可以一箭双雕。他既节省了工资的现金支出，同时又使那个由于无法在自有土地上劳动而日趋没落的农民，越来越深地陷入高利贷的蜘蛛网中"[②]。强调要"真实地评述人类关系""绘画的真实性""对现实关系具有深刻理解"表明马克思在艺术与社会的关系上持一种接近现实主义的见解。但是，如果我们把马克思上述主张称为"现实主义"的话，它主要是指正视与描写现实、表现人与现实之间各种社会关系的写实主张，并没有明显的流派含义或时代含义，所以马克思推崇莎士比亚化，反对席勒式的从抽象出发。文学艺术作为上层建筑之一种，其性质和作用必须从它与经济基础、社会政治的关系中去认识。而恩格斯的"现实主义"带有明显的19世纪现实主义文学思潮的背景，这是要引起我们注意的。

但是，应当看到的是，即便马克思在谈论文艺与现实的关系问题时，也始终有一个浪漫主义的背景。我们前面说过，马克思在《神圣家族》中评论《巴黎的秘密》时，认为作品对妓女玛丽花的"本来的、非批判的形象"的描写超出了欧仁·苏"狭隘的世界观的界限。他打击了资产阶级的偏见"。因为玛丽花作为妓女，"尽管她处在极端屈辱的境遇中，她仍然保持着人类的高尚心灵、人性的落拓不羁和人性的优美"。"玛丽花虽然十分纤弱，但立刻就表现出她是朝气蓬勃、精力充沛、愉快活泼、生性灵活的，只有这些品质才能说明她怎样在非人的境遇中得以合乎人性地成长。"[③] 接着马克思转述了小说中描写玛丽花和鲁道夫第一次散步时的情景和玛丽花的感受："鲁道夫先生，多么幸福呵！……青草、原野！……要是您允许我下车去就好啦……这里真好……我真想在这片草地上跑一下！"她走下马车，给鲁道夫摘了许多花，"几乎高兴得说不出话来"。马克

① 马克思、恩格斯：《〈新莱茵报。政治经济评论〉第4期上发表的书评》，见《马克思恩格斯全集》第2版第10卷，北京：人民出版社1998年版，第324页。

② 马克思：《资本论》第3卷，见《马克思恩格斯全集》第2版第46卷，北京：人民出版社2003年版，第47页。

③ 马克思、恩格斯：《神圣家族》，见《马克思恩格斯全集》第2卷，北京：人民出版社1957年版，第218页、第215页。

思对此评论说:“在大自然的怀抱中,资产阶级生活的锁链脱去了,玛丽花可以自由地表露自己固有的天性,因此她流露出如此蓬勃的生趣、如此丰富的感受以及对大自然美的如此合乎人性的欣喜若狂。”[①]这里的论证背景虽然批评的是由于欧仁·苏从思辨原则出发,导致在人物描写上常常脱离性格发展自身的逻辑,使玛丽花的性格发生了蜕变,从一个天真烂漫的少女成为忏悔的修女,成为死尸。但在语境意义上表明了马克思对自然的、感性的、本来的人的推崇,有卢梭和浪漫主义影响的印记。

而恩格斯主要是从文艺与社会的关系的角度来思考文艺问题。从青年时代起,恩格斯就更多地倾向于以原形化方式描写现实的文学样式和审美规范。在早期的文学批评中,他推崇的是“要对现实有非常生动的了解,要善于极其鲜明地刻画性格的差异,要准确无误地洞察人的内心世界”,“具体生动和富有生活气息”[②]。恩格斯尤为关注和推崇19世纪的现实主义文学,巴尔扎克是最受肯定的作家。恩格斯的文学理论和批评可以说是对19世纪现实主义文学思潮的一个总结。从早期1846—1847年的《诗歌和散文中的德国社会主义》,到中期1859年《致斐·拉萨尔》的信和晚期1885年《致敏·考茨基》的信、1888年《致玛·哈克奈斯》的信,恩格斯提出了关于现实主义的一系列较为系统的理论见解,对后世马克思主义文艺美学建构产生了很大的影响。

恩格斯最早是1859年在致斐·拉萨尔的信中提出“现实主义”一词的,他说:“我认为,我们不应该为了观念的东西而忘掉现实主义的东西,为了席勒而忘掉莎士比亚。”[③]此后,恩格斯便用“现实主义”指称自己所主张的文艺创作原则。在1888年致哈克奈斯的信中,恩格斯进一步给现实主义下了一个定义:“据我看来,现实主义的意思是,除细节的真实外,还要真实地再现典型环境中的典型人物。”[④]大致说来,恩格斯所概括的现实主义主要包括三个方面的内容。

第一,真实性。在致哈克奈斯的信中,恩格斯称赞了《城市姑娘》这部小说所具有的“现实主义的真实性”[⑤]。真实性最基本的是从生活出发,而不是从概念出发,要像莎士比亚的作品那样富有生活气息,而不作抽象的哲学思辨;其次,真实性要与对社会关系的认识和描写相结合,要从时代的广泛联系中来看待和描写人物,所以在致敏·考茨基

① 马克思、恩格斯:《神圣家族》,见《马克思恩格斯全集》第2卷,北京:人民出版社1957年版,第217页。
② 恩格斯:《现代文学生活》,见《马克思恩格斯全集》第2版第2卷,北京:人民出版社2005年版,第122页、第133页。
③ 恩格斯:《致斐·拉萨尔》(1859年5月18日),见《马克思恩格斯选集》第4卷,北京:人民出版社1995年版,第559页。
④ 恩格斯:《致玛·哈克奈斯》(1888年4月),见《马克思恩格斯选集》第4卷,北京:人民出版社1995年版,第683页。
⑤ 恩格斯:《致玛·哈克奈斯》(1888年4月),见《马克思恩格斯选集》第4卷,北京:人民出版社1995年版,第682页。

的信中恩格斯强调“对现实关系的真实描写”[①];再次，真实性要求朴实无华，以生活本身的形式呈现生活运动的样态。恩格斯称赞了哈克奈斯的《城市姑娘》“把无产阶级姑娘被资产阶级男人所勾引这样一个老而又老的故事作为全书的中心时所使用的朴实无华的手法”[②]。最后，真实性还包括细节的真实。

第二，真实性与倾向性的关系问题。恩格斯认为，生活本身包含着倾向，现实主义文学的倾向性是作家通过对生活的深入观察和研究，在作品中所揭示出来的生活本身所具有的客观真理。这些论述表明，恩格斯与不少19世纪现实主义作家一样，受到当时流行的实证主义和主客二分思维模式的影响，把外在现实作为独立于主体的认知对象，主体可以对对象进行客观的认知。所以在恩格斯那里真实性是倾向性的基础，倾向应通过对生活的描写自然体现出来。恩格斯多次就真实性与倾向性的关系发表自己的见解。在致拉萨尔的信中，他说:“要更多地通过剧情本身的进程使这些动机生动地、积极地，所谓自然而然地表现出来，而相反地，要使那些论证性的辩论……逐渐成为不必要的东西。”[③]他在致敏·考茨基的信中说:“我认为，倾向应当从场面和情节中自然而然地流露出来，而无需特别把它指点出来；……作家不必把他所描写的社会冲突的历史的未来的解决办法硬塞给读者。”[④]针对当时小说主要面向资产阶级圈子的读者，恩格斯认为一部具有社会主义倾向的小说如果能通过对观实关系的真实描写，来打破关于这些关系的流行幻想，动摇资产阶级世界的乐观主义，作者即使没提出解决问题的办法或者表明自己的立场，这部小说也完成了自己的使命。在给哈克奈斯的信中，恩格斯进一步提出:“作者的见解越隐蔽，对艺术作品来说就越好。我所指的现实主义甚至可以不顾作者的见解而表露出来。”[⑤]恩格斯以巴尔扎克为例，说虽然他的同情心是在贵族一边，却毫不掩饰地赞美他政治上的对头——圣玛丽修道院共和党的英雄们，这说明作品的客观意义可能与作者的政治观点或倾向不一致,恩格斯称之为“现实主义的最伟大胜利之一”[⑥]。“不一致”的观点表明，作家只要依从他对生活不自觉的直感和观察，依从于生活和历史的真实，便可超越他固有的传统观念和偏见，达到艺术的真实性。因此现实主义的胜利实际上是生活对偏见的胜利，或者说写实的艺术手法对世界观的胜利。可见，对恩格斯来说，

---

① 恩格斯:《致敏·考茨基》(1885年)，见《马克思恩格斯选集》第4卷，北京:人民出版社1995年版，第673页。
② 恩格斯:《致玛·哈克奈斯》(1888年4月)，见《马克思恩格斯选集》第4卷，北京:人民出版社1995年版，第682页。
③ 恩格斯:《致斐·拉萨尔》(1859年5月18日)，见《马克思恩格斯选集》第4卷，北京:人民出版社1995年版，第558页。
④ 恩格斯:《致敏·考茨基》(1885年)，见《马克思恩格斯选集》第4卷，北京:人民出版社1995年版，第673页。
⑤ 恩格斯:《致玛·哈克奈斯》(1888年4月)，见《马克思恩格斯选集》第4卷，北京:人民出版社1995年版，第683页。
⑥ 恩格斯:《致玛·哈克奈斯》(1888年4月)，见《马克思恩格斯选集》第4卷，北京:人民出版社1995年出版，第684页。

无论是作品通过生活描写所透露的生活本身的客观倾向，还是作家本人的主观倾向，都要服从于对生活的真实描写，即通过艺术真实显现出来。现实主义文学可以给人艺术地、不知不觉地暗示一条认识生活真理和历史真实的道路。

第三，典型和典型性。20世纪以来，随着西方文学由叙事向心理、由再现型文学向表现型文学的转化，典型这个在传统现实主义文学中经常被讨论的问题失去了它的重要性。但是典型和典型性却是恩格斯现实主义理论的核心范畴之一。恩格斯对典型问题的关注由来已久。他对典型的研究涵盖了典型人物、典型环境以及二者之间的关系这几个层面。应当说，恩格斯起先注意的是典型环境问题。早在《诗歌和散文中的德国社会主义》中，恩格斯就提出应该"把要叙述的事实同一般的环境联系起来，并从而使这些事实中所包含的一切特出的和意味深长的方面显露出来"[①]。在给拉萨尔的信中恩格斯也提出了如下建议："介绍那时的五光十色的平民社会，会提供完全不同的材料使剧本生动起来，会给在前台表演的贵族的国民运动提供一幅十分宝贵的背景，只有在这种情况下，才会使这个运动本身显出本来的面目。"[②] 最后在给哈克奈斯的信里，他主张现实主义要塑造典型环境中的典型人物。恩格斯的"典型环境"的思想包含两层意思：一是要有总体观和历史观，要从时代的广泛联系中把握和描写人物，把人物、人物关系和时代特点三者结合起来；二是要有变化和发展的观念，把环境看作随人的社会活动和实践的改变而改变的东西。在评论哈克奈斯的《城市姑娘》时，恩格斯承认确有像伦敦东头的工人那样消极落后的工人，哈克奈斯以之为原型塑造的人物，"就他们本身而言，是够典型的；但是环绕着这些人物并促使他们行动的环境，也许就不是那样典型了……如果这是对1800年前后或1810年前后，即圣西门和罗伯特·欧文的时代的恰如其分的描写，那么，在1887年，在一个有幸参加了战斗无产阶级的大部分斗争差不多50年之久的人看来，就不可能是恰如其分的了。工人阶级对他们四周的压迫环境所进行的叛逆的反抗，他们为恢复自己做人的地位所作的极度的努力——半自觉的或自觉的，都属于历史，因而也应当有权在现实主义领域内要求占有一席之地"[③]。恩格斯批评小说所写的工人阶级完全是以消极群众的面目出现的，没有表现出任何自助的努力，这就没能写出已经斗争了半个世纪的工人阶级的精神状态对他们的影响。

恩格斯的典型人物理论，把人物看作个性特点和社会本质的统一，在社会本质里恩

① 恩格斯：《诗歌和散文中的德国社会主义》，见《马克思恩格斯全集》第4卷，北京：人民出版社1958年版，第237页。
② 恩格斯：《致斐·拉萨尔》（1859年5月18日），见《马克思恩格斯选集》第4卷，北京：人民出版社1995年版，第559页。
③ 恩格斯：《致玛·哈克奈斯》（1888年4月），见《马克思恩格斯选集》第4卷，北京：人民出版社1995年版，第683页。

格斯注意阶级属性："主要的出场人物是一定的阶级和倾向的代表，因而也是他们时代的一定思想的代表，他们的动机不是来自琐碎的个人欲望，而正是来自他们所处的历史潮流。"[①] 另一方面，恩格斯也看重对典型人物的个性描写。恩格斯称赞敏·考茨基的小说《旧人与新人》把贵族资产阶级和宣传社会主义的"新人"两种环境中的人物"您都用您平素的鲜明的个性描写手法刻画出来了"，同时又表明了恩格斯本人对典型人物的看法——"每个人都是典型，但同时又是一定的单个人，正如老黑格尔所说的，是一个'这个'"[②]。一般认为，恩格斯在这里所说的"每个人都是典型"中的"典型"是指普遍性，"单个人"指特殊性，"这个"指普遍性与特殊性的统一。这说明恩格斯在重视典型人物的社会性、阶级性的同时，也重视典型人物的鲜明个性，及其与别的人物不相重复的性格特点。此外，恩格斯所说的典型人物应当是与典型环境联系在一起的。而当恩格斯的典型理论把典型人物与典型环境相结合的时候，注重时代精神、阶级关系和人物之间的相互作用而偏重于时代精神，带有明显的黑格尔哲学的痕迹。

再来看马克思。中期以后的马克思在文艺观上接近现实主义，但马克思仍然受到浪漫主义的影响，比较看重主体的能动性。比如马克思、恩格斯都推崇巴尔扎克，但恩格斯主要是从写实性、历史感等方面推崇巴尔扎克："在我看来，巴尔扎克是塞万提斯之后的一切时代的最伟大的小说家，同时也是从1815年到1848年的法国社会的最直言不讳的史料研究家。我喜欢巴尔扎克的一切作品。"[③] 在《致劳拉·拉法格》的信中，恩格斯又说，"我从这个卓越的老头子（按：指巴尔扎克）那里得到了极大的满足。这里有1815年到1848年的法国历史，比所有沃拉贝耳、卡普菲格、路易·勃朗之流的作品中所包含的多得多。"[④] 在《资本论》中，马克思称赞巴尔扎克"对现实关系具有深刻理解"[⑤]，这与恩格斯的观点表面上相接近，但却是从主体方面着眼的。马克思还注意到巴尔扎克在心理描写上的成就，赞扬"巴尔扎克曾对各色各样的贪婪作了透彻的研究"[⑥]。他还向恩格斯推荐巴尔扎克的小说《不出名的杰作》，说这是一篇充满了怪诞意味和"值得玩味的讽刺"[⑦] 的

---

① 恩格斯：《致斐·拉萨尔》（1859年5月18日），见《马克思恩格斯选集》第4卷，北京：人民出版社1995年版，第558页。

② 恩格斯：《致敏·考茨基》（1885年），见《马克思恩格斯选集》第4卷，北京：人民出版社1995年版，第673页。

③ 恩格斯：《致加布里埃尔·杰维尔》（1888年4月27日），见《马克思恩格斯全集》第50卷，北京：人民出版社1985年版，第484页。

④ 恩格斯：《致劳拉·拉法格》（1883年12月13日），见《马克思恩格斯全集》第36卷，北京：人民出版社1974年版，第77页。

⑤ 马克思：《资本论》第3卷，见《马克思恩格斯全集》第2版第46卷，北京：人民出版社2003年版，第47页。

⑥ 马克思：《著者亲自修订的〈资本论〉第一卷法文版片断》，见《马克思恩格斯全集》第49卷，北京：人民出版社1982年版，第227页。

⑦ 马克思：《致恩格斯》（1867年2月25日），见《马克思恩格斯全集》第31卷，北京：人民出版社1972年版，第280页。

作品，这些是恩格斯论巴尔扎克时所没有注意到的。在恩格斯眼中，巴尔扎克无疑是最伟大的作家。而根据马克思的自白，马克思最喜爱的诗人是但丁、莎士比亚、埃斯库罗斯、歌德，最喜欢的散文家是狄德罗、莱辛、黑格尔、巴尔扎克，也就是说，巴尔扎克在马克思喜欢的作家中居于不是特别重要的地位。马克思所喜欢的大部分作家不能归为现实主义作家。

比较马克思与恩格斯的美学思考，我们发现二者在文艺美学方面有一致的地方。就马克思的阅读取向而言，“总的来说，他的目光所及，主要是在过去而不是当前，主要是在埃斯库罗斯、但丁、莎士比亚，而不是同时代人的作品。他后来的阐释者卢卡契在这一点上和在许多其他方面都师法他的榜样”[①]。这一点恩格斯更是如此，而且恩格斯的欣赏趣味主要偏向以巴尔扎克为代表的19世纪的现实主义文学，在范围上比马克思还要窄，并没有对他生前已经兴起的现代主义思潮给予更多的关注；其次，他们都反对文学创作中的思辨幻想，反对抽象化或观念化，主张从生活出发，真实地描写社会关系。但就整体的美学思考而言，马克思经常是从哲学方法论切入，涵盖了美的哲学思考、感性和人的全面发展、意识形态和社会文化批判等诸多方面，涉足的领域和所运用的审美范式都超出了一般的现实主义美学范畴，有较多的浪漫主义背景，也超出了艺术本身。而恩格斯对文学的考察是以19世纪现实主义文学创作为理论依据和审美范式的，他的理论探讨对理解和看待19世纪的经典现实主义具有重要意义和参考价值。随着经典现实主义20世纪在西方的式微和现代主义的兴起，恩格斯的论述就体现了它的阶段性与局限性。但是，非常令人遗憾的是，苏联、东欧学者恰恰根据恩格斯的论述，把马克思、恩格斯的美学和文艺思想笼统地归结为现实主义，无视现代主义发展的现实与成就，使现实主义一统天下，成为最合乎马克思主义的美学范式。马克思主义美学建构因而遭受了很大的挫折，并对中国当代美学建构产生了严重的负面影响。

三、对恩格斯所说的“现实主义的最伟大胜利”的不同理解

恩格斯的美学思想虽然限于文艺美学，但他也对马克思主义美学建构作出了自己的

① 柏拉威尔：《马克思和世界文学》，梅绍武等译，北京：生活·读书·新知三联书店1980年版，第538页。苏珊·桑塔格认为，卢卡契对现实主义的青睐不仅有美学原因，还有道德原因，“卢卡奇据以评判当代的标准，是一个道德标准，而且值得注意的是，这一标准取自过去。当卢卡奇谈到‘现实主义’时，他所指的就是对过去的看法的整体性”（桑塔格：《反对阐释》，程巍译，上海：上海译文出版社2003年版，第98页）。

贡献。这个贡献除了对19世纪现实主义思潮的一般性总结外，主要是其现实主义理论中关于“现实主义的最伟大胜利”的看法所表达的对艺术自主性的肯定。恩格斯在1888年《致玛·哈克奈斯》的信中，认为“现实主义甚至可以不顾作者的见解而表露出来”[①]。恩格斯以巴尔扎克为例，说明作品的客观意义有可能和作者的政治观点或倾向不一致，恩格斯称这一现象为“巴尔扎克就不得不违反自己的阶级同情和政治偏见而行动；他看到了他心爱的贵族们灭亡的必然性，从而把他们描写成不配有更好命运的人；他在当时唯一能找到未来的真正的人的地方看到了这样的人，——这一切我认为是现实主义的最伟大胜利之一”[②]。如前所述，恩格斯这个说法不是孤立的，其实也是马克思、恩格斯一贯主张的一个体现。他们在《共产党宣言》中就指出：“共产党人的理论原理，决不是以这个或那个世界改革家所发明或发现的思想、原则为根据的。”“这些原理不过是现存的阶级斗争、我们眼前的历史运动的真实关系的一般表述。”[③]如果我们把这个说法推演到文学中去，那么就可以认为文学的倾向性或观念指向是现实运动本身客观情势的表现。荷兰学者佛克马认为：“恩格斯所宣扬的那种现实主义，甚至可以导致与作家的政治见解相违背的结果。巴尔扎克就是这样一个例子……恩格斯把这一点称之为‘现实主义的最伟大胜利之一’。他的关于作家的政治观点和他的作品的意义之间可能不一致的理论，对于马克思主义文学理论是一个重大的贡献。”[④]英国学者杰弗森也说，恩格斯“这封信从理论上表明了现实主义对意识形态、对政治观点的胜利，尽管这些政治观点是相当自觉的……在这里，现实主义似乎是能高瞻远瞩，能透过作家的主观同情心的障碍看到历史的真实和运动。”[⑤]卢卡契更是称恩格斯所说的现实主义的伟大胜利“是深入到现实主义艺术创作的真正老根的一个问题。这个问题已经接触到真正现实主义的实质……一个伟大的现实主义作家，如巴尔扎克，假使他所创造的场景和人物的内在的艺术发展，跟他本人最珍爱的偏见，甚至跟他认为最神圣不可侵犯的信念发生了冲突，那末，他会毫不犹豫地立刻抛弃他本人的这些偏见和信念，来描写他真正看到的，而不是描写他情愿看到的事物。对自己的主观世界图景的这种无情态度，是一切伟大现实主义作家的优质标志”[⑥]。正是由于恩格斯这段话突出了艺术方法对作家世界观甚至创作意图的独立性，在一定程度上与

---

① 恩格斯：《致玛·哈克奈斯》（1888年4月），见《马克思恩格斯选集》第4卷，北京：人民出版社1995年版，第683页。
② 恩格斯：《致玛·哈克奈斯》（1888年4月），见《马克思恩格斯选集》第4卷，北京：人民出版社1995年版，第684页。
③ 马克思、恩格斯：《共产党宣言》，见《马克思恩格斯选集》第1卷，北京：人民出版社1995年版，第285页。
④ 佛克马、易布斯：《二十世纪文学理论》，林书武等译，北京：生活·读书·新知三联书店1988年版，第98页。
⑤ 安纳·杰弗森、戴维·罗比等：《西方文学理论概述与比较》，陈昭全等译，长沙：湖南文艺出版社1986年版，第175页。
⑥ 卢卡契：《欧洲现实主义研究·英文版序》，《卢卡契文学论文选》（2），北京：中国社会科学出版社1981年版，第53页。

新批评的“意图谬见”异曲同工，蕴含了较为宽广的理论探讨空间，在东西方马克思主义美学界、文艺理论界，围绕着恩格斯的论断及其所谈论的巴尔扎克现象，展开了旷日持久的讨论甚至论争。

西方马克思主义美学家和文论家一般从对作家的世界观、政治观与创作方法进行区分来理解恩格斯所论及的巴尔扎克现象，把它看作是作家遵从社会生活本身从而超越了个人主观价值判断的一个生动事例。但由于这些理论家各自的理论立场不同，因此所得出的结论各有侧重。卢卡契是较早意识到恩格斯论断重要性的理论家。他认为艺术具有间接的直接性，现实主义的使命不在于简单地模仿现实，而在于创造一个统一的、完整的、有别于日常生活的现实形象，艺术作品的统一性产生于对运动着的和有着具体生动联系的生活过程的反映。由于卢卡契把马克思所说的理论和实践的统一归结为主体与客体在历史过程中的相互关系并把方法限于历史现实方面，巴尔扎克现象在他那里被解释成一个作家正视现实的勇气与诚实阻挡了其他意识形态的干扰。卢卡契在《〈农民〉》一文中写道：“使巴尔扎克成为一个伟大人物的，是他描写现实时的至诚，即使这种现实正好违犯他个人的见解、希望和心愿，他也是诚实不欺的”，所以，“他在这部小说里实际做到的，恰恰和他准备要做的相反：他所描绘的并不是贵族庄园，而是农民小块土地的悲剧。正是这种主观意图和客观实践之间的矛盾，这种政治思想家巴尔扎克和《人间喜剧》作者巴尔扎克之间的矛盾，构成了巴尔扎克的历史伟大性”。[①] 按照卢卡契的归纳，巴尔扎克的诚实不欺表现在两方面，一是服从于观察，“现实主义的胜利并非奇迹，而是一种十分复杂而辩证的过程的必然结果，也即是著名作家与现实的丰富多彩相互关系的必然结果”[②]。“巴尔扎克的伟大恰恰在于这个事实，那就是他不管自己在政治和思想意识上的一切偏见，还是用不受蒙蔽的眼光观察了已经出现的一切矛盾，并且忠实地描写了它们。”[③] 二是在艺术描写上“始终是绝对忠实于生活的。换句话说，他从来没有使他的人物说过、想过、感到过或是做过的任何事情，不是从他们的社会存在中必然产生出来而又完全符合他们的社会存在的一般和特殊的决定性因素的”[④]。在卢卡契看来，这是一种符合现实的本质上正确的表现方式。

结构主义马克思主义的代表人物阿尔都塞则把恩格斯所谈论的巴尔扎克现象归结为

---

① 卢卡契:《〈农民〉》，见《卢卡契文学论文集》(2)，北京：中国社会科学出版社 1981 年版，第 159~160 页。

② 卢卡契:《马克思和意识形态的衰落问题》，见《卢卡契文学论文集》(1)，北京：中国社会科学出版社 1981 年版，第 223 页。

③ 卢卡契:《〈农民〉》，见《卢卡契文学论文集》(2)，北京：中国社会科学出版社 1981 年版，第 180 页。

④ 卢卡契:《〈农民〉》，见《卢卡契文学论文集》(2)，北京：中国社会科学出版社 1981 年版，第 184 页。

文学艺术对意识形态的反叛关系的表现。他认为意识形态通过各种社会控制形式渗透到社会生活的各个方面，艺术免不了受到意识形态的影响，但伟大的艺术又在某种程度上超越了意识形态的束缚，与意识形态的现实形成了特殊的差异性认识关系。巴尔扎克等人刻画了作家与他的意识形态之间的抽象的真实关系：一方面作家坚持其政治上的意识形态，另一方面作家又在自己的作品中通过艺术体验以感觉到的方式造成了意识与现实的差异与裂隙,使我们读者能够看到这个内部距离,从而产生批判性的看法。虽然他们“根本没有使我们认识他们所描写的世界，他们只是使我们‘看到’、‘觉察到’或‘感觉到’那个世界的意识形态的现实”。“巴尔扎克和托尔斯泰作品的内容与他们政治上的意识形态‘分离开’，并且在某种程度上使我们从外部‘看到’它，使我们通过在那个意识形态内部造成的距离‘觉察到’它,这个事实是以那个意识形态本身作为前提的。肯定可以说，是他们作为小说家的艺术的‘效果’在他们的意识形态内部造成这个距离,使我们得以‘觉察到’它”。[①]这是因为，文学作品作为作家的主观性现象是特殊的美学存在，它以对人们和作家所处的真实的生存条件的结构关系的观察同现存的想象性关系总体（意识形态实体）保持距离，提供了一种让读者思考的征候，去追问作品中所描写的那个世界的意识形态真相。

我国与苏联对恩格斯论断的讨论是在各自强调意识形态斗争的特定历史时期展开的，在这样的情况下恩格斯论断所包含的承认艺术特殊性的思想理所当然地不被重视，他所论及的巴尔扎克现象被归结为世界观与现实主义创作方法的关系问题，占主导地位的观点是在承认世界观对创作方法的决定作用的前提下，将巴尔扎克现象说成是其世界观复杂性的表现。例如苏联权威的文艺理论家波斯彼洛夫说：“巴尔扎克在他本来的创作意图中，打算批判贵族阶级中盛行的风俗，但并不想否定这个阶级本身的存在。但是，他在正确地现实主义地再现贵族阶级的性格及这个阶级内在的深刻的道德腐化时，却十分明显地表现了贵族阶级的社会灭亡的必然性，它的必遭灭亡的历史命运。而反之，巴尔扎克想对贵族阶级的某些部分，似乎是优秀部分的生活作道德上的肯定的企图，却导致这位作家对这部分贵族的代表人物的歪曲的和非现实主义的描写。”[②]苏联另一著名文艺理论家弗里德连杰尔认为：“恩格斯在谈到巴尔扎克时，并不是把巴尔扎克的‘世界观’和‘创作’看作两个互相排斥的对立面。恩格斯认为，他对法国现实历史的客观逻辑的

① 阿尔都塞：《一封论艺术的信——答安德烈·达斯普尔》，见陆梅林选编《西方马克思主义美学文选》，桂林：漓江出版社1988年版，第521页、第523页。

② 波斯彼洛夫：《文学原理》，王忠琪等译，北京：生活·读书·新知三联书店1985年版，第384页。

深刻理解抵制了他的‘偏见’。因此，恩格斯把巴尔扎克创作中的‘现实主义的胜利’首先同他的世界观联系起来，同这种世界观中强有力的和富有成果的方面联系起来。正是他的世界观的这些方面使巴尔扎克在他的长篇小说中感觉到历史发展的现实的辩证法，因而战胜了他原有的政治偏见和对贵族阶级的同情。”[①]但是恩格斯的论断同时也给那些反对意识形态对文学不合理干预的理论家提供了一个绝佳的理论依据，去为艺术的特殊性和创作方法的能动性进行论证与辩护，比如里夫希茨就认为，“像巴尔扎克这样的艺术家，他向历史运动的道义力量作出了让步，——这是天才的让步。……在违反了人们的偏见的每一次‘现实主义的胜利’中所诞生的东西，正如在压倒了现实主义的每一次反动偏见的胜利中死去的东西一样，是以‘进步’这个常用字眼为代表的社会发展的积极种子”[②]。

我国左翼文艺界一开始介绍马克思、恩格斯文艺思想时尚能意识到恩格斯论断所包含的对艺术自身特性的指认。瞿秋白20世纪30年代初写的《马克思恩格斯和文学上的现实主义》是我国最早阐发恩格斯致哈克奈斯信的主要内容的文章。文章认为，恩格斯所分析的现象说明巴尔扎克“敢于暴露贵族和资产阶级社会的弱点，用强有力的讽刺和讪笑揭穿内部的矛盾，希望资产阶级能够因此而警醒些，努力些，周密些，去改良自己的‘秩序’”[③]。周扬稍后写的《关于“社会主义的现实主义”与“革命的浪漫主义”》一文，也说巴尔扎克现象说明了“忽视艺术的特殊性，把艺术对于政治，对于意识形态的复杂而曲折的依存关系看成直线的，单纯的，换句话说，就是把创作方法的问题直线地还原为全部世界观的问题，却是一个决定的错误”[④]。但是在后来的理论主张中，周扬更多地强调现实主义和世界观的一致性，把巴尔扎克现象只是看作特殊的例外，强调“我们所达到的世界观却是一个完整的，各部一致的，没有内在矛盾的世界观。假如说以前的现实主义者艺术家违反了自己的世界观，达到了现实之正确的表现，那么我们的现实主义是借我们的世界观之助给与现实更正确的表现的”，“作家的世界观和创作方法的矛盾是他所属的社会层的主观的利害和现实性的客观倾向之间的矛盾的反映。这矛盾并不是永久的，它将在历史的发展中得到解决”。[⑤]

---

① 弗里德连杰尔：《马克思恩格斯和文学问题》，郭值京等译，上海：上海译文出版社1984年版，第189页。

② 里夫希茨：《马克思论艺术和社会理想》，吴元迈等译，北京：人民文学出版社1983年版，第477页。

③ 瞿秋白：《马克思恩格斯和文学上的现实主义》，见《瞿秋白文集》文学编第4卷，北京：人民文学出版社1986年版，第10页。

④ 周扬：《关于“社会主义的现实主义”与“革命的浪漫主义”》，见《周扬文集》第1卷，北京：人民文学出版社1984年版，第106页。

⑤ 周扬：《现实主义试论》，见《周扬文集》第1卷，北京：人民文学出版社1984年版，第159页。

20世纪50年代我国美学界、文艺理论界也就恩格斯谈论的巴尔扎克现象进行了讨论，主流意见仍然是巴尔扎克世界观中的先进成分对保守成分的决定作用。钱学熙认为：“因为恩格斯的所谓现实主义明明是‘看出了’现实真相的现实主义，这种‘看出’当然是理性认识而不是感性认识；何况恩格斯认为巴尔扎克的现实主义所看出了的，还根本不是什么现象而是贵族和人民命运中的必然性，是‘贵族的必然没落’，‘真正的将来人物’的必然兴起，是现实中的发展规律。……把巴尔扎克、托尔斯泰这种矛盾解释为世界观与创作方法的相矛盾，实在是完全无视事实，抹杀事实的。”① 蔡仪认为，恩格斯所说的巴尔扎克现象，包括列宁所说的发疯地笃信宗教的托尔斯泰却忠实地再现了俄国社会的某些基本特点的现象，说明了巴尔扎克、托尔斯泰世界观本身是有矛盾的，因为世界观包含了政治观、宗教观、文艺观等部分，“这种情况不能证明他们的世界观和创作方法的矛盾，倒是证明了他们的世界观本身是矛盾的。而恩格斯的话，也是说的巴尔扎克政治偏见、阶级同情和他的现实主义矛盾；列宁的话，也是说的托尔斯泰的宗教观念与某些政治观点和他的现实主义矛盾，并不是说他们的世界观和创作方法矛盾”②。在我国解放后流行的文艺学教科书中，也普遍采用世界观与创作方法一致性的观点，但承认世界观不是铁板一块的，而包含了各种成分，巴尔扎克现象说明了“杰出的现实主义作家，因为世界观中的进步因素，掌握了正确的创作方法，要按照现实生活本身的样子去描写作品中的人物事迹，因此生活实践和艺术实践加深了对生活的认识，纠正了世界观中的某种错误的观点”③。“不论是巴尔扎克还是列夫·托尔斯泰的创作，都并不能证明他们世界观中的反动因素会被现实主义的创作方法所克服，恰恰相反，只是证明他们世界观中的反动因素，不可避免地会这样那样地削弱作品的真实性及其思想意义，歪曲了某些人物的形象。”④ 当然也有个别的例外，比如钱谷融的看法。他把恩格斯所说的现实主义的伟大胜利归结为作家对于笔下人物的个性的尊重，归结为现实主义作家的人道主义追求。“假使作家并不尊重他笔下的人物，假使对他的人物做出了错误的评价，也就不会有所谓的现实主义艺术的力量了。而对人物的态度问题、评价问题，就与其说是现实主义的问题，不如说是作家的美学理想问题、人道主义问题了。所以，我们与其把托尔斯泰之所以由原来的想贬安娜，终于变成同情安娜，赞扬安娜，说成是现实主义的胜利，倒不如把它当作人道

① 钱学熙：《作家的世界观与创作方法的关系问题》，见《社会主义现实主义论文集》第1集，上海：新文艺出版社1958年版，第256页。

② 蔡仪：《再论现实主义问题》，见蔡仪《美学论著初编》（下），上海：上海文艺出版社1982年版，第719页。

③ 蔡仪主编：《文学概论》，北京：人民文学出版社1979年版，第256页。

④ 以群主编：《文学的基本原理》，上海：上海文艺出版社1980年版，第246页。

主义的胜利来得更恰当些，更容易理解些。”[①] 但是因为这种看法不合乎主流见解，很快受到了批判。

然而，如果我们仔细考察一下在我国和苏联发生的这场讨论，便不难发现，虽然卢卡契、里夫希茨、钱谷融等人的看法包含了对艺术创作自主性的某种承认，但讨论中各方所运用的理论资源与思维模式具有同一性，即都将艺术视为认识现实的一种方式，均主张艺术为社会变革服务，而且排斥现代主义，把现实主义视为唯一合理的创作模式。只不过有人执着于艺术对思想意识的单纯传达功能，有人则注意到艺术审美地表征现实世界的特殊性。与同期西方马克思主义美学界、文艺理论界对同一问题的讨论相比较，我们对恩格斯所说的巴尔扎克现象存在着“诠释不足”的现象，即没能够正视恩格斯论断的相对确定的内涵，而且所运用的理论资源要贫乏得多，讨论角度过于单一化，所达到的理论水平也比较低。甚至可以说，由于过分纠缠于意识形态与世界观因素，这种讨论在我国和苏联还未能进入充分的学理层面。

当然，如果我们重新审视这场发生在中西方马克思主义美学与文论界关于如何理解恩格斯所说的“现实主义最伟大胜利”的争论的缘由，就会发现它仍然与恩格斯的现实主义理论有关。恩格斯的现实主义理论在主要方面重视描写现实，重视作家主观倾向服从生活的客观倾向，但是有时候他又要求作家把所描写的事实和一般的环境联系起来，写出典型环境中的典型人物。恩格斯的这些说法有不太一致甚至矛盾的地方，这些不太一致甚至矛盾的地方对后来的马克思主义美学建构产生了不同的影响。毫无疑问，恩格斯提出的“现实主义的最伟大胜利”的说法在现实主义理论建构中起到积极作用，但是他的另一些论述又起到了消极作用。

我们发现，就现实主义理论而言，在马克思主义美学的发展中，存在着两种类型的现实主义：一是强调方法优先、不受世界观干扰的现实主义，以卢卡契、胡风等人为代表；一是重视政治立场、强调世界观决定作用的现实主义，以苏联的一些政治家、理论家和我国的周扬等人为代表。他们在倡导和谈论现实主义的时候，都援引恩格斯的说法为根据。卢卡契从 20 世纪 30 年代初直到晚年写作《审美特性》，一直认为现实主义是伟大的，只有继承 19 世纪以巴尔扎克为代表的现实主义，才能为民主和社会主义服务。这种情况显然与卢卡契对马克思主义辩证法的理解有关，也同时和他对恩格斯“现实主义的最伟大胜利”的解读有关，还与卢卡契对 19 世纪经典现实主义的总结有关。卢卡契坚持认为

① 钱谷融：《论“文学是人学”》，载《文艺月报》1956 年 5 月号。

整体性是马克思主义辩证法甚至历史哲学的核心，“马克思主义的历史哲学把人当作一个整体来进行分析，并且把人类的进化史也当作一个整体，连同它各个不同发展时期的局部成就，或者毫无成就一并加以考虑。它力求揭露那支配着一切人类关系的潜在的法则。因此，无产阶级人道主义的目的就是恢复人的完整的个性，使之摆脱它在阶级社会中所遭受的歪曲和支解”[①]。推衍到艺术上，现实主义被认为是最具有整体性的艺术，“每一种伟大艺术，它的目标都是要提供一幅现实的图画，在那里现象与本质、个别与规律、直接性与概念等的对立消失了，以致两者在艺术作品的直接印象中融合为一个自发的统一体，对接受者来说是一个不可分割的整体。一般是作为个别和特殊的规律出现的，本质是在现象中显现并且人们能够感受到的，规律表现为特殊地推动所描写的特殊事件运动的原因”[②]。这里还有一个背景，即卢卡契20世纪30年代初流亡苏联期间，正值苏联反对庸俗社会学的斗争，而斯大林也借着反对拉普在政治上控制作家，卢卡契试图以恩格斯所说的“现实主义的最伟大胜利”的说法反对拉普的庸俗社会学，同时也为作家争取创作的权益。卢卡契晚年在他的自传里说：“不应该忘记，当时第一次发表了恩格斯关于巴尔扎克问题的信。我们坚决否认意识形态能够成为艺术作品美学成就的标准——这是与斯大林主义完全对立的观点，但是没有引起任何严重的后果。我们认为，尽管意识形态很坏，如巴尔扎克的保皇主义，也能产生出很好的文学。反过来说，意识形态很好，也能产生出坏的文学。”[③] 同样，受到卢卡契影响的胡风也认为：“在现实主义作家，忠于现实如果不通过忠于艺术去实现，那不但是一句空话，而且只有害死艺术，害死作家自己的。”[④]

而苏联、东欧等国家和地区，相当一段长时间出现了文化思想领域全面的意识形态化，具体表现为苏式马克思主义哲学对思想文化领域无所不在的渗透与操控。西方马克思主义创始人之一柯尔施曾经说，十月革命后，苏联式的“‘唯物主义哲学’成了过去、现在或将来评价个别科学发现的至高无上的评判权威。这种唯物主义‘哲学的’统治，覆盖了全部科学，不论是自然科学还是社会科学，以及文学、戏剧、造型艺术等等中的其他一切文化发展……这导致了某种意识形态的专政”[⑤]。现实主义因其对现实客观性的

① 卢卡契：《〈欧洲现实主义研究〉英文版序》，见《卢卡契文学论文集》(2)，北京：中国社会科学出版社1981年版，第47页。
② 卢卡契：《艺术与客观真实》，见胡经之、张首映主编《二十世纪西方文论选》第四卷，北京：中国社会科学出版社1989年版，第214页。
③ 卢卡契：《卢卡契自传》，杜章智编译，北京：社会科学文献出版社1986年版，第149页。
④ 胡风：《对文艺问题的意见》，中国作家协会主席团1955年，第40页。
⑤ 柯尔施：《马克思主义和哲学》，王南湜、荣新海译，重庆：重庆出版社1989年版，第86页。

指认和手法上的写实性而被认为是为符合唯物主义，进而与唯物主义世界观、党性、典型、英雄人物塑造等联系在一起。自20世纪30年代开始出现的社会主义现实主义就是如此。如马林科夫在苏共十九大报告中所说："现实主义艺术的力量就在于：它能够而且必须发掘和表现普通人的高尚的精神品质和典型的正面的特质，创造值得做别人的模范和效仿对象的普通人的明朗的艺术形象。……典型性是和一定社会——历史现象的本质相一致的；它不仅是最普遍的、时常发生的和平常的现象。有意识的夸张和突出地刻画一个形象并不排斥典型性，而是更加充分地发掘它和强调它。典型是党性在现实主义艺术中表现的基本范畴。典型问题经常是一个政治性的问题。"① 周扬也说："要看先进的东西，真正看到阶级的本质，这是不容易的事，真正能看到本质之后，作家就是一个社会主义现实主义者了。"② 这种现实主义带有较强的政治甚至党派色彩，在恩格斯那里也能找到根据。如恩格斯在《诗歌和散文中的德国社会主义》中向作家提出的歌颂叱咤风云的无产者的要求，1888年在致哈克奈斯的信中提出的塑造典型环境中的典型人物等。

马克思主义美学中的两种现实主义，虽然在政治立场上并无根本分歧，但是在作家如何处理思想、世界观与文学创作方法的关系等问题上却存在着明显或潜在的对立。由于注重思想、世界观优先的现实主义长期占据主导地位，打压方法优先的现实主义，产生了严重的消极影响，留下了发人深省的教训。

我们在一定程度上肯定恩格斯现实主义理论特别是恩格斯关于"现实主义的最伟大胜利"的说法和卢卡契现实主义理论的合理性和学术价值，是就其在社会主义国家的积极意义与有效性而言的。但是卢卡契（包括恩格斯）的现实主义理论主要不是针对生活在社会主义国家的作家，或者毋宁说，它主要针对的是生活在资本主义制度下的作家，这里就发生了第一重语境错位。而自19世纪后期以来，现代主义已经取代现实主义成为西方作家比较通行的创作模式与审美规范，而卢卡契还在固守巴尔扎克时代的现实主义，苏联、东欧则在固守比卢卡契的现实主义更加僵化、教条化的现实主义，于是产生了第二重也是更为重大的语境错位。卢卡契的现实主义理论在马克思主义美学阵营内部引发的复杂而漫长的理论纷争，不仅暴露了苏联模式反映论现实主义美学范式的有限性，也暴露了卢卡契、恩格斯乃至整个正统马克思主义文艺美学范式的有限性，值得马克思主义美学界、文艺理论界长远地思考。

① 转引自冯雪峰《学习党性原则，学习苏联文学艺术的先进经验》，载《文艺报》1953年11月15日。

② 周扬：《在全国第一届电影剧作会议上关于学习社会主义现实主义问题的报告》，见《周扬文集》第2卷，北京：人民文学出版社1985年版，第198页。

四、卢卡契与20世纪现实主义论争

现实主义理论是卢卡契文学理论的核心。卢卡契的现实主义理论同他的物化理论和整体性理论相关。在西方马克思主义的奠基之作——《历史与阶级意识》中，卢卡契提出了物化概念,并由此使物化批判(工具理性批判)成为西方马克思主义的一个基本问题。卢卡契认为，物化在资本主义社会造成了一种意识结构。资本主义建立了世界市场，把一切都纳入市场交换体系之中，形成了一个经济和意识形态的统一整体。但是由于资本主义生产的分工和专门化，经济的各种因素和各个部分以前所未有的方式独立出来，个人因为分工被孤立化、原子化，使资本主义的外表显得支离破碎。表现在文学上，就是停留于旁观和碎片化直观描写的现代主义文学大行其道。这就需要一种具有世界观意义的艺术原则，来解决部分与整体、偶然和必然之间的表面对立。如前所述，卢卡契把整体性视为马克思主义辩证法的核心，认为整体性内在于主体自身，是主体所参与的现实历史过程的各个方面，包含一定的趋向和结果，因而整体性可以统一主体与客体，使物化可以通过无产阶级对自己历史使命的理解而消除，“资产阶级无疑占有政权、知识、教育和经验等等的优势，而且只要它还是统治的阶级，它就将继续占有这些优势。面对资产阶级的这些优势，无产阶级唯一的武器，它的唯一有效的优势就是：它有能力把整个社会看作是具体的、历史的总体；有能力把物化形式把握为人与人之间的过程；有能力积极地意识到发展的内在意义,并将其付诸实践”[①]。而现实主义就是卢卡契所认为的最能通达整体性的艺术原则。“假若一个作家致力于如实地把握和描写真实的现实，就是说，假若他确实是一个现实主义作家,那么现实的客观整体性问题就起决定性的作用。”[②]这样，现实主义就超越一般创作原则的范畴，而与用整体性克服资本主义物化联系起来，从而获得认识论和世界观的含义。“卢卡契的整体性内在地包含着一种辩证法的革命精神，正是由于这一点，使他成为西方马克思主义美学的开拓者和奠基人。”[③]

卢卡契的现实主义理论经历了不同的阶段，但是其基本内容有着大致的连续性。首先，现实主义以作为社会关系总和的人为思维和结构中心，把人物描写和个性刻画与具体的社会环境与语境相结合。“人是政治动物，一种社会动物，亚里士多德的格言非常适合所有伟大的现实主义文学。阿喀琉斯和维特，俄狄浦斯和汤姆·琼斯，安东尼和安

① 卢卡契:《历史与阶级意识》，杜章智等译，北京：商务印书馆1992年版，第289页。

② 卢卡契:《现实主义辩》，见《卢卡契文学论文集》(2)，北京：中国社会科学出版社1981年版，第6页。

③ 阎国忠、杨道圣:《作为科学与意识形态的美学》，上海：上海社会科学院出版社2007年版，第13页。

娜·卡列尼娜，他们的个体存在……与他们所处的社会和历史环境密不可分。他们的人性内涵,他们的特殊个体性也与产生他们的语境分不开。"[1] 正是通过这样一种对现实情境中的人物及其社会关系整体的揭示,现实主义真实地反映了我们所生存的社会现实。其次，卢卡契的现实主义坚持艺术的模仿论。根据卢卡契的理解，现实主义对现实的模仿遵循了艺术反映的辩证法：一方面，现实主义的艺术反映具有独立的直接性，可以显现出生活运动完整的联系和结构，清晰地描写出所刻画人物的意识得以产生和进一步发展的前提和条件，具有丰富性和血肉感；另一方面，现实主义又只是反映现实的一种特殊形式，它必须把内容转化为形式，即进行高度的浓缩和抽象，因此现实主义所遵循的模仿原则又超越了个别反映对象与其相应现实之间的直接具体联系，提供了综合了生活一般过程的审美假象，因而不同于从自然主义到现代主义的直观描写。"现实主义……每一种对现实的反映都不是停留在自然主义的直接表面上，它是要再现对象的内涵整体、它的主要的通过现象表现出来的感性规定，这就——有意无意地——创造了一种世界。"[2] 正是在这一点上，卢卡契把现实主义和自然主义、现代主义的直观描写区分开来。再次，卢卡契认为现实主义致力于创造典型，即要到人与人之间的关系中凝练社会发展甚至整个人类发展的客观倾向，表现人物与现实的丰富多样性中的那些持久的东西，在人物命运的叙述中深刻反映客观现实及其联系，而"不仅仅是一个主观上从整个联系中攫取出来的、经过抽象的孤立的瞬间，这就是本质和现象在艺术上的统一。这种统一愈是强烈地抓住生活中的活生生的矛盾，抓住丰富多彩的矛盾统一，抓住社会现实的统一，现实主义就愈加伟大，愈加深刻"[3]。最后，卢卡契认为，现实主义作家有一种对真理的渴望，对现实的狂热追求，或者说道德上的真诚和正直。"作家应当忠实地记下他所看到的周围一切事物，既没有恐惧也没有偏爱。这是伟大的现实主义的必要条件。……一个作家，即使他持有含着反动成分的观点，也可以揭示和描绘社会发展中某一阶段的主要因素；这样做不会减少他的真诚的客观价值。"[4]

从中可以看出，卢卡契的现实主义理论，关注作家主体的能动性和反映现实的整体性。他认为现实主义的叙事技巧最根本的是叙事结构，而具有阶级意识的作家可以通过对历史的未来的把握抵达历史的本质结构，因而作家在材料中所处的位置类似于无产阶

① Georg Lukács, "The Ideology of Modernism", in Terry Eagleton and Drew Milne (edited), *Marxist Literary Theory: A Reader*, Cambridge: Blackwell Publishers, 1996, p.143.

② 卢卡契:《审美特性》第 1 卷，徐恒醇译，北京：中国社会科学出版社 1986 年版，第 396 页。

③ 卢卡契:《现实主义辩》，见《卢卡契文学论文集》(2)，北京：中国社会科学出版社 1981 年版，第 13 页。

④ 卢卡契:《托尔斯泰和现实主义的发展》，见《卢卡契文学论文集》(2)，北京：中国社会科学出版社 1981 年版，第 322 页。

级在历史中所处的位置。所以卢卡契说："如果我们把全部现实看作为历史（即看作为我们的历史，因为别的历史是没有的），那么我们实际上使自己提高到这样一种立场，在这种立场上，现实可以被把握为我们的'行为'。"①正如詹姆逊所说，卢卡契"对现实主义主观先决条件的分析，形成了和《历史与阶级意识》对总体性认识先决条件相对应的情况"②。

卢卡契现实主义理论的最大贡献在于把现实主义理解为一种审美原则或艺术形式。他把现实主义的形式归结为"叙事"，叙事是具体讲述与抽象形式的统一，是通过一定的叙事结构从原有的具体社会环境的辩证矛盾中所产生出来的新的现实，而自然主义以来的现代主义艺术注重的则是琐碎直观的描写。卢卡契的现实主义理论以整体性为依托，与他批判和克服资本主义物化的基本立场相联系，因而现实主义、整体性、异化的克服三者取得了一致性。有人对此评价说："卢卡契的巨大的创造性在于他首先把传统的物质与精神，具体与抽象，局部与整体，自由与必然等辩证法矛盾推向一个叙事结构……以叙事的形式解决了一个辩证法的悬而未决的问题。"③卢卡契的现实主义理论主要是他在研究马克思、恩格斯的文艺思想和欧洲近代文艺思潮的基础上总结出来的，同时又与他批判资本主义物化的基本立场相联系，为西方马克思主义文论的发展提供了理论资源和推动力量。由于身处"一战"后欧洲无产阶级革命失败的低潮期，卢卡契的现实主义和整体性突显了主体的能动作用，带有一定的理想化色彩。

卢卡契的现实主义理论在西方马克思主义美学阵营以及左翼文艺理论界内部引起了广泛论争，由于马克思主义及左翼阵营内部的争论围绕着如何评价整体性、物化及其与现实、现实主义的关系问题，以及如何看待现代主义及其碎片化特征，所以探讨偏于认识论。一般认为，整体性带有黑格尔哲学的印记，原本是黑格尔辩证法的内容，"现实"是绝对精神外化中的一个环节。在黑格尔的哲学中，现实是集体精神的表现，是与普遍相对应的个别。随着现实发展为实在性，政治制度发展为法治国家，无机物发展为生命有机体，现实越来越趋向一个统一——意识。与此同时，隐藏在外在现实之中的必然性或普遍性也得到显现。我们看到，卢卡契的确把现实归结为整体性的一个环节，即卢卡契的"现实"其实是整体性的观念重构。"只有在这种把社会生活中的孤立事实作为历史发展的环节并把它们归结为一个总体的情况下，对事实的认识才能成为对现实的认识。

① 卢卡契:《历史与阶级意识》，杜章智等译，北京：商务印书馆1992年版，第223页。

② 詹姆逊:《马克思主义与形式》，李自修译，南昌：百花洲文艺出版社1995年版，第170页。

③ 张旭东:《批评的踪迹》，北京：生活·读书·新知三联书店2003年版，第23~24页。

这种认识从上述简单的、纯粹的（在资本主义世界中）、直接的、自发的规定出发，从它们前进到对具体的总体的认识，也就是前进到在观念中再现现实。”[①] 这一点布洛赫早在 20 世纪 30 年代就曾经指出过，“卢卡奇想当然地认为有一个封闭的完整现实，尽管它排斥了唯心主义的主观性，但并没有排除在唯心主义体系中始终占有主要地位的‘整体性’……这样一种整体性实际上是否构成了现实，还是一个值得研究的问题。……如果他的有关现实的概念没有完全摆脱古典主义的体系，如果真正的现实也具有间断性，那会怎么样呢？”[②] 布洛赫认为，真正的现实包含了碎片性、间断性，这就需要重新评价现代主义。

阿多尔诺也把矛头对准了整体性。在他眼中，被卢卡契视为辩证法和现实主义核心的整体性是虚假的谎言，他转而主张指向差异的否定性的辩证法，认为辩证法的运动“不是倾向于每一客体和其概念之间的差异中的同一性，而是怀疑一切同一性；它的逻辑是一种瓦解的逻辑：瓦解认识主体首先直接面对的概念的、准备好的和对象化的形式”[③]。阿多尔诺进一步认为，现代主义恰恰是以碎片化的方式反抗资本主义的整体控制。“文学主体宣称自己从具体再现的习惯做法中解脱出来，同时承认自己的无能，也就承认了在独白中复现物质世界的优势力量。”[④] 现实世界只是充当作家描写内在心理世界的材料，这就对现实主义再现模式进行了颠倒。因此，阿多尔诺不赞成卢卡契对现实主义所怀有的整体性希望，认为由于物化的现实，人们陷入破碎和重复机械的生活，并且正是因为物化的普遍性，现实主义的真实再现是对现实存在的认同为前提的。“人们的经验不再具有同一性。构成叙述人的立场的生活本来自身保持着连续性并且自己有所表现，现在这种生活也瓦解了。……小说如果想要对自己的现实主义遗产保持忠诚，告诉我们现实事物是什么样的，那么，它就必须抛弃那种靠再现正面的东西来帮助社会干欺骗买卖的现实主义。”[⑤]

马尔库塞则认为，卢卡契的整体性包含了过多的理性或概念化印记而忽视了感性。“表现社会的总体，需要概念式分析，这种分析不可能被纳入到一种感性的方法中。”[⑥] 马

① 卢卡契：《历史与阶级意识》，杜章智等译，北京：商务印书馆 1992 年版，第 56 页。

② 布洛赫：《表现主义争辩》，见董学文、荣伟编《现代美学新维度》，北京：北京大学出版社 1990 年版，第 70~71 页。

③ 阿多尔诺：《否定的辩证法》，张峰译，重庆：重庆出版社 1993 年版，第 142 页。

④ Theodor W.Adorno，“The Position of the Narrator in the Contemporary Novel”，in Rolf Tiedemann（eds），*Notes to Literature*，vol.1，New York：Columbia University Press，1974，p.35.

⑤ Theodor W.Adorno，“The Position of the Narrator in the Contemporary Novel”，in Rolf Tiedemann（eds），*Notes to Literature*，vol.1，New York：Columbia University Press，1974，pp.31-32.

⑥ 马尔库塞：《审美之维》，李小兵译，北京：生活 · 读书 · 新知三联书店 1989 年版，第 215 页。

尔库塞说："现代艺术从幻象、模仿、和谐到现实，可是这个现实尚未给定；作为'现实主义'对象的那个现实实际上并不存在。现实必定是由人去发现和设计的，人的诸种感官必须学会不要以构成事物的那些秩序和法则为中介，去看待事物。"其途径之一正是形式，"艺术正是借助形式，才超越了现存的现实，才成为在现存现实中，与现存现实作对的作品。这种超越的成分内在于艺术中，它处于艺术本身的维度上。艺术通过重建经验的对象，即通过重构语词、音调、意象而改变经验"。[①] 其途径之二是对经验的倾覆。"艺术创造的世界被认作是一种在现存的现实中却被压抑和扭曲了的现实。这种体验，于一些极端的情境（如爱情与死亡、犯罪与失败，还有快乐、幸福和满足）中达到顶点；这些情境以正常条件下被否定的甚至前所未闻的真理的名义，粉碎着既存的现实。"[②] 他的结论是，"即使是最现实主义的作品，也建构出它最本己的现实：它的男人和女人、它的对象、它的风景、它的音乐，皆揭示出那些在日常生活中尚未述说、尚未看见、尚未听到的东西"[③]。在一片质疑声中，詹姆逊为卢卡契的整体性理论进行了辩护，认为卢卡契"对整体性的渴望"，"具有哲学的高度，揭示出缺场的整体性与无意义的偶然性之间的，或形式与内容之间的、精神与物质之间的，或海德格尔称为'世界'与'地球'之间的、群众历史与个体存在之间的差异，这种差异关乎整个世界。……这种差异在19世纪被看做一种理所应当的或自然而然的表达现实的方法：传统的讲故事选择'想象'方式，而19世纪的小说试图在叙事作品和小说之间、全景和单独场景之间、讲述和展示之间维持一种极不稳定的平衡"[④]。也就是说，整体性、现实主义与19世纪资本主义发展过程中非神圣化的、世俗化的、日常化的趋势有关。

萨义德对卢卡契现实主义理论的批评更多地着眼于其带有反映论色彩的现实观，"卢卡奇对物化现象极端复杂的阐释，确实一变而成了一种简单的反映理论"[⑤]。他以斯威夫特的创作为例，认为"正确的书写并非仅意味着与现实符合。也还意味着现实；更准确地说，还意味着由其他事件使之成为必要，并且导致其他事件发生的一个事件"[⑥]。

原本作为19世纪文学思潮之一的现实主义被卢卡契视为唯一合理的文学创作原则和美学规范。它既可以通达整体性，凸显创作者的主体性，又遵循审美反映的模仿原则。

① 马尔库塞：《审美之维》，李小兵译，北京：生活·读书·新知三联书店1989年版，第120~121页。
② 马尔库塞：《审美之维》，李小兵译，北京：生活·读书·新知三联书店1989年版，第210页。
③ 马尔库塞：《审美之维》，李小兵译，北京：生活·读书·新知三联书店1989年版，第194页。
④ 詹姆逊：《乔伊斯或普鲁斯特》，见王逢振主编《詹姆逊文集》第5卷，苏仲乐等译，北京：中国人民大学出版社2010年版，第250~251页。
⑤ 萨义德：《世界·文本·批评家》，李自修译，北京：生活·读书·新知三联书店2009年版，第419页。
⑥ 萨义德：《世界·文本·批评家》，李自修译，北京：生活·读书·新知三联书店2009年版，第99~100页。

卢卡契这样做自然是有其良苦用心的。梅洛－庞蒂认为，当卢卡契认为“现实主义不是简单的记录或观察，它也要求叙述和搬移的时候，其言外之意就是：艺术作品并不是历史和社会的简单反映；它不是刻板对应，而是通过其有机的统一和内在的规律来表达它们；它是一个小宇宙；存在着一种并非始终与政治史相平行的文化史，存在着一种根据某些内在的标准，而不是根据作者的政治服从来评判作品的马克思主义”，这是“对艺术的相对自主性的承认”①。其实卢卡契推崇现实主义还有更深一层的考虑，那就是把他所重新解释的黑格尔化了的马克思主义辩证法融入对现实主义的论述中。卢卡契反思了实证主义思潮主宰下概念与外部现实相适应的常识认识论思维模式及其和现代主义的精神联系，把现实主义纳入对资本主义社会经济状况的历史性质的意识中，通过整体性穿透资本主义物化的帷幕，来反观资本主义的社会结构，达到对现实的认知，恢复现实主义的批判功能，进而改造现实。但是，正因为“现实主义”被附加了过多的含义，反而使卢卡契的努力打了折扣。詹姆逊指出，“现实主义概念的独创性在于它声称具有认知和审美的双重地位”②。这也道出了存在于现实主义中的一个深刻矛盾，即现实主义一方面是一种与真实相关的审美体验形式，另一方面又比较强调认知功能。卢卡契对现实主义超越历史阶段的独特定位加剧了这一矛盾——整体性和反物化的认知指向和政治诉求如何与只和特定历史时期相适应的现实主义的表现形式相统一？“我们将现实主义理解为对存在于可知的真实世界里的某种常识经验进行的表述”③，“因为现实主义的表现方式，叙事本身的可能性，只在那样一些历史时刻存在；在这些历史时刻，人类生活可能根据具体的、个人的遭遇和戏剧性事件来领悟，其中某种基本的一般真理，可以通过个别故事或个别情节来讲述。然而在现代时期，这样的历史时刻已变得较为罕见”④。正因为如此，卢卡契意识不到现代主义最重要的成就之一恰恰是对艺术自律性的追求并给与客观评价。“由于没有意识到美学与知识论之间的差异，卢卡契便刻意抨击了激进的现代艺术。”⑤固然多数论者对卢卡契现实主义理论隐含的反对机械决定论、庸俗社会学诉求有所忽略，但对整体性、现实、再现等问题的探讨，揭示了卢卡契现实主义理论建构中所存在的深层次问题或矛盾。由于这场争论基本上是在西方马克思主义文论及左翼文论阵营中发生的，从而也推进了

① 梅洛－庞蒂：《辩证法的历险》，杨大春、张尧均译，上海：上海译文出版社 2009 年版，第 74 页。
② 詹姆逊：《关于布莱希特和卢卡奇之争的反思》，见王逢振主编《詹姆逊文集》第 1 卷，北京：中国人民大学出版社 2004 年版，第 108 页。
③ 詹姆逊：《单一的现代性》，见王逢振主编《詹姆逊文集》第 4 卷，北京：中国人民大学出版社 2004 年版，第 98 页。
④ 詹姆逊：《马克思主义与形式》，李自修译，南昌：百花洲文艺出版社 1995 年版，第 169 页。
⑤ 阿多诺：《美学理论》，王柯平译，成都：四川人民出版社 1998 年版，第 76 页。

马克思主义文论与美学相关问题的研究。

如果我们从一个更大的视域——语言学转向和再现论的衰落来审视卢卡契的现实主义理论及其所引发的争论，会发现卢卡契的一些说法虽然有它的产生背景和积极意义，但是其理论依据有所欠缺甚至已然过时。

首先，卢卡契的现实主义理论没有涉及语言的建构功能和文本的陈述形式。我们看到，在语言转向的背景下，现实主义已经不再被认为是关于现实的陈述，而更多地被理解为旨在产生某种现实或逼真效果（verisimilitude）的幻觉结构或表现手法。巴尔特说："对于真实，话语不负任何责任：最现实主义的小说，其中的所指物毫无'现实性'可言……（现实主义文论中）所谓的'真实'，只不过是（意指作用的）再现符码而已。"[①] 詹姆逊也认为，"我认为把现实主义当成对现实的真实描写是错误的，唯一能恢复对现实的正确认识的方法是将现实主义看成是一种行为，一次实践，是发现并且创造出现实感的一种方法"[②]。在《晚期资本主义的文化逻辑》中，詹姆逊借鉴以索绪尔为代表的结构主义语言学对能指（signifier）、所指（signified）和指涉物（referent）的区分来分析现实主义、现代主义和后现代主义，认为在不同历史时期，这三者之间的关系是不同的。在市场资本主义时期，传统规范开始解体，神圣的世界让位给一个外在的、客观的、可以衡量的世界，为文学提供了客体的参照物。文学追求以科学作为说明一切的标准和科学描述的说明性语汇，即指涉物成为整个符号体系的基础，能指、所指和指涉物三者都存在，这时的符号体系是完整的，这就是现实主义时代，如巴尔扎克的作品。在帝国主义或垄断资本主义阶段，由于出现了物化现象，为现实主义提供了客体的指涉物从符号体系中开始排除出去了，符号体系只剩下能指和所指的结合，语言的意义只存在于能指和所指的流动的关系中，这就是现代主义。而在跨国资本主义阶段，由于物化的加剧，符号体系内部继续分裂，所指及其所代表的意义也被弃置一旁，能指与所指也脱离了关系，只剩下能指本身。这种类似精神分裂症患者的语言就是后现代主义[③]。

其次，现实主义的现实、再现与模仿理论奠基于亚里士多德的经验观，即经验的普遍性产生概念的普遍性。这种经验观在当代艺术中很大程度上受到挑战，甚至可以说已经失效了。伽达默尔便质疑这种古典式的经验观，他认为"真正意义上的经验，总是一

---

① 巴尔特：《S/Z》，屠友祥译，上海：上海人民出版社 2000 年版，第 164 页。

② 杰姆逊：《后现代主义与文化理论》，唐小兵译，西安：陕西师范大学出版社 1987 年版，第 195 页。

③ 参见詹明信《晚期资本主义的文化逻辑》，张旭东编，北京：生活·读书·新知三联书店 1997 年版，第 279~286 页。

种否定的经验”。它指的是“我们所‘做出’的经验”[①]。这种经验不是诉诸期望的应验，而是否定期望，突破自我认识的边界重新思考人类存在的意义。这就颠覆了传统意义上的现实、再现、认知的观念和秩序。现代主义文学的一个主要趋向就是转向心理世界或心理现实。其代表人物之一普鲁斯特批评现实主义满足于记录事物的外表，“却离现实最远，它最能够使我们变得贫乏、可悲，因为它突兀切断现时的我与过去、未来的一切联系”[②]。萨特干脆质疑这种认知和再现的可能性，“现实主义的谬误在于它曾经相信，只要用心观察，现实就会展现出来，因此人们可以对现实做出公正的描绘。这又怎么可能呢”[③]。连在一定程度上承认现实主义在20世纪仍然有效的威廉斯也认为，“那种旧的、幼稚的现实主义无论如何都已经死亡，因为它是建立在自然视觉（natural seeing）这一理论基础之上的，而这套理论现在已经站不住脚了……现在我们知道，我们所看到的世界实际上是被创造出来的”[④]。从心理学上说，冈布里奇认为：“在幻象与现实之间、真实与虚假之间没有严格的划分，……我们称之为‘文化’或‘文明’的东西是以人作为一个制造者的能力即发明意外用途、创造人工代用品的能力为基础的。”[⑤]而按照弗洛伊德的心理学，艺术中的现实是一种象征性的类似品，这种表象的现实从属于幻想的逻辑或审美的标准。福柯、德里达更进一步提出了再现终结的问题。福柯指出，马拉美以来的现代主义文学，摆脱了古典时代使它能传播的价值（自然、真实、趣味、快乐）。“文学所要做的，只是在一个永恒的自我中折返，似乎文学的话语所能具有的内容就是去说出其特有的形式：或者它求教于作为写作主体性的自我，或者设法在使它得以诞生的运动中重新把握全部文学的本质；这样，它的所有线索都汇向了那个最精细的尖点——虽然特殊、瞬间，但又完全普遍——汇向那个简单的写作活动。”[⑥]德里达曾经论及残酷戏剧的“再现关闭”，认为“残酷戏剧并非是一种再现。从生命具有的不可再现之本质方面来讲，它就是生命本身”。“摆脱了文本和上帝——作者，搬演就会重新获得其创造和首创的自由。……古典再现的关闭，但却同时也是对原初再现的某种关闭空间的重建，是对力量或生命的元显现（l' archimanifestation）的重建。”[⑦]利奥塔也说，“后现代科学技术世界的普遍原则不是呈现某种不可呈现的东西即重现那种东西，这个世界服从一个相反的原则，即关系到

① 伽达默尔：《真理与方法》（上），洪汉鼎译，上海：上海译文出版社1999年版，第453页。

② 普鲁斯特：《追忆逝水年华》第七卷《重现的时光》，徐和瑾、周国强译，南京：译林出版社1991年版，第193页。

③ 萨特：《什么是文学》，见施康强选编《萨特文论选》，北京：人民文学出版社1991年版，第132页。

④ 威廉斯：《漫长的革命》，倪伟译，上海：上海人民出版社2013年版，第305页。

⑤ 冈布里奇：《艺术与幻觉》，周彦译，长沙：湖南人民出版社1987年版，第93页。

⑥ 福柯：《词与物》，莫伟民译，上海：上海三联书店2001年版，第392~393页。

⑦ 德里达：《书写与差异》（下），张宁译，北京：生活·读书·新知三联书店2001年版，第420页、第426~427页。

探索之辩证法本身的无限性”，艺术的任务“仍然是暗示一种毫无感化人之处的不可呈现性,但这种不可呈现性被录入了‘现实’之转化的无限性中”[①]。美国哲学家、美学家古德曼认为，世界是被构造的而不是被发现的，而哲学、科学、艺术都是服务于不同目的的构造世界的方式。按照古德曼的说法，现实主义即“一个再现的正确性取决于它与它所描绘的东西的相似程度”。古德曼同时也承认，现实主义既有尊重相似性的惯性一面，也有创造发现的另一面[②]。

这说明，20世纪之后，随着心理学、量子力学、交互主体性哲学包括现代主义、后现代主义思潮在人文社会科学中的影响日盛，以及计算机虚拟技术的广泛应用，以反映、再现、模仿为代表的客观认知模式受到冲击。人们重新看待现实、再现及其与文学的关系问题，对现实主义的特征和是非功过也有了不同以往的全新的认识。

由卢卡契所引发的现实主义论争在马克思主义美学史乃至整个20世纪美学史、文艺批评史上具有重大的意义。它不仅涉及对19世纪经典现实主义大师巴尔扎克、托尔斯泰、狄更斯等人的评价问题，更重要的是，它事关文学如何描写或表现人类的生存状况与生命意义的问题。就后一个方面说，卢卡契现实主义理论的价值不仅在于给20世纪马克思主义美学与文论提供了思考与论争的契机，还在于其所包含的旨趣——通过艺术作品追求某种终极现实,进入对现实的思考和领悟,仍然具有一定的积极意义。正如韦恩·布斯所说:“对现实主义的兴趣不是可以证明为对或错的一种‘理论’或一些理论的结合;它是对特定时代人们最关心的事物的一种表达，因此它是不能用理性争辩加以攻击或捍卫的。”[③]但是反过来看,争论中所暴露出来的卢卡契乃至恩格斯等人对古典作家与古典审美范式的偏爱，却使后来的马克思主义美学与文艺批评严重滞后于20世纪的文艺思潮、美学观念、科学发展的现状，陷入了一场真正意义上的理论危机与现实危机。于是，接下来，我们就会看到，西方马克思主义美学中的一些代表人物如本雅明、布莱希特、马歇雷、伊格尔顿等人，如何借助于对马克思艺术生产理论的重释，在艺术反映论和现实主义之外，重建新的理论范式，来化解这一危机。

① 利奥塔:《非人》，罗国祥译，北京：商务印书馆2000年版，第141页。

② 古德曼:《构造世界的多种方式》，姬志闯译，上海：上海译文出版社2008年版，第134~135页。

③ 韦恩·布斯:《小说修辞学》，华明等译，北京：北京大学出版社1987年版，第67页。

第六章 马克思艺术生产理论：多重内涵、当代发展及面临的挑战

马克思的艺术生产理论在20世纪美学中产生了重大影响，形成了形形色色的艺术生产理论形态。事实上，马克思的艺术生产理论并不是在纯粹的美学或文学理论框架中提出来的，而是有着深厚的哲学和政治经济学背景。考察马克思艺术生产理论与20世纪美学的关联，需要追溯马克思的生产理论本身。我们知道，马克思在哲学、政治经济学两个层面上看待生产，他的艺术生产理论也是在上述两个层面上提出的，同时还带有浪漫主义和对资本主义进行批判的背景，由此形成马克思艺术生产理论的两层意义三重内涵：物质生产制约下的精神生产、资本主义商品生产条件下的一种生产和自由的精神生产。马克思的艺术生产理论的两层意义在本雅明、布莱希特、马歇雷、伊格尔顿等人那里得到了发展，但是又受到鲍德里亚等人的挑战。恰当地厘定马克思艺术生产理论的多重内涵与语境，不仅有助于认识马克思艺术生产理论与20世纪美学的复杂关联，还让我们注意到20世纪马克思主义美学中的艺术生产理论作为苏联模式乃至卢卡契模式马克思主义美学反映论或现实主义理论替代品的生成图景，进而判定其当代价值。

一、马克思艺术生产理论的历史语境与多重内涵

马克思曾经在哲学和政治经济学两个层面上论及艺术生产问题。虽然前者是总体的层面，后者是延伸的层面，但在具体的论述中，这两个层面是相互渗透、相互支持的。马克思在创立历史唯物主义哲学的过程中，物质生活资料的生产是其哲学思维的基础性范式。他在《德意志意识形态》中写道："一当人开始生产自己的生活资料的时候，这一

步是由他们的肉体组织所决定的，人本身就开始把自己和动物区别开来。”[①]并且在与物质生产相对应并受物质生产所制约的意义上论精神生产（艺术生产）、人口生产，“思想、观念、意识的生产最初是直接与人们的物质活动，与人们的物质交往，与现实生活的语言交织在一起的。人们的想象、思维、精神交往在这里还是人们物质行动的直接产物”[②]。这里的思想、观念、意识理应涵盖早期的艺术创作。在《1844年经济学哲学手稿》中，马克思把艺术视为精神生产的一种形式，“私有财产的运动——生产和消费——是迄今为止全部生产的运动的感性展现，就是说，是人的实现或人的现实。宗教、家庭、国家、法、道德、科学、艺术等等，都不过是生产的一些特殊的方式，并且受生产的普遍规律的支配”[③]。在研究政治经济学的过程中，马克思多次把艺术视为生产的一种形式，并从生产、消费等的关系上看待艺术品、艺术家与消费者的关系。在为《政治经济学批判（1857—1858年手稿）》所写的《导言》中，马克思明确提出艺术生产问题，“就某些艺术形式，例如史诗来说，甚至谁都承认：当艺术生产一旦作为艺术生产出现，它们就再不能以那种在世界史上划时代的、古典的形式创造出来”。这里暗示了艺术生产成为一种自觉的甚至组织化的行为是一种现代意义上的文学创作方式。他还指出，“消费对于对象所感到的需要，是对于对象的知觉所创造的。艺术对象创造出懂得艺术和具有审美能力的大众，——任何其他产品也都是这样。因此，生产不仅为主体生产对象，而且也为对象生产主体”。这段话说明，生产会生产出新的需要，这种新的需要会推动生产进一步发展。尤其值得我们注意的是，马克思在此指出了消费者对产品的知觉在消费中起很重要的作用，这实际上暗示了产品的形式在消费中的地位。马克思还认为，生产与消费具有“直接的同一性：生产是消费；消费是生产”[④]。在《资本论》中特别是在《剩余价值理论》中，马克思还多次谈到精神生产（艺术生产）。马克思一方面指出，精神生产受物质生产普遍规律的作用，当然这个作用是通过多重中介来实现的，“从物质生产的一定形式产生：第一，一定的社会结构；第二，人对自然的一定关系。人们的国家制度和人们的精神方式由这两者决定，因而人们的精神生产的性质也由这两者决定”[⑤]。他还说，在资本主义社会，只有生产资本的劳动才是生产劳动，“钢琴制造者再生产出资本；钢琴演奏者只是用自己的劳动同收入相交换。但钢琴演奏者生产音乐，满足我们的音乐感，不是也在

① 马克思、恩格斯：《德意志意识形态》，见《马克思恩格斯选集》第1卷，北京：人民出版社1995年版，第67页。
② 马克思、恩格斯：《德意志意识形态》，见《马克思恩格斯选集》第1卷，北京：人民出版社1995年版，第72页。
③ 马克思：《1844年经济学哲学手稿》，见《马克思恩格斯全集》第2版第3卷，北京：人民出版社2002年版，第298页。
④ 马克思：《〈政治经济学批判〉导言》，见《马克思恩格斯选集》第2卷，北京：人民出版社1995年版，第28页、第10页、第10页。
⑤ 马克思：《剩余价值理论》，见《马克思恩格斯全集》第26卷Ⅰ，北京：人民出版社1972年版，第296页。

某种意义上生产音乐感吗？事实上他是这样做了：他的劳动是生产了某种东西；但他的劳动并不因此就是经济意义上的生产劳动；就像生产幻觉的傻子的劳动不是生产劳动一样。劳动只有在它生产了它自己的对立面时才是生产劳动”[①]。另一方面，马克思又谈到，包括艺术生产在内的一切生产劳动都可以归结为生产物质产品的劳动，“艺术和科学的一切产品，书籍、绘画、雕塑等等，只要它们表现为物，就都包括在这些物质产品中”[②]，都要凝聚为物。

既然艺术是一种生产，就牵涉到艺术生产力或生产技术问题。在《德意志意识形态》中，马克思说：“人们是自己的观念、思想等等的生产者，但这里所说的人们是现实的、从事活动的人们，他们受自己的生产力和与之相适应的交往的一定发展——直到交往的最遥远的形态——所制约。”[③]从逻辑上看，马克思在这里谈的精神生产应该包括艺术生产，他认为精神生产受生产力发展水平的制约，这说明艺术生产也应该受生产力发展水平的制约。在《剩余价值理论》中，马克思把艺术生产归为“非物质生产领域”，但是还是生产商品，因此构成一种“过渡形式”，“生产的结果是商品，是使用价值，它们具有离开生产者和消费者而独立的形式，因而能在生产和消费之间的一段时间内存在，并能在这段时间内作为可以出卖的商品而流通，如书、画以及一切脱离艺术家的艺术活动而单独存在的艺术作品。在这里，资本主义生产只是在很有限的规模上被应用，例如，一个作家在编一部集体著作百科全书时，把其他许多作家当作助手来剥削。这里的大多数情况，都还只局限于向资本主义生产过渡的形式”。[④]在谈到拉斐尔的绘画时，马克思说：“和其他任何一个艺术家一样，拉斐尔也受到他以前的艺术所达到的技术成就、社会组织、当地的分工以及与当地有交往的世界各国分工等条件的制约。像拉斐尔这样的个人是否能顺利地发展他的天才，这就完全取决于需要，而这种需要又取决于分工以及由分工产生的人们所受教育的条件。”[⑤]马克思把需要、人们受教育的状况、分工列为艺术生产的制约因素，尤其是把艺术发展的技术条件列为制约因素的首要环节，对本雅明等人产生了影响。

既然艺术生产是社会生产的一部分，那么艺术就具有商品性，特别是在资本主义制

① 马克思：《政治经济学批判（1857—1858年手稿）》，见《马克思恩格斯全集》第2版第30卷，北京：人民出版社1995年版，第264页。

② 马克思：《剩余价值理论》，见《马克思恩格斯全集》第26卷Ⅰ，北京：人民出版社1972年版，第165页。

③ 马克思、恩格斯：《德意志意识形态》，见《马克思恩格斯选集》第1卷，北京：人民出版社1995年版，第72页。

④ 马克思：《剩余价值理论》，见《马克思恩格斯全集》第26卷Ⅰ，北京：人民出版社1972年版，第442~443页。

⑤ 马克思、恩格斯：《德意志意识形态》，见《马克思恩格斯全集》第3卷，北京：人民出版社1960年版，第459页。

度下，各种职业包括写作都具有雇佣劳动的特征。在《共产党宣言》中，马克思就指出，“资产阶级抹去了一切向来受人尊崇和令人敬畏的职业的神圣光环。它把医生、律师、教士、诗人和学者变成了它出钱招雇的雇佣劳动者”①。但是马克思并不简单地看待艺术的商品性问题，而看到艺术家身份的多重性，马克思说：“演员对观众说来，是艺术家，但是对自己的企业主说来，是生产工人。”②也就是说，艺术家可以作为自由艺术家，也可以作为雇佣劳动者。马克思还以创作《失乐园》的密尔顿和受雇于书商的作家为例，指出弥尔顿像春蚕吐丝一样创作他的作品，他的创作活动“是他的天性的能动表现”，而受雇于书商的作家“因为他的产品从一开始就从属于资本，只是为了增加资本的价值才完成的”，是“生产资本”的生产者③。这说明马克思仍然受到浪漫主义思潮的影响，认为艺术创作应该是一种“天性”的表现，这与他早年的思想一脉相承。马克思在《第六届莱茵省议会的辩论》（第一篇论文）中说：“作者当然必须挣钱才能生活，写作，但是他决不应该为了挣钱而生活，写作。……作者绝不把自己的作品看作手段。作品就是目的本身；无论对作者本人还是对其他人来说，作品都绝不是手段，在必要时作者可以为了作品的生存而牺牲他自己的生存。”④而且，在《评普鲁士最近的书报检查令》中，马克思还把文学创作视为作家精神个体性的形式，认为精神个体性应该有多种表现方式⑤。而受雇佣的创作有可能体现不了作者的精神个体性。这是因为，马克思认为资本主义生产有逐利的本性，“资本主义生产的真正限制是资本自身，这就是说：资本及其自行增殖，表现为生产的起点和终点，表现为生产的动机和目的；生产只是为资本而生产，而不是反过来生产资料只是生产者社会的生活过程不断扩大的手段”⑥。这与艺术生产的自由性相背离，马克思正是在这样的语境下谈到资本主义生产与艺术和诗歌相敌对的问题：“要研究精神生产和物质生产之间的联系，首先必须把这种物质生产本身不是当作一般范畴来考察，而是从一定的历史的形式来考察。例如，与资本主义生产方式相适应的精神生产，就和与中世纪生产方式相适应的精神生产不同。……只有在这种基础上，才能够既理解统治阶级的意识形态组成部分，也理解一定社会形态下自由的精神生产。……资本主义生产就同某些

---

① 马克思、恩格斯：《共产党宣言》，见《马克思恩格斯选集》第1卷，北京：人民出版社1995年版，第275页。
② 马克思：《剩余价值理论》，见《马克思恩格斯全集》第26卷Ⅰ，北京：人民出版社1972年版，第443页。
③ 马克思：《剩余价值理论》，见《马克思恩格斯全集》第26卷Ⅰ，北京：人民出版社1972年版，第432页。
④ 马克思：《第六届莱茵省议会的辩论（第一篇论文）》，见《马克思恩格斯全集》第2版第1卷，北京：人民出版社1995年版，第192页。
⑤ 参见马克思《评普鲁士最近的书报检查令》，见《马克思恩格斯全集》第2版第1卷，北京：人民出版社1995年版，第111页。
⑥ 马克思：《资本论》第3卷，见《马克思恩格斯全集》第2版第46卷，北京：人民出版社2003年版，第278页。

精神生产部门如艺术和诗歌相敌对。”[①] 即便如此，马克思也承认在私有制生产条件下，既存在“统治阶级的意识形态组成部分”，也存在“自由的精神生产”。也就是说，资本主义生产与艺术生产的敌对是相对的，不是绝对的。可见，马克思虽然在哲学层面上认定物质生产对精神生产（艺术生产）的决定地位，同时也在政治经济学层面上研究商品条件下艺术生产的一般规律，但却是在批判私有制对于精神生产的自由性与个体性的制约性的意义上研究艺术生产问题，这与他对资本主义的政治经济学批判是一致的，所以马克思的艺术生产具有两层意义三重内涵：物质生产制约下的精神生产，资本主义商品生产条件下的一种生产，自由的精神生产。第一重内涵具有始基意义，第二重内涵带有历史限定的意义，第三重内涵与马克思早年受浪漫主义影响以及19世纪作家取得独立地位的历史状况有关。因此，我们应该考察马克思谈论艺术生产时的具体语境和多重内涵，不宜把马克思的艺术生产理论仅仅看成是对商品生产条件下艺术生产一般规律的概括。

二、马克思艺术生产理论在20世纪的发展

人们已经注意到，在20世纪马克思主义美学与文论当中，对马克思艺术生产理论的发展其实是作为对苏联模式甚至卢卡契模式马克思主义美学中的艺术反映论或现实主义理论的某种替代形式而出现的。对此，威廉斯曾经做过一番分析。他指出，反映论把文艺视为对现实的反映，忽视了经济基础与上层建筑之间一系列复杂的中介。“这种理论实际上完全遮蔽了对于物质材料(就最终意义而言,是对于物质的社会过程)的实际运作——而这正是对艺术品的制作。由于把这种物质过程外化和异化为‘反映’，艺术活动（对于艺术品而言，它既是‘物质性’的，又是‘想象性’的）的社会特性和物质特性就被遮蔽起来了。”[②] 或许语言和表意活动可以被看作物质的社会过程本身的组成部分而被包含在生产与再生产之中，这就使得把艺术活动与物质实践活动关联起来成为可能。另一方面，在马克思的言说框架中，艺术又是一个相对远离物质生产领域的社会意识形式，具有一定程度的自主性。于是我们看到，虽然马克思的艺术生产理论在20世纪马克思主义美学家和文论家那里得到了继承和发展,但是各自继承和发展的路径并不一致。总起来看，本雅明、布莱希特等人偏重政治经济学这一层面，马歇雷、伊格尔顿等人偏重于哲学这一层面。

---

① 马克思:《剩余价值理论》，见《马克思恩格斯全集》第26卷Ⅰ，北京：人民出版社1972年版，第296页。

② 威廉斯:《马克思主义与文学》，王尔勃、周莉译，开封：河南大学出版社2008年版，第105~106页。

本雅明、布莱希特比较看重艺术生产的技术问题，关注马克思看到的消费者对产品的知觉在消费中的作用，关注现代技术和新兴艺术形式对于艺术进步的意义。本雅明认为，新的文学类型如新闻报道等的发展扩大了民众对文学的参与度，打破了传统的作者与公众之间的区分。而进步作家改变生产形式和生产工具也使他们在阶级斗争中有更大的作为。在法西斯主义兴起的时代，作家应该站在无产阶级一边，因为进步的政治倾向包含了艺术质量的因素，而技术的进步也保证了政治的正确。“改造生产工具就意味着摆脱了又一个障碍，超越了又一个对立，这些障碍与对立束缚了知识分子的生产，在写作与形象之间形成了屏障。……在这里，对作为生产者的作家来说，技术的进步是其政治进步的基础。”① 假如作家采取了代表艺术生产力和生产关系总体水平的最先进的技术，就能保证艺术质量和政治倾向的有机结合。在《机械复制时代的艺术作品》一文中，本雅明考察了印刷术、石印术、照相术、电影等的发明造就的技术复制时代的到来，“人类的感知方式随整个人类生存方式的变化而变化。人类感知的组织形态，它赖以完成的手段不仅由自然来决定，而且由历史环境来决定”。“艺术的机械复制改变了大众对艺术的反应。”② 本雅明从马克思的艺术生产理论中得到启发，把艺术生产当作如同物质生产一样由生产与消费，生产者、产品与消费者等要素组成。其中艺术家是生产者，艺术作品是产品或商品，读者观众是消费者；艺术的创作是生产，艺术的欣赏是消费，艺术发展的技术（technik）构成艺术生产力，代表了艺术发展水平。而艺术家与消费者之间的关系构成了艺术生产关系。艺术活动的特点、性质由艺术生产力与生产关系的矛盾运动所造成。当艺术生产力与生产关系发生矛盾时，就会发生艺术上的革命。所以本雅明极其推崇艺术生产技术技巧的作用，认为这些技巧可消除形式与内容间传统的僵硬对立，改变传统的感知方式。本雅明较早注意到现代技术因素对艺术创作的重要意义，对发展马克思主义艺术生产理论作出了贡献，特别是对机械复制与艺术发展关系的论述，使他甚至被奉为后现代的预言家。不过，我们在承认本雅明著作中天才洞见和辩证内涵的同时，也要注意到他对马克思主义的运用带有一定的机械唯物主义色彩，高估了技术进步对艺术的积极意义，对艺术生产作为精神生产的精神性、独创性、个体性等有所忽略，实际上可能对马克思的生产理论及艺术生产理论又有所误读。因为“在马克思那里，‘生产力’的

---

① Walter Benjamin, *Reflections: Essays Apborisms, Autobiographbical Writings*, ed. Peter Demetz, New York: Harcourt Jovanovich, 1986, p.230.

② 本雅明:《机械复制时代的艺术作品》，见阿伦特编《启迪——本雅明文选》，张旭东等译，北京：生活·读书·新知三联书店2008年版，第237页、第254页。

概念指一个特定社会中技术发展的水平，这既包括物化为机器的生产手段，也包括工人使用这些手段的能力。是否艺术生产力的概念可以从这一思想中引申出来，则是一个问题。这是因为，在艺术生产中，将生产者的能力与物质生产和复制技术的发展阶段归结为一个概念是困难的”①。布莱希特则认为戏剧包含物质生产技术在舞台上的运用。他在谈到如何填平史诗与戏剧之间的鸿沟、铸就史诗剧时说：“由于技术的成果使得舞台有可能将叙述的因素纳入戏剧表演的范围里来……幻灯的出现，舞台借助机械化而取得的巨大转动能力，电影，使舞台装备日趋完善。”② 他还说：“戏剧也可以让它的观众享受他们时代的、从生产劳动中产生的特殊伦理。把批判，亦即把生产劳动的伟大方法变成娱乐。”③ 这就意味着与物质生产相关的艺术技巧对戏剧活动有着重要的意义。尤金·伦恩评论说：“布莱希特坚持知性实践的相对独立性，认为艺术通过可以预期的对经济系统的改变，帮助改变给定的现实。”④

伊格尔顿、马歇雷更多地借鉴了马克思艺术生产作为精神生产的含义。在马克思艺术生产理论哲学层面的当代转换中，阿尔都塞发挥了特殊作用。阿尔都塞指出，马克思关于经济基础和上层建筑、生产力和生产关系的不平衡、矛盾发展的说法指的是由社会整体结构造成的多重关系，“既然不平衡的概念并不意味着外在数量比较，那我就会说，马克思主义的矛盾是‘由不平衡性所规定的’，只要大家愿意承认，这里的不平衡性具有它所确指的内在本质：多元决定”⑤。伊格尔顿虽然用阿尔都塞多元决定（overdetermination）的理论来解释意识形态，但坚持经济基础最终决定上层建筑和意识形态。对意识形态范畴及其与文学生产关系的探讨是伊格尔顿文学生产理论的核心内容。伊格尔顿在这个领域所做的工作体现在三个方面：首先，他发挥了马克思的意识形态概念并用来解释文学生产，探讨了从生产方式到文学存在的多个中介环节。伊格尔顿认为上层建筑和经济基础之间存在着辩证关系，因此他从生产方式的矛盾中勘察意识形态的来源，在意识形态概念中引入阶级关系、权力关系和话语理论，认为意识形态“通常指的是符号、意义和价值观用以表现一种支配性社会权力的方式，但是，它也能够表示话语和政治利益之间任何意味深长的连接”⑥。这就把经典马克思主义的意识形态概念从哲学和社会政治层面

① 比格尔：《先锋派理论》，高建平译，北京：商务印书馆2002年版，第97页。

② 布莱希特：《娱乐戏剧还是教育戏剧》，见《布莱希特论戏剧》，丁扬忠等译，北京：中国戏剧出版社1990年版，第69页。

③ 布莱希特：《戏剧小工具篇》，见《布莱希特论戏剧》，丁扬忠等译，北京：中国戏剧出版社1990年版，第15页。

④ Eugene Lunn，*Marxism and Modernism*，Berkeley and Los Angeles：University of California Press，1982，p.120.

⑤ 路易·阿尔都塞：《保卫马克思》，顾良译，北京：商务印书馆2006年版，第209页。

⑥ Terry Eagleton，*Ideology：An Introduction*，London：Verso，1991，p.221.

推演至话语分析和文学研究中。伊格尔顿明确坚持文学的上层建筑性和意识形态性，认为文学不仅具有类似意识形态的观念性特征，而且文学的情感性、形象性和无意识性等与意识形态的表象运作也很接近。“文学是我们能够从经验上接近意识形态的最具有启发性的方式。只有在文学中，我们能够看到意识形态在阶级社会生活体验中复杂、连续、强烈而又直接的运作情形。”[①] 在此基础上，伊格尔顿把生产方式和意识形态概念应用于文学文本生产过程的解释是：一般生产方式，文学生产方式，一般意识形态，作者意识形态，审美意识形态，文本。

一般生产方式是社会物质生产力和生产关系的总体，文学生产方式是诸多具体生产方式中的一种，是一定社会形态下文学生产力和文学生产中的社会关系的统一。在文学社会中存在着不同的文学生产方式，其中一个占据主导地位。文学生产方式的生产力指的是文学生产中的生产者、工具、生产技术和物质材料，文学生产关系指的是文学生产过程从写作、出版到发行各个环节参与者所产生的社会关系。一般意识形态是一种生产方式下产生的占统治地位的意识形式。作者意识形态指的是由作者的社会阶层、性别、民族、宗教、地域等一系列独特因素造就的特点，文本是上述多种因素的产物。一般意识形态在以一定方式进入文本的过程中，文学的语言、形式也在对其进行重构从而使之移位和变形。[②]

其次，伊格尔顿认为一切艺术都产生于某种关于世界的意识形态观念。文学与意识形态的关系类似于演出与剧本、产品与材料的关系。作家作为社会的人，必然进入现实的意识形态符号秩序中去，文学生产通过语言与意识形态发生关系，即文学是通过特定语言与意识形态联结在一起的，但文学本身又通过语言而源源不断地生产新的意识形态。“意识形态不是一套教义，而是指人们在阶级社会中完成自己角色的方式，即把他们束缚在他们的社会职能上并因此阻碍他们真正理解整个社会的那些价值、观念和形象。……一切艺术都产生于某种关于世界的意识形态观念。”[③] 意识形态对作家来说可能既是某种角色限制，他在创作时不可能不受某种群体、阶级或集团的价值观、理想、情感的制约，但他在运用这种意识形态的同时也是在构想和操演新的意识形态，成为审美意识形态。

再次，伊格尔顿认为文学是一种审美意识形态。在伊格尔顿那里，一般意识形态是一个总体的集合概念，涵盖了政治、哲学、法律、道德、宗教和审美等领域，作者意识

① Terry Eagleton, *Criticism and Ideology*, London: Verso, 1978, p.101.

② Terry Eagleton, *Criticism and Ideology*, London: Verso, 1978, pp.44–45.

③ 伊格尔顿：《马克思主义与文学批评》，文宝译，北京：人民文学出版社 1980 年版，第 20 页。

形态是群体观念或价值观的个体内化形式，文学生产把某种渗透了一般意识形态、作者意识形态的艺术观念、方法，以虚构性、情感性、形象性的方式体现于一定的文类、风格和意象之中，便成为审美意识形态，发挥类似意识形态的感化、训导和劝说作用。伊格尔顿以艾略特的诗歌《荒原》为例说明它是某种意识形态危机的产物，然后特别指出，文学是按照自身的特点和程式无意识地完成意识形态生产过程的。文学就是这样一种特殊的意识形态的生产形式。伊格尔顿的艺术生产理论，探讨了从一般生产方式到文学文本的多重环节，更多地注意到意识形态的复杂性和矛盾。在他那里意识形态涵盖了一般意识形态、作者意识形态、文本意识形态、审美意识形态等亚结构，文学生产是多种意识形态以及一般生产方式、文学生产方式相互作用与冲突，生成文本的过程。而按照马克思、恩格斯的说法，文学艺术作为一种特殊的意识形态，属于“更高地悬浮于空中的意识形态的领域”[①]，与物质生产常常存在不平衡关系。伊格尔顿对意识形态与文学生产复杂关联性的探讨，有助于人们了解生产方式如何决定文学文本的特点和路径。

同样受到阿尔都塞影响的马歇雷，借鉴了阿尔都塞把意识形态视为一个与社会信仰有关的幻象系统的观点，主要关注的是意识形态在文学生产中的变形。马歇雷的文学生产理论包含三个层次：第一，文学既产生于意识形态，又生产出意识形态。在马歇雷看来，文学是上层建筑内部若干观念形式之一，与社会生产关系的基础相对应，文学生产是一种意识形态的生产。意识形态为文学生产提供了原料如思想观念、社会政治事件等，规定着文学参与社会主导想象模式的形成和运作，而文学的虚构叙述在使得意识形态显示出来的同时，又改变了意识形态，生产出自己的意识形态。第二，文学生产凭借其虚构性开辟出多样的精神空间，形成了一个对意识形态幻觉进行抵制的相对自主的生产领域。意识形态明明是有限的、封闭的，但它却意识不到，反而宣称自己的完满，因而它又是完整的，这就造成了意识形态的内在缺陷，为文学形式对意识形态整体性的颠覆准备了前提。马歇雷指出，“虽然意识形态是封闭的、有限的，但它却错误地宣称自己在其范围内是无限的（能回答一切问题），……意识形态是一个虚假的整体”[②]。文学语言与借用日常语言制造幻象欺骗民众的意识形态语言不同，文学语言中的空缺、断裂和矛盾使意识形态处于与异己力量的冲突中。“文学与其说是现实的再现，不如说是语言的角逐，它歪曲大于模仿。”[③]虽然意识形态充当了文学生产的原料，但文学的虚构性使它发生扭曲与变

① 恩格斯：《致康·施米特》（1890年10月27日），见《马克思恩格斯选集》第4卷，北京：人民出版社1995年版，第703页。
② Pierre Macherey, *A Theory of Literary Production*, London: Routledge & Kegan Paul, 1978, p.131.
③ Pierre Macherey, *A Theory of Literary Production*, London: Routledge & Kegan Paul, 1978, p.61.

形，“即使意识形态本身看起来总是坚固的、丰富的，但却由于它在小说中的在场，由于小说赋予它以可见的、确定的形式，它开始言说自己的不在场。借助于作品，使逃出意识形态的自发领域，摆脱对于自己、历史和时代的虚假意识成为可能”①。文学充满矛盾和差异的虚构叙述瓦解了意识形态幻象的整体性，形成了一个离心结构。后来在《论作为一种观念形式的文学》一文中，马歇雷从结构主义的马克思主义“社会构形”概念中引发出“文学构形”（literary formation）概念来表示文学生产，认为文学构形是意识形态和语言的矛盾冲突运动的复杂结构,文学正是对这些矛盾冲突的“想象性解决”②。第三，文学通过意识形态生产来挑战意识形态，“文本里存在着文本和它的意识形态内容之间的冲突”，“文学通过使用意识形态而挑战意识形态”③。也就是说，在马歇雷眼中事实上存在着两种意识形态，可分别称为一般意识形态和文本意识形态。一般意识形态在文本的虚构叙述中以破碎的、局部的、歪曲的形式呈现出来。文本在将一般意识形态的运作机制和内在局限揭示出来的同时，也生产出自己的意识形态，揭露一般意识形态的欺骗性。马歇雷以凡尔纳的小说《神秘岛》为例对此加以分析，指出小说的初衷是摆脱笛福《鲁滨孙漂流记》的俗套，呈现一幅幸存者被抛到荒岛上之后，只需知识技能便能改造自然、白手创业的传奇图景，并没有摆脱一般意识形态对叙述模式的制约。但随着故事的发展，这些幸存者得到了接踵而至不止一次的物质援助，于是幸存者的故事就成为鲁滨孙故事的翻版。这说明尽管《神秘岛》的一般意识形态内容原本是想证明资产阶级可以在一无所有的情况下运用科学知识创造一个新世界，然而小说的虚构叙述却暴露了意识形态的漏洞。因为文本向我们表明，孤岛英雄的创业必须依赖可见资本的运作，因此文本自身的意识形态颠覆了一般意识形态。马歇雷的文学生产理论是在新的历史条件下对马克思关于艺术生产是一种“精神生产”说法的一个重要推进，并且在马克思主义美学与文论传统中较早地注意到文学语言的独特地位和文学虚构的创造潜能。当然，马歇雷基本上把意识形态本身看作一个无冲突的领域，而文学语言自身的异质性与断裂可以瓦解意识形态。这在事实上把文学生产看作与物质生产相对隔绝的一个精神生产领域，淡化了生产方式的决定地位，体现了他的结构主义倾向的局限性。

从与马克思艺术生产理论的关系来看，我们发现，虽然本雅明、布莱希特的艺术生

① Pierre Macherey，*A Theory of Literary Production*，London：Routledge & Kegan Paul，1978，p.132 .

② 埃蒂安·巴利巴尔、皮埃尔·马歇雷:《论作为一种观念形式的文学》，见弗朗西斯·马尔赫恩编《马克思主义文学批评》，刘象愚等译，北京：北京大学出版社2002年版，第49页。

③ Pierre Macherey，*A Theory of Literary Production*，London：Routledge & Kegan Paul，1978，p.124，p.133 .

产理论未脱离政治经济学语境，马歇雷、伊格尔顿的艺术生产理论逸出了政治经济学框架，但他们共同指认了艺术形式在艺术生产中的革命意义，并赋予艺术生产以能动的社会批判内涵，在一定程度上都可以说是对马克思艺术生产理论的一个推进。

三、鲍德里亚等人对马克思艺术生产理论的挑战

由于马克思的艺术生产理论主要脱胎于他的哲学与政治经济学中的生产理论，随着20世纪下半叶以来学术语境的变化，由对马克思生产理论的挑战而引发了对马克思艺术生产理论的挑战。晚年的阿多尔诺认为，马克思在哲学层面对物质生产基础性地位的设定仍然暗含了一种人类中心主义，而这种人类中心主义潜藏着征服自然进而征服人的危险。“生产力的解放、那种支配自然的精神的行动与对自然的暴力统治有密切关系。这种统治可以暂时地退却，但没有它，生产力的概念是不可思议的，更不用说生产力的解放了。‘解放’一词具有威胁的含意。”[①]

而随着消费社会的来临，一些学者又质疑单纯的政治经济学生产视野核心地位的失效，对马克思的艺术生产理论构成了挑战。在《消费社会》中，鲍德里亚指出，当下的社会已经进入消费社会，消费社会是“进行消费培训、进行面向消费的社会驯化的社会——也就是与新型生产力的出现以及一种生产力高度发达的经济体系的垄断性质调整相适应的一种新的特定社会化模式”。丰盛和消费“总是同时被当作神话（超越历史和道德的幸福假定）来体验，又被当作对某种新型集体行为方式进行适应的一种客观程式来忍受”。[②]其实，德波早在《景观社会》中就已经把景观视为一个自主的目标，提出以娱乐、广告等为代表的影像性的景观生产已经成为一种主导的生产形式。“作为当今物品生产不可缺少的背景，作为制度基本原理的陈述，作为一个直接塑造不断增长的影像对象的发达经济部门，景观成为当今社会的主要生产。”[③]这种说法隐含了对马克思物质生产决定性结构的改写，而这一点又启发了鲍德里亚的仿像理论。在《象征交换与死亡》中，鲍德里亚指责马克思的经济学为古典经济学，因为在那里“使用价值作为交换价值系统的远景和目的性而起作用”，而消费社会是一个仿像社会，商品结构具有自主性，不依赖于参照价值和使用价值，“参照价值为了惟一的价值结构游戏的利益而被摧毁了。结构维度自主化，参照维度被排除，前者建立在后者的死亡之上。生产、意指、情感、实体、历史等各种

---

① 阿多尔诺：《否定的辩证法》，张峰译，重庆：重庆出版社1993年版，第305页。

② 波德里亚：《消费社会》，刘成富、全志钢译，南京：南京大学出版社2000年版，第73页、第75页。

③ 德波：《景观社会》，王昭凤译，南京：南京大学出版社2006年版，第5页。

参照都终结了，……现在是另一个价值阶段占优势，即整体相关性、普遍替换、组合以及仿真的阶段”[①]。因而，“劳动不再是一种力，它成为各种符号中的符号。它像其他事物一样被生产，被消费。它按照一种完全的等价关系与非劳动、与休闲相互交换，它可以与日常生活的其他一切领域相互替换”。“劳动不再是生产性的，它变为指派给劳动的再生产，这是一个甚至不知自己是否愿意生产的社会表现出来的总习性。……劳动就这样被掏空了自己的能量和实体，作为社会仿真的模式复活了，并且把政治经济学的其他所有范畴都带入代码的随机领域。”[②]在《生产之镜》中，鲍德里亚批评马克思的政治经济学是一种生产中心主义，进而质疑马克思哲学层面的生产理论以及艺术生产这个说法本身。“通过艺术作品这一问题，我们能进一步澄清历史唯物主义从生产方式出发，只能根据社会－历史决定论模式、机械的或结构的模式来理解它，根本不能说明艺术品的创作过程以及它的根本差异。”[③]约翰·斯道雷也认为，“政治经济学的失败之处在于并未认清下述事实：资本主义的商品生产基于商品的交换价值，而受众对商品的消费则基于商品的使用价值。于是，就有两种经济——使用的经济与交换的经济”[④]。此外，布尔迪厄把从马克思政治经济学研究中引入的资本概念纳入他的社会学框架中讨论艺术生产，也可算是对马克思艺术生产理论的一个修正。布尔迪厄认为，不同社会属性的人们或机制形成不同的场域，其内部由权力关系所建构，艺术生产场是其中的一种。场域的力量由资本所制造。但他所谓资本除了马克思所说的经济资本以外，还有社会资本（人际关系等）、文化资本（知识、技能等）和象征资本（荣誉、地位等）。

的确，马克思的政治经济学研究是以生产为中心的。在生产、流通、分配和消费各个环节的关系上，马克思明确地把生产置于中轴位置。“无论我们把生产和消费看作一个主体的活动或者许多个人的活动，它们总是表现为一个过程的两个要素，在这个过程中，生产是实际的起点，因而也是起支配作用的要素。消费，作为必需，作为需要，本身就是生产活动的一个内在要素。但是生产活动是实现的起点，因而也是实现的起支配作用的要素，是整个过程借以重新进行的行为”[⑤]。在消费能力方面，总体来看，马克思是从生产过程的分配关系上来理解消费力的：“社会消费力既不是取决于绝对的生产力，也不是取决于绝对的消费力，而是取决于以对抗性的分配关系为基础的消费力；这种分配关系，

---

① 波德里亚：《象征交换与死亡》，车槿山译，南京：译林出版社2006年版，第3~4页。

② 波德里亚：《象征交换与死亡》，车槿山译，南京：译林出版社2006年版，第11页、第11~12页。

③ 鲍德里亚：《生产之镜》，仰海峰译，北京：中央编译出版社2005年版，第83~84页。

④ 约翰·斯道雷：《文化理论与大众文化导论》，常江译，北京：北京大学出版社2010年版，第285页。

⑤ 马克思：《〈政治经济学批判〉导言》，见《马克思恩格斯选集》第2卷，北京：人民出版社1995年版，第12页。

使社会上大多数人的消费缩小到只能在相当狭小的界限以内变动的最低限度。这个消费力还受到追求积累的欲望，扩大资本和扩大剩余价值生产规模的欲望的限制。”[①]在这里，马克思是把消费作为生产活动的一个部分来看待的，没有预料到消费社会的来临，交换价值自身具有了独立性甚至可以展开系统内部的符码游戏，所以鲍德里亚对马克思政治经济学的批评有一定的道理。

但是，鲍德里亚对马克思的批评也让我们开始重新审视马克思艺术生产理论的多重内涵及其所包含的潜在的意义与价值。马克思在从政治经济学层面讨论艺术生产时，恰恰更为看重消费与生产的互动关系，看重消费者对产品的知觉在消费中的作用，这一点仍然具有现代意义。马克思在哲学层面谈论艺术生产时，其实已经注意到了艺术生产自身的能动性，即艺术生产之区别于一般生产之处，正是在于艺术生产被当做目的而不是手段，可见艺术生产历来存在“能指脱离所指”这一后现代逻辑。马歇雷的艺术生产理论在一定程度上也说明了这一点。在更大的层面上，艺术生产作为精神生产与后现代对符码消费的倚重相通，艺术生产对现实的游离和后现代仿真逻辑的胜利也相通。这些虽然未必是马克思的本意，却可以从艺术生产作为精神生产的含义中合乎逻辑地引申出来。而马克思具有浪漫主义背景的对资本主义生产与艺术及诗歌相敌对的考察，看到了艺术被资本主义物质关系所支配破坏了的生产、社会、艺术之间的内在联系[②]，注意到艺术生产与物质实践活动的关联，更是具有敏锐的观察力和超前的预见性，也说明马克思终生在向往并追求自由的精神生产。

更为重要的是，即便是在消费社会，社会的大多数产品仍然以物质产品的形式存在。艺术产品的价值固然受各种偶然因素的影响，也不好说完全由象征价值所决定。从一般的哲学层面看，马克思关于物质生产始基性地位的断言并未完全过时，因为鲍德里亚忽视了物质性凝聚在消费社会产品价值生成中的作用，他的消费社会批判走向了审美主义[③]。当代不少思想家继续在维护马克思的生产论。比如詹姆逊认为马克思的生产论仍然有效，特别是马克思关于生产方式从狩猎和采集、新石器时代的农业、城邦、奴隶制、封建主义、资本主义到共产主义的论述，“这些共时模式并不单纯地指定具体和独特的经济‘生产’或劳动过程和技术的模式，它们同时也标示出文化和语言（或符号）生产的具体和独特的模式（同其他传统马克思主义上层建筑中的政治、法律、意识形态等等在

① 马克思:《资本论》第 3 卷，见《马克思恩格斯全集》第 2 版第 46 卷，北京：人民出版社 2003 年版，第 273 页。

② 参见嵇山《论“敌对”》，见《马克思主义美学研究》第 9 辑，北京：中央编译出版社 2006 年版，第 149 页。

③ 参见吴兴明《反思波德里亚：我们如何理解消费社会》，载《四川大学学报》社科版 2006 年第 1 期。

一起)”①。马克思主义的基本观点——生产方式决定意识形态关系,生产方式影响一切意识形态产品,包括文学作品和思想理论,在大的方面还是成立的。

总之,马克思的艺术生产理论具有丰富的内涵,在20世纪产生了很大的影响,是马克思与20世纪美学与文论关联性的一个重要方面,也是有待我们进一步研究的重要美学话题。

由于认识论、反映论以及以之为基础的现实主义美学模式长期占据着主导地位,马克思的艺术生产理论对美学与文艺理论研究的重要意义,在很长时间里没有受到我国学者的重视。朱光潜曾经说过:“把文艺看作一种生产,这是马克思主义关于文艺的一个重要原则,而恰恰是这个重要原则遭到了企图从马克思主义观点去讨论美学的人们的忽视。从生产观点去看文艺和单从反映论去看文艺,究竟有什么不同呢?单从反映论去看文艺,文艺只是一种认识过程,而从生产观点去看文艺,文艺同时又是一种实践的过程。”②朱光潜说的是20世纪50~60年代我国学界的情况。尤其难能可贵的是,他看到了艺术生产理论具有突破与替代艺术反映论的重要意义。但是鉴于当时的时代限制,他的意见未受重视。到了20世纪90年代和21世纪之后,情况已经有所改观。比如朱立元在20世纪90年代初指出,马克思所说的艺术掌握世界的方式的特殊之处在于,“它是一种实践性的精神活动,是一种虚构的意象世界的审美创造而不仅仅是一种认识(当然它包括认识在内),或者说主要不是认识。用‘艺术生产’来概括艺术的特质比之于用‘艺术认识’或‘反映’来概括要远为准确、贴切”③。到了2010年,李益荪出版了国内首部系统研究马克思艺术生产理论的著作《马克思“艺术生产”理论研究》。恰当地厘定马克思艺术生产理论的多重内涵与语境,不仅有助于认识这一理论对推动与形成马克思主义美学多样化形态的当代价值,也有助于我们破解我国目前商品生产条件下艺术生产所面临的现实问题。

① 詹明信:《晚期资本主义的文化逻辑》,张旭东编,北京:生活·读书·新知三联书店1997年版,第186页。

② 朱光潜:《论美是客观与主观的统一》,载《哲学研究》1957年第4期。

③ 朱立元:《历史与美学之谜的求解》,上海:学林出版社1992年版,第325页。

下编

马克思与 20 世纪美学的关联

第七章 马克思与弗洛伊德比较与结合中的美学问题

马克思与弗洛伊德都是对20世纪思想史、美学史影响巨大的人物。今村仁司等认为，“马克思、尼采、弗洛伊德的思考对于20世纪人们的思考来说，有着决定性的意义。马克思把历史世界（意指经济、政治、意识形态的总体）从神话故事中解放出来，使之从科学理论上加以思考成为可能。尼采挖掘出以传统哲学构式不能接近也不能思考的领域，开辟了从原理上思考它的可能性。弗洛伊德首开对人类‘精神’之深层的探索，‘发现’了无意识的领域”[①]。马克思与弗洛伊德都关心审美与艺术问题,“如果说美学渗透了卡尔·马克思的最重要的政治范畴和经济范畴，它同样渗透了西格蒙德·弗洛伊德的精神分析学说。人们不再认为快乐、游戏、梦想、神话、爱好、象征、幻想、表象等是附加材料以及严肃的生活目的的审美点缀,人们认为它们就是人类存在的基础”[②]。这样,作为两种关于人生、社会历史、艺术与审美的总体观念和解释模式，弗洛伊德的学说与马克思的理论便形成了对话关系，这为对二人进行联系与比较提供了可能。同样，作为两种思潮，马克思主义与精神分析也存在着相互影响的关系。“在精神分析（这些对‘先于理性’的强调的日益理论化的表述）和马克思主义（现在对革命工人阶级的主导的理论表述）之间,也存在着一种长期的（尚未结束的）相互影响。”[③] 对马克思与弗洛伊德的比较与结合，既与弗洛伊德的学说与马克思的理论存在的对话关系有关，也与现代思想史的发展有关，对美学研究具有启发意义。

---

① 今村仁司等:《马克思、尼采、弗洛伊德、胡塞尔——现代思想的源流》，卞崇道等译，石家庄：河北教育出版社2002年版，第9页。

② 伊格尔顿:《美学意识形态》，王杰等译，桂林：广西师范大学出版社1997年版，第257页。

③ 威廉斯:《现代主义的政治》，阎嘉译，北京：商务印书馆2002年版，第85页。

自20世纪20年代起，就出现了把马克思与弗洛伊德联系起来的各种尝试。托洛茨基在《文学与革命》中便认为，弗洛伊德在研究性因素对个人性格和社会意识形成所起的作用方面作出了重要贡献，可以为马克思主义所借鉴[①]。之后不久，苏联学者贝霍夫斯基认为，“在其方法论前提上和在基本的原则性结论上，精神分析（无意识地）在他自己的研究领域里重现了辩证唯物主义所宣扬的真理”[②]。另一学者弗里德曼则认为，马克思主义研究的是思想观念的根源，而弗洛伊德研究的是这些观念形成的心理机制，“历史唯物主义把社会‘意识’看作是历史进程，即社会中各种‘愿望’（利益）的斗争的产物和反映。弗洛伊德学说解释了下面的问题：在外在环境的影响下，人们‘头脑’中愿望的形成和愿望斗争的过程是怎样进行的”[③]。这种把马克思与弗洛伊德分别作为历史研究与心理研究的代表人物，对二者进行比较与对接的做法，正是后来“弗洛伊德主义马克思主义”的基本理论特征与方法特征。

几乎与上述做法同时，更有不少学者开始了把马克思主义与精神分析进行结合的自觉尝试，形成了“弗洛伊德主义马克思主义”。最早的代表人物是奥地利的赖希。他于20世纪20年代末30年代初，先后出版了《辩证唯物主义与精神分析》（1929）和《法西斯主义群众心理学》（1933）。赖希自称糅合了弗洛伊德的深层心理学和马克思的经济学，提出了“性经济”理论即个人性能量的经济学，用以解释法西斯主义的意识起源。此后，英国马克思主义者奥兹本出版了《弗洛伊德和马克思》（1937）一书，试图发现弗洛伊德和马克思学说中的共同点。20世纪50年代之后，法兰克福学派的弗洛姆、马尔库塞出版了一系列著作，试图用弗洛伊德的理论补充和发展马克思主义，如弗洛姆的《在幻想锁链的彼岸——我所理解的马克思和弗洛伊德》（1963），马尔库塞的《爱欲与文明》（1955）、《论解放》（1969）、《审美之维》（1977）等。在20世纪后期，还出现了把马克思与弗洛伊德进行融合成为一种新的理论模式的更加复杂的尝试，如阿尔都塞的《读〈资本论〉》（1965）、詹姆逊的《政治无意识》（1982）、德勒兹与瓜塔里的《反俄狄浦斯：资本主义与精神分裂》（1972）等。上述结合弗洛伊德与马克思的种种尝试，大致包含了比较、改造和综合三种策略与步骤。这里面的情况非常复杂，涉及社会、政治、文化、心理、宗教、审美与艺术等诸多层面。本书仅仅从作为解释学家的马克思与弗洛伊德的比较、

---

① 参见托洛茨基《文学与革命》，刘文飞译，北京：外国文学出版社1992年版，第27页。

② 转引自巴赫金《弗洛伊德主义批判纲要》，见钱中文主编《巴赫金全集》第1卷，石家庄：河北人民出版社1998年版，第471~472页。

③ 转引自巴赫金《弗洛伊德主义批判纲要》，见钱中文主编《巴赫金全集》第1卷，石家庄：河北人民出版社1998年版，第484~485页。

弗洛伊德主义马克思主义的形态与路径，以及詹姆逊等人融合马克思与弗洛伊德进行理论创新的尝试入手，偏重从美学这一层面进行概要式分析。

一、作为解释学家的马克思与弗洛伊德

弗洛伊德的精神分析最初处理的是医生和病人的关系，如对歇斯底里患者的疗法、梦境的分析等,进而通过把家庭和家庭关系性欲化的方式,形成弗氏社会关系分析的雏形。一般认为,“解释学是一个从明显的内容和意义出发，抵达潜在或隐含的意义之解读过程。解释的客体，即在非常宽泛的意义上的文本，可以是梦中甚至神话中的符号，也可以是社会或文学中的符号”[①]。在这个意义上,马克思、弗洛伊德都可以与解释学关联起来。不少学者如福柯、利科、阿尔都塞、哈贝马斯等人的确注意到马克思的学说与弗洛伊德的理论都有一套自己的理解和解释程序，进而把马克思和弗洛伊德视为解释学家。由于对西方文化传统的解释具有颠覆性，作为解释学家的马克思、弗洛伊德和尼采三人常常被相提并论。卡尔·曼海姆较早注意到马克思的学说和社会主义“由于试图解释和分析集体经验的事件”而揭发了资本主义意识形态的无意识控制的真相,“牢固地抓住先前无意识的运动和变得日益强烈的感情潜流,并迫使它们进入有意识的公开领域”[②]。也就是说，马克思也像弗洛伊德那样关注某种社会控制的无意识的形式并使之解蔽。

福柯认为，马克思、尼采和弗洛伊德对解释学的贡献在于改变了符号的性质，变更了通常可能用来解释符号的方式。一方面，他们破除了对解释的深度和内在性的迷恋，把符号放置在一个分化的空间。马克思揭示出资产阶级观念中形成的货币、资本、价值等有深度的东西，实际上是平庸。尼采对思想、意识深度的批判，揭示了真理的内在性的虚假性，重建了被掩盖和隐藏的符号的外在性。而弗洛伊德也在意识与无意识的关系和精神分析医生对病人语言的解码中建构出解释的空间。另一方面，他们的解释都体现了解释的未完成性。所有解释项都是被解释项。他们在解释中建立的既是澄清关系，也是翻转关系、颠覆关系。马克思“解释的并不是生产关系的历史，而是已经作为一种解释出现的某种关系，尽管它是以自然的面目出现的。同样，弗洛伊德……揭示的是具有焦虑负担的幻觉（fantasmes），这种幻觉就是一个内核，它因有的存在本身就已经是一种解释”。“对尼采而言，没有一个原初的所指。词语只不过是解释；在词语的整个历史中，在成为符号之前，词语就一直只是在解释；而它们最终能发挥符号的作用，仅仅因为它

① 帕尔默:《诠释学》，潘德荣译，北京：商务印书馆 2012 年版，第 63 页。译文略有改动。

② 卡尔·曼海姆:《意识形态与乌托邦》，黎明、李书崇译，北京：商务印书馆 2000 年版，第 39 页。

们基本上只是些解释。”[①] 保罗·利科将马克思、尼采、弗洛伊德的这一特征上升到批判性的解释学所具有的怀疑主义精神的高度。因为在保罗·利科那里，马克思、尼采和弗洛伊德的解释学都具有自己的理解程序。不同于布尔特曼为代表的那种以为符号揭示了事物真相从而致力于还原隐藏于符号中的意义的恢复性的解释学，马克思、弗洛伊德和尼采的学说都是一种怀疑性的解释学，其思考乃是一种猜疑和怀疑的训练，诉求观念的转变，从而销蚀人们的信仰和动机，其特点是怀疑符号掩盖了事物的真相，“这三个‘怀疑能手’都在某种意义上把意识的内容看成是‘错误的’；他们都想通过某种还原的解释和批评而超越这种错误”[②]。利科从人文科学作为一种释义向度的角度，把马克思、尼采与弗洛伊德都看成是激进的、批判的解释学的代表。“对这三位思想家而言，意识的根本范畴就是遮掩－显现关系，或者如我们喜欢说的，就是掩饰－显明关系。”寻找意义就是辨读出意义的表达，把他们区别开来的是他们的解码方式，也是他们对于无意识存在进行编码的历程之表象。以弗洛伊德和马克思为例，“在弗洛伊德那里，梦的意义——更概括地说，有关症状和妥协构成的意义，又更概括地说，心理表达之整体的意义——与作为解码策略的‘分析’须臾不可分离；我们可以在一种并非怀疑论的意义上说，这个意义是由分析提升的、甚至创造的，而因此相关于那些已把意义确立起来的全部程序；我们可以这样说，但只说相反的：方法是由被发现的意义之融贯性来证实的。……马克思想要的，就是通过必然性的认识去解放实践；但这个解放与一种‘觉醒’不可分离，这种觉醒胜利地反驳了虚伪意识的神秘化”[③]。阿尔都塞在《读〈资本论〉》中也指出，马克思与弗洛伊德对处于统治地位的表象的揭示使人类产生了认识的革命。“我们只是从弗洛伊德开始才对听、说（或沉默）的含义产生怀疑；这种听、说的‘含义’在无辜的听和说的后面揭示了完全不同的另一种语言即无意识的语言的明确的深刻含义。现在我敢说，我们只是从马克思开始，至少是在理论上，才对读和写的含义产生怀疑。”[④]

同样，在《认识与兴趣》中，哈贝马斯认为社会批判理论的模式以精神分析和马克思主义为样本基础。在精神分析中，弗洛伊德将梦呈现为通向无意识的捷径，它表征着一些创伤性的经历，这些经历是病人不能有意识地处理的。精神分析的任务是回溯到真

① 福柯：《尼采、弗洛伊德、马克思》，方生译，见汪民安、陈永国编《尼采的幽灵》，北京：社会科学文献出版社 2001 年版，第 104 页、第 105 页。

② 汤普森为保罗·利科《解释学与人文科学》一书写的《英文版编者导言》，见该书中译本，陶远华等译，石家庄：河北人民出版社 1987 年版，第 7 页。

③ 利科：《解释的冲突》，莫伟民译，北京：商务印书馆 2008 年版，第 183 页、第 184~185 页。

④ 阿尔都塞、巴里巴尔：《读〈资本论〉》，李其庆、冯文光译，北京：中央编译出版社 2001 年版，第 5 页。

正的问题，以使病人有意识地面对它。“分析者指导病人，通过指导让他学会阅读被自己肢解和歪曲了的原文，并且学会把语言符号从一种个人语言上被畸形化的表达方式转换为社会交往的表达方式。这种转换给迄今被封闭着的回忆揭开生活史上重要的发展阶段，并且使病人意识到自己的形成过程”，“弗洛伊德理论的出发点是抗拒的经验，即封闭的力量的经验，这种力量同受压抑的内容的自由的和公开的交往相对立。分析的意识活动表明的是一种反思过程，这表现在它不仅是一个认识过程，同时也能消除抗拒情绪。虚假意识的教条式的限制，不仅以信息的短缺，而且以信息的不可接近性作为衡量自己的尺子”①。精神分析和意识形态分析针对的都是一些变形的话语，对精神病患者的诊治或对意识形态的批判不仅仅是为了恢复原状，而是对歪曲自身的原因作出解释，重构它们可能性的条件。这说明早年处于社会文化批判时期的哈贝马斯以一种和类似释梦的方式看待意识形态批判。因为一种文化的基本要素类似于梦，是不能公开说出或被占支配地位的文化所压抑的东西，因此意识形态批判便是要揭露其中深层的矛盾与张力。弗洛伊德曾经将神经症的征候描述为一种妥协状态，一方面无意识在寻求表达，另一方面自我又试图把这种欲望拉回到无意识中去。这样一来，神经症、梦境和意识形态一样，既是暴露，又是掩盖，是一个矛盾的统一体。这是马克思与弗洛伊德作为解释学家的契合点。

如何评价作为解释学家的马克思与弗洛伊德，学界有不同看法。美国哲学家普特南认为，马克思和弗洛伊德都是用“不合理的”非理性的因素解释社会历史，导致20世纪相对主义的泛滥，“马克思、弗洛伊德和尼采在有一点上是相同的，这就是，他们把我们所珍爱的宗教和伦理观念看作是不合理之物的反映；看作阶级利益的（在马克思那里）、无意识的（弗洛伊德和尼采）和权力意志的（尼采）反映。在我们欣然引为深奥无比的精神和道德洞见的东西下面，潜藏着一口权力角逐、经济利益和自私幻想的沸腾的大锅，这个观点是当今相对主义的利刃”②。而詹姆逊则认为，马克思主义作为解释学，既有关于意识形态阶级性和功能性的否定性的解释学，也有关于阶级、生产方式等肯定性的解释学，不仅否定性的解释学具有社会批判意义，并且至今我们仍然无法否认“‘肯定解释学’在马克思主义传统内部的优越性，而其他解释则仍然局限于个别主体和个别经验的无政府范畴”③。当然，意识形态批判甚至物化批判与精神分析之间的类似是有限的，因而结合马克思与弗洛伊德需要更多的方法和路径。

① 哈贝马斯：《认识与兴趣》，郭官义、李黎译，上海：学林出版社1999年版，第229页、第230页。
② 普特南：《理性、真理与历史》，童世骏等译，上海：上海译文出版社1997年版，第168页。
③ 詹姆逊：《政治无意识》，王逢振、陈永国译，北京：中国社会科学出版社1999年版，第273页。

二、比较与改造：弗洛伊德主义马克思主义的形态与路径

赖希是弗洛伊德主义马克思主义的最早的代表。与将着力点放在哲学与政治经济学上的马克思主义研究者不同，赖希关注的重心是物质的社会实在如何投射转化成为人们的意识形态。作为弗洛伊德的弟子和曾经的德国共产党人，他在《法西斯主义群众心理学》中所要回答的问题是，高度工业化并且陷入严重经济危机的德国何以没有爆发马克思早在19世纪就预言过的革命，反而兴起法西斯主义？他的结论是，当时的工人阶级身上具有一种矛盾，即反动的东西和进步革命的东西互相抵消，造成民众的意识形态和他们实际的经济、政治地位的断裂，“帝国主义的意识形态具体地改变了劳动群众的结构，使之适应了帝国主义……每一社会制度都在它的群众成员中产生一种结构，它需要用这种结构来达到它的主要目的”[①]。家庭是塑造国家结构和意识形态的工厂,社会经济结构同社会的性结构、社会的结构再生产的交错，是一个人在最初的四五年里在权威主义家庭里进行的。随着权威主义父权制的建立和阶级分化的产生，性压制开始表现出来，人类的情感性质起了变化，致力于性否定的宗教出现了。人的权威主义结构基本上是由于性禁锢和性畏惧嵌入性冲动的生命本质中而造成的。性禁锢改变了经济上受压迫的人的性格结构，以致他们的行动、情感和思想都背离了他们的物质利益。法西斯主义不是某个人、民族和集团的意识形态或行动，而是几千年来基本生物需要和冲动一直受到压抑的民众非理性性格结构的表现。具体到德国法西斯主义反对种族杂交，宣扬种族纯洁，这种种族意识形态是性高潮无能的人的性格结构纯粹生物的病态表现。赖希认为列宁领导的俄国革命就其根本目标来说应该是一种政治－意识形态革命，把用社会自我管理来取代权威主义政府作为自己的任务，并依靠生产和商业的完全工业化和技术化来使人的结构发生根本变化。但是由于群众病态的性格结构和软弱无力，这些目标并没有实现，在斯大林时代又退回到专制主义。赖希理论的核心是“性经济”，即关于个人性能量的经济学。它研究个人调节自身生物能的方式，如个人抑制生物能的程度和在性高潮时释放生物能的程度。决定调节方式的因素包括社会的、心理的、生物的诸个方面，所以性经济也称性经济社会学。赖希认为劳动和性出自同样的生物能量，工人的性生活和他的劳动表现之间的关系具有决定性的重要意义。因此赖希倡导建立在性生活自然调节基础上的

① 赖希：《法西斯主义群众心理学》，张峰译，重庆：重庆出版社1990年版，第19页。

劳动民主。劳动民主是所有由合理的人际关系支配的生活职能的总和，是爱情、劳动和认识的自然过程，它使性能量转化为劳动兴趣，把爱情、快乐和劳动中的乐趣结合起来，以打破存在于权威主义社会中性满足和生育之间的对立。赖希还借鉴并修正了弗洛伊德的自我、本我、超我理论，把人的性格分为三个层次：表面层次由含蓄、有礼、有同情心、讲道德、负责任等构成，其表现为自由主义；中间层次表现为残忍、贪婪、好色、嫉妒、虐待等，法西斯主义体现了中间层次；深层则是自我的生物核心，是人自然健康的基础，艺术和科学出自这一深层次。有人这样论证批判理论家把马克思与弗洛伊德相结合分析法西斯主义兴起的动机和步骤，“鉴于马克思曾经对历史现象自然化进行了非神秘化，批判理论家们试图对自然的历史化进行非神秘化。法西斯主义所操纵的正是受抑制的自然对控制的总体性的反抗，而大众工业使之再流通（recirculate）于性、快乐和虚假幸福的形象中的，正是受抑制的自然的反抗”[①]。此后，结合马克思主义与精神分析探讨法西斯主义兴起的原因也是法兰克福学派所从事的一项重要工作，弗洛姆对权威与家庭的研究、阿多尔诺对法西斯主义宣传模式的研究算得上是这方面的主要成果。

奥兹本的《弗洛伊德和马克思》主要运用比较方法，把弗洛伊德所看重的主观生活与马克思侧重的经济过程相联系，认为“人类的行为是内在的本能的冲动和经济的社会的需要之世界交互作用的产物”[②]。在他看来，马克思与弗洛伊德探讨过一些相同的社会问题并表达过相近似的见解。

首先，奥兹本觉得精神分析与唯物史观有紧密的联系。他说：“精神分析学可以说是研究人类愿望和要求之性质的科学，所以，依同样的说法，马克思主义可以说是研究实现或阻挠那些愿望的外部条件的科学。”“马克思主义者把意识当作生产关系的反映，弗洛伊德学派以为无意识在意识生活中寻求适合社会标准的表现，这两种见解是十分相合的。”[③]他还认为，马克思的意识形态理论与弗洛伊德的超我学说有相近之处。马克思和恩格斯在否定的意义上把意识形态看作一定物质关系的表现，在意识的表层背后的深层动机是无意识的但却是根本的。奥兹本很看重恩格斯所说的一段话：“意识形态是由所谓的思想家通过意识、但是通过虚假的意识完成的过程。推动他的真正动力始终是他所不知道的，否则这就不是意识形态的过程了。因此，他想象出虚假的或表面的动力。”[④]而在弗

① 塞拉·本哈比布：《工具理性之批判》，见齐泽克编《图绘意识形态》，南京：南京大学出版社 2002 年版，第 108 页。

② 奥兹本：《弗洛伊德和马克思》，董秋斯译，北京：生活·读书·新知三联书店 1986 年版，第 84 页。

③ 奥兹本：《弗洛伊德和马克思》，董秋斯译，北京：生活·读书·新知三联书店 1986 年版，第 85 页、第 90 页。

④ 恩格斯：《致弗·梅林》（1893 年 7 月 14 日），见《马克思恩格斯选集》第 4 卷，北京：人民出版社 1995 年版，第 726 页。

洛伊德那里，传统和意识形态是通过超我的活动而发挥重要作用，“超我是一切道德限制的代表,是追求完美的冲动或人类生活的较高尚行动的主体”[1]。马克思和恩格斯揭露了资产阶级思想家构造本阶级意识形态的无意识动机。但是，他们所说的意识形态是反映物质状况和阶级利益的思想体系，而弗洛伊德的超我则是与经济条件无关的传统和风习的个体内化形式。二者并不是一回事，这是弗洛伊德亲自指认了的。

其次，奥兹本认为马克思的宗教观与弗洛伊德有相通之处。马克思视宗教为人们生活中的一种空泛的希望，“宗教是被压迫生灵的叹息，是无情世界的心境，正像它是无精神活力的制度的精神一样。宗教是人民的鸦片”。“废除作为人民的虚幻幸福的宗教，就是要求人民的现实幸福。”[2]弗洛伊德也以为宗教起源于人的软弱无力，“成年的男子虽自知已有较大的能力，对于生命的危险也较为明了，但仍合理地感觉到自己像在儿童期内那样地柔弱无力，而就外界的关系说来，依旧是一个孩子。因此，尽管他已成年也不愿放弃做孩子时所享受的保护。但是他已早知道他自己的父亲的能力极端有限，不能有他所需要的一切属性。因此，他回忆他自己在儿童期内的被过高估价的父亲的忆象，把它提升为神，引入当前的现实。这个忆象的情绪的力量和需要保护的永久性乃为信仰上帝的两条支柱”[3]。

奥兹本看到的只是表面现象。实际上，马克思主义的宗教观始终强调宗教的社会物质根源，认为宗教是异己的自然力和经济关系的表现。恩格斯说：“一切宗教都不过是支配着人们日常生活的外部力量在人们头脑中的幻想的反映，在这种反映中，人间的力量采取了超人间的力量的形式。……但是除自然力量外，不久社会力量也起了作用，这种力量和自然力量本身一样，对人来说是异己的，最初也是不能解释的，它以同样的表面上的自然必然性支配着人。……在目前的资产阶级社会中，人们就像受某种异己力量的支配一样，受自己所创造的经济关系、受自己所生产的生产资料的支配。因此，宗教反映活动的事实基础就继续存在,而且宗教反映本身也同它一起继续存在。”[4]这与弗洛伊德用父亲威权的替代性保存去解释宗教判然有别。

较之奥兹本单纯的理论上的对照分析更进一步，弗洛姆和马尔库塞借用了马克思社会文化批判中的一些概念，如意识形态、异化、人的解放等，结合弗洛伊德的基本观点，

① 弗洛伊德:《精神分析引论新编》，高觉敷译，北京：商务印书馆 1987 年版，第 52 页。

② 马克思:《〈黑格尔法哲学批判〉导言》，见《马克思恩格斯选集》第 1 卷，北京：人民出版社 1995 年版，第 2 页。

③ 弗洛伊德:《精神分析引论新编》，高觉敷译，北京：商务印书馆 1987 年版，第 130~131 页。

④ 恩格斯:《反杜林论》，见《马克思恩格斯选集》第 3 卷，北京：人民出版社 1995 年版，第 666~667 页。

来对当代资本主义作社会文化批判。弗洛姆的《在幻想锁链的彼岸——我所理解的马克思和弗洛伊德》是弗洛伊德主义马克思主义的代表性著作之一。该书认为，马克思与弗洛伊德同样重视无意识的作用并主张消除社会病态，马克思主张人是由自己意识以外的力量如情欲、利益等决定的，生活的目的便是意识到这一状况的不自由，以便发挥自己的能动性从这一束缚中解放出来，“总结一下我们对马克思和弗洛伊德有关无意识这个概念所作的比较：他们俩人都相信，大多数人的意识思维都是由位于背后的、人所不知道的力量所决定的；人阐明自己的行动是合理的或道德的，正是这些合理的说明（虚假的意识、意识形态）使人主观地得到了满足。但是，由于人受他所不认识的力量的驱使，人是不自由的。人只有通过对这些动力的逐步认识，即通过对现实的认识，才能获得自由，才能成为自己生活的主人（在现实的有限范围内），而不是盲目力量的奴隶。马克思与弗洛伊德之间的根本分歧表现在各自有关决定人的这些力量的本质概念中。弗洛伊德认为，这些力量本质上是生理学上的（力比多）或生物学上的（死本能或生本能）。马克思则认为，这些是历史的力量，这些力量在人类的社会经济发展的过程中经历了一次演化”[①]。马克思确实论述过人们受他所意识不到的资本主义社会意识控制的问题。不过，马克思把人的存在及其意识当作社会经济结构的一部分，并且认为只有通过社会变革才能改变现有的经济和社会组织。而弗洛伊德的社会观则是保守的。在他那里，社会只能经由对人的生理机制的压抑才能对人发生作用，受压抑的个人可以通过转移或升华来克服压抑而无须进行社会变革。

在弗洛姆看来，马克思与弗洛伊德都关注社会病态及其克服问题。马克思在《1844年经济学哲学手稿》等著作中所刻画的处于异化状态的资本主义社会是一个病态的社会。在这个社会，人的自由的、有意识的活动成为异化的活动，变成维持自己生存的手段。更重要的，劳动者消耗在劳动产品中的东西越多，他所创造的异己的对象世界的力量就越强大，他的内心世界便越贫乏。人们把对物的占有视为他同外在世界发生关系的纽带，从而服从于异化的需要。弗洛伊德在《文明及其不满》中也曾谈到过文明思潮的压抑会造成社会神经病。弗洛伊德所关注的精神错乱作为自我的一种病态是现代人神经病的核心。从广泛的意义上说，“每一个神经病患者都是异化的结果；因为正是下述这个事实表明了神经病的特征：即某一种爱好（例如，对金钱、权力、女人等等的爱好）渐渐地控制脱离这个人的全部的个性，从而成为他的统治者，也成了他所服从的偶像……他同自

① 弗洛姆:《在幻想锁链的彼岸——我所理解的马克思和弗洛伊德》，张燕译，长沙:湖南人民出版社 1986 年版，第 117~118 页。

己发生了异化,其原因就在于‘他’成了自身一部分欲望的奴隶”[①]。但是,马克思是把资本主义的社会病态和工人阶级的异化处境作为整体来研究的，并不涉及个别人的精神状况，异化的克服与私有制的消除联系在一起。而弗洛伊德只是把对个人无意识的认识当作医治精神疾病的方法。

马尔库塞是弗洛伊德主义马克思主义最重要的代表。他对弗洛伊德与马克思的结合包含了对二人学说的改造。在马尔库塞眼中，弗洛伊德的观点并不是激进的或革命的。因为弗洛伊德所谓的自我在现实面前要调和本我的快乐冲动与超我的要求，只有少数人可能以升华的形式参与文明的创造过程，文明本身正是在这个压抑过程中建立起来的。马尔库塞在《爱欲与文明》中修改了弗洛伊德的基本概念。他称弗洛伊德所说的压抑是基本压抑，在基本压抑和现实原则之外，他引入了“剩余压抑”和“操作原则”两个新概念。基本压抑是为保持文明对本能的限制，剩余压抑则是维护特定的社会统治所采取的一系列限制，并且资源的分配形式和劳动的组织形式使压抑越来越超过保持文明这一任务的需要，变成了维持特殊的社会专制形式的东西。“在充分发展的操作原则统治下，使人屈从的，似乎正是劳动的社会分工本身……于是社会表现为一个持久的、扩展着的有用操作体系。等级制的功能和关系披上了客观合理的外衣，法律和秩序成了社会的真正生命。正是在此过程中，压抑也变得非人化了，因为对快乐的压制和管制现在成了劳动的社会分工的功能（和自然的结果）。”[②]现阶段文明的发展为爱欲（性欲、游戏、休息）的释放创造了条件，物质财富和精神财富的相对丰裕使得人的需要得到满足，用于必要劳动的本能能量大为降低，但这个社会的操作原则仍维持对爱欲的额外的压抑，延缓人们的满足。彻底解放爱欲，会颠覆既定的社会秩序，造成一种没有压抑的文明。

马尔库塞认为，解放爱欲就是解放劳动。马克思已经意识到人的解放就是劳动的解放，但还未把这个解放和爱欲的解放联系起来。马克思在《1844年经济学哲学手稿》里曾经提出“对私有财产的扬弃，是人的一切感觉和特性的彻底解放”[③]的命题，以此作为工人阶级社会政治解放的一个结果。马尔库塞在他的一系列著作中却以此为前提，把社会政治解放转换为感觉、爱欲解放，系统地发挥了他的爱欲解放理论，并且自认是对马克思的一个发展。他说:“劳动几乎完全异化了。装配线的整套技巧、政府机关的日常事务以及买卖仪式，都已与人的潜能完全无关。……在这个世界上，人类生存不过是一种

---

① 弗洛姆:《在幻想锁链的彼岸——我所理解的马克思和弗洛伊德》，张燕译，长沙：湖南人民出版社1986年版，第59页。

② 马尔库塞:《爱欲与文明》，黄勇、薛民译，上海：上海译文出版社1987年版，第63页。

③ 马克思:《1844年经济学哲学手稿》，见《马克思恩格斯全集》第2版第3卷，北京：人民出版社2002年版，第303页。

材料、物品和原料而已，全然没有自身的运动原则。这种僵化的状况也影响了本能、对本能的抑制和改变。原来的动态本能现在变为静态的了，自我、超我和本我之间的相互作用凝聚成了机械反应。”[①] 变更了的社会条件将有助于使劳动转变成消遣,造成一种“力比多”工作关系，即“对巨大工业设施和高度专门化的社会劳动分工的合理组织，对具有巨大破坏作用的能力的充分利用以及广大民众的通力合作”[②]。在这里,社会政治解放变成了包括性欲在内的爱欲解放。可以看出，马尔库塞通过对马克思与弗洛伊德基本概念的修正，已经不单纯是在对二人的学说进行比较，而事实上用改造过的弗洛伊德的精神分析的基本概念取代了马克思主义的基本原理，即“在于把在心理水平上起作用的置换过程比作思想和政治上所理解的镇压”[③]。正如麦克莱伦所说,“马尔库塞以一种乌托邦的情怀，预见到一个新社会，在其中，劳动将被某种有美感的游戏所取代，这种审美游戏般的劳动最终将消灭死的本能力量。这样，马尔库塞以‘本能压抑’概念补充了（有时看来，几乎是取代了）马克思的经济剥削概念”[④]。

马尔库塞结合马克思与弗洛伊德有一个显著特点，就是对欲望发生和实现的社会条件的分析。他认为，前技术文明的罗曼蒂克特征有助于成为爱欲的中介，资本主义机械化的环境越来越失去爱欲特征，美容、广告业的发达强化了性欲特征，阻碍力比多的自我超越。“力比多受到限制和约束、爱欲向性经验和性满足方向退化，……由于降低爱欲能力而加强性欲能力，技术社会限制着升华的领域。同时它也降低了对升华的需要。在精神设施中，人们所渴望的东西同准许得到的东西之间的张力似乎已大大减弱，现实原则似乎不再要求各种本能需要进行彻底而又痛苦的改造。”[⑤] 曼哈顿大街取代了郊外漫步，汽车里做爱取代了草地上做爱，都降低了爱欲能力而强化了性欲能力。马尔库塞认为，原本性欲的升华维护着压抑性社会加诸个人的拒绝意识，因而维护着解放的需要，比如在古典主义作品——拉辛的《费德尔》、浪漫主义的作品——歌德的《亲合力》和现实主义作品——托尔斯泰的《安娜·卡列尼娜》中，性欲都是既以高尚的、反省的形式出现，又是不屈不挠、放纵无羁的，处在社会道德和既定现实原则的彼岸。而技术文明时代的性欲则是反升华的、俗化了的，因为诸如电影《欲望号列车》、纳博科夫的小说《洛丽塔》中的性欲描写尽管更加生动、更加富有挑逗性，但已经被整合为现存社会的有机部

① 马尔库塞:《爱欲与文明》，黄勇、薛民译，上海：上海译文出版社 1987 年版，第 72~73 页。
② 马尔库塞:《爱欲与文明》，黄勇、薛民译，上海：上海译文出版社 1987 年版，第 159 页。
③ 克莱芒等:《马克思主义对心理分析学说的批评》，金初高译，北京：商务印书馆 1987 年版，第 75 页。
④ 麦克莱伦:《马克思之后的马克思主义》，李智译，北京：中国人民大学出版社 2004 年版，第 296 页。
⑤ 马尔库塞:《单向度的人》，刘继译，上海：上海译文出版社 1989 年版，第 68 页。

分，因此不再具有否定性。这些说法虽然不是没有一点道理，却也流露出对现代艺术的偏见。

马尔库塞试图对弗洛伊德元心理学理论进行改造和重释，恢复和发掘精神分析的批判内涵，应用于压抑性文明起源及其变迁的分析，认为“个体自主的人格不过是人类一般压抑的僵硬表现而已。自我意识和理性，依照内部和外部压抑征服并塑造了历史性的世界。它们成了统治的代理人；它们所带来的大量自由是从奴役的土壤里生长起来的，并至今还保存着其出生的痕迹。这些就是弗洛伊德人格理论的破坏意义”[①]。由此弗洛伊德的人格心理学也过渡为文明心理学，“在这一点上，弗洛伊德理论也属于这样一个伟大的批判行列：把僵化的社会学概念溶解在其历史的内容之中。他的心理学所关注的，不是生存在私人和公共环境中的具体而又完整的人格，因为这种生存不是揭示而是掩盖了人格的本质和本性。人格是漫长的历史过程的最终产物，这些过程在由构成社会的人和任何制度所构造的网络中凝结起来，并规定着人格及其关系”[②]。弗洛伊德文明心理学的基础是物质缺乏与本能的自由发展之间的尖锐对立，文明的进步以本能的压抑为代价，在现实中表现为工作与消遣之间的对立。但是弗洛伊德也意识到，人类获得满足的联合努力也是与工作过程相联系，因而弗洛伊德在《文明及其不满》《精神分析纲要》等著作中提出的爱欲不是偶然的。爱欲作为生命本能是社会本能，是性欲的量的扩张和提高，涵盖了柔情、友情、爱情等，是生命体进入更大的统一体，从而延长生命并使之进入更高的发展阶段的一种努力。对高度发达的工业设施和专门化的社会劳动分工的合理组织以及民众的通力合作，为性欲转化爱欲准备了条件，提供了力比多工作关系扩展的前景。在此基础上，马尔库塞发掘了弗洛伊德关于想象和幻想的论述的潜在价值。他认为弗洛伊德对想象的论述更富有革命性，因为弗洛伊德揭示了想象的发生及其与快乐原则的联系。现实原则的确立导致了心灵的分化，其主流被导入现实原则，但是幻想（想象）仍然保留着未被现实组织起来之前的精神结构和倾向，呈现出快乐原则支配下普遍与特殊直接统一的形象，因而“弗洛伊德的元心理学恢复了想象的应有权利。作为一种基本的、独立的心理过程，幻想，有它自己的、符合它自己的经验的真理价值，这就是超越对抗性的人类存在。在想象中，个体与整体、欲望与实现、幸福与理性得到了调和”[③]。这就使弗洛伊德的学说与审美及艺术创造关联了起来。

---

① 马尔库塞：《爱欲与文明》，黄勇、薛民译，上海：上海译文出版社1987年版，第37页。

② 马尔库塞：《爱欲与文明》，黄勇、薛民译，上海：上海译文出版社1987年版，第37~38页。

③ 马尔库塞：《爱欲与文明》，黄勇、薛民译，上海：上海译文出版社1987年版，第103页。

三、综合与创新：理论形态重建

鉴于弗洛伊德精神分析的一些基本概念如无意识、压抑、转移、升华、焦虑等以及本我、自我、超我人格三结构分析、梦的分析等已成为当代人文社会科学中的主要概念或解释框架，具有很大的引申和发挥空间，而对不少西方学者来说，"在其微妙与灵活方面马克思主义是一种远胜于其他系统的在不同语言间翻译斡旋的模式"[①]，他们有意无意地把马克思与弗洛伊德的思想作为学术思想建构活动的共同资源，如在本雅明、布洛赫、阿尔都塞、詹姆逊、马歇雷、德勒兹等人的著作中，都既可看到马克思主义的深深的印记，也能清楚地看到弗洛伊德精神分析学说的影子，有的因此而形成了将马克思的理论与弗洛伊德的学说相互融合的学术形态。

以本雅明为例，他受到弗洛伊德对无意识的记忆和有意识的回忆行为的区分的强烈吸引。弗洛伊德说："记忆痕迹与它们曾否是有意识的东西无关，……在同一个系统中，变成有意识和留下记忆痕迹是两个不相容的过程。"[②] 本雅明巧妙地把马克思的经济基础–上层建筑理论、意识形态理论与阶级斗争学说与弗洛伊德的意识–无意识理论以一种隐喻关系为中介结合起来，形成了独特的理论模式：

马克思	本雅明
上层建筑 / 经济基础	表层形式 / 潜层形式
决定论的，一元论的	非决定论的，多元的
现实的	寓言的
辩证关系	隐喻关系
间接的	直接的
哲学——政治经济学的	美学——心理学的[③]

这种综合的理论形态既有别于弗洛伊德的学说，也不同于马克思的理论，但同时又创造性地吸取了他们两人的方法和观念。

阿尔都塞以"问题域"和"征候阅读"为核心的结构主义马克思主义，其中问题域指特定的论题间所构成的客观内在的关联系统，即决定所给定的答案的问题体系，需要

① 詹明信：《晚期资本主义文化逻辑》，张旭东编，北京：生活 · 读书 · 新知三联书店 1997 年版，第 21 页。

② 弗洛伊德：《超越唯乐原则》，见《弗洛伊德后期著作选》，林尘等译，上海：上海译文出版社 1986 年版，第 25 页。

③ 参见张旭东《〈发达资本主义时代的抒情诗人〉中译本序》第 23 页对此的论述。见本雅明《发达资本主义时代的抒情诗人》，张旭东、魏文生译，北京：生活 · 读书 · 新知三联书店 1989 年版。

超越字面含义的征候式阅读。这被认为和弗洛伊德的无意识和释梦相似，因为“征候”原本是弗洛伊德在《精神分析引论》一书中提出的概念，用来表示神经病人无意识的表征。西方有学者评论说：“问题域在确定其领域内所应包括的内容时，也就必然决定了它相应排斥的内容。因此，被排斥的概念（缺失部分、空白点）和没有充分提出的问题（半无言处、脱漏）或根本没有提出的问题（无言处），便与那些被提出的概念和问题一样，构成了问题域的一部分。由于这个原因，人们对原文中明确的论述简单地从字面来理解或直接地阅读，就很难把握它。相反，要掌握它就必须通过‘征候’读法，即把明确的论述与那些欠缺部分、空白点和无言处结合起来读。后者构成另一种‘未曾明言的论述’，它们就是潜藏在原文中未被人意识到的问题域的许多征候。就像一切认识那样，正确地被理解和实践着的读法不是静观，而是理论性的劳作和生产。”①

有的马克思主义批评家如詹姆逊，自觉地借鉴马克思的生产方式学说和弗洛伊德－拉康的精神分析学说建构文学批评模式并进行文学批评实践，包含了对二者的某种综合。在《政治无意识》中，詹姆逊认为一切文学都渗透着政治无意识，是对群体命运的象征性沉思。詹姆逊吸收、改造了阿尔都塞、马歇雷的意识形态学说，但是不同意戈德曼（又译作戈德尔曼）的同形同构，“在社会物化、风格发明和叙事或解释范畴这三个层面之间设定静止的同构或平行结构是可能的；但是，似乎更有意义的是，理解文本的这三个范畴之间的相互关系及其蕴含于生产、投射、补偿、压抑、置换等更加活跃的术语中的社会潜文本（subtext）”②。日常生活的意识形态以社会制度、政治学说和文化设施的方式对人们进行深层无意识的压抑，形成政治无意识。“一种新的主导制度上升的胜利时刻，不过表现了它为了永远保持主导地位并使其再生产而进行的不间断的斗争，在其有生期间，这场斗争必须持续下去，而在所有不同的时刻又都伴随着那些拒绝同化、寻求支持的旧的或新的生产方式的系统的或结构上的对抗。在此最后视域内如是理解的文化和社会分析的任务，显然就是对其材料的重写。”③ 也就是说，叙事是一种社会象征行为，是在审美或想象层面上解决日常社会生活中具体世界的真正矛盾的可能性，社会的主题往往披上作者欲望的外衣。但是经济基础与上层建筑关系的这种象征性解决又会遇到各种阻遏机制，发生各种移位和变形，不是表现为明确的政治立场、意识形态的逻辑表达，而是体

① 吉拉斯：《阿尔都塞的马克思主义：解释与评论》，转引自麦克莱伦《马克思之后的马克思主义》，李智译，北京：中国人民大学出版社2004年版，第333页。

② 詹姆逊：《政治无意识》，王逢振、陈永国译，北京：中国社会科学出版社1999年版，第34页。

③ 詹姆逊：《政治无意识》，王逢振、陈永国译，北京：中国社会科学出版社1999年版，第85页。

现为一种特殊的政治幻想结构或力比多机制的投射。因而，“批评过程与其说是对内容的释义，不如说是对它的揭示，是对隐匿在曾经作用于它的种种稽查的歪曲之下的原初信息、原初经验的一种暴露，一种恢复；这种揭示采取说明内容何以如此受到歪曲的那种形式，因而不可能与对这种审查机制的描述分割开来”①。

同样，巴利巴尔和马歇雷在《论作为一种观念形式的文学》中，也建立了一种对文学进行类似精神分析似的马克思主义解释。他们认为：“文学以想象性来解决无法解决的观念矛盾，并以再现那种解决‘开始’：不是‘比喻地’再现（通过形象、寓言、象征或论证）确实存在的解决办法（不妨重申，恰恰由于这样一种解决是不可能的，文学才得以生产出来），而是提供一种‘表演’，通过各种置换和替代把这种表演呈现为一种不可解决的矛盾的解决。因为如果要有文学，那么，用一种特殊语言阐述的就必定是这种矛盾的条件（因而也是矛盾的观念因素），这种特殊语言是一种‘折衷’的语言，事先实现了一种未来和解的虚构。或更确切地说，它发现了一种‘折衷’的语言，从而把和解表现为‘自然的’，因此也是必要的和不可避免的。”② 这种把文学生产视为呈现了一种观念话语的诸多矛盾的过程，而文学解释就是对这些矛盾和矛盾条件的揭示，与弗洛伊德对梦境的分析有相似之处。

这里还必须提到一部由法国学者撰写的名著——德勒兹与瓜塔里 1972 年出版的《反俄狄浦斯：资本主义与精神分裂》。这本书差不多算得上是哲学或思想史研究，不是通常意义上的美学著作，但是对马克思与弗洛伊德进行了深度融合，并且对晚近美学研究产生了重要影响。《反俄狄浦斯：资本主义与精神分裂》显而易见包含着对马克思与弗洛伊德的继承与超越。在该书中，德勒兹与瓜塔里开宗明义地指出：“只有消除两者的异在性，对其进行翻转与投射，马克思 - 弗洛伊德的对举才是生长性的，有意义的。”他们进而提出：“社会的生产完全是一定条件下欲望自身的生产。我们认为社会领域直接由欲望所投资，被欲望的生产所决定，力比多无须任何中介、升华、精神操作、变形，直接侵入并投资生产力和生产关系。”③ 正如作者所说的，把资本主义生产视为欲望自身的生产是对马克思与弗洛伊德的嫁接。书中按照欲望生产方式所划分的社会发展三阶段：以血亲关系为基础的原始地域化阶段、以专制君主为核心的野蛮专制阶段和与资本运作相对应的资

① 詹姆逊：《马克思主义与形式》，李自修译，南昌：百花洲文艺出版社 1995 年版，第 342~343 页。

② 巴利巴尔、马歇雷：《论作为一种观念形式的文学》，见马尔赫恩编《当代马克思主义文学批评》，刘象愚等译，北京：北京大学出版社 2002 年版，第 49 页。

③ Gilles Deleuze and Félix Guattari, *Anti-Oedipus*, London and NewYork: Continuum, 2004, pp.30–31.

本主义阶段，无疑受到马克思生产方式理论的影响。而把欲望内在化，把无意识视为生产欲望的工厂，以及把资本主义看作一个精神分裂和压力不断产生精神分裂的个体的社会，又是对弗洛伊德的改造。而把资本主义本身视为一部欲望的机器，是一种能量的分裂和积累，是无止境的消费和发明变化，是综合马克思与弗洛伊德对资本主义运作机理所做的新的解释。该书的一些基本概念曾被詹姆逊用于对现实主义、现代主义和后现代主义艺术思潮演变过程的解释。而其后另一位法国学者利奥塔1974年出版的《力比多经济学》，则被公认为是对德勒兹与瓜塔里《反俄狄浦斯：资本主义与精神分裂》一书作出的回应。在该书中，利奥塔也同样试图结合马克思与弗洛伊德。他认为弗洛伊德的谈话疗法解决不了问题，应该转向对资本主义的政治经济学分析。在他眼中，资本主义的政治经济学甚至资本主义的社会结构都是力比多能量的产物，资本主义通过市场控制与调节力比多的强度。这样马克思通过斗争来解放异化的工人阶级的主张就不够用了，力比多经济学需要通过艺术等途径解放被家庭、车间、国家所束缚的力比多欲望。此外，德国马克思主义哲学家、美学家布洛赫的三卷本巨著《希望的原理》，也试图部分地吸收与借鉴弗洛伊德的精神分析来发展马克思主义。布洛赫认为，“马克思主义哲学是未来的哲学,也是在过去之中蕴含着未来的哲学”①。《希望的原理》中的白日梦理论明显借自弗洛伊德，但是布洛赫将弗洛伊德的梦的分析修正为指向未来的美好生活之梦，从而与他眼中的马克思主义这个具体的乌托邦实践统一起来。

四、结合马克思与弗洛伊德的文化与美学机理

结合马克思与弗洛伊德有着深刻的思想文化背景。首先，弗洛伊德本人的学说与马克思的理论存在对话关系。表面上看，马克思侧重于以生产方式的演进来描述宏观的人类社会的变迁和发展趋势，弗洛伊德偏重于以心理化的生物有机体切入社会的微观世界，二人除了都属于德语文化传统，并且同属于犹太人以外，无论就其关注的主要领域还是其学说的基本内容都非常不同，并不存在显而易见的精神上的联系。但是，深入考察后可以发现，生活年代和学术生涯晚于马克思近半个世纪的弗洛伊德，在文化背景、理论话题和学术抱负方面与马克思存在着相当大的对接与对话关系。这个问题可以从两个层面来看待。从宏观的层面看，无论是马克思的学说，还是弗洛伊德（特别是中后期）的理论，在一定程度上都是资本主义甚至西方文明危机的理论表现，关注到诸如经济、意识形态、

① 布洛赫:《希望的原理》第1卷，梦海译，上海：上海译文出版社2012年版，“前言”第10页。

社会历史发展方面一些共通的问题并提出了各自的解决方案，换言之，二者或许可以视为资本主义从自由竞争阶段到垄断阶段社会危机与心理危机的理论表征；而从微观的实证层面来看，弗洛伊德认为马克思过于突出经济的作用，他的精神分析学说可以对马克思主义起补充作用。

弗洛伊德对马克思的学说有一定的了解，并且曾经多次谈起他的学说与马克思主义的关系。他认为马克思重视人们在经济生活中的地位是有道理的，甚至承认在社会生活中经济动机比起他所强调的无意识的性本能更加重要。“性本能失去控制，必将溃决而不可收拾，则苦心建设而成的文化组织将被扫荡而去。……社会的基本动机是属于经济的；因为社会的各分子没有工作，社会便无法维持他们的生活，所以社会总希望不工作的分子越少越好，而且把精力都离开性的活动而从事于工作。——这个从原始时代存在的永久的生存竞争当然仍见于今日。”① 但是弗洛伊德受到当时所流行的第二国际考茨基等人所理解的马克思主义的影响，把马克思主义当作一种经济决定论，认为他的精神分析学说尤其是本能理论在一定程度上可以对马克思主义起纠偏作用：“马克思主义的力量不在于它对历史的见解，也不在于它的以此见解而对未来的预测，而在于它深刻理解了人类的经济状况对于学术、伦理及艺术反应的影响。因此，它乃发现了从前完全为人忽略的整个因果关系。然而我们可不能假定经济的动机是决定社会中人的行为的唯一动机。……我们可不能了解研究活人的行为如何能忽略心理的因素；不仅这种因素和经济基础的建设有关，而且即使受这些条件控制时，也只能动员其原始的本能冲动——如自存本能，攻击本能，爱的需要，求乐避苦冲动等。”② 他并且认定他的本我、自我、超我人格动力三结构中的超我理论较马克思的意识形态理论更多地注意到社会意识对经济发展的独立性。“所谓唯物论者即错在看轻这个因素（按：即超我）。他们抛弃了它，以为人类的‘意识形态’只是任何时期经济基础的产物或经济基础的上层建筑。这确是真理，但可能不是整个真理。人类不完全生活于现在；超我的意识形态保存过去，保存民族的传统，而这种传统则只是逐渐受现在的影响，让位于新的发展，也只能通过超我的活动，才能在人生中起着重要的作用，而完全不依赖于经济的条件。”③ 同样，他也完全不能理解马克思的阶级斗争学说。他把无产阶级革命视为无产阶级对资产阶级压迫心理上的反应的一个结果，将共产主义思想体系归结为站不住脚的幻想——“如果把私有财产制度废

① 弗洛伊德：《精神分析引论》，高觉敷译，商务印书馆 1984 年版，第 246 页。
② 弗洛伊德：《精神分析引论新编》，高觉敷译，商务印书馆 1987 年版，第 144 页。
③ 弗洛伊德：《精神分析引论新编》，高觉敷译，商务印书馆 1987 年版，第 52 页。

除了，一切财富为人类所共有，大家都能分享到他们的快乐，敌意和仇恨就会消失”，“试图在俄国建立一种新的共产主义式的文明将会在迫害资产阶级中找到心理学上的支持，这是非常容易理解的。但是，人们只是关切地想知道，当苏维埃完全消灭了资产阶级之后，他们将怎么办呢？”[①] 但是弗洛伊德也承认阶级压迫会导致反抗。他指出：“如果一种文化还没有超越某一限度，在这一限度之内，一部分人的满足要依赖于对另一部分人，或对大部分人的压迫——在目前的一切文化中都是这种情况——那么，被压迫者就会对这种文化产生强烈的敌意，虽然这种文化只有通过他们的劳动才能存在，但他们分享的文化财富却寥寥无几。在这种情况下，被压迫者并不期望这些禁律内在化。相反，他们非但不打算承认这些禁律，反而意欲毁灭该文化本身，甚至打算废除文明所赖以存在的必要条件。”[②] 中后期的弗洛伊德广泛地涉足社会文化领域，建立了一个包罗万象的解释人类意识发生和文明进步的思想体系，并对马克思主义的基本原理进行了批评，试图以他的本能冲动和超我学说补充甚至取代马克思的经济分析和意识形态理论。由此可见，在某种程度上，弗洛伊德的确以马克思学说的补充者或纠偏者的身份出现，也即弗洛伊德的理论与马克思的学说存在着明显的关联度或者说对话关系。这就为对二者进行对照、比较与综合提供了契机。由于精神分析重视个人本我与社会化的超我的矛盾统一关系，马克思主义研究个人与社会经济力量的矛盾统一关系，两股思潮逐渐从对方身上发现了个体屈从于某个主宰力量的不同表达方式，这使二者的结合成为可能与必然，特别是异化理论在20世纪社会文化研究领域的发酵更是为二者的结合提供了动力。

其次，马克思与弗洛伊德共同关注人的生存问题，二人的学说与20世纪哲学与美学转向社会人生有很大的兼容性。在某种程度上的确如李泽厚所说：“‘食色性也’，马克思与弗洛伊德所涉及的根本问题，是个体又兼社会的；海德格尔的‘死’，基本上是种个体的自我意识、自我觉醒；维特根斯坦基本涉及的是社会性，不承认私人语言。看来，在马克思和弗洛伊德提供的人类生存的基础上，融会维特根斯坦和海德格尔，似乎是当下哲学－美学可以进行探索其命运诗篇的方向之一。”[③]

再次，结合马克思与弗洛伊德之所以成为一股重要的文化思潮还有着更为复杂的社会历史原因，如法西斯主义的兴起以及资本主义社会意识控制形式的新变化、社会公共生活与私人生活的分裂等。针对前一方面的原因，马尔库塞晚年曾经对采访他的英国记

---

① 弗洛伊德：《文明及其不满》，见弗洛伊德《一个幻觉的未来》，杨韶钢译，北京：华夏出版社1999年版，第46~47页、第48页。
② 弗洛伊德：《一个幻觉的未来》，见弗洛伊德《一个幻觉的未来》，杨韶钢译，北京：华夏出版社1999年版，第85页。
③ 李泽厚：《美学四讲》，北京：生活·读书·新知三联书店1989年版，第38页。

者麦基谈起法兰克福学派为何结合马克思与弗洛伊德的初衷："下等人的心理意识已经发生了变化。最令人吃惊的是统治的权力结构对个人的意识、潜意识甚至无意识领域进行操纵、引导和控制的程度。因此，我在法兰克福学派的一些朋友认为，心理学是必须融入马克思主义理论的一个主要知识部门，这不是为了取代马克思主义，而是为了充实马克思主义。"[①] 詹姆逊也曾经对后一方面的原因做过分析。他认为，"在西方发达国家中政治、社会生活，甚至经济生活中突然出现了这样一种分裂：以日常工作为象征的公共生活与表现个人真实情感的个人生活之间发生了分裂，即办公室与家庭的分裂，每一个人都同时过两种生活，公共生活和个人生活。这就是为什么要结合弗洛伊德与马克思，因为有这种分裂，就需请两位医生来医治这两个方面，一位医治精神，另一位则诊断社会，医治外部的生活"[②]。就此来看，结合马克思与弗洛伊德体现了对资本主义和西方文明的反省与批判。20 世纪下半叶以来资本主义走向消费社会，欲望的生产与消费起着重要作用。而马克思与中后期的弗洛伊德建立了一个分别侧重外在经济与内在心理的对社会历史文化进行总体解释的理论模式，结合两者可以针对晚期资本主义的最新发展做出新的分析与判断。我们可以在这个意义上评价詹姆逊、德勒兹等人所做的工作。

最后，还有一个重要原因是学术创新驱动。结合马克思与弗洛伊德的做法及其成果，从一个侧面鲜明地体现了西方学术乃至西方马克思主义美学的生成路径：其一是方法勾连与话题对接。马克思与弗洛伊德涉足过相近的学术领域，但表达了不同的见解，于是有学者致力于把马克思学说与弗洛伊德思想中可以比较的方面如意识形态与超我、宗教观等进行比较分析或融通对接。奥兹本和弗洛姆所做的就是这方面的工作。马克思与弗洛伊德二人所用的方法也有相近之处，福柯、利科等人发现了这一点。其二是批判意识与人文重建。20 世纪以来资本主义统治由外部镇压转向文化心理控制。与此同时，分析哲学、语言哲学的兴起，实证主义大行其道，在一定程度上蚕食了诗性、想象与幻想的空间。正是在这种情况下，马尔库塞等人从马克思与弗洛伊德那里寻找灵感，把弗洛伊德的重视欲望幻想满足的元心理学引申到社会文化层面，与马克思的社会文化批判相结合，构筑新的理论形态，为感性、虚构、艺术和审美开辟新的天地，自然具有重要的美学意义。马尔库塞的新感性甚至布洛赫的希望乌托邦，都可以作如是观。从上述这些方面来看，对人的生存的关注、怀疑精神与对美好社会以及审美与艺术的追求是结合马克思与弗洛伊德的深层机理。在这个意义上，弗洛姆说："弗洛伊德的理论像马克思的理论

① 麦基：《思想家》，周穗明、翁寒松译，北京：生活·读书·新知三联书店 1987 年版，第 62 页。
② 杰姆逊：《后现代主义与文化理论》，唐小兵译，西安：陕西师范大学出版社 1987 年版，第 81~82 页。

一样是一种批判理论。弗洛伊德并未接受那些泛泛之论。即使他不怀疑讲话人有意表现出来的诚恳，他也以怀疑的眼光去看待它们。”①

毋庸讳言，对马克思与弗洛伊德的比较与结合也暴露了不少问题，值得深入反思与探讨。比如有人把马克思与弗洛伊德二人谈论问题的具体背景和语境略而不计，对二人的方法和命题进行简单化比较。其具体做法可称之为“简化”，就是要么抓住马克思偶然所说过的与精神分析有关的个别语句与弗洛伊德的观点进行对照，如弗洛姆之于马克思在《德意志意识形态》中提及的“‘作为动力的欲望’的统治”②，马尔库塞之于马克思在《神圣家族》中批判欧仁·苏小说《巴黎的秘密》主人公时说的“鲁道夫阉割了‘校长’，夺去了他的一个生殖器官——眼睛”③等；有人有时好像从马克思的某个命题出发，但最终将之归结为似乎与精神分析关系更为密切的某个命题，如马尔库塞把马克思的感觉、感性解放改造成爱欲解放，等等。必须承认，在某些具体的论题上，比如对宗教、意识形态等的论述方面，马克思与弗洛伊德的确有一些相近或可比之处，甚至关于性的问题也不是完全没有可比性。米歇尔就说过：“对马克思来说（如对弗洛伊德一样），性不是以不同符号为中介的一种普遍驱策力，而是历史上由劳动组织中的变化所改变的一种社会关系。”④在方法论上，如前所述，他们也有诸多可比之处。特别是二者对人类生存与人类社会由外到内的关注为相互嫁接与融通生成新的理论形态提供了可能。

但是，也应当看到，马克思、弗洛伊德二人毕竟创立了两种完全不同的学说，这两种学说不仅理论出发点有别，而且各自的基本命题与方法都差别甚大。比如，弗洛伊德突出了人的非社会的、非历史的因素，总是从无意识，特别是儿童早期的性心理中去寻找决定观念、形象的纯心理因素，进而认为幼儿本能决定了整个文化而得以发展，甚至可以替代经济基础的作用。这当然是夸大其辞的，甚至是荒谬的。我们再以劳动为例，马克思特别推崇劳动实践在社会生活中的作用，甚至认为全部历史不外是人类通过劳动的诞生。他在批评亚当·斯密把劳动看作诅咒，而“安逸”是适当的状态，是与“自由”“幸福”等同的东西的看法时指出：“劳动尺度本身在这里是由外面提供的，是由必须达到的目的和为达到这个目的而必须由劳动来克服的那些障碍所提供的。但是克服这种障碍本身，就是自由的实现，而且进一步说，外在目的失掉了单纯外在自然必然性的外观，被

① 弗洛姆：《弗洛伊德的发现之伟大与局限》，见黄颂杰主编《弗洛姆著作精选》，上海：上海人民出版社1989年版，第670页。
② 马克思、恩格斯：《德意志意识形态》，见《马克思恩格斯全集》第3卷，北京：人民出版社1960年版，第285页。
③ 马克思、恩格斯：《神圣家族》，见《马克思恩格斯全集》第2卷，北京：人民出版社1957年版，第227页。
④ 米歇尔：《图像学：形象，文本，意识形态》，陈永国译，北京：北京大学出版社2012年版，第250页。

看作个人自己提出的目的，因而被看作自我实现，主体的对象化，也就是实在的自由，——而这种自由见之于活动恰恰就是劳动”[①]。而弗洛伊德尽管也承认经济动机和劳动在人类生活中的首要性，但又认为人们其实对劳动或工作是反感的。上述两种说法就包含了对劳动性质和地位完全不同的设定。因此，“弗洛伊德主义马克思主义”用弗洛伊德本人的或经过改造的弗洛伊德的观点来融通甚至置换马克思主义的基本原理，虽说在对资本主义的社会文化批判方面取得了一定的成效，但是从学理上看也存在不少漏洞。我们研究这两种学说的关系，应当承认二者理论前提、论证过程和推论结果的差异性。在这些条件下，我们可以对两种学说的总体观念、基本命题和方法论进行比较，甚至可以对次一级命题或考察问题的角度进行比较。只有这样才能彰显两种学说的相同之处与相异之处，并寻找合适的综合或嫁接路径。

① 马克思：《政治经济学批判（1857—1858年手稿）》，见《马克思恩格斯全集》第2版第30卷，北京：人民出版社1995年版，第615页。

第八章　马克思主义与现代主义

现代主义是一股从19世纪中后期绵延到20世纪中叶的文艺思潮。一般认为，现代主义发端于19世纪中后期的唯美主义和象征主义，发展于20世纪初，在第一次世界大战前后达到高峰。19世纪50~60年代到20世纪初，20世纪初到30年代，20世纪30年代到50年代，是现代主义诞生、发展和衰落的三个阶段。马蒂斯、毕加索等人的绘画，勋伯格等人的音乐以及卡夫卡、乔伊斯等人的小说，被认为是现代主义的标志[①]。谈到现代主义不能不涉及先锋派。关于先锋派与现代主义的关系问题欧美学界有不少争议，这些争议也波及马克思主义美学阵营内部关于现代主义的论争。法兰克福学派第三代的代表人物之一比格尔认为，以达达主义、超现实主义为代表的先锋派，否定通常现代主义所追求的艺术自律性，如艺术与生活实践的分离、个性化创作等，致力于将艺术与生活相结合，试图重构艺术的社会功能，通过种种"反艺术"的行为挑战资产阶级社会中"艺术"与"生活"相分离的自律的艺术体制[②]。鉴于先锋派在大的方面最终融为现代主义思潮的一部分，本书也从宽泛意义上把先锋派视为广义的现代主义思潮的一部分，不对现代主义内部各个派别进行细致的区分。

20世纪马克思主义美学和批评与现代主义呈现出复杂的关系。一方面，如果说马克思生前现代主义艺术刚刚萌芽，他没有来得及进行观察和体认是正常的，那么苏联、东欧学者部分通过恩格斯、部分根据自己的需要理解马克思，把马克思主义美学与文艺理论理解为现实主义美学，排斥现代主义，就属于不正常的情况了；另一方面，西方马克思主义阵营中的不少美学家，从法兰克福学派以及布洛赫与布莱希特，到威廉斯和詹姆

① 关于现代主义的定义与分期，学界历来争议比较大，参见布雷德伯里、麦克法兰《现代主义的名称和性质》，见布雷德伯里、麦克法兰编《现代主义》，胡家峦等译，上海：上海译文出版社1992年版，第3~38页。本书对此不作专门讨论。

② 参见比格尔《先锋派理论》，高建平译，北京：商务印书馆2002年版，第85~93页。

逊等人，他们为现代主义思潮进行辩护或客观地评价现代主义。这里有一个特殊的人物卢卡契，他从整体性入手推崇现实主义，反对现代主义，既与官方正统观念不同，也与西方马克思主义基本观点有别，为马克思主义美学阵营双方的争论提供了动力或者说契机。有人称20世纪马克思主义美学内部关于现代主义的争论为“世纪之争”①,正反映了这场论争的漫长与激烈。梳理马克思主义美学与现代主义的关联，总结关于现代主义争论的经验与教训，对马克思主义美学建设与发展有重要意义。

一、现实主义美学正统在苏联、东欧的确立

马克思主义美学与批评在现代主义评价上的曲折,与现实主义正统在苏联和东欧（以及一段时间在中国）的确立有很大的关系。正如韦勒克所说,“在苏联以及它的卫星国,‘现实主义’或毋宁说‘社会主义现实主义’，乃是官方允许的唯一的文学理论和文学方法”。在韦勒克眼中，现实主义有很大的历史局限性。他倾向于把现实主义理解为与19世纪人们看待世界的方式相关联的文学史概念，“它排斥虚无缥缈的幻想、排斥神话故事，排斥寓意与象征，排斥高度的风格化，排除纯粹的抽象与雕饰，它意味着我们不需要虚构，不需要神话故事，不需要梦幻世界。它还包含对不可能的事物，对纯粹偶然与非凡事件的排斥，因为在当时，现实尽管仍具有地方和一切个人的差别，却明显地被看作一个19世纪科学的秩序井然的世界，一个由因果关系统治的世界，一个没有奇迹、没有先验东西的世界”。② 如前所述，这也是20世纪不少理论家和作家的共识。

当然，现实主义之所以能够在苏联、东欧成为正统，也有着比较复杂的原因。首先是文本对象的原因。由于马克思三部与美学关系比较密切的重要著作《1844年经济学哲学手稿》《德意志意识形态》《政治经济学批判（1857—1858年手稿）》及其重要哲学著作《黑格尔法哲学批判》直到20世纪20年代末至30年代才得以发表，早期马克思主义理论家常常根据马克思生前发表且流传甚广的政治学著作《共产党宣言》和政治经济学著作《资本论》第一卷,以及恩格斯两部通俗性的论战性著作《反杜林论》《路德维希·费尔巴哈和德国古典哲学的终结》来理解马克思主义，推演马克思主义美学和文艺理论。俄国早期马克思主义理论家普列汉诺夫把马克思主义理解为唯物主义世界观及其在历史领域的运用，进而据此出发重建马克思主义美学。在《没有地址的信》中，普列汉诺夫认为只有生产力决定生产关系的唯物史观才能建立科学的美学理论，“关于艺术的个别问

① 参见冯宪光《马克思美学的现代阐释》第三章《现实主义与现代主义之争》，成都：四川教育出版社2002年版，第122页。
② 韦勒克:《批评的诸种概念》，丁泓等译，成都：四川文艺出版社1988年版，第214页、第230~231页。

题的研究，同时将是对一般历史观的检验”，断定艺术与社会生活、与经济有着因果关系，艺术起源于劳动[①]。这样就把文学的对象与哲学认识的对象、文学的方法与哲学认识的方法联系起来，为现实主义成为正宗埋下了伏笔。普列汉诺夫从“文学艺术是社会生活的镜子”出发，指责象征主义，认为文学要么走向抽象的象征，要么“走现实本身所走的同一条道路”。“文学史表明，人的思想超越既定现实的界限有时候走第一条道路，有时候走第二条道路。它走第一条道路，那是当它不善于理解既定现实的意义，因而没有力量确定现实发展的方向的时候；它走第二条道路，那是当它能够解决这个有时非常困难的、甚至是无法解决的问题的时候，并且是当它，按照黑格尔的绝妙的说法，能够说出那唤起将来的形象的魔术般的语言的时候，……当既定社会的艺术中出现象征主义的时候，这就是一种可靠的迹象，表明这个社会的思想，——或者是这个社会的在艺术上打下自己印记的阶级的思想，——不能够深刻理解在它面前进行的社会发展的意义。象征主义是贫乏状况的一种证明”。[②]这里的标准就是文学距离现实的远近。他还认为，俄国“印象派对自己作品的思想内容已经表示完全漠不关心”。俄国现代主义“不是完全忽视艺术作品的思想内容，就是使这种思想内容服从于他们那极端主观主义的想入非非和反复无常的需要”[③]。另一位俄国早期马克思主义批评家沃罗夫斯基在谈到现代派时也说：“这种文学把个性提到了第一位，同社会对立起来。它提出个人的幸福同大众的幸福相对立，提出肉的享受同思想性相对立，提出性的渴望同思想的要求相对立。”“脱离社会活动，脱离政治，抛弃教条、纲领和各式各样的‘桎梏’而走向个人的生活。”[④]直到20世纪50年代，苏联美学家万斯洛夫还认为，“现代资产阶级艺术中的抽象主义、超现实主义以及其他没落的形式，就是颓废的主观唯心主义理论在实践上的集中表现。”[⑤]甚至到了20世纪70年代，奥符相尼科夫还说：“形式主义的艺术和现代主义都表明了艺术的堕落。”[⑥]这些说法有两个共同特点：一是把现实主义的现实性或写实性树立为艺术的基本准则，并且与唯物主义认识论挂钩，以此作为反对现代主义的依据；二是认为现代主义只注重形式革新和个人生活，忽视了艺术的思想内容，陷入了形式主义，由此奠定了正统马克思主义美学家、批评家分析现代主义的基本理论模式。托洛茨基就认为苏联新的艺术将是

---

① 普列汉诺夫：《没有地址的信》，见《普列汉诺夫美学论文选》(1)，曹葆华译，北京：人民出版社1983年版，第311页、第377页。
② 普列汉诺夫：《亨利克·易卜生》，见《普列汉诺夫美学论文选》(2)，曹葆华译，北京：人民出版社1983年版，第531页。
③ 普列汉诺夫：《艺术与社会生活》，见《普列汉诺夫美学论文选》(2)，曹葆华译，北京：人民出版社1983年版，第873页。
④ 沃罗夫斯基：《论现代派的资产阶级性》，何长有译，见《沃罗夫斯基论文学》，北京：人民文学出版社1983年版，第165页、第173页。
⑤ 万斯洛夫：《美的问题》，杨成寅译，上海：上海译文出版社1986年版，第12页。
⑥ 奥符相尼科夫、萨莫欣编：《现代资产阶级美学》，牟萍等译，北京：中国社会科学出版社1988年版，第3页。

现实主义的艺术，推崇“世界观意义上的现实主义的一元论”，他眼中现实主义的特征是：“倾心于实际的生活，艺术地接受现实而不逃避现实，对生活具体的稳定性或变异性抱有浓厚兴趣，力图或者如实地描绘生活，或者进行辩护，或者加以责难，或者照相式地叙述，或者进行概括，或者加以象征化，——但针对的都是我们这三维空间的生活，把这一生活视为充裕的和具有自身价值的创作素材。”①

其次，现实主义成为正统还与以恩解马、以苏解马的马克思主义文艺理论和美学解释模式的作用有关。20 世纪 30 年代之后，随着马克思的主要著作陆续出版，苏联学者里夫希茨编辑了《马克思恩格斯论艺术》一书，并在此基础上撰写了《论马克思艺术观的发展》，对马克思美学思想的发展轨迹进行了梳理。但是里夫希茨过于局限于马克思、恩格斯的文本视野，未能做到以当代视野与马克思、恩格斯的视野进行融合，在某些方面不自觉地陷入了理解误区。比如他根据马克思、恩格斯文学阅读主要接受的是西方古典作家的情况，以及恩格斯对巴尔扎克等现实主义作家的推崇，判定马克思、恩格斯是坚定不移的“古典作家”②，由此断定马克思、恩格斯一定反对现代主义艺术，或者说马克思主义美学只是古典艺术的推崇者，进而指责马克思之后的现代主义艺术。毫无疑问，恩格斯对现实主义以及现实主义反映现实、描写历史功能的推崇，对现实主义在苏联、东欧等社会主义国家成为正宗起到了重要推动作用。“恩格斯表达了对文学上的现实主义的强烈的偏爱。恩格斯懂得文学不可能是简单的‘反映’，但是认为文学需要这么做。”③与此同时，列宁在《唯物主义与经验批判主义》等著作中所阐述的反映论，被苏联学者教条化、机械化。反映论所依据的主体对客体认识的镜像关系，和现实主义追求客观化的艺术认知模式有某种相似性，也从认识论上巩固了现实主义的地位。加之相当长的一段时间里，苏联学界对马克思本人的美学与文艺思想，特别是对以《1844 年经济学哲学手稿》为代表的早期著作中的美学思想缺乏深入的研究，在马克思主义美学与文艺理论建构上创新不足。现实主义一统天下也属于上述理论贫乏症的一种表现。

20 世纪 30 年代之后，马克思主义美学被进一步认识论化、庸俗化，现实主义被尊为唯一的美学范式和创作原则。更为严重的是，苏联所倡导的现实主义并没有现实主义在历史上曾经所具有的批判性，而是带有很强的工具性。“苏联现实主义通过把既成的社会现实当做艺术内容的终极框架，不允许有风格上和内容上的任何超越，这就不再是什

① 托洛茨基：《文学与革命》，刘文飞译，北京：外国文学出版社 1992 年版，第 220~221 页。

② 里夫希茨：《马克思论艺术和社会理想》，吴元迈等译，北京：人民出版社 1983 年版，第 23 页。

③ Moyra Haslett，*Marxist Literary and Cultural Theories*，London：Macmillan Press，2000，p.86.

么对政治准则的艺术贯彻了。"[①] 这一时期以及后来出现的一系列著作，如齐斯的《马克思主义美学基础》、弗里德连杰尔的《马克思恩格斯和文学问题》等，变成了以马克思主义美学为名对苏联社会主义现实主义为核心的美学体系的注解，现实主义与唯物主义认识论、政治立场的正确、艺术方法的正统性挂起钩来，被赋予了过多的含义。如弗里德连杰尔认为，"在对文艺现象进行马克思主义研究和评价时，把现实主义问题提高到最重要的地位，是出于唯物主义认识论的要求。唯物主义认识论的任务之一，就是根据意识形态现象反映物质现实和现实生活过程的深度和正确性，来分析任何一种意识形态现象，其中包括文学现象。同时，马克思主义作为革命学说的这种性质，也决定了现实主义问题对于马克思主义文艺批评理论具有特殊的意义"[②]。齐斯也认为，"现实主义艺术对于人及人和世界的关系提供了一种人道主义的原则……在艺术与现实的关系问题上，根本分歧就集中体现在对于艺术的唯物主义和唯心主义两种对立的解释上"[③]。在东欧[④]情况也类似。比如民主德国的科赫认为，"在近代，文学艺术中的现实主义的发展同争取人的解放的斗争历史不可分割地联系在一起"。"从一切认识形式来说，方法论的问题同科学家、艺术家等等的基本世界观立场都是紧密相关的。在社会主义发展阶段，艺术中的现实主义方法有赖于唯物主义的世界观，主要是马克思主义的世界观。"[⑤] 当然，在苏联、东欧美学家中，特别是在20世纪50年代之后，也有少数学者对现实主义持相对温和的看法。例如卡冈认为，"现实主义不是一种通用于整个艺术史，并与另一种反现实主义的创作方法相冲突的统一的创作方法。现实主义，这可以说是一系列的创作方法（例如启蒙运动的现实主义的方法、批判现实主义的方法、新现实主义的方法、社会主义现实主义的方法）的公分母"[⑥]。但是这种看法不占主导地位，并且在标举现实主义正统方面和其他人的立场也没有分别。

此外，前面我们在讨论现实主义时也交代过，卢卡契从他的整体性和反对物化的理论立场出发，也倡导现实主义而贬低现代主义。"他认为西方的现代艺术是物化的产物，现代主义艺术不再反映社会关系……只反映现象，而现实主义要反映各种关系……可以

① 马尔库塞：《苏联的马克思主义》，张翼星等译，北京：中国人民大学出版社2012年版，第73页。
② 弗里德连杰尔：《马克思恩格斯和文学问题》，郭值京等译，上海：上海译文出版社1984年版，第193页。
③ 齐斯：《马克思主义美学基础》，彭吉象译，北京：中国文联出版公司1985年版，第38~39页。
④ 我们这里所说的东欧马克思主义美学主要指的是东欧官方马克思主义美学，不包括以匈牙利的赫勒、南斯拉夫的实践派、波兰的沙夫、捷克的科西克等人为代表的东欧新马克思主义。东欧新马克思主义受西方马克思主义影响较深，并且主要是一个哲学派别，除了赫勒大多不涉及美学问题。
⑤ 科赫：《马克思主义和美学》，佟景韩译，桂林：漓江出版社1985年版，第574页、第587页。
⑥ 卡冈：《卡冈美学教程》，凌继尧等译，北京：北京大学出版社1990年版，第663页。

认为现实主义就是力求通过小说来描绘社会总体。”[①] 这就形成了一个奇怪的现象，卢卡契和苏联、东欧正统马克思主义美学家、批评家虽然理论出发点并不相同，但在关于现实主义以及现代主义的价值判断方面却走向一致。关于这个问题，我们下文还将进一步进行分析。

二、颓废艺术还是文化遗产：马克思主义关于现代主义的论争

20 世纪早期，马克思主义美学阵营内部围绕现代主义的争论发生过多次，比较著名的有苏联 20 年代马克思主义对现代主义（现代派）以及与现代主义关系比较密切的形式主义的批评、30 年代卢卡契与布莱希特关于表现主义的争论。由于现实主义成为正统，早期马克思主义美学界、批评界在第一场论争中对现代主义普遍采取批评或批判态势。鉴于现代主义和形式主义没有得到应有的申辩机会，马克思主义对现代主义和形式主义的批评基本上属于“一边倒”的批判。而且在这场批判中，马克思主义批评家基本上沿袭普列汉诺夫的思路，把文学流派、创作方法与哲学认识论、政治立场相联系。托洛茨基认为，“象征主义使形象不单纯成为一种艺术手法，也使之成为信念的象征，因此象征主义成了知识分子走向神秘主义的艺术桥梁。就这一具体的社会意义而非抽象的形式意义而言，象征主义不单纯是一种艺术技巧的手法，而是知识分子对现实的逃避，是他们对另一世界的营造，是艺术上对独立自在的幻想和消极无为的培养”[②]。在早期苏联马克思主义批评家当中，卢那察尔斯基的文学批评是相对宽容和具有学理性的，但是即便如此，他仍然常常把文学主张与政治立场搅和在一起，用政治判断代替艺术分析。例如他在批评象征主义时说：“使艺术脱离意识形态的这种流派，这种理论非常危险，来自一定的阶级在他们发展一定时期的利益。”在谈到未来派、立体主义和表现主义时他认为，“未来派——这当然只是我们道路上的十字路口之一。这个阵营中的艺术家最初，是以一定的小资产阶级的情绪为指导的”。[③] “意大利的未来主义是丧失自己内容、外部成为悲观的走投无路的阶级的反动。未来主义是服兴奋剂的需要。生命紧张的高扬表现在未来主义中，而缺少内容则形成未来主义的变形”。“立体主义陷于极大的主观主义，而这是因为这些

① 杰姆逊：《后现代主义与文化理论》，唐小兵译，西安：陕西师范大学出版社 1987 年版，第 88 页。

② 托洛茨基：《文学与革命》，刘文飞译，北京：外国文学出版社 1992 年版，第 219 页。

③ 卢那察尔斯基：《艺术中的阶级斗争》，见卢那察尔斯基《关于艺术的对话》，吴谷鹰译，北京：生活·读书·新知三联书店 1991 年版，第 182 页、第 198 页。

孤独的知识分子中谁也不善于找到社会的艺术语言。”“表现主义的思想，实质上就是世界的末日，就是说它陷入颓废情绪了。”[①] 在这场批判运动中，现代主义几乎没有还手之力。马雅可夫斯基在写给卢那察尔斯基的信中，认为卢那察尔斯基“关于未来主义以及关于整个艺术说了一大堆极其荒唐的话”，马雅可夫斯基为“未来主义的装饰引起了无产阶级的不满”、“未来派反对内容”、“未来派不好理解”做了辩护[②]。但这一切并没有挽回俄苏现代主义艺术在十月革命后颓败的命运。早期马克思主义批评家对形式主义的批评表现出的立场与观念，与对现代主义的批评相似。可以说，从大的方面看也与对现代主义的批评有关。只不过现代主义属于文学思潮与派别，形式主义属于理论研究。由于后面还要专门讨论这个问题，此处不展开论述。

第二场论争发生在20世纪30年代，现在一般称之为“卢卡契－布莱希特之争”，主要发生在马克思主义美学家、批评家内部。其实把这场论争称为“卢卡契－布莱希特之争”是不太确切的，因为布莱希特始终没有正面介入论争，只是在他的笔记里发表了对这场论争的看法，并且这些笔记直到20世纪70年代才公开发表。论争的另一方的代表人物卢卡契也不是论争的发起人。有人把这场论争的缘起追溯至1934年卢卡契发表《表现主义的兴衰》中对表现主义的批评，也是不确切的。论争的缘起是德国马克思主义批评家齐格勒（笔名，原名库莱拉）1937年9月在苏联《发言》杂志上发表的《“现在这份遗产终结了……”》一文，批评表现主义者贝恩充当法西斯主义的帮凶，并以此把表现主义与落后、反动的政治立场相联系。布洛赫、卢卡契等著名马克思主义美学家、批评家介入了论争，并使论争达到高潮。布莱希特在笔记里发表了他的看法，可以视为潜在地参加了论争。其中以齐格勒、卢卡契为一方，维护现实主义正统，以布洛赫、布莱希特为另一方，为某些新出现的艺术形式辩护，倡导现实主义应与时俱进。

论争焦点之一是如何评价以表现主义为代表的现代主义并给予借鉴的问题。齐格勒在《“现在这份遗产终结了……”》里视表现主义为一个颓废的艺术派别，把表现主义与资产阶级的没落与反动相联系，认为表现主义“早就是一个过时的阶段”，它按照自己的逻辑“引向法西斯主义”[③]。卢卡契比较了现实主义与现代主义，认为现实主义总是倾向于把人物的性格和遭遇置于人类所处的具体环境之中，而“对于现代主义作家来说，人从

---

① 卢那察尔斯基：《艺术及其最新形式》，见卢那察尔斯基《关于艺术的对话》，吴谷鹰译，北京：生活·读书·新知三联书店1991年版，第113页、第115页、第117页。

② 马雅可夫斯基：《致卢那察尔斯基的公开信》，见《十月革命后苏联文学流派》上编，翟厚隆选编，上海：上海译文出版社1998年版，第137页、第139页。

③ 齐格勒：《“现在这份遗产终结了……”》，见张黎选编《表现主义论争》，上海：华东师范大学出版社1992年版，第12页。

根本上就是孤独的、反社会的，无法与其他人建立联系。……这种对于历史的拒绝带来了现代主义两个独有的特点：首先，主人公局限于他个体的经验范围之内。无论对于他，还是对于他的创造者，自我之外显然不存在影响他或受他影响的业已存在的现实；其次，主人公自己也没有个人历史。他是‘被抛入世界’：既没有意义，也不可预测”。因而“现代主义不仅导致了传统文学形式的毁灭，还导致了文学本身的毁灭”。[①]应当说，卢卡契对现代主义的观察是敏锐的。现代主义作品的确失去了整体感，人格的分裂伴随着外在世界的分裂，具有一定的颓废倾向，但是他未能理解现代主义正是凭借分裂的形式反抗资本主义的整体控制。詹姆逊后来也认为卢卡契指认现代主义源于物化是有道理的，但是要说现代主义加剧了物化则是不确切的，“卢卡契把现代主义与日常生活的物化相互关联起来并没有错：他的错误在于非历史地进行这种关联，在于把他的分析用于伦理判断而非历史认识”[②]。卢卡契还认为，1848年以后，随着无产阶级登上历史舞台，资产阶级从政治到文化日益走向反动。而自福楼拜、左拉以来的现代主义作家则成为景象的旁观者，他们描写从历史和社会抽离出来的孤立的事实。卢卡契特别注意到现代主义文学的一些局限性，比如现实感的衰微和主观倾向的增强，未经过滤和升华的印象式的直观摹写，晦涩难懂而隔绝于普罗大众的小众化倾向等[③]。

布莱希特、布洛赫则认为，以表现主义为代表的现代主义新的表现形式的产生有其艺术的和社会的根源，马克思主义应当合理地借鉴这份遗产。在布莱希特看来，“表现主义并不只是一件‘令人难堪的丑事’……对那些真是愿意学习并想要从事物中找出有用的方面的现实主义者来说，这里有很多东西可以学习”[④]。布洛赫在马克思主义批评史上较早地正面肯定了现代主义的意义，认为卢卡契关于古典文学是健康的、浪漫主义是病态的、表现主义是最病态的文学史描述是不恰当的，“适逢表现主义问题时，他就反对任何摧毁世界图像的任何艺术尝试（即使这个世界图像是资本主义的世界图像）。因此他把一种能完全去破坏表面关系的、并试图在空隙中去发现新事物的艺术，仅仅看作是主观的破坏而已；因而他把破坏的实验与现状的堕落等量齐观”[⑤]。应当说，齐格勒的看法是简单化并带有庸俗社会学倾向的，布莱希特、布洛赫的观点较为合理。

① Georg Lukács，“The Ideology of Modernism”，in Terry Eagleton and Drew Milne（edited），*Marxist Literary Theory：A Reader*，Cambridge：Blackwell Publishers，1996，pp.144–145，p.162.

② 詹姆逊：《政治无意识》，王逢振、陈永国译，北京：中国社会科学出版社1999年版，第213页。

③ 参见卢卡契《现实主义辩》，见《卢卡契文学论文集》（2），北京：中国社会科学出版社1981年版，第11~32页。

④ 布莱希特：《论现实主义理论的形式主义性质》，见张黎选编《表现主义论争》，上海：华东师范大学出版社1992年版，第295页。

⑤ 布洛赫：《关于表现主义的讨论》，见张黎选编《表现主义论争》，上海：华东师范大学出版社1992年版，第145页。

论争焦点之二是现实主义形式要不要发展、巴尔扎克时代的现实主义形式是否过时的问题。卢卡契没有正面回答这个问题，但从他的论述看，他认为现实主义有一些稳固的东西，包括道德上的诚实与正直，以及艺术描写上从社会因素具有特征的发展中寻找丰富材料的能力，“现实主义作家社会的和内在的道德问题，他的诚实性、坚强性和无畏性在艺术上的作用，即起源于文学的这种本质特性。……这意味着，首先需要作家在自己的心灵中对资本主义形貌做自我批判式的分析”[①]。在卢卡契眼中，坚持描写现实的客观态度，塑造能反映某一特定发展阶段、进化趋向或社会集团本质方面的典型人物，是现实主义需要坚持的基本要素。

而对于现实主义形式要不要发展，巴尔扎克时代的现实主义形式是否过时的问题，布莱希特则作出了肯定的回答。布莱希特认为，不能把现实主义的形式理解为停留于 1900 年的水平上，“把现实主义看作一个形式问题，把它同一种，唯一的一种（而且是一种旧的）形式联系在一起，那就等于给它做绝育手术。现实主义写作不是形式问题。一切有碍于我们揭示社会因果关系根源的形式都必须抛弃，一切有助于我们揭示社会因果关系根源的形式都必须拿来”[②]。布莱希特认为巴尔扎克固然是个伟大的作家，但他不注重剪接的客观描写，把个人发展的社会激情和社会功能简单置换，这些做法都过时了，“朵斯·帕索斯这样的作家突破了巴尔扎克式的经典的资产阶级叙事方式，而卢卡契出于对田园气的奇特的偏爱对此忧心忡忡。他看不到，也不愿意看到，现代作家无法使用把拿破仑以后的法国出现的竞争加以小说化的那种方法”[③]。有西方学者评论认为，“卢卡契的主张突出了经典资产阶级现实主义和新兴的社会主义文学需要之间的连续性。而布莱希特则相对强调了与建立在家庭财富和早期资本主义个人竞争基础上的巴尔扎克作品的社会内容和 20 世纪现实的断裂……布莱希特认为，既然我们与现代主义共处于 20 世纪的世界，就无需与诸如歌德、巴尔扎克、托尔斯泰之类的作家为伍，我们就应该转向与 20 世纪变化了的环境相适应的现代主义文学技巧以便更便利地达到我们的目的”[④]。

从学术层面看，卢卡契的观点似乎是保守的或陈旧的，是对现实主义所做的苍白无力的辩护，布洛赫、布莱希特的观点是合理的，因为后者不仅肯定了现代主义的某些成就，

---

① 卢卡契：《马克思和意识形态的衰落问题》，张佩芬译，见《卢卡契文学论文集》（1），北京：中国社会科学出版社 1980 年版，第 230 页。

② 布莱希特：《关于表现主义的争论》，见张黎选编《表现主义论争》，上海：华东师范大学出版社 1992 年版，第 283 页。

③ 布莱希特：《评形式主义》，见张黎选编《表现主义论争》，上海：华东师范大学出版社 1992 年版，第 305 页。

④ Eugene Lunn，*Marxism and Modernism*，Berkeley and Los Angeles：University of California Press，1982，pp.87–88.

也认为现实主义需要发展革新。但是从更深的层面看，事情远远比表面看上去要复杂得多。首先，卢卡契在论争中继续在坚持他早年提出的“整体性”原则。他认为直接反映在人们头脑中的资本主义基本经济范畴总是颠倒的，只有坚持整体性原则才能超越这个直接性。“这一经济体制的客观结构，使资本主义的外表显得‘支离破碎’，它是由那些被客观必然所决定的独立形成的因素组成的。当然，它应该在生活于这一社会之中的人的意识中得到反映，也应该在作家和思想家的意识中得到反映。这些局部因素的独立化，固然是资本主义经济的一种客观现实，但它毕竟只是一个部分，是总进程中的一个因素。”“每个真正的现实主义作家的文学实践，都表明了客观的社会总联系的重要性和为掌握这种联系所必须的‘全面性要求’。”① 这说明卢卡契仍然在坚持早年的整体性观点，要求资本主义环境下作家进行现实主义创作需要具备对生活于其中的世界的自我意识，因为“总体性问题是这个世界的关键性问题，在这个世界上，我们对于资本主义整体作为一个全球性体系的理解在结构上受到日常生活具体化的阻碍，受到阶级、种族、民族以及文化差异的阻碍，同时也受到使这些差异得以界定的明显的暂时性的阻碍”②。其次，20世纪30~40年代，卢卡契流亡在苏联，但他仍然矢志不渝地强调现实主义作为文学创作方法论的意义。“由于错误的主观主义，由于作家内心的这种无约束的过度享受所产生的危险，会导致作家站在一个可以无约束地任意插手干涉的自由试验的世界面前。形象不能获得不依赖于作家的，自己独立的生命。他们的命运的内在辩证法不能引导他超越他的意图，超越他原有的偏见，也不能够通过大胆描写生活中真实的发展过程来驳倒这种偏见。……作家任意控制他的形象和情节的能力愈小，现实主义胜利的希望就愈大。”③ 这些观点强调了现实主义方法的独立性，从中我们不难看出卢卡契也有以现实主义面目出现的反对对艺术的不合理干涉，为艺术争取自主性的思考。

到了20世纪下半叶，阿多尔诺晚年在《文学笔记》和《美学理论》中，继续对卢卡契的现实主义理论展开抨击，为现代主义和先锋派艺术进行辩护。这在很大程度上是20世纪30年代马克思主义美学阵营内部关于现实主义与现代主义的论争的继续。阿多尔诺指责卢卡契关于艺术作品是“对客观现实的反映”的观点，“是一个把自己与顽固庸俗的唯物主义捆绑在一起的谬论”。他认为卢卡契关于现实主义是健康的艺术、现代主义是病

① 卢卡契:《现实主义辩》，见《卢卡契文学论文集》(2)，北京：中国社会科学出版社1981年版，第5页、第6页。

② 詹姆逊:《可见的签名》，王逢振等译，南京：南京大学出版社2012年版，第93页。

③ 卢卡契:《马克思和意识形态的衰落问题》，张佩芬译，见《卢卡契文学论文集》(1)，北京：中国社会科学出版社1980年版，第231页。

态的艺术的二分，是把文学的上升与衰落同资产阶级的上升与衰落进行机械对应的结果，其实艺术的“病态和健康与进步 / 反动没有关系”。① 实际上，卢卡契提出并大力倡导现实主义，除了艺术创作方法论的原因，也的确有改变资本主义物化现实、推进无产阶级革命的政治考量，而现代主义则被视为阻碍革命发生的资本主义物化现实的病态表现。阿多尔诺与卢卡契争论的时候，资本主义已经处于“二战”后稳定发展、工人阶级的阶级意识走向衰落的时期。争论的语境发生了变化，看待问题的视角自然也大为不同。因为对于卢卡契来说，“先锋派是晚期资本主义社会异化的表现，但对于社会主义者来说，这也是资产阶级知识分子面对一种朝向对这个社会的社会主义改造的现实的历史阻力而出现的盲目性的表现。卢卡奇正是基于这一政治视角而说明现代社会主义艺术的可能性的，阿多诺没有这一政治视角，因此，对于他来说，先锋派艺术就成了晚期资本主义社会仅有的真诚的艺术”②。

三、马克思主义美学家对现代主义的重新评价

从法兰克福学派开始，马克思主义美学界和批评界对现代主义进行了重新评价。这些评价从整体上看摆脱了狭隘的政治判断，更多地着眼于艺术思潮本身，运用马克思主义立场与方法，对其做严肃认真的学理性的分析。

在马克思主义美学家和批评家中，本雅明对现代主义较早进行了美学意义上的社会分析。他不仅有专书评论波德莱尔，也始终保持着对卡夫卡、普鲁斯特、布莱希特等人的兴趣，最重要的是本雅明意识到技术进步在艺术中的意义。“他坚持认为，艺术中的宣教问题，能够藉关注艺术作品的形式而不是其内容来得到解决：进步的艺术作品是利用最先进的艺术技巧的作品，因而艺术家以技师的身份来经历他的活动，并且通过这种技巧的作品，他找到某种与工人在目的上的统一性。……他用以对抗法西斯‘机器美学化’的共产主义的‘艺术政治化’，旨在为革命事业利用其他马克思主义批评家（例如卢卡契）所敌视的那种现代主义。”③ 本雅明意识到公众的变化和技巧的拓展对艺术品的重大影响，因此他较早地重视现代主义的艺术革新，并对其作出理论上的总结。例如，在《机械复制时代的艺术作品》中他对艺术复制现象的描述，对崇尚“光晕”的古典艺术的膜拜价

① Theodor W. Adorno，“Extorted Reconcilation：On Georg Lukacs' Realism in Our Time”，in Rolf Tiedemann（eds），*Notes to Literature*，vol.1，New York：Columbia University Press，1974，p.218，p.221.

② 比格尔：《先锋派理论》，高建平译，北京：商务印书馆 2002 年版，第 165 页。

③ 詹姆逊：《马克思主义与形式》，李自修译，南昌：百花洲文艺出版社 1995 年版，第 67~68 页。

值到现代艺术的展示价值的揭示，以及他在《发达资本主义时代的抒情诗人》通过对波德莱尔、瓦莱里的诗歌研究得出的现代艺术产生“震惊”的心理体验的概括，都体现了他对现代主义甚至后现代主义发展状况的天才洞察和预见，在马克思主义批评内部对现代主义作出了完全不同于卢卡契的另一种判断。比如本雅明通过对现代主义诗歌的研究，断言震惊是一种现代体验。“波德莱尔把震惊经验放在了他的艺术作品的中心。这个被几个同时代人印证了的自画像具有极大的重要性。既然是他自己面临震惊的，那么波德莱尔少不了引起震惊。”[①] 他在《弗兰茨·卡夫卡》中对卡夫卡小说中“助手”的意象群以及“遗忘”在结构中的作用的分析，在《论卡夫卡》中对卡夫卡作品神秘体验和大都市居民体验交织的互补性世界的分析，提供了马克思主义对现代主义作品进行思想艺术分析的范例。

阿多尔诺则对现实主义所依托的反映论镜像模式进行了颠倒，“正由于艺术作品脱离了经验现实，从而能够成为高级的存在，并可依自身的需要来调整其总体与部分之间的关系。艺术作品是经验生活的余象（after-images）或复制品，因为它们向后者提供其在外部世界中得不到的东西。在此过程中，艺术作品摈弃了抑制性的、外在经验的体察世界模式”[②]。但是艺术又总是一种社会现象，“按照其定义来说，真正的艺术作品，真正的哲学，从来没有单独在其自身中，在其自在存在中耗尽自身。它们总是处在可以辨认出它们的实际生活过程的关系之中”[③]。阿多尔诺认为艺术作品以其作为现实的反题昭示其社会性和存在价值。从这样一种立场来看，只有唯美主义、象征主义以来的现代主义艺术才符合他对艺术的要求，所以阿多尔诺推崇以勋伯格、贝克特等为代表的现代主义艺术，他的美学也因此被称为“美学上的现代主义”[④]。阿多尔诺认为现代主义艺术首先是否定性的，既否定传统，也否定现实。“不和谐因素对现代主义艺术有着巨大而深远的影响；不和谐几乎成为现代主义中的一种常数。”[⑤] 其次，现代主义艺术追求自律，一方面它注重方法上的实验，追求形式的解放，求新求变，另一方面它具有抽象性，不少作品打破了与传统意指模式的对应关系，具有寓言式的表现法。再次，现代主义艺术失去了整体感，是碎片化的艺术。阿多尔诺认为，现代主义是西方“意义危机”的产物，是西方传统经验观的危机的产物。他以贝克特的作品为例，指出“贝克特的作品似乎是以无意义的经

① 本雅明：《发达资本主义时代的抒情诗人》，张旭东等译，北京：生活·读书·新知三联书店 1989 年版，第 133 页。

② 阿多尔诺：《美学理论》，王柯平译，成都：四川人民出版社 1998 年版，第 7 页。

③ Theodor W. Adorno，*Prisms*，London：MIT press，1997，p.22.

④ Lambert Zuidervaart，*Adorno's Aesthetic Theory*，London：The MIT Press，1991，p.38.

⑤ 阿多尔诺：《美学理论》，王柯平译，成都：四川人民出版社 1998 年版，第 26 页。

验为先决条件的，就好像那完全是一种惯例现象。虽然，它不仅仅是否定了意义而已。其任务在于把意义失踪的经验过程带到传统的艺术范畴中来，从而具体地否定它们，并从虚无中推断出新的范畴”①。

马尔库塞也从艺术对资本主义现实的反抗与超越潜能来分析现代主义在资本主义社会的兴起和现实主义的衰微。“现实越是控制所有的语言和交流，艺术就将越易于趋向非现实主义和超现实主义，它就将越是从具体推向抽象，从和谐推向不和谐，从内容推向形式。艺术因而是对已经构成现实基本部分的各种事物的拒绝。‘资产阶级’的反现实主义和‘形式主义’的作品的非现实性表现了自由的非现实性：艺术与它的对象一样都是超越性的。”②

威廉斯考察现代主义有两个显著特点：一是他把现代主义视为与资本主义发展有关的一种文化观念及书写形式，重视疏离、异化和断裂，属于所谓将自身与其他文化区分开来的高雅文化；二是把现代主义的出现与资本主义都市化进程联系在一起。他以文学中的城市形象及生活在城市中的人们的体验的变迁揭示了现代主义主题的变化：对陌生人群的观察和描写；个体在人群中的孤独感；对拥挤、犯罪的描写及城市“不可测知”的混杂性质的解释，当然也包括其中新的技术发展和文化情境所产生的开放、流动与兴奋等，上述社会关系的复杂性与微妙性，使得巴黎、伦敦成为现代主义诞生与发展的土壤③。

在晚近马克思主义美学家和批评家当中，詹姆逊一直比较关注现代主义研究。他在《马克思主义与形式》《后现代主义与文化理论》《晚期资本主义的文化逻辑》《单一的现代性》《可见的签名》等一系列著作中均涉及现代主义问题。在《后现代主义与文化理论》一书中，詹姆逊对现代主义进行了美学分析：第一，现代主义是一个深度模式，有历史感，试图改变人们的思想和生活。无论是现代主义文学还是现代主义绘画、建筑都有这个企图。第二，现代主义的主要问题是一个表达的问题，“在那些伟大的现代主义小说家和诗人中，我们会发现他们并不是发明了一种新的语言，而是使用语言以达到这样一个目的，那就是传达出在他们使用的语言后面还有另外一种语言，而这种语言又是他们所不能企及的。总之，表达问题是现代主义面临的一个重要问题，表达出现了一种危机”④。第三，对个人风格的追求，“风格问题是现代主义文学和艺术中占主导地位的方面。每一个现代主义大

① 阿多尔诺：《美学理论》，王柯平译，成都：四川人民出版社 1998 年版，第 266 页。

② 马尔库塞：《苏联的马克思主义》，张翼星等译，北京：中国人民大学出版社 2012 年版，第 74 页。

③ 参见威廉斯《现代主义的政治》，阎嘉译，北京：商务印书馆 2002 年版，第 57~67 页。

④ 杰姆逊：《后现代主义与文化理论》，唐小兵译，西安：陕西师范大学出版社 1987 年版，第 141 页。

师都是在追求自己的独特的风格……丧失了风格，在现代主义中，也就等于丧失了自我"[①]。第四，现代主义是焦虑感的象征。詹姆逊认为，"现代主义是关于焦虑的艺术，包含了各种剧烈的感情、焦虑、孤独，无法言语的绝望等"[②]。即现代主义是资本主义文化危机的一种表征和结果。第五，现代主义包含了乌托邦。关于这一点詹姆逊多有论述，"现代主义——绝非是对19世纪末社会生活物化的纯粹反映——也是对那种物化的反叛和象征行为，涉及到在日常生活的层面上对愈加严重的非人性化的整个乌托邦补偿。"[③]

在詹姆逊看来，资本主义所经历的三个阶段与文学上出现的现实主义、现代主义和后现代主义三个时期具有某种对应关系。"第一是国家资本主义阶段，形成了国家的市场，这是马克思写《资本论》的时代。第二阶段是列宁所说的垄断资本或帝国主义阶段，在这个阶段形成了不列颠帝国、德意志帝国等。第三阶段则是二次大战后的资本主义。……第一阶段的艺术准则是现实主义的，产生了如巴尔扎克等人的作品，但随着时间的流逝，时代的进步，生物学意义上的'变异'在不断地发生，于是第二阶段便出现了现代主义。而到了第三阶段现代主义便成为历史沉寂，出现了后现代主义。后现代主义的特征是文化工业的出现。"[④]

詹姆逊认为，金钱是理解现实主义的关键因素，它决定了资本主义生产条件下人们的生活及其互相关系，成为现实主义故事和叙事形式的源泉，也是现实主义直接表现的主题和中心表象。对于理解现代主义来说，时间是最重要的因素，现代主义的历史经验就是时间体验。它更为关心人们的内在经验和心理体验，一切空间现实都化为时间观念存在于人们的记忆之中。但这种时间体验不能归结为主观主义或心理主义，因为这种体验同人的物化的生存状态有关，它既表现为焦虑、沉沦、孤独，又表现为一种期待和乌托邦。而在后现代主义那里，一切时间或（和）历史感消失了，留下的只是若明若暗的幻影。这种当下的体验是非连续的，失去了统一性，是空间性的。

詹姆逊后来结合现代性分析现代主义，对自己的现代主义理论进行了补充论证。他在阐释海德格尔的现代性理论时指出，现代性其实包含了对笛卡儿"我思"作为意识的实质、意识的再现的一种反拨，是对世界进行重组进而产生新的存在的过程，这就与现代主义产生了关联。继而，现代主义还与时间感的变化、物化的加剧有关，所有这些形

① 杰姆逊:《后现代主义与文化理论》，唐小兵译，西安：陕西师范大学出版社1987年版，第144页。
② 杰姆逊:《后现代主义与文化理论》，唐小兵译，西安：陕西师范大学出版社1987年版，第143页。
③ 詹姆逊:《政治无意识》，王逢振、陈永国译，北京：中国社会科学出版社1999年版，第32页。
④ 杰姆逊:《后现代主义与文化理论》，唐小兵译，西安：陕西师范大学出版社1987年版，第5页。

成了现代主义追求新颖的叙事[①]。可见，詹姆逊对现代主义的思考，始终以现实主义作为参照系。

在关于现代主义的论争中，有两个问题比较重要，也是争论的核心问题，事关马克思主义美学界与批评界对现代主义性质和特征的认知与评价，又暴露了西方马克思主义阵营内部的复杂分歧：一是现代主义的内向性、主观性趋向以及由此而来的碎片化特征；二是现代主义带有自律性，包含着对自身材料的关注，以及由此而来的现代主义的形式化追求和社会功能的变化。关于现代主义的内向性，本雅明多有认识。在《波德莱尔的几个母题》中，本雅明对经历（Erlebnis）和经验（Erfahrung）进行了区分。他认为经历还是一个没有完成的经验，与之对应的是记忆。而经验“能把事变转化为一个曾经体验过的瞬间”，它融汇了时间性和传统[②]。现代生活中回忆取代记忆，经过意识的缓冲和肢解，然后再在意识中显示为严格意义上的体验。伽达默尔也说：“如果某个东西不仅被经历过，而且它的经历存在还获得一种使自身具有继续存在意义的特征，那么这种东西就属于体验。以这种方式成为体验的东西，在艺术表现里就完全获得了一种新的存在状态。”[③]在其对普鲁斯特的研究中，本雅明又说：“普鲁斯特并非按照生活的本来的样子去描绘生活，而是把它作为经历过它的人的回忆描绘出来。不过这样说未免过于粗疏空泛。对于回忆着的作者来说，重要的不是他所经历过的事情，而是如何把回忆编织出来。”[④]本雅明注意到《追忆逝水年华》的梦幻结构及其所表征世界的超现实主义性质，构成文本肌体的不是情节，而是飘忽不定、多愁善感的回忆本身，充斥着无聊感、乡愁。普鲁斯特感兴趣的是时间流逝的空间化形式，是使整个世界同一个人的生命一同衰老，同时又把这个生命过程表现为一个瞬间。普鲁斯特的方法是展现，而不是反思。而卢卡契则是从主体对世界的态度或认识来看待从经典现实主义的整体性到现代主义的碎片性的变化，他使用的术语是从叙述到描写。“卢卡契认为能够有总体论的观点的作家写作的是叙事形式的作品，而如果一位作家不能从总体论的角度来讲故事，那么他或她的作品就是描述性的，是关于现象和对象的文学。他由此将前者称为现实主义，后者为现代主义。”[⑤]叙述是参与，

---

① 参见詹姆逊《单一的现代性》，见王逢振主编《詹姆逊文集》第4卷，北京：中国人民大学出版社2004年版，第40页、第98~102页。

② 本雅明：《波德莱尔的几个母题》，见阿伦特编《启迪——本雅明文选》，张旭东等译，北京：生活·读书·新知三联书店2008年版，第175页。

③ 伽达默尔：《真理与方法》上卷，洪汉鼎译，上海：上海译文出版社1999年版，第78页。

④ 本雅明：《普鲁斯特的形象》，见阿伦特编《启迪——本雅明文选》，张旭东等译，北京：生活·读书·新知三联书店2008年版，第216页。

⑤ 杰姆逊：《后现代主义与文化理论》，唐小兵译，西安：陕西师范大学出版社1987年版，第89页。

是体验，描写是观察，是旁观；叙述需要分清主次，描写则抹煞差别。卢卡契说："在司各特、巴尔扎克或托尔斯泰的作品中，我们熟悉许多事件，它们之所以有意义，是由于参与其中的人物的命运，由于这些人物在扩展个人生活的同时对于社会生活所具有的意义。我们是小说人物所参与的那些事件的观众。我们在体验这些事件。在福楼拜和左拉的作品中，人物本身只是一些与偶然事件多少有点关系的旁观者。所以，这些偶然事件对于读者就变成一幅图画，或者不如说，是一批图画，我们在观察这些图画。"[①] 这个观察与分析虽然有部分合理性，但还是着眼于文学反映社会整体的反映论和文学形式与精神结构的对应关系，并且没有注意福楼拜之后小说从全知全能到有限叙述的叙述方式的变化。"具有决定意义的是叙事的内化，它不仅来自艺术品的内部，而且也来自叙事朝着艺术基本结构发生的变化。原本历时的东西现在变成了共时；依照时间连续发生的事件出乎预料地变成了各种不同成分共存的局面，这些各不相同的成分重组结构，构成一个统一体。……现代主义就这样将这一过程压缩成一个整体并使它永久。于是，每一个文本就成为一个被冻结的现代主义寓言，同时也是一个广泛的、无人看见或者能够予以充分再现的时间运动。"[②] 而詹姆逊在对现实主义、现代主义、后现代主义的流变进行了辩证分析的同时，又暗示了艺术有责任再造社会整体性，说明他在一定程度上还是支持卢卡契的立场的。

至于另外一个问题即现代主义对自律性的追求及其社会功能的变化，哈贝马斯将其归之于资本主义社会公共领域的结构分化。"资产阶级艺术在面对艺术外部的使用需求时，已经变得自律了。只有它还积极抵制牺牲资产阶级理性化，并且要求进行补偿。资产阶级艺术在资产阶级社会物质生活进程中实际上变成了非法需求获得满足的避难所。""现代性使得资产阶级艺术的自主性彻底独立于艺术外部的应用语境。有了现代艺术，才出现了一种史无前例的反文化，它产生于市民社会本身的中心，而又敌视占有性个人主义追求成就和利益的资产阶级生活方式。"[③] 而卢卡契把黑格尔的美学与马克思的社会理论相结合，把资产阶级上升时期的现实主义视为艺术的永恒形式，现代主义由于背离现实主义而被认为是腐朽没落的标志。阿多尔诺则视先锋艺术为艺术在资本主义社会全面异化时代的必然表现。比格尔认为，"在资产阶级社会中，只有唯美主义的出现，才标志着艺术现象的全面展开成为事实。……只是在历史上的先锋派运动出现后，对不同的技巧和手段的认识才成为可能。" 比格尔把艺术活动诸要素的充分展开，艺术手段被提升为原

① 卢卡契：《叙述与描写》，见《卢卡契文学论文集》（1），北京：中国社会科学出版社 1980 年版，第 44 页。
② 詹姆逊：《单一的现代性》，见王逢振主编《詹姆逊文集》第 4 卷，北京：中国人民大学出版社 2004 年版，第 102~103 页。
③ 哈贝马斯：《合法化危机》，刘北成、曹卫东译，上海：上海人民出版社 2001 年版，第 102 页、第 109 页。

理，视为现代主义诞生与发展的契机，这个转变是从波德莱尔开始的。这时候，艺术与生活实践相脱离，审美变得“纯粹”了，但是艺术也变得缺乏社会影响力了。“现实主义不再就是艺术创作的原理，而成为某个时期的做法的总和。艺术发展过程的总体性只有在自我批判的阶段才能清楚地表现出来。只有在艺术实际上已经完全将自身从生活实践中的一切分离开来时，组成资产阶级社会中的艺术发展原理的两个要点才能为人们所看到：艺术逐渐从真正生活语境中脱离开，相应地，审美作为一种独特的经验领域的形成。”[①]也就是说，自唯美主义开始，艺术的内容失去了它们的政治性质，艺术除了艺术什么也不是，作为社会子系统的艺术有可能进行自我批判和反思。19世纪现实主义小说作为思考个人与社会关系的媒介，仍然起着资产阶级自我理解的作用。唯美主义摆脱了对外在于文学的东西的关注，而转向了文学的媒介自身，即形式具有社会批判的意味。所以有人说：“马克思主义理论一开始就关注文学形式的性质问题，这在关于现实主义和现代主义的论争中表现得特别明显。”[②]这种说法是有道理的。

虽然也有人如苏珊·桑塔格认为，西方马克思主义整体上的人道主义立场和对先锋艺术缺乏敏感性使他们对现代艺术的认识和评价受到局限，“我指的是他们局限于‘人道主义’的方式。尽管这些新马克思主义者执着于历史进步观，但他们对非社会主义国家的当代文化的大多数有吸引力和创造性的特征却显得特别迟钝。就他们对先锋艺术的总体缺乏兴趣而言，就他们对当代具有非常不同的性质、意义的艺术、生活的风格的全盘指责（如‘异化’、‘非人’、‘机械化’）而言，他们显示出他们自己与诸如阿诺德、罗斯金、布克哈特这些在19世纪著书立说的对现代性持批评态度的保守的大批评家们在精神上没有什么不同。”[③]但是，纵观20世纪马克思主义美学与文学批评发展历史，马克思主义与现代主义的关系历经了从批判否定到相对合理评价的转变。这个过程从表面上看，与庸俗社会学和机械唯物论的退潮有一定关系，而在更大程度上，是西方马克思主义美学家摆脱了反映论与现实主义美学范式的束缚，以经过重新阐释的马克思主义艺术生产理论范式等其他理论范式审视现代主义艺术，从而与时俱进，走向包容和开放的结果。马克思主义美学对于在一定程度上算得上是现代主义的理论表现的形式主义的态度转变，也几乎重演了同样的历程。我们接下来将对此进行详细分析。

---

① 比格尔：《先锋派理论》，高建平译，北京：商务印书馆2002年版，第82页、第88页。

② Moyra Haslett，*Marxist Literary and Cultural Theories*，London：Macmillan Press，2000，p.86.

③ 桑塔格：《反对阐释》，程巍译，上海：上海译文出版社2003年版，第104页。译文略有改动。

第九章　马克思主义与形式主义的对话

应该说，马克思本人是非常重视文学形式的。“马克思永远把文学看为一个声音-形象的体系，就是说，文学不仅诉诸人们的智力、道德感，诉诸一种形式抽象的感觉，而且也要引起人们的听觉和视觉的共鸣。”① 从具体的文艺批评实践看，马克思包括恩格斯其实把艺术形式置于比内容更突出的位置。比如在1859年就拉萨尔的悲剧《弗兰茨·冯·济金根》给拉萨尔的信中，马克思就首先称赞该剧剧本结构和情节比现代德国剧本高明，其次说该剧富有感染力。在谈缺点的时候，马克思“第一”谈的“纯粹是形式问题”，批评该剧虽然是用韵文写作，但是韵律安排得不够艺术化，然后再批评该剧内容处理方面的问题②。恩格斯在进行文学批评时也把美学标准置于历史标准之前。但是马克思并没有形成一个形式批评范式。在从第二国际普列汉诺夫到苏联早期批评家卢那察尔斯基等人那里，马克思主义美学和文艺批评的社会政治历史维度被强化，形式批评维度被淡化，并与20世纪初发展起来的形式主义批评形成对立。这一趋势自西方马克思主义美学和文艺批评兴起之后逐步得到扭转。总体上看，20世纪马克思主义美学与文艺批评同形式主义美学的关系经历了从冲突到对话的演变历程，形成了若干相互结合的形态。深入考察二者得以对话与融合的理论渊源和美学机理，剖析其中的利弊得失，可以从中探讨社会历史研究与形式研究相统一的一般规律，为马克思主义美学和文论建设提供有益的借鉴。

一、马克思主义美学与形式主义关系的演变

在很大程度上可以说，马克思主义与形式主义是西方20世纪两个最主要的美学和文论思潮，因为它们几乎贯穿了整个20世纪，并且至今仍然有很大的影响力。这里所说

---

① 柏拉威尔:《马克思和世界文学》，梅绍武等译，北京：生活·读书·新知三联书店1980年版，第280页。

② 参见马克思《致斐·拉萨尔》(1859年4月19日)，见《马克思恩格斯选集》第4卷，北京:人民出版社1995年版，第553页。

的形式主义，指的是20世纪受到以索绪尔为代表的现代语言学的启发，以文学作品为关注中心，以文学语言、形式、结构为研究对象的美学与文论派别，如俄国形式主义、新批评、结构主义等[①]。表面看来，马克思主义与形式主义这两个思潮似乎最具有异质性：马克思主义美学与文论重视文学的社会性质与社会功能，形式主义美学看重文学的自身特性。伊格尔顿指出了传统马克思主义批评中的两种倾向："一则，马克思主义批评传统地反对一切文学上的形式主义，抨击它惯于把注意力转向纯技巧性问题，剥夺了文学的历史意义，将文学降低成为一种审美游戏。……二则，大量的马克思主义批评在实践中不够重视艺术形式方面的问题，将这个问题搁置一边，一味探索政治内容。马克思本人认为文学应该是形式与内容的统一。"[②]但是，这只是问题的一个方面，美国学者厄尔利希注意到，早在20世纪20年代苏联的文学论争中，"形式主义与马克思主义之间的相互关系问题便是核心问题"[③]。英国学者托尼·本尼特也认为，马克思主义与形式主义的"对话已经发生并且卓有成效，虽然这个对话对马克思主义批评的主流影响不大。近年来，在马克思主义批评试图整合结构主义和符号学方面的一些成果时，形式主义已经对马克思主义批评产生了一种边缘性的影响"[④]。本尼特说的是20世纪六七十年代的情况。自那以后，形式主义美学对马克思主义美学与文学批评的影响日益显著。可以说，马克思主义美学与形式主义美学之间的冲突、对话与融合是20世纪西方美学中最值得注意与深思的现象之一。具体表现为，在20世纪中前期，在马克思主义美学与俄国形式主义、新批评之间，二者以冲突和对立为主，但在卢卡契、早期法兰克福学派和部分俄苏马克思主义美学家那里，也出现了与形式主义对话与结合的尝试。到20世纪下半叶，马克思主义美学与结构主义美学之间的关系出现了转折与调整，走向多方面的对话与结合。

我们先来了解一下20世纪马克思主义美学和文论与形式主义美学的关系的演变历程。在20世纪20年代初的俄国，试图运用马克思主义观点来解释文学现象的美学与批评派别与形式主义发生了论争与冲突。形式主义以语言与形式界定文学的特点，坚持艺术结构本身的非社会性，而马克思主义美学将文学以及文学形式视为一种社会现象。这

① 本章把形式主义包括结构主义作为20世纪一个大的美学思潮与马克思主义的关系进行总体研究。由于结构主义运动除了涉及美学问题，同时还涉及复杂的哲学、社会政治与思想史问题，且与马克思主义关联度较高，因而关于结构主义与马克思主义的关系问题本书第十章还将进行专门论述。

② 伊格尔顿：《马克思主义与文学批评》，文宝译，北京：人民文学出版社1986年版，第24页。

③ Victor Erlich，*Russian Formalism*，The Hague：Mouton Publishers，1980，p.108.

④ Tony Bennett，*Formalism and Marxism*，London and New York：Methuen，1979，p.96.

就产生了两种艺术观念的冲突。卢那察尔斯基说："形式实质上应当来自内容，即文学艺术家想说的某种内容。……归根结底，这种形式对社会的阶级结构、对一定的文学作品所服务的那个阶级中占支配地位的那种情感结构，处于某种微妙的依赖关系。"[①] 托洛茨基在《文学与革命》中批评了形式主义的基本艺术主张，如认为陌生化概念是与脱离现实联系在一起的。但他承认，艺术创造包含了"根据艺术的特殊规律产生的现实的折射、变态和变形"，在文学批评活动中，"艺术创作的产品，首先要用它自己的规律，亦即艺术的规律来评断它"。所以托洛茨基认为，"形式主义的那些运用于合理的范围内的方法论手法，有助于阐释形式的艺术心理特点（形式的精练性、迅速性、对比性、夸张性等）。由此，又可以发现通向艺术家世界观的诸多途径中的一条，可以较为容易地揭示个别艺术家或整个艺术流派的社会制约性"[②]。这暗示了形式主义在一定程度上可以作为马克思主义美学的补充。由此也见出马克思主义与形式主义看待文学立足点的不同：马克思主义认为文学与社会的关系是文学的根本属性，同时也承认艺术形式作为文学自身法则的重要性；而形式主义关注文学作为语言艺术的特殊性，坚持把文学与其他社会文化现象进行区分，认为文学和文学形式本身具有自足性。按照对形式主义持批评立场的巴赫金的说法，"形式主义者的区分特点的倾向与马克思主义的倾向是完全对立的。他们把区分特点设想为对某一意识形态领域的隔离，与意识形态和社会生活的一切别的力量和能量的隔离。他们把特点、独特性设想为对一切别的事物的保守的和敌视的力量，也就是说，他们不是辩证地理解独特性的，因而不能把独特性与社会历史生活的具体统一体中的生动的相互影响结合起来"。巴赫金认为，"每一种文学现象（如同任何意识形态现象一样）同时既是从外部也是从内部被决定的。从内部——由文学本身所决定；从外部——由社会生活的其他领域所决定。不过，文学作品被从内部决定的同时，也被从外部决定，因为决定它的文学本身整个地是由外部决定的。而从被外部决定的同时，它也被从内部决定，因为外在的因素正是把它作为具有独特性和同整个文学情况发生联系（而不是在联系之外）的文学作品来决定的。这样，内在的东西原来是外在的，反之亦然"。[③] 不过，在巴赫金将对文学的外部考察与内部考察结合起来的做法中，也包含了对形式主义内在研究法的某种肯定与借鉴。

① 卢那察尔斯基：《马克思主义和文学》，见卢那察尔斯基《关于艺术的对话》，吴谷鹰译，北京：生活·读书·新知三联书店 1991 年版，第 79 页。

② 托洛茨基：《文学与革命》，刘文飞译，北京：外国文学出版社 1992 年版，第 163 页、第 166 页、第 152 页。

③ 巴赫金：《文艺学中的形式主义方法》，李辉凡、张捷译，桂林：漓江出版社 1989 年版，第 48 页、第 38 页。

其次，如同巴赫金所说，马克思主义重视文学的历史性或历时性，而发端于结构主义语言学的形式主义注重共时性，这也是一个争论的根源。托洛茨基声称“只有马克思才能解释:某一时代的某一艺术派别为何出现和自何处而来”[①]。后来，新批评派的韦勒克承认这一点是马克思主义批评与形式主义批评的主要分歧所在。“回顾马克思主义批评，应该赞扬的是人们重视起以往每每为人忽视的文学的社会来源和社会含义，可是实际的批评却极少发展这条路径。”[②]他所说的“实际的批评”其实就是指形式主义批评，而对文学的社会来源及社会含义的关注正是马克思主义美学和文学批评的重要特征。

再次，马克思主义包含了解放全人类的政治目标，显然与形式主义对独立的文学科学的追求及其客观主义研究立场不相吻合，形式主义反对马克思主义和马克思主义美学与文学批评的原因之一便是后者的政治伦理诉求。新批评派的布鲁克斯说:“将美学判断与道德判断纠缠在一起会导致一个典型的困难，那就是将美学价值捆绑在道德系统上面:诗歌会成为宗教或道德的仆女，无论是在基督教徒，马克思主义者，或者其他人那里，就是这样。”[③]这方面马克思主义与形式主义的确难以调和。被视为“结构主义马克思主义者”的阿尔都塞曾对结构主义的非政治化倾向提出批评，而为马克思主义批评的政治诉求进行辩护。他说，结构主义的总倾向是“唯理性的、机械的、尤其是形式主义的倾向。说到底，结构主义（最好还是说某些结构主义者）趋向于认为，真实是由要素随意混合而成的产物”。马克思主义与结构主义的区别不仅在于前者重视过程对结构的优先性，还在于在马克思主义的理论中，“倾向（倾向性规律、倾向性过程的规律，等等）的概念是个关键的概念，……在倾向的概念中，不仅显露出过程的内在矛盾（马克思主义不是结构主义，不仅因为它断言过程对结构的优先地位；然而，这也还不够），而且还显露出在政治上和哲学上更为重要的东西，即倾向的特殊地位，这种特殊地位使马克思主义科学绝无仅有地成为一种革命的科学”。[④]

但是，早在20世纪20年代，俄国形式主义者艾亨鲍乌姆和马克思主义批评家巴赫金等人便认识到马克思主义与形式主义有对话的可能性。艾亨鲍乌姆认为，马克思主义与形式主义不是完全不相容的:前者是一种历史哲学，后者属于个性化的人文科学，即

---

① 托洛茨基:《文学与革命》，刘文飞译，北京:外国文学出版社1992年版，第166页。

② 韦勒克:《近代文学批评史》第6卷，杨自伍译，上海:上海译文出版社2005年版，第168~169页。

③ Cleanth Brooks，*The Well Wrought Urn*: *Studies in the Structure of Poetry*，New York: Harcourt Brace Jovanvich，1975，p.239.

④ 阿尔都塞:《自我批评材料》，见朱立元主编《二十世纪西方美学经典文本》第三卷《结构与解放》，上海:复旦大学出版社2001年版，第46页、第48页。

文学研究；前者研究社会变化的历程，而后者主要应对的是文学形式与传统的演变。在艾亨鲍乌姆看来，关注演变过程的共同兴趣会提供二者相互结合的基础[①]。艾亨鲍乌姆在这里实际上指出了马克思主义与形式主义都有对文学现象作历时研究的可能性，这一点十分重要。巴赫金则对20年代马克思主义与形式主义之间的冲突做了认真的反省：“马克思主义者在大多数场合都承担捍卫内容的任务，但是在捍卫内容免受形式主义损害的同时，却把这一工作不合适地同诗学结构本身对立起来。随便地回避了内容在作品结构中的结构功能问题，好像没有看到这一点似的。而问题却恰恰就在这里。”巴赫金从当时的文学论争中，敏锐地觉察到马克思主义美学与文艺批评内容形式二分中所存在的理论间隔或裂痕。他认为，对于马克思主义来说，“必须填补在意识形态上层建筑的一般学说与对特殊问题的具体研究之间的空缺”[②]。即需要建立马克思主义的观念与方法和文学形式的具体研究之间的沟通与转换环节。这就提出了一个至关重要的问题：能否重新界定语言、形式、结构在实现意义中的功能，使马克思主义的社会历史批评得以借鉴形式主义的洞见和技术。20世纪中前期，在这方面做得比较成功的是巴赫金、法兰克福学派，20世纪后期的代表人物则是詹姆逊、伊格尔顿，而在理论上对二者结合的可能性进行了富有成效的探讨的是卢卡契和托尼·本尼特。

二、马克思主义美学与形式主义相结合的基本形态

从方法论上看，从20世纪20年代到70、80年代，马克思主义美学和文论与形式主义的对话具有多种形态：超语言学方法与社会历史方法相结合，如巴赫金的研究；社会学方法与形式分析相结合，如卢卡契、阿多尔诺的研究；索绪尔语言学方法、结构主义叙事学方法与历史方法相结合，如詹姆逊的研究，等等。也可以说，巴赫金、卢卡契－法兰克福学派、詹姆逊－伊格尔顿，代表了二者对话的不同阶段。

巴赫金的超语言学旨在建立一种把社会历史研究与形式结构研究相统一的社会语言观，是将马克思主义与形式主义相结合的较早尝试。巴赫金从社会学入手看待语言现象，认为作为形式主义来源的索绪尔的语言学只是一个抽象的体系，它的最大失误在于语言与其意识形态内容的分离，必须研究语言形式交往、应用中的客观因素，“艺术表述的形式——作品，就只有在文学生活的统一体之中，在与其他文学形式的不可分割的联系之中，

① Victor Erlich, *Russian Formalism*, The Hague: Mouton Publishers, 1980, p.108.
② 巴赫金：《文艺学中的形式主义方法》，李辉凡、张捷译，桂林：漓江出版社1989年版，第90~91页、第7页。

才能够理解",所以"使形式结构主题化是十分重要的"[①]。巴赫金还将他的超语言学应用于文学研究。在《文学作品的内容、材料与形式问题》中,他把文学形式分为两个层面:布局形式即材料的组织属于形式的技术方面,建构形式即文学中认识价值和伦理价值的结合与组织属于高一级的形式,其价值在于表现内容,前者服从于后者。因此,文学形式的"一个最重要的功能"是"直觉地把认识与伦理融为一体"[②]。在对陀思妥耶夫斯基复调小说的研究中,巴赫金注意到,陀思妥耶夫斯基注重共存与相互作用的共时性观察事物的方式同主人公们的世界两者之间的联系,该联系决定了复调小说的艺术结构和描绘人物的方法,并探讨了资本主义制度下的异化、被压迫现象与人的意识的矛盾性、双重性的关系。尤为重要的是,巴赫金肯定了陀思妥耶夫斯基复调小说的"艺术形式所具有的解放人和使人摆脱物化的意义"[③]。这就把马克思主义的社会历史分析与形式主义的语言、结构模式分析结合了起来。

传统的马克思主义美学和文论受到黑格尔形式观的影响。黑格尔说:"内容非他,即形式之转化为内容;形式非他,即内容之转化为形式。""只有内容与形式都表明为彻底统一的,才是真正的艺术品。"[④]这种说法看到了内容与形式之间相互转化的关系,但它将内容与形式纳入同一哲学范畴进行操作的做法,仍然假定了形式对内容的依存关系。形式在这里没有独立性,是为黑格尔的唯心主义体系服务的。所以在《美学》中,黑格尔又说:"一定的内容就决定它的适合的形式。"[⑤]就连在一定程度上肯定形式研究自身价值的托洛茨基也认为,"艺术形式在一定的和非常广泛的范围内是独立的,但是,作为这一形式创造者的艺术家和欣赏这一形式的观众,并不是用来创造形式和接受形式的空洞的机器,而是具有固定的心理的活生生的人……这一心理是受社会制约的"[⑥]。如何转化与改造黑格尔的形式观念,是马克思主义美学与文论面临的任务。从马克思主义美学和文论发展史看,卢卡契是较早注意形式重要性的人,"形式史始终是他的文学理论和美学理论的本质"[⑦]。卢卡契所做的工作主要是把黑格尔的形式观念推演到文学形式与社会形势

---

① 巴赫金:《马克思主义与语言哲学》,张杰等译,见钱中文主编《巴赫金全集》第二卷,石家庄:河北教育出版社 1998 年版,第 427 页、第 519 页。

② 巴赫金:《文学作品的内容、材料与形式问题》,晓河译,见钱中文主编《巴赫金全集》第一卷,石家庄:河北教育出版社 1998 年版,第 334 页。

③ 巴赫金:《陀思妥耶夫斯基诗学问题》,白春仁、顾亚铃译,北京:生活·读书·新知三联书店 1988 年版,第 102 页。

④ 黑格尔:《小逻辑》,贺麟译,北京:商务印书馆 1980 年版,第 278 页、第 279 页。

⑤ 黑格尔:《美学》第 1 卷,朱光潜译,北京:商务印书馆 1979 年版,第 18 页。

⑥ 托洛茨基:《文学与革命》,刘文飞译,北京:外国文学出版社 1992 年版,第 158~159 页。

⑦ E. 巴尔:《乔治·卢卡契的思想》,张伯霖译,参见张伯霖等编译《关于卢克契哲学、美学思想论文选译》,北京:中国社会科学出版社 1985 年版,第 66 页。

辩证分析领域。在卢卡契看来，“文学中真正的社会因素是形式”[①]。卢卡契认为，文学形式有其现实基础，摆脱不了社会历史的制约。他在分析19世纪后半期德国文学的衰退时说：“德国的生活依然是狭隘的，从政治地理上看是四分五裂，从社会关系上看是五花八门，因此，从这种生活中就不可能产生再现它的真正的新的艺术手段。”小说和戏剧的形式问题和由伟大的社会斗争而产生的思想和道德冲突的结合，是某种社会情势自发的经历及其在文学上的反映，“采用什么形式，是由题材，是由对这些冲突艺术的加工而有机产生的，因此，就是采用形式的这种连续性也具有对艺术特别有利的自发性。19世纪的俄国小说就是这样的，它们形式上最伟大的创新就是由于社会和艺术自觉地共同参与整个发展而有机地产生出来的。因此，即使是重新使用以前的发展倾向，也会获得超过纯主观艺术的，纯形式试验的社会和世界观的意义”。[②] 社会形势的变化会提出文学形式问题。在社会转折时刻，伟大的作家会接受社会新意蕴的全部丰富性，创作出与之相适应的新的文学形式。在对司各特、巴尔扎克的研究中，卢卡契揭示了现实主义注重完整性和写实性的艺术形式怎样与上升时期资本主义的社会情势相联系。在晚期卢卡契那里，艺术形式由线条、空间、旋律与节奏等构成，是对现实生活材料进行加工之后的审美反映方式，蕴含了“人的物质生活、社会生活、精神生活以及道德生活的全部规定”[③]。有学者如此归纳卢卡契审美形式的逻辑运演轨迹，“艺术作为一般的反映活动（哲学反映论）→艺术作为特殊的反映活动（审美反映论）→特殊的反映活动与特殊的反映形式（艺术形式）相联系（由艺术本体论切入艺术社会学）”[④]。在这种情况下，艺术形式与社会的整体存在相联系，提供了通向社会生活和历史活动的途径。但是卢卡契的形式观念还带有比较浓厚的黑格尔形式观的印记，卢卡契眼中的形式还是时代精神的某种折射或投影。而且，由于没有看到现代语言学的革命意义，他未能对现代主义艺术新的表现形式给予合理的评估。卢卡契的学生戈德曼延续了他研究文学形式的社会性质这一思路，糅合卢卡契、皮亚杰的学说，形成一套发生学结构主义小说社会学研究，认为“小说的社会学会涉及的最首要的问题，却是小说形式本身和使它得以发展的社会环境的结构之间的关系”[⑤]。在戈德曼的《隐蔽的上帝》中，卢卡契的上述研究模式变成了对阶级环境、世界观和文学形式之间同构关系

① 卢卡契：《现代戏剧发展史》，转引自伊格尔顿《马克思主义与文学批评》，文宝译，北京：人民文学出版社1980年版，第24页。

② 卢卡契：《德国文学中的进步与反动》，见范大灿编选《卢卡契文学论文选》第一卷，北京：人民文学出版社1986年版，第97~98页、第148~149页。

③ 卢卡契：《审美特性》第1卷，徐恒醇译，北京：中国社会科学出版社1986年版，第440页。

④ 赵宪章主编：《西方形式美学——对形式的美学研究》，上海：上海人民出版社1996年版，第515页。

⑤ 吕西安·戈尔德曼：《论小说的社会学》，吴岳添译，北京：中国社会科学出版社1988年版，第10页。

的研究，流于简单的机械对应。

从法兰克福学派开始，西方马克思主义进一步改造了黑格尔的形式观念，形式摆脱了对内容的依附地位，被赋予了重要位置，甚至具有了颠覆与解放的潜能。本雅明借鉴马克思的艺术生产理论，探讨机械复制时代技术进步与艺术生产的关系，形式进步被视为艺术进步的标志之一。在阿多尔诺那里，“一部艺术作品的内容，归根结蒂要从它的形式来判断，正是作品实现了的形式，才为作品中产生的那个决定性的社会阶段中种种有力的可能性提供了最可靠的锁匙”[①]。阿多尔诺突破了黑格尔唯心主义意义上的形式观念，把它扩大为接近于本雅明意义上的技巧程式概念，但对艺术具有根本性，“真正的形式在下述意义上与批判会聚在一起，那就是无论艺术作品在任何地方发动自我批评，都是通过形式进行的……作品的存在应归功于形式，因此形式是它们的中介体，是它们在自身中得以反思的客观条件”。形式的变革凸显了社会内涵，“虽然艺术中的形式特征不应从直接的政治条件出发予以解释，但它们的实质性内涵就包括政治条件。所有真正的现代艺术均寻求形式的解放。这一趋势是社会解放的一种暗码，因为形式——各种细节的审美综合体——再现出艺术作品与社会的关系。难怪形式的解放是对现状的强烈谴责或诅咒”。[②] 在阿多尔诺那里，艺术的自律性是社会性的保证，因而对艺术的分析应当从形式的审美分析入手，才能达成一种社会判断。但是阿多尔诺并不认可为形式而形式，例如纯粹为了风格的因素而进行形式实验，“在现代艺术的强光之下，风格本身显示了它的约束性要素。从风格借来的对形式的需要以形式的恶的强制性愚弄了人民。如果一种形式本身不是靠它的透明的功能来证明它的生存权利，而只是为了有形式而被设定的，那么这种形式就是不真实的，甚至作为一种形式也是不妥当的”[③]。马尔库塞则在形式对改变知觉和建立新感性的意义上看待艺术形式的革命性，“在形式中‘包含着’否定的东西，形式总是一个‘破碎的’、‘升华了’的对立，它使现存现实发生形式和实质的变化，即从现存现实中解放出来”。“在审美的形式中，内容（质料）被组合、整形、调整，以致获得了一种条件，在这个条件下，‘材料’或质料的那些直接的、未被把握住的力量，可以被把握住，被‘秩序化’。形式就是否定，它就是对无序、狂乱、苦难的把握，即使形式表现着无序、狂乱、苦难，它也是对这些东西的一种把握。艺术的这个胜利，是由于它把内容交付于审美秩序。而审美秩序就其本身的要求看是自律的。艺术作品建立了自

---

① 詹姆逊:《马克思主义与形式》，李自修译，南昌：百花洲文艺出版社1995年版，第43~44页。

② 阿多尔诺:《美学理论》，王柯平译，成都：四川人民出版社1998年版，第251页、第435页。

③ 阿多尔诺:《否定的辩证法》，张峰译，重庆：重庆出版社1993年版，第92页。

己本身的界限和目的，它的意谓就在于把各个组成成分按其自身的法则连系在一起，这些法则构成悲剧、小说、奏鸣曲和绘画的'形式'。……因而，内容被形式所改造，从而获得了超越其内容组成成分的一种意义。这个超越的秩序，就是作为艺术真理的美的显现。"[①] 所以马尔库塞说，每一部真正的艺术作品都是革命的，因为它以艺术的方式倾覆着知觉和知性方式，控诉着既存的社会现实，展现着自由解放的图景。马尔库塞进一步认为，形式通过对现实存在的变形，推出了与经验现实相对立的自由形象。"现实的东西和可能的东西之间的紧张，被转化为一种不可解决的冲突，在这之中，调解要借助于作为形式的作品：这种形式即是作为'幸福的承诺'的美。在作品的形式中，现实的环境被置放在另一维度，在此，给定现实自身表现为当下的存在。……虚构倾覆了日常经验，揭示出它的支离破碎和虚伪。"[②] 这样一来，一些原先被视为形式主义策略的概念，如陌生化等，也被赋予全新的社会意义。我们注意到，卢卡契 - 法兰克福学派与形式主义的对话并不是直接的，而是中经对黑格尔形式观的改造，通过对西方近、现代文学思潮（如现实主义、现代主义）的文学形式的研究实现的。

然而，黑格尔的形式观念终究有其无法克服的局限，马克思主义美学和文论与形式主义的对话，只有充分消化和整合现代语言学和形式主义美学如叙事学等的成果，才能在卢卡契和法兰克福学派研究的基础上更进一步。詹姆逊一直关注 20 世纪语言学转向以及形式在现代主义中的作用等问题，这使他思考形式主义的共时分析与马克思主义的历时分析的兼容性问题。在《语言的牢笼》中，詹姆逊指出，形式主义所追求的无止境的形式变化本身就是在历史中生成的。詹姆逊在该书的结尾说，他"将通过揭示先在代码和先在模式的存在，通过重新强调分析者本人的地位，把文本和分析方法一起让历史来检验"。"在我看来，只有以此，或以相类似的东西为代价，共时分析和历史意识、结构和自我意识、语言和历史这些东西成对的、显然是无法比较的要求才能得到调和。"[③] 基于对形式主义语言和结构的不完全自主性的认识，詹姆逊揭示了从现代语言学到精神分析等一系列批评话语中的语言、结构、无意识等概念所蕴含的历史、意识形态因素及其与生产方式的关系。他的《政治无意识》将索绪尔的语言学、结构主义叙事学与历史方法甚至精神分析相结合，通过共时性的叙事系统的共存、矛盾、结构等级或不平衡的发展，"把文本理解为一种社会的象征行为，理解为对历史困境所作的意识形态的——但是形式

① 马尔库塞:《审美之维》，李小兵译，北京：生活·读书·新知三联书店 1989 年版，第 158 页、第 123~124 页。

② 马尔库塞:《审美之维》，李小兵译，北京：生活·读书·新知三联书店 1989 年版，第 70 页。

③ 詹姆逊:《语言的牢笼》，钱佼汝译，南昌：百花洲文艺出版社 1995 年版，第 182 页。译文略有改动。

的和内在的——反应。”[①] 詹姆逊的研究将文本的历史、意识形态因素的分析与语言、形式分析融为一体，剖析其转换环节和变形图景，以达致某种社会政治的判断，使“具有最特定含义的文学形式成为显而易见是充满意识形态的手段，成为社会象征的策略”[②]。历史被形式化，形式被历史化。由于把共时系统存在的问题纳入类似于被改写了的马克思主义基础结构与上层结构的分析框架之中，“在这个层面上，‘形式’被解作内容。对形式的意识形态的研究无疑是以狭义的技巧和形式主义分析为基础的……但在这里所论的分析层面上，辩证的逆转已经发生，在这种逆转中，把这些形式程序理解成自身独立的积淀内容、带有它们自己的意识形态信息、并区别于作品的表面或明显内容，则是可能的”[③]。这是将马克思主义与形式主义进行联结的一个新的重要尝试。

在晚近文化批评的语境中，西方马克思主义美学与文论对传统马克思主义批评过于重视经济决定的情况做了深刻反思，赋予文化和文化制品在社会活动中以更为积极的地位，并将文化批评与形式主义相结合。伊格尔顿说：“文化包括了意识形态，但它不是中性的也不是超验的实体。因此，任何名副其实的马克思主义批评必须采取一种几乎不可能的双重视角，在尽力接受文化制品压力的同时，努力把它移植到物质条件和社会权力的复杂语境中。说得极端一些，它一方面指向形式主义，另一方面指向语境主义，它所寻找的那种永远避退的话语可能以一种寓言的方式同时讲到艺术手法和整个物质历史，叙事的转折和社会意识的形式。”[④] 所以在以詹姆逊、伊格尔顿为代表的晚近的马克思主义批评中，文化、社会历史、意识形态分析与语言、形式、符号分析综合在一起，呈现为一种复杂的分析模式。

三、马克思主义美学与形式主义对话的美学机理

20世纪马克思主义美学与形式主义的对话关系具有复杂的理论渊源与美学肌理。从理论渊源上看，马克思主义与形式主义拥有共同的德国古典哲学与美学背景。就连韦勒克也承认，新批评的主要理论渊源之一——席勒的《美育书简》，同时也是黑格尔美学与马克思主义美学的主要思想来源[⑤]。的确，在一定程度上，马克思主义与形式主义都包含了将感性与理性、人文价值与审美价值、社会解放与审美解放加以统一的理论旨趣与

① 詹姆逊:《政治无意识》，王逢振、陈永国译，北京：中国社会科学出版社1999年版，第125页。
② 詹明信:《晚期资本主义的文化逻辑》，张旭东编，北京：生活·读书·新知三联书店1997年版，第107页。
③ 詹姆逊:《政治无意识》，王逢振、陈永国译，北京：中国社会科学出版社1999年版，第86页。
④ 伊格尔顿:《历史中的政治、解放、爱欲》，马海良译，北京：中国社会科学出版社1999年版，第109页。
⑤ 参见韦勒克《近代文学批评史》第6卷，杨自伍译，上海：上海译文出版社2005年版，第250页。

终极关怀。而就形式与社会的关系来说，形式是对现实的感知方式，不同的文学形式也是人们看待现实不同方式的反映。艺术形式“可以很好地被看作认识论的隐喻。也就是说，在每一个世纪，艺术形式构成的方式都反映了——以明喻和隐喻的方式对形象这一概念进行解读——当时的科学或者文化看待现实的方式”①。而社会现实也是一种文化现实，在不同的符号与形式运作中可以产生不同的意义。卡勒就从社会现实的符号形式化方面论及了马克思主义与形式主义相结合的可能性：“马克思主义批评旨在揭示一部文学作品与社会历史现实之间的关系，这种关系不仅表现在被反映的内容上，也表现在形式的运作上。社会现实包括组织的范型，思想的类型，以及作品与其历史背景之间的相互作用——因为一部作品与其历史背景的关系体现在形式技巧的使用、转化、补充一个文化产生意义的方式之中。”②就功能来说，形式并非外在于现实或历史，形式能通过赋予现实生活以一定秩序，把现实同外在于审美的存在间离开来，从而凸显现实的性质，因此形式的变形具有社会批判意义。“形式的作用就像一块磁铁，它通过赋予各种现实生活因素以一定秩序，把它们同外在于审美的存在间离开来。然而正是通过这种间离（陌生化），它们外在于审美的本质方可为艺术所占有。”③同样，形式也有抚慰或麻痹功能，这时候对形式的批评也就成为对社会的批判。詹姆逊说：“一种确定的文学形式的存在，总是反映该社会发展阶段的某种可能的经验。因此我们对情节完整性的满足，也是某种对社会的满足，它通过这样一种事件安排的充分可能，已经将自己呈现为一个连贯的整体，而且暂时与个体单位、个人的生活不相矛盾。”④阿多尔诺的大众文化批判理论、马尔库塞对单向度的人的分析，都指认了资本操控模式和与之相适应的文学形式之间的同谋关系。此外，就自身的发展和完善来说，马克思主义美学和文艺批评为了不陷入简单化和机械性，也需要把从经验中观察来的现象纳入一定的分析模型。上述种种情况使马克思主义的社会历史批评与语言形式批评相嫁接成为可能。

通过考察西方20世纪马克思主义美学和文论与形式主义的关系，我们已经发现，在马克思主义美学和文论借鉴形式主义美学的三个阶段——巴赫金阶段、卢卡契－法兰克福阶段和詹姆逊－伊格尔顿阶段中，最后一个阶段情况比较特殊，因为它在一定程度上借助了法国“结构主义马克思主义”哲学家阿尔都塞在文本解读、意识形态和文学形式

① 艾柯：《开放的作品》，刘儒庭译，北京：新星出版社2005年版，第18页。

② Jonathan Culler，*The Pursuit of Signs*，London：Routledge and Kegan，1981，pp.12–13.

③ 阿多尔诺：《美学理论》，王柯平译，成都：四川人民出版社1998年版，第388页。译文略有改动。

④ 詹姆逊：《评论之评论》，见陆梅林选编《西方马克思主义美学文选》，桂林：漓江出版社1987年版，第751页。

关系等问题上对马克思主义的独特改造，这一改造使得马克思主义美学超越卢卡契对文学形式与社会形势同构性的分析，将共时视野纳入历时视野之中，从而为打通马克思主义与形式主义开辟了一条道路。首先，阿尔都塞把结构主义的共时研究引入了马克思经典原著的解读中。他区分了两种阅读《资本论》的路径，一是拘泥于字面意义的经验主义的直接阅读法，一是他所推崇的征候阅读法。他认为“只有采用‘征候读法’才能使这些空白显示出来，才能从文字表述中辨别出沉默的表述，这种沉默的表述，由于突然出现在文字叙述中，因而使文字叙述出现了空白，也就是说丧失了它的严格性或者说它的表达能力达到了极限。一旦这种叙述的表达能力达到了极限，那么在其在自身所开辟的领域中必然会出现叙述的空缺”①。由于阿尔都塞的征候阅读法作为一种共时研究重视结构对构成对象要素的含义的作用，对马克思主义文学批评和美学研究尤其具有很大的借鉴价值，所以有学者认为阿尔都塞“构建的是一套哲学方法，用来解读和探索那些复杂文字所表达出来的思想。在这方面，他的成就更像是文学理论，而不像是经验的科学探究”②。其次，阿尔都塞对艺术的意识形态分析包含了形式分析，比如我们前面所提到过的他对巴尔扎克创作中所产生的“现实主义最伟大胜利”现象的著名分析其实就是一种结构的共时分析。阿尔都塞认为，“艺术使我们看到的，因此也就是以‘看到’、‘觉察到’和‘感觉到’的形式（不是以认识的形式）所给予我们的，乃是它从中诞生出来、沉浸在其中、作为艺术与之分离开来并且暗指着的那种意识形态”③。也就是说，艺术以其特有的形式使作为个人体验的意识形态与现存的意识形态体系产生内部距离，形成了对现实的差异性认识关系。托尼·本尼特认为，根据阿尔都塞这一说法，文学“暂时拆解了意识形态链条，创造了一种开放的自由的精神空间，由此产生一种新的看待现实的态度。文学不产生革命意识，也不用科学知识取代意识形态。但它导致意识形态暂时悬置，即暂时解除意识形态的作用，形成一种对待现实的新态度和新思维”④。据此，托尼·本尼特提出了阿尔都塞的理论与形式主义的相通之处：它们都将文学的独特性质看成是对我们在社会、世界方面的习惯性认知的一种转化。形式主义认为文学的特性在于将日常语言、文学方面的历史惯例等陌生化；而阿尔都塞认为文学的特性在于能够与主流意识形态保持距离，通过某种方式揭示社会历史中被意识形态所遮蔽的问题。托尼·本尼特认为，

① 阿尔都塞、巴里巴尔：《读〈资本论〉》，冯文光、李其庆译，北京：中央编译出版社2001年版，第94页。

② 丹尼尔·利特：《马克思主义和方法》，见达里尔·格雷泽、戴维·沃克尔编《20世纪的马克思主义——全球导论》，王立胜译，南京：江苏人民出版社2011年版，第379~380页。

③ 阿尔都塞：《一封论艺术的信》，见陆梅林选编《西方马克思主义美学文选》，桂林：漓江出版社1988年版，第520~521页。

④ Tony Bennett，*Formalism and Marxism*，London and New York：Methuen，1979，p.126.

阿尔都塞在这里明显受到形式主义的影响，因为他所说的“文学以某种方式向我们显示意识形态，这种方式与马克思主义所提出的它的客观阶级作用不同。这使我们联想到什克洛夫斯基的词汇：文学能够使我们‘看到’、‘觉察到’或‘感觉到’意识形态。即文学赋予意识形态以感知力，通过‘突出’意识形态的作用，将意识形态从‘认识’变为‘看到’。文学如何这样做？在某种程度上，文学通过影响和暴露惯常的意识形态形式，包括先前的文学形式或戏剧形式，来做到这一点。由此看来，阿尔都塞的观点与俄国形式主义实质上没有什么区别”①，即阿尔都塞从形式入手来观察意识形态在文学中的表现，而形式主义的陌生化策略其实也可以进行政治的或意识形态的解读。这给我们提供了将二者进行联结的可能性。按照托尼·本尼特的上述分析，阿尔都塞的理论便成了晚近马克思主义美学与文艺批评联结形式主义的一个中间环节。在此我们需要补充的是，托尼·本尼特在这里其实说的是阿尔都塞把对文学的社会历史考察转化为结构考察的研究模式，对马克思主义美学和文艺批评所具有的示范意义。我们注意到，阿尔都塞的说法启发了詹姆逊、伊格尔顿、马歇雷等人重新思考形式、结构和历史、意识形态的关系。詹姆逊后来在研究文学现象时，将马克思的意识形态理论理解为“关于结构局限性和意识形态封闭的理论”②，把文学形式的考察与意识形态形式的考察相联系。而伊格尔顿认为，“文本通过其形式建立了和意识形态的关系，但是文本做到这一点又是建立在意识形态得以发挥作用的特点上”，因而“意识形态内容的形式，即意识形态问题构成的范畴性结构，对文本形式有一个决定性的作用”③。同样把文本形式与意识形态作为一个共时结构加以考察，与阿尔都塞的做法很相似。

纵观马克思主义美学和文论与形式主义的发展历程，可以看出，二者的对话并不是对等的：早期马克思主义美学家、批评家对形式主义的认识比较简单化，否定居多，借鉴较少。中后期情况发生了很大的变化，马克思主义美学和文论吸收、改造了形式主义，打通了形式与外部世界的联系。这种打通主要是通过两种方式来实现的：一是强调形式的社会性和形式对外部世界的依赖，为形式的自足性祛魅，如巴赫金；二是突出形式自身的反抗价值，阿多尔诺、马尔库塞等人的审美救赎思想就是从艺术形式的自律性入手的，这就使得在什克洛夫斯基等人那里作为一种文学语言的策略的陌生化变成为一种反抗资本主义的策略，由此也体现了马克思主义美学与形式主义相比在思维方式上有三个突出

① Tony Bennett, *Formalism and Marxism*, London and New York: Methuen, 1979, p.122.

② 詹姆逊:《政治无意识》，王逢振、陈永国译，北京：中国社会科学出版社1999年版，第41页。

③ Terry Eagleton, *Criticism and Ideology*, London: Verso, 1978, pp.84–85.

特征：以历史性对抗静止性，以辩证性对抗孤立性，以社会性对抗自足性。上述思维特征使马克思主义在与形式主义的对话中变得更为主动，更为融通。这也就解释了在20世纪马克思主义与形式主义的对话中为何马克思主义美学与文论借鉴与吸收形式主义的情况较多，形式主义借鉴与吸收马克思主义美学和文论的情况居少的原因。除了形式主义自身的封闭性之外，形式主义对马克思主义的成见也加剧了这种状况。在不少形式主义者眼中，马克思主义批评常常把历史分析简单化，疏于对内容结构转化类型及其一般规则的分析（其实，如前所述，阿尔都塞、詹姆逊甚至巴赫金等人已经成功地攻克了这一难题），而形式主义的共时研究恰恰为历时研究准备了前提。俄国形式主义本身就致力于把文学体系与其他体系分开，进行情节、结构的静态分析，而在研究文学史时，又把文学变化当成一种“陌生化”策略不断发挥作用的一成不变的机制，最终使历时性考察变成表面现象，缺乏对形式变迁的历史意识。在俄国形式主义后期，什克洛夫斯基等人曾经将形式主义与社会历史批评相结合，但做得并不成功。

当然，到了结构主义阶段情况已经有所不同，结构主义本身就受到马克思主义的影响。“在使用马克思‘经济基础’和‘上层建筑’这个图式的语境中，一直存在着一种通过把经济、政治关系与它们所处的意识形态关系相关联来分析文学作品内容与形式的企图。”[①] 在某种程度上结构主义就是如此。一些结构主义者认为马克思主义的上层建筑和经济基础的说法提供了一种分析社会结构及其内部要素的模式。詹姆逊提出，“不妨把结构主义的总体方法理解为对上层建筑的研究，或者从较小的范围看，是对意识形态的研究”[②]。比如列维－斯特劳斯便自称是在研究马克思关注不多的上层建筑的语言结构形式，即不自觉的社会价值系统或表意系统。他说：“我并不怀疑基础结构的无庸置辩的优先性，我相信，在实践与实行之间永远存在着调节者，即一种概念图式，彼此均无其独立存在的质料与形式成为结构，即形成为既是经验的又是理智的实体。正是对马克思极少触及的这一有关上层建筑的理论，我想试图有所阐发，……上层建筑的辩证法正像语言的辩证法一样，正在于建立起组成单元，为此必须毫无歧义地规定这些单元，也就是使它们在成双成对的组列中相互对比，以便人们能利用这些单元来拟制出一个系统，这个系统扮演着观念与事实之间的综合者的角色，从而把事实变成记号。”[③] 在他的神话分析中，神话被置于其他社会现象的交界处，神话模式的转变与社会的转变甚至对时间的感知等更

① Tony Bennett，*Formalism and Marxism*，London and New York：Methuen，1979，p.104.
② 詹姆逊：《语言的牢笼》，钱佼汝译，南昌：百花洲文艺出版社1995年版，第83页。
③ 列维－斯特劳斯：《野性的思维》，李幼蒸译，北京：商务印书馆1987年版，第149页。

为广泛的转变相联系，可以看到马克思主义方法论的明显痕迹。格雷马斯认为，“历史学家，尤其是马克思主义历史学家，认为历史具有内在性：对他们而言，内容结构和（辩证的）转化模型是历史表现的内因；然而，要把它们讲清楚的任务仍然一动未动。在发现和描写的实践中，对模型的建构和解释混淆在一起”。而以列维－斯特劳斯为代表的结构主义则通过对不同社会的神话叙事的比较，“从中抽象出种种能够说明上层建筑类型的结构，同时也是一个解释——逐步地解释各种模型以及反映在模型中的种种转化类型”。因此结构主义不是非历史的，而是在为历史研究的复兴创造条件。[①] 格雷马斯对马克思主义的批评未必恰当，而他对列维－斯特劳斯的看法则是大体成立的。此外，罗兰·巴尔特在《神话》和《S/Z》中，还探讨了资产阶级社会从广告到艺术作品如何把历史转化为自然的做法中潜藏的意识形态策略。这些做法虽然在成效上还不能与马克思主义美学与文论借鉴形式主义的成果相提并论，却无疑展示了结构与历史相结合的学术远景。鉴于结构主义思潮不光在形式分析方面，还在更为广阔的社会、政治、思想层面与马克思主义发生关联，因而我们还将在下一章专门讨论马克思主义与结构主义的关系问题。

① 格雷马斯：《论意义》上册，吴泓缈、冯学俊译，天津：百花文艺出版社 2005 年版，第 113 页。

第十章　马克思主义与结构主义

结构主义原本是以“二战”后流行于法国的马克思主义与存在主义的替代者甚至反对者的面目而出现的，但是却与马克思主义发生了紧密的联系。马克思的学说和马克思主义不仅给予结构主义以观念和方法论上的启迪，也是结构主义思潮壮大与分化的重要推动因素之一。

一、列维－斯特劳斯、结构主义思潮与马克思主义

作为一股哲学、美学和社会思潮，结构主义（structuralism）在20世纪60~80年代兴盛于法国，代表人物是被称为结构主义五巨头的列维－斯特劳斯、福柯、阿尔都塞、拉康和巴尔特。结构主义源于结构语言学。瑞士语言学家索绪尔在《普通语言学教程》中提出的能指与所指、语言与言语以及语言的共时性与历时性的区分为结构主义奠定了基础。能指与所指之间的关系的任意性，凸显了语言以特有的方式划分概念与范畴的潜能，表明了语言的纯关系性、形式性。语言的社会性、言语的个人性的认定，确立了看待语言现象的逻辑坐标和语境坐标[①]。共时性把语言视为符号之间的关系系统，与历时性相比更能代表语言的本质。由此可见，结构主义注重系统与结构。所谓系统，是指由各个部分组成的整体，结构主义重视语言系统内诸因素关系的研究。所谓结构，主要指与作为外部联系的表层结构相联系的无意识的深层结构。列维－斯特劳斯曾经对特鲁别茨科依的一段话表示了赞同，并以之作为结构主义的基本原则，“结构语言学把对有意识语言现象的研究转变为对其无意识底层结构的研究。第二，它不把术语看作是独立的实体，而是把分析术语间的关系当作自己的基础。第三，它引入了系统概念……最后，结构语

① 参见陈嘉映《语言哲学》，北京：北京大学出版社2006年版，第71页。

言学以发现一般规律为目标”[①]。结构主义认为,语言及文化系统的内部关系,或者说“编码”决定了意义统一体,结构主义的任务就是要探讨决定这个一般系统含义的结构与规则。结构主义看重非个人偶然性的客观关系结构,它把符号意义的产生归之于符号间的结构关系,“语言既是一个系统,它的各项要素都有连带关系,而且其中每项要素的价值都只是因为有其他各项要素同时存在的结果”[②]。

列维－斯特劳斯无疑是结构主义最重要的代表。他的结构主义的神话学研究就从人类无意识结构中寻找神话的深层结构。他认为,之所以全世界各地的神话具有超时空的相似且能相互解释,就是因为各神话系统具有结构形式上的内在类似性。“我始终旨在根据种族志的经验,编制心理区划的目录,由此把似乎任意的数据归结为某种秩序,达致昭示某种必然性的层面,而这种必然性乃是自由这种幻觉的深层基础。”[③]他认为神话的结构分析虽然属于形式方法,但在大的方面仍然属于种族志的范围,因而需要把社会的、政治的、经济的视野纳入其中形成一个综合视野。“突发奇想的神话思维孕育出一些宇宙的层次来,这些层次被置于经验感知的层次的上面或下面。每一个新的层次同它前一个层次都保持着一种关系,这种关系相同于这前一层次同置于其上或置于其下的层次所保持的那种关系。由此产生了一些平行移动的现象,这些现象有时看起来是相互矛盾的。”[④]我们知道,马克思关于神话也有过著名的论述。他在《〈政治经济学批判〉导言》中说:“任何神话都是用想象和借助想象以征服自然力,支配自然力,把自然力加以形象化;因此,随着这些自然力实际上被支配,神话也就消失了。……希腊艺术的前提是希腊神话,也就是已经通过人民的幻想用一种不自觉的艺术方式加工过的自然和社会形式本身。”[⑤]在马克思看来,成为希腊人的幻想的基础、从而成为希腊神话的基础的那种对自然的观点和对社会的观点,与自动纺机、铁道、机车和电报无法并存。有学者认为,马克思的神话观“最独到之处是把神话看作原始社会基本社会结构的一个组成部分,把神话与社会生产力结合起来考察,而不仅仅视为原始人的精神玄想,从而为神话的消亡找到了最现实的原因”[⑥]。马克思的神话观是一种神话的社会历史分析,解释了神话中具体叙事因素的变化,的确是在社会基本结构的视野中看待神话,但疏于希腊神话本身结构因素的考察。

① 参见列维－斯特劳斯《结构人类学》,谢维扬等译,上海:上海译文出版社 1995 年版,第 35~36 页。着重号系原文所有。
② 索绪尔:《普通语言学教程》,高名凯译,北京:商务印书馆 1980 年版,第 160 页。
③ 列维－斯特劳斯:《神话学:生食和熟食》,周昌忠译,北京:中国人民大学出版社 2007 年版,第 17~18 页。
④ 列维－斯特劳斯:《嫉妒的制陶女》,刘汉全译,北京:中国人民大学出版社 2006 年版,第 107 页。
⑤ 马克思:《〈政治经济学批判〉导言》,见《马克思恩格斯选集》第 2 卷,北京:人民出版社 1995 年版,第 29 页。
⑥ 陈连山:《结构神话学——列维－斯特劳斯与神话学问题》,北京:外文出版社 1999 年版,第 266~267 页。

在结构主义代表人物当中，阿尔都塞的情况比较特殊，因为他自认为是马克思主义者而不是结构主义者，但是通常还是被人称为“结构主义马克思主义”者。阿尔都塞坚持马克思主义经济基础对上层建筑最终的决定作用，但认为这种决定关系是多维的、多种原因的，所以他借用了弗洛伊德关于梦的解释中的一个概念“多元决定”来说明二者之间的复杂关系。阿尔都塞还梳理了历史上的三种因果关系模式：一是以牛顿、伽利略为代表的机械因果关系；二是以黑格尔为代表的表现性因果关系；三是他自己提出的结构因果关系，即总体中的各个层次既是不同的、半自律的，又是与多元结构总体相互联系与作用的。阿尔都塞的学说影响很大，产生了一个以普兰查斯、巴利巴尔、马歇雷等哲学家、美学家为代表的阿尔都塞学派。而福柯可以说是结构主义思潮中的另类。他致力于惩罚、犯罪、同性恋等离轨行为的分析，探讨其发生条件，书写被遗忘的历史并致力于发现各种理论内在的同一性，超越了现有的哲学甚至学科与知识的边界，成为结构主义运动中影响最大的人物。鉴于阿尔都塞和福柯的重要性及其与马克思的特殊关系，我们下文还将专门加以研究。

从一般意义上看，结构主义与马克思主义是两种不同的学说，马克思主义重视对社会系统动态的分析，结构主义重视对系统的结构的、静态的分析，以结构取代生成，拒斥历史，拒斥主体。列维－斯特劳斯就说过：“我认为人文科学的最终目的不是去构成人，而是去分解人。”[①]但是实际上，马克思主义与结构主义有着不少相似之处或可比之处，否则我们就难以理解何以结构主义的主要代表人物几乎都与马克思主义有密切的关系。列维－斯特劳斯便受到马克思很深的影响，自称地质学、精神分析和马克思主义是其年轻时迷恋的“三个情人”[②]。关于马克思主义与结构主义的关联，我们可以从以下两个方面加以观察：首先，在马克思主义的思维与方法中，虽然突出历时的因素，但也包含了共时的因素。比如，一方面“将生产方式的发展看成是一个历史的系列，从原始部落的生产方式到亚细亚生产方式，到封建生产方式，直至资本主义。这也就是历时的方法。但马克思主义同时也提供了另一种方法，那就是把每一生产方式作为一个包含不同层次的共时系统来考察。这样在一个社会中便就有下层建筑和上层建筑。下层建筑指的是生产力、经济基础，而上层建筑便是所谓政治、文化、宗教、意识形态等等”[③]。其次，马克思主义

① 列维－斯特劳斯：《野性的思维》，李幼蒸译，北京：商务印书馆1987年版，第281页。

② 参见德尼·贝多莱《列维－斯特劳斯传》，于秀英译，北京：中国人民大学出版社2008年版，第21页。列维－斯特劳斯这里交代的是其青年时代的思想来源。到了20世纪40年代，即步入中年之后，他的思想增加了另一个重要来源——以索绪尔、雅克布森为代表的结构主义语言学。

③ 杰姆逊：《后现代主义与文化理论》，唐小兵译，西安：陕西师范大学出版社1987年版，第11页。

也是把社会看作一个整体,看作各个部分的相互作用和相互依存。马克思在《哲学的贫困》中说:"每一个社会中的生产关系都形成一个统一的整体。……谁用政治经济学的范畴构筑某种思想体系的大厦，谁就是把社会体系的各个环节割裂开来，就是把社会的各个环节变成同等数量的依次出现的单个社会。其实，单凭运动、顺序和时间的唯一逻辑公式怎能向我们说明一切关系在其中同时存在而又互相依存的社会机体呢？"[①] 而以列维－斯特劳斯为代表的"结构主义哲学家所构想的就是有关现实的符号学模型。他在整个社会现实视野内把这个模型的第一次应用看作一个编码记号系统。如果经济的、家庭的、政治的和宗教的各种秩序，可被看作由语言法则一类的结构法则所支配的交流系统，那么就不能再说记号的来源是社会性的，反而应该说社会的起源是符号学性的。在种种符号学系统之间的这种类似性，可被用来以相互意指作用解释种种代码系统之间的关系，办法是通过中介于基础结构和上层结构之间的结构概念。有关基础结构的第一性或有关上层结构反映功能的争论都无意义了，只要这类关系不能再用因果关系表达，而只能用结构的同构关系来表达"[②]。列维－斯特劳斯说:"在任何社会里,交往总是在三个层面上完成:妇女的交往，商品和服务的交往，信息的交往。因而亲属关系研究、经济学以及语言学所研究的，是在有全局意义的不同的层面上的一些相同类型的问题，……经济型式和社会结构之间普遍存在着密切的关系。"[③] 正如詹姆逊所说,"结构主义与这里讨论的正统马克思主义一样，也是一种还原性思维模式。只是结构主义把马克思主义经济动机或决定的术语，换成了符号的观念。在符号中，初始的表层现象是能指，它代表或表现了某种深层的基本所指，而理解过程正是由此及彼的转变或还原（的确，马克思主义和结构主义还原过程的这种基本类似，说明了后者何以能把前者当作自身的一种变体，而加以同化）"[④]。

这说明，马克思主义与结构主义在方法论上有交叉之处，即二者都试图用合乎科学的方法寻求某种客观关系及其意义，注重整体性和结构关系，等等。罗伯特·休斯（又译作肖尔斯）指出，虽然"马克思主义是一种意识形态，而结构主义目前则仅仅是带有意识形态内涵的一种方法论。但它是试图将所有学科统一到一个全新的信仰系统之内的一种方法论。……在认识论问题——特别是人的主体与其感知和语言系统，以及客观世

① 马克思:《哲学的贫困》，见《马克思恩格斯选集》第1卷，北京：人民出版社1995年版，第142~143页。
② 利科主编:《哲学主要趋向》，李幼蒸、徐奕春译，北京：商务印书馆1988年版，第374~375页。
③ 列维－斯特劳斯:《结构人类学》，谢维扬等译，上海：上海译文出版社1995年版，第321~323页。
④ 詹姆逊:《马克思主义与形式》，李自修译，南昌：百花洲文艺出版社1995年版，第188页。

界的关系——所作出的反应上，我们可以非常清楚地看到，马克思主义和结构主义拥有某些相同的价值”。这种共同价值就是，“从某个角度看，马克思主义和结构主义都可以被看作对‘现代主义’的异化和绝望的反动。他们彼此在许多问题上针锋相对，但它们都‘科学地’看待世界，认为它既是真实的，又是可被人所理解的。马克思主义和结构主义都是观察世界（包括人）的整合的整体的方法”。①当然，马克思主义关注的是现实的社会关系，结构主义关注的则是无意识的结构关系。威廉斯也说，索绪尔所开辟的结构主义语言学对语言作为形式系统的研究同马克思主义构成了反讽性关系，“它重复着马克思主义自身当中的一种重要的、常常占主导地位的趋势——先是比较性地分析、划分某一社会的各个阶段，然后是发现这些系统性的阶段内部变化的某些基本规律，接下来则是断言某种支配性的‘社会’系统（对于有关意愿、智力的‘个人’活动来说，这种系统先在地不可接近）。这种明显的密切关系表明马克思主义与结构主义有融会的意向，这成为20世纪中叶的一个很有影响的现象”②。但是在另一方面，结构主义这类研究又欠缺马克思主义所要求的历史感以及个人与社会的关联性。

正因为如此，结构主义认为自己的方法甚至观念在某种程度上得益于马克思主义，就在情理之中了。库兹韦尔也说：“马克思主义对经济的公正原则和社会变革的观点却出现于存在主义、结构主义和符号学家的理论中——虽然承认这些理论的人们经常把他们自己看成是非马克思主义者或反共产主义者。同时，人们还会注意到，存在主义和（或）马克思主义的痕迹和影响，不断地在巴尔特、福柯、拉康、列维－斯特劳斯等这些不同的人的著作中出现。”比如，列维－斯特劳斯从马克思社会存在决定社会意识的观点出发，研究拉美部族神话和经济关系，“发现非常不同的不相联系的部族的神话不仅与经济生活联系在一起，而且也是相似的”。③列维－斯特劳斯把马克思主义当作偏于社会研究的社会科学，认为马克思的贡献在于其社会研究方法的模型性质，而这个模型对于结构主义研究具有启示意义。“马克思著作的品质和他是否准确地预言了某些特定的历史发展完全没有关系。追随卢梭的先例，马克思证明社会科学的基础并不是建立在各类事件之上，正如物理学的基础并非建立在感官所能觉察到的材料上一样：做研究的目的，是为了建造一个模型，要研究其性质，要研究在实验室的条件下会产生哪些不同的反应；以便在日后能把观察所得的结果用来解释经验世界实际发生的事情，后者可能和预测的情

① 罗伯特·休斯：《文学结构主义》，刘豫译，北京：生活·读书·新知三联书店1988年版，第3页、第5页。
② 威廉斯：《马克思主义与文学》，王尔勃、周莉译，开封：河南大学出版社2008年版，第26~27页。
③ 库兹韦尔：《结构主义时代》，尹大贻译，上海：上海译文出版社1988年版，第3页、第239页。

况非常不同。”[①] 但是列维－斯特劳斯又反对在社会经济与文化之间做简单的对应。比如，他认为神话与现实的关系是辩证的，不赞同简单地认为神话是古代社会生活的反映的庸俗的唯物主义。他说：“自从博阿斯的《钦西安神话》出版后，人类学家经常简单地假定在一个特定社会的神话及其文化之间存在一种全面固定的关系。我觉得这比博阿斯的本意走得更远……不能因此而推断出：当一个神话涉及一种社会样式时，这种社会样式必定与某些现实相符，如果经过研究，现状不能与这种样式相符，那么它一定与过去的相符。在神话的无意识的内容——这是它试图解决的问题——和它用以达到目的，即情节的有意识的内容之间，必定而且确实存在着一致性。但是这种一致性不必是精确的复制，它也可以以一种逻辑性的转换而出现。如果这个问题以直接方式提出来——即部族社会生活表达和试图解决这个问题的方式——那么神话的明显的内容即情节就能从社会生活本身借取它的元素。但是如果这个问题可以颠倒地表述，而且可以用归谬法来寻求它的解决方案，那么那些明显的内容就可望被修改成土著人意识中实际呈现的社会样式的颠倒的意象。”“神话与既定的事实当然有关系，但是不是对它们的描绘。它们之间是一种辩证的关系。”[②] 也就是说，神话与社会生活有关，但不是简单的再现，这种关系甚至可以是颠倒性的。这取决于神话本身的结构。

法国结构主义对马克思所作的另一个借鉴是辩证法。“对列维－斯特劳斯来说，辩证法首先出现于自然与文化之间，对阿尔都塞来说，辩证法是内在于马克思的著作之中”，而在福柯的后结构主义中，“借助于没有马克思主义公式的新马克思主义、联系到与权力的关系去考察离轨行为的整合。巴尔特的马克思主义没有引起多少问题，因为他的锋利的社会批评并不自称提出什么理论”[③]。在列维－斯特劳斯那里，神话的结构分析和辩证方法密切相关，比如他对神话和仪式之间的关系的考察就把两者都还原成结构成分，不光与同一社会的神话与仪式加以比较，还与邻近社会的信仰和实践进行比较。

当然，结构主义主要是一种静态的研究，马克思主义的研究包含了动力学分析。波兰学者沙夫曾经论及二者在这方面的差异：“对系统的结构分析（即对系统的结构的、同时性存在规律的分析）作为对系统的动态分析（即对动态规律的分析）的补充，构成了马克思主义的历史主义的成分。但其条件是要与辩证法理论相一致，即以动力学及其规

① 列维－斯特劳斯：《忧郁的热带》，王志明译，北京：生活·读书·新知三联书店 2000 年版，第 58~59 页。
② 列维－斯特劳斯：《结构人类学》第 2 卷，俞宣孟等译，上海：上海译文出版社 1999 年版，第 229 页、第 195 页。
③ 库兹韦尔：《结构主义时代》，尹大贻译，上海：上海译文出版社 1988 年版，第 241 页。

律为起点，把由结构规律所研究的系统的相对静止状态作为动态变化的产物。”[①]

结构主义思潮内部也是有分歧的。美国学者海登·怀特认为，结构主义存在两翼：实证主义一翼和末世论一翼。前者以索绪尔、阿尔都塞、戈德曼等为代表，“致力于科学地确定意识的结构，人类通过这些意识结构来构想自己赖以生存的世界，并根据这些意识结构来设计与世界和谐共处的实践方式”。后者以列维－斯特劳斯、拉康、福柯和巴尔特为代表，“关注的是意识结构如何在事实上遮蔽了世界的真实，并由于这种遮蔽，把人类孤立在虽说不上互相排斥但也彼此迥异的话语、思想和行为领域内部。可以说，前一个学派从其目的上来说是综合的，因为它设想了一个‘结构中的结构’，这个结构使不同的思想和实践方式表现出一个所有人类（无论其身处何地，也无论其文化有何差异）共享的统一的人类意识层面。后一个学派最终是发散的，因为它把思想引入到某个特定意识模式内部，在这里，其所有本质上的神秘性、不透明性和特殊性都证明人性具有不可还原的多样性”。[②]

由于结构主义致力于发现潜在于各种文化现象之下的共同的普遍的规律，从一开始就与文学、美学研究息息相关。列维－斯特劳斯的神话研究自不必说，文学研究领域的直接成果可以说是结构主义叙事学，代表人物有托多罗夫、格雷马斯、热奈特以及前期巴尔特。在结构主义从哲学向美学与文学研究蔓延的过程中，列维－斯特劳斯、阿尔都塞、福柯的观念甚至方法都产生了重要影响。以阿尔都塞为例，“今天的观点却受到阿尔都塞的模式的影响，文学作品好像并不是统一的，而是由相互矛盾、相互区别的不同层次组成的。艺术品不再是一有机的整体，而是由分裂、距离、相异性和间隙组成的游戏”[③]。例如马歇雷等人的文学理论就是如此。

二、福柯与马克思

福柯的学术发端于20世纪60年代这一反叛的年代，受到尼采的影响，特别是受到尼采对理性、知识、主体、进步观念的质疑以及认为求真意志与权力意志不可分的思想的影响，这是学界所公认的，也是显而易见的。但是福柯成长和学术思想发生与发展的时期，也是马克思主义在法国影响巨大的时期。福柯与马克思的关系是一个饶有趣味的话题。西方有学者认为，“福柯的思想中一直活跃着一种马克思主义，这是一种继承下来

① 沙夫：《结构主义与马克思主义》，袁晖等译，济南：山东大学出版社2009年版，第85页。
② 海登·怀特：《话语的转义》，董立河译，郑州：大象出版社2011年版，第276~277页。
③ 杰姆逊：《后现代主义与文化理论》，唐小兵译，西安：陕西师范大学出版社1987年版，第67页。

的隐性遗产,虽然不那么显而易见,但却发挥着重要的作用”[①]。福柯虽然否认自己是马克思主义者，但是又自认为“通过有把握的阐述一举解放马克思，以便破除被党派如此长期地封闭、贩运和挥舞着的马克思的教条”[②]。这样,福柯对于马克思,就呈现出既借鉴吸收，又修正反叛的复杂关系。

福柯受到马克思关于历史科学构想的影响。马克思曾经说过，“我们仅仅知道一门唯一的科学,即历史科学”[③]。马克思坚持一种历史主义原则,认为事物就是它的历史过程本身，把一切事物都看作在历史中产生、发展的，因而是暂时的，也必将在历史中消亡。福柯自称历史学家，致力于发现事物为什么、又怎样变成这个样子的。但是他通常被认为是关注“非连续性”的历史学家，即关注历史进程中的裂缝、断片和机能失常，发掘其成因和弥散的空间。“在历史中起作用的力量既不遵循目的，也不遵循机械性，它只顺应斗争的偶然性。它既不表现为原初意想的连续形式，也不是某个结论的推导步骤。它总是显现于事件的独特的偶然性。”[④] 福柯对于知识、疯狂、监狱、疾病、性等的历史条件的形式分析在某些层面上是接近马克思的。他说:“马克思在分析工人的不幸时是怎么做的？他拒绝通常的解释，那种解释把工人的不幸视为自然而然的掠夺带来的后果。马克思强调说，根据资本主义生产的条件，根据它的根本法则，它必然要产生不幸……马克思用对生产的分析来代替对掠夺的谴责。这差不多就是我想说的,我们的情况很相似。”[⑤]

马克思对历史的解释注重从物质实践来解释观念的形成，所以有人称之为实践解释学。福柯则凸显权力与解释的关系,强调解释的多元性与冲突性以及范式在解释中的作用。这方面他们两人有相近之处。马克思不仅指出物质上占统治地位的阶级精神上也必定占统治地位这一现象,而且还揭示了资产阶级的法律、政治学说等与物质利益的关系。他说:“例如，在某一国家的某个时期，王权、贵族和资产阶级为夺取统治而争斗，因而，在那里统治是分享的,那里占统治地位的思想就会是关于分权的学说,于是分权就被宣布为‘永恒的规律’。”[⑥] 在分析资产阶级国民经济学时，马克思揭示了知识、利益、权力无意识的共生关系，比如在《1844年经济学哲学手稿》中，马克思揭露了标榜科学和客观的国民经济学的资产阶级意识形态性质，因为它不仅把资本主义私有制当作一种天然的、永恒

① 莱姆克等:《马克思与福柯》，陈元等译，上海：华东师范大学出版社2007年版，“前言”第3页。
② 福柯:《结构主义与后结构主义》，见杜小真编选《福柯集》，上海：上海远东出版社1998年版，第513页。
③ 马克思、恩格斯:《德意志意识形态》，见《马克思恩格斯全集》第3卷，北京：人民出版社1960年版，第20页。
④ 福柯:《尼采、谱系学、历史》，见杜小真编《福柯集》，上海：上海远东出版社1998年版，第157页。
⑤ 福柯:《福柯访谈录：权力的眼睛》，严锋译，上海：上海人民出版社1997年版，第37~38页。
⑥ 马克思、恩格斯:《德意志意识形态》，见《马克思恩格斯选集》第1卷，北京：人民出版社1995年版，第99页。

不变的既成状态来研究，而且把资本家的利益作为论证的前提，“当它确定工资和资本利润之间的关系时，它把资本家的利益当作最终原因；就是说，它把应当加以阐明的东西当作前提。”[①]因此它不过是一门让资本家发财致富的科学。詹姆逊对此评论说：“马克思对他的前人（斯密、萨伊、李嘉图）的批评，目的不在于他们著作的细节——地租、市场流通和资本积累等等理论——其中大部分他都纳入了自己的体系，而在于那种总的模式，或缺少这一模式。在这一模式中，这些细节得到自己的解释，并被当作某一更大总体的一些部分或者功能来审视。马克思不仅能够揭示出资产阶级经济学家无力推演出一种统一的场理论，使形形色色靠经验观察到的现象可以在里面得到结合，而且实际上还揭示出他们本能地避免这么做。仿佛他们觉察到，后来在《资本论》里体现的那种经济现实的总体和系统模式所带来的危险的社会和政治后果；为避免这些后果，他们不得不仅只在片断和经验层面上继续他们的研究。”[②]马克思在这里实际上揭示了资产阶级国民经济学作为知识生成的历史条件和局限性，是知识社会学的先驱，也是福柯“知识考古学”研究方法论上的一个来源。对于这些，福柯无疑也有同感，“知识在其表征中一开始就暗含了某种政治上的顺从。在历史课上，你被要求去熟知某些事件而忽视其他事件，因而这些事件就形成了知识的内容和其信条”[③]。福柯甚至举了马克思本人的例子，“自19世纪开始，工人阶级的物质状况得到了细致的研究，这项工作归功于马克思卷帙浩繁的著作，它在很大程度上推动了19世纪工人阶级的政治、经济联合行为，通过持续不断的斗争保存和发展自身。但是这种知识从来未被允许进入官方知识的体系而发挥作用”[④]。当然，马克思是从资产阶级认识社会问题的结构性视野或局限的角度来看待国民经济学的意识形态性的。福柯的《知识考古学》则转向了经过阿尔都塞改造过的马克思，即重视对话语实践的分析。按照“权力－知识”的话语实践理论，每一种实践都包含着真理标准的制定与辨析真理、谬误的过程，意识形态是使权力话语及理论话语成为可理解的话语的方式，它与科学知识都是代表权力的话语实践方式。可见，如果我们把马克思、福柯二人都视为解释学家的话，那么福柯所创立的权力解释学无疑也受到马克思的影响，所以有学者说：“马克思远比尼采、福柯等哲学家更早地意识到权力与理解、解释活动之间的内在联系。”[⑤]

福柯与马克思都关注资本主义现代类型的统治问题。马克思从关系和技术的角度研

---

① 马克思：《1844年经济学哲学手稿》，见《马克思恩格斯全集》第2版第3卷，北京：人民出版社2002年版，第266页。

② 詹姆逊：《马克思主义与形式》，李自修译，南昌：百花洲文艺出版社1995年版，第155页。

③ Michel Foucault, *Language, Counter-Memory, Practice*, New York: Cornell University Press, 1977, p.219.

④ Michel Foucault, *Language, Counter-Memory, Practice*, New York: Cornell University Press, 1977, pp.219–220.

⑤ 俞吾金：《重新理解马克思》，北京：北京师范大学出版社2005年版，第410页。

究资本主义的权力运作给福柯留下深刻的印象。福柯在《规训与惩罚》一书中考察了监禁方式的变化。在关于"全景敞视主义"的分析中，他明确肯定了马克思《资本论》第1卷第13章对生产机构、劳动分工和规训技术制定三者关系的分析[①]。人们早就注意到，《规训与惩罚》分明受到马克思《资本论》对企业这样的理性组织由于资本主义私有制而具有的暴虐性的分析的启示，从"惩罚"的角度去研究实际上是国家机器的监狱、学校、军营、医院和制造业等这些机构的奴役性，却没有把这一奴役性仅仅归于资产阶级。"首先，施加于肉体的权力不应被看作是一种所有权，而应被视为一种战略、计谋、策略、技术、运作……它不是统治阶级获得的或保持的'特权'，而是其战略位置的综合效应——是由被统治者的位置所展示的、有时还加以扩大的一种效应。其次，这种权力在实施时，不仅成为强加给'无权者'的义务或禁锢；它在干预他们时也通过他们得到传播……最后，它们不是单义的；它们确定了无数的冲撞点、不稳定中心，每一点都有可能发生冲突、斗争，甚至发生暂时的权力关系的颠倒。"[②]人员集聚的管理方法和资本积累是相辅相成的。正如巴利巴尔所说的，"在《规训与惩罚》中，他（按：指福柯）吸收马克思在《资本论》中关于生产中劳动力的划分方法，来说明惩戒手段是如何通过抵消工人的对抗性来增加工人的身体效用的。概括说来，就是惩戒手段如何统一了劳动力积累和资本积累这两个过程的。因此，'惩戒'和'微观权力'同时代表了经济剥削和司法－政治阶级统治的另一面，并使它看似一个统一体"[③]。实际上，在权力问题研究上对马克思的借鉴，连福柯本人也是承认了的。福柯说："从马克思出发，我喜欢讨论的不是关于阶级的社会学问题，而是关于斗争的战略方法。我对马克思的兴趣集中在这里，我喜欢从这里出发提出我的问题。"[④]

然而，福柯与马克思的关系是复杂的。福柯与马克思的对话关系有时是反向的。"福柯的研究策略的核心目标是超越历史唯物主义的各种表现，其中包括几种马克思主义的变体。那些理论都将权力与社会生产问题放在上层建筑的层面加以考虑，从而将它们同生产的低级、实在层面相剥离。因此，福柯试图带着社会再生产问题，以及所谓'上层建筑'的一切组成部分回归到基础物质结构中，试图不仅以经济术语，同时以文化的、物质的、主体性的术语来界定这一领域。"[⑤]比如，在马克思那里，权力与利益相联系，被

① 参见福柯《规训与惩罚》，刘北成、杨远婴译，北京：生活·读书·新知三联书店1999年版，第247页。

② 福柯：《规训与惩罚》，刘北成、杨远婴译，北京：生活·读书·新知三联书店1999年版，第28~29页。

③ 巴立巴尔：《福柯与马克思：唯名论问题》，见汪民安等编《福柯的面孔》，北京：文化艺术出版社2001年版，第456~457页。

④ 福柯：《必须保卫社会》，钱翰译，上海：上海人民出版社1999年版，第260页。

⑤ 迈克尔·哈特、安东尼奥·奈格里：《帝国》，杨建国等译，南京：江苏人民出版社2005年版，第33~34页。

置于经济活动中并把国家视为资产阶级的工具，权力被国家、阶级所拥有并具有压迫性。马克思在谈到资产阶级国家以虚幻的“普遍”利益的形式对特殊的利益进行约束时说：“受分工制约的不同个人的共同活动产生了一种社会力量，即扩大了的生产力。因为共同活动本身不是自愿地而是自然形成的，所以这种社会力量在这些个人看来就不是他们自身的联合力量，而是某种异己的、在他们之外的强制力量。关于这种权力的起源和发展趋向，他们一点也不了解；因而他们不再能驾驭这种力量，相反地，这种力量现在却经历着一系列独特的、不仅不依赖于人们的意志和行为反而支配着人们的意志和行为的发展阶段。”[①] 马克思称上述现象为“异化”，并认为只有消除私有制才能消除此类异化。福柯对权力控制和压迫性的理解与马克思有关，但他的注意力不是经济权力、物质权力、国家权力的宏观角度，而是探讨权力的微观物理学和运行策略，并探讨权力在知识、疯狂、监狱、疾病等领域的同质性作用机理。当然不同时期情况也有一些变化，福柯早期的《词与物》和《知识考古学》更为重视否定性的权力，强调压制、禁止和排斥，到了中期的《规训与惩罚》，则更为重视权力的生产性，权力生产了现实，生产了对对象的统治。福柯不赞同马克思以物质或经济作用为基础的权力观，他认为，“马克思主义关于权力的普遍概念……可以称其为‘经济功能性’。‘经济功能性’是在这样的范围内，即权力的主要职能是既维持生产关系，又再生产阶级的统治，后两者是由生产力占有的固有形态和发展赋予其可能性的。在这种情形下，政治权力在经济中找到了其历史性的原因”[②]。他批评注重阶级和经济的权力研究是“更一般性的研究，主要是受到马克思主义的影响，关心资产阶级对我们社会的统治。……在这些一般性的命题之下，实际的情况要复杂得多”[③]。在福柯看来，权力是生产性的，权力无所不在，并不专属于统治阶级。科学也通过大学制度、实验室、教科书这类抑制性设施施行权力。权力是一个网络，它通过个人运行，但不归个人所有。个人总是既服从权力又运用权力，所以要研究权力的策略、网络、机制及其赖以实施的手段，以及实施后的效应。正因为在福柯眼中，权力主要是一种力量关系，一种压迫机制，一种战斗或对抗，因而无产阶级反抗资产阶级的压迫，也只是为了自己获取权力，并没有其他的道义上的正当性。所以理查德·沃林批评说：“福柯倒退到马克思之后。对马克思来说，无产阶级的立场之所以说是正义的，是因为它是建立在一个正义主张的基础之上的。因为同其对手资产阶级相比，它体现了一种更加伟大的历史

① 马克思、恩格斯：《德意志意识形态》，见《马克思恩格斯选集》第1卷，北京：人民出版社1995年版，第85~86页。

② 福柯：《必须保卫社会》，钱翰译，上海：上海人民出版社1999年版，第13页。

③ 福柯：《福柯访谈录：权力的眼睛》，严锋译，上海：上海人民出版社1997年版，第29页。

普遍性的主张……对福柯来说，因为所有的正义主张都仅仅是权力的结果，因而它们只为粉饰主要权力的利益服务，所以不可能存在这样的关于合法性或权利的标准，它对各种竞争性利益起着调节作用。”[①] 巴利巴尔也说：“马克思认为实践是典型的外部生产，在自身以外产生作用，所以也产生了主观化的效果（在‘生产资料’范围内的冲突），而福柯认为权力是首先作用于身体本身的生产实践，初始目的是促使个性化或主观化（可以说成是‘为自身的实践’或‘自身的实践’），其结果是产生了带有客观性质的影响，或是知识（savoir）。其原因在于，福柯以生活的可塑性来论证他的权力关系逻辑，而马克思主义关于矛盾的逻辑（此逻辑使权力关系内在化）不能与其结构内部的固有性分开来考虑。”[②] 但是福柯的权力的微观物理学考察无法解决各种分散的权力如何获得统一的形式及其反过来作用于微观权力的社会霸权问题。后期福柯意识到自己的局限，走向了对治理问题的研究，把权力的微观研究推及宏观结构和国家的层面，考察知识形式、权力策略和主体形成样态之间的互动关系，进而探讨自我管理的技术和统治的技术之间的互动关系，因而国家本身就成了一门治理技术。这时候他仍然借助了马克思从关系和技术的角度对权力的分析[③]。但是，当福柯说国家治理不仅是政治问题，好的治理应当是经济治理，是根据经济的范式来执行权力的艺术时，他的主张似乎与马克思的政治经济学批判又一脉相承。

虽然福柯与马克思都从事着颠覆西方思想传统的工作，存在观念与方法上的诸多联系，但却是生活于两个不同时代的人物。这不仅表现在福柯所选择的论题如疾病、监狱等属于西方传统学术史不看重的边缘问题和卑微现象，马克思则聚焦于人与人的社会关系，他所关注的剥削、压迫与解放等都属于社会政治经济领域的宏大问题，还在于福柯在他的一系列研究中所表露出来的相对主义和虚无主义，而马克思则坚持人类正义与历史进步的观念。福柯对笛卡儿以来的主体性观念发起了质疑，而在他看来，马克思在一定程度上仍然属于这个传统。这些可能是二人分歧的根源与关键所在。

三、阿尔都塞的结构主义马克思主义

阿尔都塞通常被视为结构主义五巨头之一，称为“结构主义马克思主义”者。对此，

① 理查德·沃林：《文化批评的观念》，张国清译，北京：商务印书馆2000年版，第269~270页。

② 巴立巴尔：《福柯与马克思：唯名论问题》，见汪民安等编《福柯的面孔》，北京：文化艺术出版社2001年版，第458~459页。

③ 参见莱姆克《不带引号的马克思——福柯、规治和新自由主义的批判》，见莱姆克等《马克思与福柯》，上海：华东师范大学出版社2007年版，第5~9页。

阿尔都塞本人并不认可。相反，他对结构主义表面上持批评态度。例如，他批评了以列维－斯特劳斯为代表的结构主义的共时性观念，认为"共时性就是同时代性本身，就是本质在其各个规定中的共同存在。……共时性就设定了这种关于同质的、连续时代的意识形态概念。历时性不过是这种现实存在在时代连续性的顺序中的生成。在这种连续性顺序中，'事件'或严格意义上的'历史'（参见列维－斯特劳斯）不过是时代的连续中依次出现的偶然的现实存在"①。

然而在一般人看来，阿尔都塞的确具有结构主义色彩。从哲学层面看，他比较关注结构问题，关注结构对构成对象的含义的作用。在他那里，这自然是社会结构。他认为，马克思用人的物质生活来解释人的历史，政治和意识形态是经济因素的现象，但是社会是由物质生活和精神生活两方面构成的，经济只是归根到底的决定因素，在具体的情况下是由两个方面之间以及每个方面自身包含的矛盾构成的矛盾多元地决定。阿尔都塞在分析俄国十月革命的成因时说："环境和潮流有的属于生产关系，而生产关系虽然是矛盾的一个方面，但同时又是矛盾的存在条件；有的属于上层建筑，而上层建筑虽然是生产关系派生的领域，但它具有自己的稳定性和有效性；有的属于国际环境，而国际环境是作为起着特殊作用的规定性而起作用的。……'矛盾'是同整个社会机体的结构不可分割的，是同该结构的存在条件和制约领域不可分割的；'矛盾'在其内部受到各种不同矛盾的影响，它在同一项运动中既规定着社会形态的各方面和各领域，同时又被它们所规定。我们可以说，这个'矛盾'本质上是多元决定的。"②他在谈到交换这个政治经济学的简单范畴时又说："正是有结构的整体才能赋予简单范畴以意义，换句话说，正是有结构的整体才能在一个长过程的末尾和在例外的情况下产生出某些简单范畴的经济存在。"③可见，阿尔都塞在论证历史唯物主义的时候，试图通过他的一系列概念，如矛盾、结构、多元决定，在某种程度上赋予马克思主义以一种"科学性"的形式，这无疑具有结构主义倾向。詹姆逊就此论及阿尔都塞与结构主义的特殊关系，即他"并没有把'结构'（一个他不大愿意使用的词）设想为一整套二元对立，反而是把它设想为截然不同的层面，它们彼此关联，但每一层都是半自主的，并且有自己独特的逻辑。其实，我本人很愿意称阿尔都塞为结构的马克思主义者，但是有一个基本的条件：应该事先清楚地知道，对他来说只

① 阿尔都塞、巴里巴尔：《读〈资本论〉》，李其庆、冯文光译，北京：中央编译出版社 2001 年版，第 106 页。译文略有改动。
② 阿尔都塞：《保卫马克思》，顾良译，北京：商务印书馆 2006 年版，第 88~89 页。
③ 阿尔都塞：《保卫马克思》，顾良译，北京：商务印书馆 2006 年版，第 190~191 页。

存在一个结构，也就是生产方式本身”[①]。“阿尔都塞的结构，与所有马克思主义一样，必然坚持社会结构内部各种因素的相互关联；只不过他是通过这些因素的结构差异和相互间的距离将其关联起来，而非据其终极的同一性。”[②]阿尔都塞的这一结构主义倾向也体现在他对文学作品的美学分析中。在分析19世纪意大利剧作家贝尔多拉西的剧本《我们的米兰》时，阿尔都塞认为剧本中异化了的人物的自我意识同周围环境之间存在着生动关系，构成剧作的抽象结构。“真正重要的是剧本结构各基本要素之间的内在关系，……结构毕竟是剧本的本质所在。”[③]

其次，阿尔都塞的研究方法也同样具有结构主义色彩。他认为在马克思的思想发展过程中出现了一种“认识论的断裂”（epistemological break），即青年马克思与成熟马克思之间的分离，其断裂点就是1845年的《德意志意识形态》。这种断裂同时涉及两种不同的理论学科和两大成果，即在创立历史理论（历史唯物主义）的同时，马克思同自己以往的意识形态哲学信仰相决裂，主要是与黑格尔/费尔巴哈式的以异化为核心的问题结构进行决裂，创立一种新的哲学（辩证唯物主义）。这种断裂把马克思的思想以1845年为界分为两个大的断裂性的阶段，断裂前是突出历史主体的“意识形态”阶段，当马克思在《关于费尔巴哈的提纲》中提出“人是一切社会关系的总和”后，进入以生产力和生产关系解释历史的“科学”阶段。日本学者今村仁司在论述这一问题时指出：“一种新思想的诞生，是从旧的‘问题结构’向新的‘问题结构’的过渡。所谓断裂，并不是破坏以前的问题结构，而是直截了当地与它分手，将它抛弃，转换到不同的问题结构上来。”[④]这里涉及阿尔都塞研究马克思主义的方法论。从方法论层面看，阿尔都塞提出的问题域、征候阅读概念与结构主义思潮同样隐含了对表层结构下的深层结构的追求。关于“问题域”（总问题，问题结构），阿尔都塞认为，“任何理论就其本质来说都是一个总问题，都是提出有关理论对象的全部问题的理论的、系统的母胚”[⑤]。他所说的问题域既是内在的思想体系，又是隐形的理论构架，也是形成和统摄问题的思想生产方式，所以对问题域需要征候式阅读。以阿尔都塞对马克思《资本论》的阅读为例，他对《资本论》的阅读是要找出该书中所存在的“决定的结构”，所以他试图超越纯粹的直接性或感觉的个体性，而追求在某种“一般的”或普遍的层面开展工作。在《读〈资本论〉》中，

① 詹姆逊：《新版〈列宁和哲学〉导言》，见陈越编《哲学与政治：阿尔都塞读本》，长春：吉林人民出版社2003年版，第518页。
② 詹姆逊：《政治无意识》，王逢振、陈永国译，北京：中国社会科学出版社1999年版，第31页。
③ 阿尔都塞：《保卫马克思》，顾良译，北京：商务印书馆2006年版，第132页。
④ 今村仁司：《阿尔都塞：认识论的断裂》，牛建科译，石家庄：河北教育出版社2001年版，第118页。
⑤ 阿尔都塞、巴里巴尔：《读〈资本论〉》，李其庆、冯文光译，北京：中央编译出版社2001年版，第178页。

他区分了对《资本论》的经济学阅读和哲学阅读，认为前者仅仅是对《资本论》中的有关论述同在它以外就确定了的对象加以比较，哲学阅读则要对《资本论》的特殊对象以及这种论述同它的对象的特殊关系提出问题，而这就需要对《资本论》的论述对象的统一性提出认识论问题。他提出的阅读方法就是征候阅读法，这种阅读包含了双重阅读和循环阅读，即把马克思主义哲学应用于马克思本人的著作，而马克思主义哲学的发展又要求深入研究《资本论》，"不借助马克思主义哲学就不能真正阅读《资本论》，而我们同时也应该在《资本论》中读出马克思主义哲学。如果这种双重的阅读，也就是不断从科学的阅读回复到哲学的阅读，再从哲学的阅读回复到科学的阅读是必要的和有成效的，那么我们就有可能在这种阅读中认识到马克思的科学发现所包含的这一哲学革命的本质"[①]。按照阿尔都塞的说法，征候阅读是一种互文性阅读，包含了对主体所在场所进行反思的过程，"所谓征候读法就是在同一运动中，把所读的文章本身中被掩盖的东西揭示出来并且使之与另一篇文章发生联系，而这另一篇文章作为必然的不出现存在于前一篇文章中"[②]。这种双重阅读或循环阅读可以读出马克思没有在字面上写明的马克思主义哲学以及《资本论》的对象、理论、方法。征候阅读的关键在于找出在一部著作中起决定作用的问题域即理论结构，因为新的对象和问题在特定征候条件下可以以空白、空缺、沉默、不出场的形式出现。征候阅读就是要把这些概念空缺所包含和规定的问题揭示出来。虽然阿尔都塞提出的总问题、征候阅读具有唯理主义色彩，但是对经验主义的阅读模式是一个突破，对马克思研究乃至整个人文学术研究具有参考价值。

还有，阿尔都塞虽然表面上批判共时性，实际上他与巴黎结构主义者的共同点就是强调共时性，主张从生产关系的"共同存在"去对待历史。阿尔都塞正是由此出发，认为马克思从《哲学的贫困》开始，就"把思考的次序颠倒过来，首先思考整体的特殊结构，才能够理解结构的各个环节和构成关系的共同存在的形式，理解历史的结构本身"[③]。他认为马克思特别强调事物内部各方面的同时存在和相互依存的关系。与此同时，阿尔都塞还提出了"两个对象"的理论："当理论总问题真正变换了的时候，理论对象也必然发生相应变化，不仅仅是对象的'某些方面'、它的结构的细节发生了变化，而且对象的结构本身发生了变化。这时人们看到的是对象的新的结构，这个结构与旧的结构差别如

① 阿尔都塞、巴里巴尔:《读〈资本论〉》，李其庆、冯文光译，北京：中央编译出版社2001年版，第81页。
② 阿尔都塞、巴里巴尔:《读〈资本论〉》，李其庆、冯文光译，北京：中央编译出版社2001年版，第21页。
③ 阿尔都塞、巴里巴尔:《读〈资本论〉》，李其庆、冯文光译，北京：中央编译出版社2001年版，第109页。

此之大，以致人们完全有理由说，一个新的对象出现了。"[①] 按照阿尔都塞的说法，在认识过程中存在着"现实对象"和"认识对象"的区分。现实对象是变化的，所以是有历史的；而认识对象随着总问题的变化而变化，所以是没有历史的。他以对历史上的经济研究为例指出："经济的确证是通过自身概念的建立来达到的，而自身概念的建立又以整体结构的各个层次的特殊的存在和联系的规定为前提，因为这些层次必然包含在我们考察的生产方式的结构之中。建立经济的概念就是把它作为一种生产方式的结构的层次、要素或领域严格地规定下来。因此，也就是确定经济在这个结构中固有的位置、范围和界限。""现实对象的认识无须通过与'具体'的直接接触，而是通过这种对象（指认识对象）的概念的生产即理论可能性的绝对条件来实现的。"[②] 阿尔都塞用上述理由去说明马克思主义是"反历史主义"的命题，旨在强调马克思的经济科学是建立在认识对象基础上而不是建立在现实对象基础上。其实，认识的前提扎根于社会发展。"对于马克思（黑格尔也是如此）来说，资产阶级社会是一个逻辑起点，从这里出发，对于社会（或现实）的系统的认识才有可能。"[③] 阿尔都塞批评恩格斯把认识对象混同于现实对象，使概念从属于现实的规定。这个说法显然也是不妥的，因为马克思说过："人们按照自己的物质生产率建立相应的社会关系，正是这些人又按照自己的社会关系创造了相应的原理、观念和范畴。所以，这些观念、范畴也同它们所表现的关系一样，不是永恒的。它们是历史的、暂时的产物。"[④] 正由于坚持理论的相对自主性，阿尔都塞把实践分为经济的实践、政治的实践、技术的实践、意识形态的实践、理论（科学）的实践等。理论的实践不是由直接的实践经验形式来检验，而是由理论科学性所要求的形式所决定。"正因为马克思的理论是正确的，所以它才能够得到成功的应用，但它并不是因为得到成功的应用才是正确的。实践主义的标准完全适用于某种只看到自己实践领域的技术，但是不适用于科学认识……赋予马克思所生产的认识以认识根据的不是以后的历史实践。马克思的理论实践所生产的认识的'真理'标准是由它的理论实践本身提供的，也就是说，是由它的可检验性提供的，由保证这些认识产生的形式的科学性提供的。"[⑤] 按照阿尔都塞的说法，马克思直接的实践经验（如参加 1848 年革命的经验）只是以经验的对象即以新的思维对象、尔后以概念对象的形式在他的理论实践中起干预作用。

① 阿尔都塞、巴里巴尔：《读〈资本论〉》，李其庆、冯文光译，北京：中央编译出版社 2001 年版，第 180~181 页。
② 阿尔都塞、巴里巴尔：《读〈资本论〉》，李其庆、冯文光译，北京：中央编译出版社 2001 年版，第 207 页、第 214 页。
③ 比格尔：《先锋派理论》，高建平译，北京：商务印书馆 2002 年版，第 58 页。
④ 马克思：《哲学的贫困》，见《马克思恩格斯选集》第 1 卷，北京：人民出版社 1995 年版，第 142 页。
⑤ 阿尔都塞、巴里巴尔：《读〈资本论〉》，李其庆、冯文光译，北京：中央编译出版社 2001 年版，第 60 页。

阿尔都塞反对把马克思所说的生产关系理解为人与人之间的关系，认为生产关系是生产客体和生产当事人所占有和承担的关系、地位以及职能的特殊分配结构中把当事人和客体结合起来。既然从结构性因果关系出发看待生产关系，阿尔都塞便得出历史是一个无主体的过程的结论："生产关系的结构决定生产当事人所占有的地位和所担负的职能，而生产当事人只有在他们是这些职能的'承担者'的范围内才是这些地位的占有者。因此，真正的'主体'（即构成过程的主体）并不是这些地位的占有者和职能的执行者。同一切表面现象相反，真正的主体不是天真的人类学的'既定存在'的'事实'，不是'具体的个体'，'现实的人'，而是这些地位和职能的规定和分配。所以说，真正的'主体'是这些规定者和分配者：生产关系（以及政治的和意识形态的社会关系）。但是，由于这是一些'关系'，我们不能把它们设想为主体的范畴。"[①] 其实，马克思是把人视为社会主体，因而从物质生产出发和从人出发具有一致性。马克思在《德意志意识形态》中写道："我们的出发点是从事实际活动的人"，"这种历史观就在于：从直接生活的物质生产出发阐述现实的生产过程，把同这种生产方式相联系的、它所产生的交往形式即各个不同阶段上的市民社会理解为整个历史的基础"。[②] 因而马克思始终关注现实的人及其社会关系的研究。上述这些情况说明了阿尔都塞受到结构主义的影响而与马克思的思想存在着分歧。

另一方面，阿尔都塞又不同于通常的结构主义，他主观上是想坚持和发展马克思主义的。他的主要著作是在两大意识形态对垒、阵线分明的情况下，在苏共二十大之后马克思主义遭受质疑的氛围中写就的，带有极强的政治论辩性。前面我们谈到，阿尔都塞曾经谈到马克思主义与结构主义的区别，他认为二者的区别不仅在于前者重视过程对结构的优先性，还在于在马克思主义理论的革命性与倾向性。因此，阿尔都塞并不标榜结构主义声称的客观主义，而具有鲜明的理论倾向性。在马克思主义基本原理方面，阿尔都塞坚持生产方式学说，坚持经济的最终决定作用，把意识形态日常化、体验化，又维护了对意识形态的幻觉、幻象特征的指认，这些从大的方面看属于马克思主义。

对于阿尔都塞的理论定位，国内外学界有不同的看法。大致上说，国外学界一般认为其属于马克思主义的居多，即"结构主义马克思主义"。詹姆逊说："可以把阿尔都塞看作一位结构主义者（尽管他本人对此提出抗议），但这种看法以这样一个假设为前提：在阿尔都塞看来，只有一种结构，即生产方式。这样，生产方式成为一套普遍的成分和

① 阿尔都塞、巴里巴尔：《读〈资本论〉》，李其庆、冯文光译，北京：中央编译出版社2001年版，第209页。

② 马克思、恩格斯：《德意志意识形态》，见《马克思恩格斯选集》第1卷，北京：人民出版社1995年版，第73页、第92页。

关系。”[①]“在阿尔都塞的模式中，事物是作为张力、距离、间隙和非连续性来看待的，不是像黑格尔式的模式，把事物看成是同一的、相似和类同的。但阿尔都塞仍然坚持这些事物最终都是由结构联系在一起，仍然有一个最终的决定因素。”[②]当然也有质疑阿尔都塞的马克思主义身份的，如波兰的沙夫。沙夫认为，以阿尔都塞为代表的这帮学者是“伪马克思主义”，在实证主义倾向方面维也纳学派和它有一比。“首先，两者都想从实证学科中清除‘杂质’，但前者将其称为形而上学，后者将其称为意识形态。两者的见解和态度从根本上是一致的。其次，两者都复活了旧实证主义关于哲学终结的主张。逻辑实证主义的目标是促使作为形而上学的传统哲学的死亡，把哲学的功能限制为对语义的逻辑分析……结构主义的马克思主义则将上述意义赋予意识形态。哲学则成为科学意识（‘纯粹是科学的意识’）的监护人，因为哲学需要不断地在意识形态的混合物中净化科学。”[③]

国内学界20世纪80~90年代多认为阿尔都塞是不完全的马克思主义和不完全的结构主义，如李春宜说：“阿尔都塞既不是一个完全的结构主义者，也不是一个完全的马克思主义者，而是在一定程度上沿用了结构主义的方法来研究和解释马克思主义，也就是说，在他的理论著作中，既有符合结构主义的分析方法和内容，也有与马克思主义相吻合的方面。这大概就是国际评论界比较一致地把他称为‘结构主义马克思主义’者的原因所在。这一结论与他的下述政治与理论立场是基本一致的：即他一面声称要‘保卫马克思’，反对把马克思主义人道主义化，强调马克思主义的科学性，另一面又运用20世纪六七十年代在西方资本主义世界盛行的结构主义思潮这种主要是形式主义的方法论来重新解释和探讨马克思主义；他一面坚持留在法国共产党内，一面又与法共路线保持一定距离，在马克思主义的研究中自成体系，自立门户。”[④]这个说法在当时是有代表性的。进入21世纪以来，一般认为阿尔都塞是一个富有创造性的马克思主义哲学家和思想家。

① 詹姆逊：《单一的现代性》，见王逢振主编《詹姆逊文集》第4卷，北京：中国人民大学出版社2004年版，第60页。

② 杰姆逊：《后现代主义与文化理论》，唐小兵译，西安：陕西师范大学出版社1987年版，第67页。

③ 沙夫：《结构主义与马克思主义》，袁晖、李绍明译，济南：山东大学出版社2009年版，第28~29页。

④ 李春宜：《当代法国“新马克思主义”》，北京：当代中国出版社1997年版，第196页。

第十一章　马克思主义与艺术社会学研究

马克思由于关注社会分层造成的利益差异与冲突，被公认为现代社会学的创始人之一，也由于对艺术与社会关系有深刻的见解，因此对 20 世纪的艺术社会学研究产生了重要影响。作为艺术社会学家，马克思注重从社会历史条件考察艺术，研究艺术与社会环境之间的复杂关系。马克思的艺术社会学思考大致聚焦在三个方面：一是艺术的上层建筑性质，二是艺术在资本主义社会的命运，三是个人的全面发展与艺术发展的关系。这三个方面在很大程度上影响到马克思主义艺术社会学传统的形成，如英国马克思主义的文化研究和法兰克福学派的大众文化批判可以视为对文化的上层建筑性质的研究，而马克思主义美学内部关于艺术介入社会或是保持自律的争论便与艺术在资本主义社会的命运有关。

一、马克思的艺术社会学思考和马克思主义艺术社会学传统的形成

马克思认为文学艺术属于上层建筑，由经济基础所决定，“在不同的占有形式上，在社会生存条件上，耸立着由各种不同的、表现独特的情感、幻想、思想方式和人生观构成的整个上层建筑。整个阶级在它的物质条件和相应的社会关系的基础上创造和构成这一切”[①]。“物质生活的生产方式制约着整个社会生活、政治生活和精神生活的过程。不是人们的意识决定人们的存在，相反，是人们的社会存在决定人们的意识。……随着经济基础的变更，全部庞大的上层建筑也或慢或快地发生变革。在考察这些变革时，必须

① 马克思：《路易 · 波拿巴的雾月十八日》，见《马克思恩格斯选集》第 1 卷，北京：人民出版社 1995 年版，第 611 页。

时刻把下面两者区别开来：一种是生产的经济条件方面所发生的物质的、可以用自然科学的精确性指明的变革，一种是人们借以意识到这个冲突并力求把它克服的那些法律的、政治的、宗教的、艺术的或哲学的，简言之，意识形态的形式。”① 但是马克思又认为艺术生产具有特殊性，物质生产的发展同艺术生产存在着不平衡关系。“进步这个概念决不能在通常的抽象意义上去理解。就艺术等等而言，……关于艺术，大家知道，它的一定的繁盛时期决不是同社会的一般发展成比例的，因而也决不是同仿佛是社会组织的骨骼的物质基础的一般发展成比例的。例如，拿希腊人或莎士比亚同现代人相比。……在艺术本身的领域内，某些有重大意义的艺术形式只有在艺术发展的不发达阶段上才是可能的。如果说在艺术本身的领域内部的不同艺术种类的关系中有这种情形，那么，在整个艺术领域同社会一般发展的关系上有这种情形，就不足为奇了。”② 马克思总是把艺术的创造和欣赏看成是社会性的能动的过程。按照马克思的见解，艺术没有自治性，它处于社会经济政治文化的种种冲突与变化之中。

马克思关注文学艺术在资本主义社会中的命运。马克思写道：“各个相互影响的活动范围在这个发展进程中越是扩大，各民族的原始封闭状态由于日益完善的生产方式、交往以及因交往而自然形成的不同民族之间的分工消灭得越是彻底，历史也就越是成为世界历史。”③ “资产阶级，由于开拓了世界市场，使一切国家的生产和消费都成为世界性的了。……过去那种地方的和民族的自给自足和闭关自守状态，被各民族的各方面的互相往来和各方面的互相依赖所代替了。物质的生产是如此，精神的生产也是如此。民族的片面性和局限性日益成为不可能，于是由许多种民族的和地方的文学形成了一种世界的文学。”④ 在这里，马克思谈到了随着经济全球化所产生的各个民族文化与文学交往的扩大。

马克思还描述了从传统的手工个人生产到资本主义社会化大生产的转变给人带来的转变，“结果就是：生产力——财富一般——从趋势和可能性来看的普遍发展成了基础，同样，交往的普遍性，从而世界市场成了基础。这种基础是个人全面发展的可能性，而个人从这个基础出发的实际发展是对这一发展的限制的不断扬弃，这种限制被意识到是限制，而不是被当作神圣的界限。个人的全面性不是想象的或设想的全面性，而是他的现实联系和观念联系的全面性。由此而来的是把他自己的历史作为过程来理解，把对自

---

① 马克思：《〈政治经济学批判〉序言》，见《马克思恩格斯选集》第2卷，北京：人民出版社1995年版，第32~33页。
② 马克思：《〈政治经济学批判〉导言》，见《马克思恩格斯选集》第2卷，北京：人民出版社1995年版，第27~28页。
③ 马克思、恩格斯：《德意志意识形态》，见《马克思恩格斯选集》第1卷，北京：人民出版社1995年版，第88页。
④ 马克思、恩格斯：《共产党宣言》，见《马克思恩格斯选集》第1卷，北京：人民出版社1995年版，第276页。

然界的认识（这也作为支配自然界的实践力量而存在着）当作对他自己的现实躯体的认识。发展过程本身被设定为并且被意识到是这个过程的前提。但是，要达到这点，首先必须使生产力的充分发展成为生产条件,不是使一定的生产条件表现为生产力发展的界限”[①]。马克思甚至肯定资本主义把人与人之间的关系都变成商品交换关系在一定程度上也推动了艺术的发展。“第一，由于这一点，一切宗法制的东西都消失了，因为只有商业即买卖才是唯一的联系，只有金钱关系才是企业主和工人之间的唯一关系。第二，旧社会的一切关系一般脱去了神圣的外衣，因为它们变成了纯粹的金钱关系。同样，一切所谓高尚的劳动——脑力劳动、艺术劳动等都变成了交易的对象，并因此失去了从前的荣誉。全体牧师、医生、律师等，从而宗教、法学等，都只是根据他们的商业价值来估价了，这是多么巨大的进步呵。”[②] 由于在资本主义社会一切都成为可以买卖的对象,工人或艺术家就第一次摆脱了对特定社会关系的依附，可以选择自己的生活方式。恩格斯也指出人的劳动和社会分工给艺术带来的进步:“只是由于劳动，由于总是要去适应新的动作，由于这样所引起的肌肉、韧带以及经过更长的时间引起的骨骼的特殊发育遗传下来，而且由于这些遗传下来的灵巧性不断以新的方式应用于新的越来越复杂的动作，人的手才达到这样高度的完善，以致像施魔法一样造就了拉斐尔的绘画、托瓦森的雕刻和帕格尼尼的音乐。”[③] 他在《反杜林论》中还写道:“当人的劳动的生产率还非常低，除了必要生活资料只能提供很少的剩余的时候，生产力的提高、交往的扩大、国家和法的发展、艺术和科学的创立，都只有通过更大的分工才有可能，这种分工的基础是从事单纯体力劳动的群众同管理劳动、经营商业和掌管国事以及后来从事艺术和科学的少数特权分子之间的大分工。”[④]

虽然马克思肯定资本主义社会化大生产给艺术带来的进步，但他认为资本主义体制无尽地追逐利润的趋势又损害了艺术，指出“资本主义生产就同某些精神生产部门如艺术和诗歌相敌对”[⑤]。马克思同时也认为社会分工给人的潜能带来发展的同时也带来局限性。只有到了共产主义社会，艺术家由职业和分工造成的局限才会消失，而普通人的艺术才能才会得到充分的发展。在《德意志意识形态》中，马克思写道:“由于分工，艺术天才完全集中在个别人身上，因而广大群众的艺术天才受到压抑。即使在一定的社会关

① 马克思:《政治经济学批判（1857—1858年手稿）》，见《马克思恩格斯全集》第2版第30卷，北京：人民出版社1998年版，第541页。

② 马克思:《工资》，见《马克思恩格斯全集》第6卷，北京：人民出版社1961年版，第659~660页。

③ 恩格斯:《自然辩证法》，见《马克思恩格斯选集》第4卷，北京：人民出版社1995年版，第375页。

④ 恩格斯:《反杜林论》，见《马克思恩格斯选集》第3卷，北京：人民出版社1995年版，第525页。

⑤ 马克思:《剩余价值理论》，见《马克思恩格斯全集》第26卷Ⅰ，北京：人民出版社1972年版，第296页。

系里每一个人都能成为出色的画家，但是这决不排斥每一个人也成为独创的画家的可能性，因此，‘人的’和‘唯一者的’劳动的区别在这里也毫无意义了。在共产主义的社会组织中，完全由分工造成的艺术家屈从于地方局限性和民族局限性的现象无论如何会消失掉，个人局限于某一艺术领域，仅仅当一个画家、雕刻家等等，因而只用他的活动的一种称呼就足以表明他的职业发展的局限性和他对分工的依赖这一现象，也会消失掉。在共产主义社会里，没有单纯的画家，只有把绘画作为自己多种活动中的一项活动的人们。”[①] 所以柏拉威尔认为，“当马克思考虑到文学时，他是在一种广泛的经济、社会、历史的条件下考虑到文学的”[②]。

个人的全面发展包括个人的审美和艺术才能的发展，是马克思所追求的社会理想。“培养社会的人的一切属性，并且把他作为具有尽可能丰富的属性和联系的人，因而具有尽可能广泛需要的人生产出来——把他作为尽可能完整的和全面的社会产品生产出来（因为要多方面享受，他就必须有享受的能力，因此他必须是具有高度文明的人）。”[③] 而自由时间是马克思所展望的未来社会的基本内容之一，对自由时间（闲暇）及其与审美与艺术关系的思考是其艺术社会学思想的重要组成部分，如今已经受到中西方学界的普遍重视。马克思在其 19 世纪 50、60 年代的经济学手稿中多次谈到节约劳动时间所产生的自由时间问题，把闲暇和个人的全面发展以及艺术和美的创造与欣赏相联系，因而他的自由时间理论便具有重要的美学意义。

马克思认为，自由时间属于非劳动的“可以自由支配的时间”，“这种时间不被直接生产劳动所吸收，而是用于娱乐和休息，从而为自由活动和发展开辟广阔天地。……自由时间，可以支配的时间，就是财富本身：一部分用于消费产品，一部分用于从事自由活动，这种自由活动不像劳动那样是在必须实现的外在目的的压力下决定的，而这种外在目的的实现是自然的必然性，或者说社会义务——怎么说都行”[④]。在马克思看来，直

① 马克思、恩格斯：《德意志意识形态》，见《马克思恩格斯全集》第 3 卷，北京：人民出版社 1960 年版，第 460 页。

② 柏拉威尔：《马克思和世界文学》，梅绍武等译，北京：生活 · 读书 · 新知三联书店 1980 年版，第 564 页。

③ 马克思：《政治经济学批判（1857—1858 年手稿）》，见《马克思恩格斯全集》第 2 版第 30 卷，北京：人民出版社 1995 年版，第 389 页。

④ 马克思：《剩余价值理论》，见《马克思恩格斯全集》第 26 卷Ⅲ，北京：人民出版社 1974 年版，第 281~282 页。在《象征交换与死亡》中，鲍德里亚反驳了马克思关于自由时间的说法，认为晚期资本主义随着服务业的兴盛，非生产性劳动越来越重要，劳动与自由时间没有区别。“资本可能扎根在‘生产性’之外的其他东西中，也许恰好扎根在掏空了生产性的劳动中，扎根在‘非生产性’劳动中，从某种意义上说也就是扎根在被中和的劳动中，资本正是在这种劳动中挫败了‘生产性’劳动所具有的危险的确定性，并且开始确立自己真实的统治，不再仅仅统治劳动，而且统治全社会。……从这个意义上说，劳动不再与其他实践有区别，尤其是不再与它的对立词项——自由时间有区别。”（鲍德里亚《象征交换与死亡》，车槿山译，译林出版社 2006 年版，第 20~21 页）本书不赞同鲍德里亚抹杀非生产性劳动与自由时间区别的说法。

接的生产劳动总是不自由的，真正的自由王国存在于物质生产的彼岸，而自由王国的争取以劳动日的缩短为条件，“事实上，自由王国只是在必要性和外在目的规定要做的劳动终止的地方才开始；因而按照事物的本性来说，它存在于真正物质生产领域的彼岸。……在这个必然王国的彼岸，作为目的本身的人类能力的发挥，真正的自由王国，就开始了。但是，这个自由王国只有建立在必然王国的基础上，才能繁荣起来。工作日的缩短是根本条件”①。正如马尔库塞所分析的那样，“马克思设想了未来的劳动方式，它与现存的劳动方式是如此地不同，以致于马克思拿不定主意是否使用‘劳动’这同一个词来界定资本主义的物质过程和共产主义社会的物质过程。马克思运用‘劳动’一词是要表明通过对劳动这一在商品生产中创造剩余价值和‘生产资本’的活动的分析所理解的实际的资本主义。其他各种劳动都不是‘生产性劳动’，因此不是真正意义上的劳动。可见，劳动意味着从事劳动的个体绝不会有自由和全面的发展。显然，在这种情况下，个人的解放同时就是劳动的否定”②。马克思指出，资产阶级“这些不劳动的人从这种剩余劳动中取得两种东西：首先是生活的物质条件，……其次是他们支配的自由时间，不管这一时间是用于闲暇，是用于从事非直接的生产活动（如战争、国家的管理），还是用于发展不追求任何直接实践目的的人的能力和社会的潜力（艺术等等，科学），——这一自由时间都是以劳动群众方面的剩余劳动为前提”③。

马克思认为，人类的全面发展以自由时间的运用为基础。“正像在单个人的场合一样，社会发展、社会享用和社会活动的全面性，都取决于时间的节省。一切节约归根到底都归结为时间的节约。正像单个人必须正确地分配自己的时间，才能以适当的比例获得知识或满足对他的活动所提出的各种要求一样，社会必须合乎目的地分配自己的时间，才能实现符合社会全部需要的生产。”④这个说法显然启发了马尔库塞对非压抑文明社会的展望，“个体及其权利和自由是某种还有待创造，而且只有通过发展性质全异的社会关系和社会机构才能被创造的东西。在非压抑性生存的环境中，工作时间（即苦役）被降低到最低限度，而自由时间也摆脱了统治利益强加于它的所有闲暇活动和被动状态”⑤。

---

① 马克思：《资本论》第3卷，见《马克思恩格斯全集》第2版第46卷，北京：人民出版社2003年版，第928~929页。

② 马尔库塞：《理性与革命》，程志民等译，重庆：重庆出版社1993年版，第266页。译文有改动。

③ 马克思：《政治经济学批判（1861—1863年手稿）》，见《马克思恩格斯全集》第2版第32卷，北京：人民出版社1998年版，第213~214页。

④ 马克思：《政治经济学批判（1857—1858年手稿）》，见《马克思恩格斯全集》第2版第30卷，北京：人民出版社1995年版，第123页。

⑤ 马尔库塞：《爱欲与文明》，黄勇等译，上海：上海译文出版社1987年版，“1961年标准版序言”第15页。

资本主义财富积累的前提是偷盗工人的劳动时间。这样做剥夺了工人用于艺术及美的欣赏和创造的闲暇，实际上是一种短视的做法。“这种工作不让工人有精神活动的余地，并且要他付出这样大的注意力，使他除了把工作做好，别的什么东西也不能想。这种强制劳动剥夺了工人除吃饭和睡觉所最必需的时间以外的一切时间，使他没有一点空闲去呼吸些新鲜空气或欣赏一下大自然的美，更不用说什么精神活动了。这种工作怎么能不使人沦为牲口呢？”[①] 如果工人的全部时间都沦落为劳动时间，便使工人降低到仅仅是劳动工具的地位。马克思赞同地引用了欧文的一段话：“他们除了下流的娱乐之外，不可能有任何体育、智育或精神方面的消遣；他们与一切真正的生活乐趣是无缘的。”马克思认为，真正的经济－节约——是劳动时间的节约，“节约劳动时间等于增加自由时间，即增加使个人得到充分发展的时间，而个人的充分发展又作为最大的生产力反作用于劳动生产力。从直接生产过程的角度来看，节约劳动时间可以看作生产固定资本，这种固定资本就是人本身”。[②] 从中可以看出，马克思对闲暇时间（自由时间）所进行的活动划分了不同的层次，从事体育、智育、审美和艺术等有益身心的活动属于高的层次，属于正当有益的时间消费，“如果音乐很好，听者也懂音乐，那么消费音乐就比消费香槟酒高尚”[③]。反之，那种低层次的时间消费则停留于口腹之欲的满足或者“下流的娱乐”。

在马克思看来，资本主义社会生产力的巨大发展，劳动时间的缩短和由之而来的闲暇为人的全面发展提供了前提或条件。“随着大工业的发展，现实财富的创造较少地取决于劳动时间和已耗费的劳动量，较多地取决于在劳动时间内所运用的作用物的力量，而这种作用物自身——它们的巨大效率——又和生产它们所花费的直接劳动时间不成比例，而是取决于科学的一般水平和技术进步，或者说取决于这种科学在生产上的应用。……于是，以交换价值为基础的生产便会崩溃，直接的物质生产过程本身也就摆脱了贫困和对立的形式。个性得到自由发展。因此，并不是为了获得剩余劳动而缩减必要劳动时间，而是直接把社会必要劳动缩减到最低限度，那时，与此相适应，由于给所有的人腾出了时间和创造了手段，个人会在艺术、科学等等方面得到发展。”[④] 其实恩格斯也有类似的思

① 恩格斯：《英国工人阶级状况》，见《马克思恩格斯全集》第2卷，北京：人民出版社1957年版，第405页。

② 马克思：《政治经济学批判（1857—1858年手稿）》，见《马克思恩格斯全集》第2版第31卷，北京：人民出版社1998年版，第109页、第107~108页。

③ 马克思：《剩余价值理论》，见《马克思恩格斯全集》第26卷Ⅰ，北京：人民出版社1972年版，第312页。

④ 马克思：《政治经济学批判（1857—1858年手稿）》，见《马克思恩格斯全集》第2版第31卷，北京：人民出版社1998年版，第100~101页。

想。恩格斯也认为工业革命所带来的社会进步使人们有更多的闲暇享受艺术和交际，“正是由于这种工业革命，人的劳动生产力才达到了相当高的水平，以致在人类历史上破天荒第一次创造了这样的可能性：在所有的人实行明智分工的条件下，不仅生产的东西可以满足全体社会成员丰裕的消费和造成充足的储备，而且使每个人都有充分的闲暇时间去获得历史上遗留下来的文化——科学、艺术、社交方式等等——中一切真正有价值的东西；并且不仅是去获得，而且还要把这一切从统治阶级的独占品变成全社会的共同财富并加以进一步发展。”①

正因为马克思本人的艺术社会学思想极为丰富，西方学者肯定了马克思对艺术社会学研究的贡献。美国学者哈灵顿说：“马克思肯定了有教养的、富有美感的个性化观念。在这里，个性没有被降低为劳动分工中单一的功能，没有被贬低为生产体系中终身技工的位置。马克思带来一个自由平等社会的梦想，在这个社会里，艺术将不再作为一个同日常实践相脱离的一个独立领域而存在。艺术也不再是少数精英的特权，艺术将表现每个人的创造力，与所有人的工作生活重新结合。智力劳动将与体力劳动重新结合，每一个人将拥有一个心灵充实的感性生活。”②

马克思的艺术社会学思考在一定程度上开辟了马克思主义艺术社会学传统，如普列汉诺夫的艺术起源研究、卢卡契对文学与社会关系的辩证分析、戈德曼的文学演变与社会发展的同构论、法兰克福学派的大众文化批评、英国马克思主义学派的文化研究等，都可以视为这个传统的一部分，更不用说针对具体文学作品所进行的马克思主义的艺术社会学批评。德国艺术社会学家西尔伯曼认为，“马克思主义理论……一方面，从作品内容出发，将作品视为构成一种现象的要素的总合，即正像商品的内容是其价值一样，作品的内容是特定的社会、政治和道德观念；另一方面从作品的形式出发，从表达形式、作品的内在结构和组织出发，即正像一个物体的价值是由金钱表示的价格一样，文学作品的形式是语言、表达方法、文体等。这两个方面汇合在一起，就必然导致艺术作品同人的生活和思想的综合体相互依赖。”③从更大的范围来看，在20世纪的艺术社会学理论建构中，一些成就较大的理论家，无论是否属于马克思主义批评传统，如法国的齐马对文学与意识形态关系的分析，匈牙利的豪塞尔对艺术发展社会条件的分析等，都不同程度地受到马克思的影响。

---

① 恩格斯：《论住宅问题》，见《马克思恩格斯选集》第3卷，北京：人民出版社1995年版，第150页。

② 哈灵顿：《艺术与社会理论》，周计武等译，南京：南京大学出版社2010年版，第119页。

③ 西尔伯曼：《文学社会学导论》，魏育新、于汛译，合肥：安徽文艺出版社1988年版，第57页。

二、大众文化批评

马克思所处时代尚处于纸质文化一统天下、资本主义处于工业化和城市化发展进程中的历史时期，还没有形成现代意义上的大众文化，所以在马克思、恩格斯本人的学术生涯中，对大众文化并没有进行系统的理论阐释。但是他们在文学批评活动中涉及对粗俗文学和民间文学的批评，对理解当代的大众文化有一定的借鉴意义。

马克思 1847 年在一篇论战性文章《道德化的批评和批评化的道德——论德意志文化的历史，驳卡尔·海因岑》中，对德国宗教改革前曾经出现过并且德国历史上反复出现的“粗俗文学”进行了批评，“粗俗文学重新出现在德国人面前是并不奇怪的。对历史发展发生的兴趣不难克服这类作品所引起的美学上的反感”。马克思概括了这种粗俗文学的特点：“平淡无味，废话连篇，大言不惭”，“给市侩的内容套上平民的外衣；反对文学的语言，给语言赋予纯粹肉体的性质”，“为狭隘而僵化的概念所束缚，并在同样的程度上诉诸极微末的实践以对抗一切理论”，等等。[①] 从中可以看出，粗俗文学的特征是内容的模式化、意味的浅表性、追求感官刺激等，这些与当代大众文学或大众文化的一些特征比较接近。恩格斯早年关注过民间故事。他认为德国民间故事书应该“富有诗意”，“民间故事书的使命是使农民在一天繁重的劳动之余，傍晚疲惫地回到家里时消遣解闷，恢复精神，得到欢娱，使他忘却劳累，把他那块贫瘠的田地变成芳香馥郁的玫瑰园；它的使命是把工匠的作坊和饱受折磨的徒工的简陋阁楼变幻成诗的世界和金碧辉煌的宫殿，把他那身体粗壮的情人变成体态优美的公主；但是民间故事书还有一个使命，这就是同圣经一样使他们有明确的道德感，使他们意识到自己的力量、自己的权利和自己的自由，激发他们的勇气并唤起他们对祖国的热爱”[②]。恩格斯考察的对象是作为民间口头文学的记录和整理的民间故事，这类文学在其通俗性、大众性和模式化方面与后来的大众文学与文化也有相通之处。恩格斯肯定了民间文学具有积极向上、心灵慰藉、道德感化的作用，对于我们理解大众文化也有启迪价值。就广泛意义来说，马克思关于经济基础、上层建筑以及意识形态的论述对于大众文化研究也有重要的参考意义，产生了重大影响。约翰·斯道雷说：“经典马克思主义对大众文化研究的启发在于：若想对文化的文本和实践加以理解和阐释，就必须还原到生产这些文本和实践的历史条件中去，并对这些历史条件加以

① 马克思：《道德化的批评和批评化的道德》，见《马克思恩格斯全集》第 4 卷，北京：人民出版社 1958 年版，第 322~323 页。
② 恩格斯：《德国民间故事书》，见《马克思恩格斯全集》第 2 版第 2 卷，北京：人民出版社 2005 年版，第 84 页。

分析。”[①]

现代意义上的大众文化与大众文学既不同于马克思提到的粗俗文学，也不同于恩格斯关注的民间文化或民间文学。它是商业消费主义时代的产物，与现代的传播媒介相结合，具有较为稳固的创作程式，给受众以某种直接的感官经验的冲击，谋求商业利润的最大化。20世纪以来，随着城市化进程的加快，市民阶层迅速扩大，西方社会步入大众社会，出现了西班牙哲学家奥尔特加·加塞特所说的聚集在城市中数量很大的普通的人——大众，同时也出现了“少数精英（minorities）与大众——所构成的一种动态平衡：少数精英是指那些具有特殊资质的个人或群体，而大众则是指没有特殊资质的个人之集合体”[②]。文学创作也发生了分化，即区分为主要以城市市民为主要消费群体的大众文学与文化和以知识分子为对象的高雅文学与文化。尤其是20世纪中期以后，全球资本主义进入“后工业社会”，电影、广播、电视、网络成为主要的文化传播方式，文化日益向商品化方向发展，大众文化发展势头迅猛，大有淹没高雅文化之势。美国学者丹尼·贝尔较早描述了这一变化：“以前，艺术家依靠一个赞助庇护系统，例如王室、教会或政府，由它们经办艺术品产销。因而，这些机构的文化需要……便能决定当时主导的艺术风尚。可自从艺术家变为自由买卖物件，市场就成了文化与社会的交汇场所。”[③]大众文化与文学适应传媒时代的发展，具有媒介性与受众性，在很大程度上改变了文化与文学的发展格局。大众文化的兴起及其对高雅文化的冲击引起了马克思主义美学家与批评家的注意，他们从不同的角度探讨了这一文化现象，由此形成了两种基本的研究模式：以法兰克福学派为代表的精英主义模式和以伯明翰学派为代表的英国马克思主义美学大众的或平民主义的模式。这两种模式对大众文化的研究是对马克思主义美学的一个贡献和推进。

法兰克福学派对大众文化的研究始于20世纪30年代初对法西斯主义兴起原因的分析。由于把大众社会视为极权社会的一种形式，该派学者大多对大众文化与文学持批判态度。在《弗洛伊德理论与法西斯主义宣传模式》一文中，阿多尔诺分析了法西斯主义统治下“大众”的形成过程，“法西斯主义心理很大程度上是由操纵产生的。理性化的经过算计的技术引起了大众非理性情绪的‘自然化’”[④]。大众的自我被自身无法控制的力量所支配，是某种程序操控和引导所产生的结果。在与霍克海默合著的《启蒙辩证法》中，

---

① 约翰·斯道雷：《文化理论与大众文化导论》，常江译，北京：北京大学出版社2010年版，第74页。

② 奥尔特加·加塞特：《大众的反叛》，刘训练等译，长春：吉林人民出版社2011年版，第5页。

③ 贝尔：《资本主义文化矛盾》，赵一凡等译，北京：生活·读书·新知三联书店1989年版，第33页。

④ Theodor W. Adorno, “Freudian Theory and the Pattern of Fascist Propaganda”, in *The Culture Industry: Selected Essays on Mass Culture*, London: Routledge, 1991, p.150.

阿多尔诺提出“文化工业”（cultural industry）这一批判性概念，用以评判大众文化。阿多尔诺认为，文化工业产品在生产与传播上利用了机械复制等现代技术，整合了经济与文化、高雅艺术与低俗艺术，以表面上的丰富多样掩盖内容的贫乏和风格上的千篇一律。“现在一切文化都是相似的。电影、收音机、书报杂志等是一个系统。每一领域是独立的，但所有领域又是相互有联系的。……从利益方面看，人们是乐意把文化工业解释为工艺学的。千百万人参与了文化工业强制性的再生产过程，而这种再生产过程，又总是在无数的地方为满足相同的需要提供标准的产品。”[①]资本主义按照商品生产的交换逻辑批量地生产大众文化作品，这些作品带有同质化和标准化的特征，把文学变成了欲望的实现和消费的对象，“就艺术迎合社会现存需求的程度而言，它在很大程度上已成为一种追求利润的商业。作为商业，艺术只要能够获利，只要其优雅平和的功能可以骗人相信艺术依然生存，便会继续存在”[②]。由于缺乏反思性和反抗性，大众文化的作品充当了统治者的帮凶，“文化工业的每一个运动，都不可避免地把人们再现为整个社会所需要塑造出来的那种样子”[③]。大众文化强化了资本主义的社会控制形式，培养了衰落的无反思能力的个人。

阿多尔诺后来在一篇题为《文化工业再思考》的文章中对上述观点做了补充。他认为文化工业的产品一开始就是为了在市场上销售而生产出来的，其形式和情感体验的贫乏和单一化有效地助长了一种精于包装的意识形态，使人们安于现状的统治，个性的消失又导致了生活方式的平面化、消费行为的时尚化和审美趣味的肤浅化。文化工业以其重复性消除了时间性和历史发展，充分体现了资本主义社会的同一性逻辑，发挥了意识形态的功能，“在我们的草稿中，我们使用的是‘大众文化’（mass culture）。大众文化的倡导者认为，它是这样的一种文化，仿佛同时从大众本身产生出来似的，是流行艺术的当代形式。我们为了从一开始就避免与此一致的解释，就采用‘文化工业’代替了它，……文化工业别有用心地自上而下整合它的消费者。……大众不是文化工业的衡量尺度，而是文化工业的意识形态。……艺术作品的自治——甚至在完全纯粹的形式中也很少起到主宰作用，并且总是被一系列对效益的考虑所渗透——在一场不可逆转的历史趋势中被文化工业剥夺了”[④]。在这里，阿多尔诺指出大众文化具有鲜明的目的性，并且在这种组织

① 霍克海默、阿多尔诺：《启蒙辩证法》，洪佩郁、蔺月峰译，重庆：重庆出版社 1990 年版，第 112~113 页。

② 阿多诺：《美学理论》，王柯平译，成都：四川人民出版社 1998 年版，第 32 页。

③ 霍克海默、阿多尔诺：《启蒙辩证法》，洪佩郁、蔺月峰译，重庆：重庆出版社 1990 年版，第 118 页。

④ 阿多尔诺：《文化工业再思考》，高丙中译，见陶东风等主编《文化研究》第 1 辑，天津：天津社会科学院出版社 2000 年版，第 198~199 页。

化的生产中，艺术的自主性被扼杀。阿多尔诺晚年还反思了新近崛起的以电视为代表的视觉文化的欺骗性。他指出，电视图像包含了多层附加的意义，其理性化的制作所产生的逼真的“虚拟现实”（pseudo-realistic）效果使隐藏的信息逃避了意识的控制，观众在毫无戒心的情况下充当了编导的共谋，观看电视“人们不仅会失去对现实真正的洞察力，而且最终他们的生存经验也会在琳琅满目的图像冲击下迟钝麻木”[①]。在视觉文化如日中天的当下，阿多尔诺对电视媒介的思考无疑具有超前的预见性。在阿多尔诺眼中，先锋艺术以其“不可交换”的特征与大众文化形成鲜明的对比，保留了一种自主的领地，从而成为审美救赎的手段。阿多尔诺对文化工业的诊断揭露了资产阶级意识形态和市场交换逻辑对大众文化无所不在的操控，在西方学术界产生了很大的影响，“阿多尔诺和霍克海默对文化工业的分析的力量在于，它表明了商品的结构以意想不到的、看不见的方式被带进了艺术作品本身的形式和内容之中”[②]。但是阿多尔诺对大众文化可能有的颠覆或解放潜能估计不足。例如，阿多尔诺一贯贬低爵士乐，他因此受到后人诟病。

马尔库塞对待大众文化的态度与阿多尔诺类似。他没有用文化工业这一术语，他用的是“肯定性的文化”（affirmative culture）、压抑性的文化或单向度的文化这类说法。马尔库塞对肯定性的文化进行了批判，“所谓肯定性的文化，是指资产阶级时代按其本身的历程发展到一定的阶段所产生的文化。在这个阶段，把作为独立价值王国的心理和精神世界这个优于文明的东西，与文明分隔开来。这种文化的根本特性就是认可普遍性的义务，认可必须无条件肯定的永恒美好和更有价值的世界。这个世界在根本上不同于日常为生存而斗争的实然世界，然而又可以在不改变任何实际情形的条件下，通过每个个体的‘内心’而得以实现。只有在这种文化中，文化的活动和对象才获得那种使它们超越出日常范围的价值。接受它们，便会带来欢快和幸福的行动”[③]。肯定性的文化、压抑性的文化或单向度的文化是强加于民众的欺骗性的文化，是马尔库塞所批判的“单向度的社会”的一部分，也是形成“单向度的人”的重要推动力量。“生产机构及其所生产的商品和服务设施‘出售’或强加给人们的是整个社会制度。公共运输和通讯工具，衣、食、住、行的各种商品，令人着迷的新闻娱乐产品，这一切带来的都是固定的态度和习惯，以及使消费者比较愉快地与生产者、进而与社会整体相联结的思想和情绪上的反应。在这一过

① Theodor W. Adorno, “How to Look at Television”, in *The Culture Industry: Selected Essays on Mass Culture*, London: Routledge, 1991, p.171.

② 詹姆逊:《可见的签名》，王逢振等译，南京：南京大学出版社2012年版，第14页。

③ 马尔库塞:《文化的肯定性质》，见马尔库塞《现代文明与人的困境》，李小兵译，上海：上海三联书店1989年版，第120页。译文略有改动。

程中，产品起着思想灌输和操纵的作用；它们引起一种虚假的难以看出其为谬误的意识。然而，由于更多的社会阶级中的更多的个人能够得到这些给人以好处的产品，因而它们所进行的思想灌输便不再是宣传，而变成了一种生活方式。”[①] 马尔库塞曾经区分出“真实需要”（true needs）与“虚假需要”（false needs），前者指无条件要求满足的需要，即与生存和发展攸关的需要，而“为了特定的社会利益而从外部强加在个人身上的那些需要，使艰辛、侵略、痛苦和非正义永恒化的需要，是‘虚假的需要’……现行的大多数需要，诸如休息、娱乐、按广告宣传来处世和消费、爱和恨别人之所爱和恨，都属于虚假的需要这一范畴之列”[②]。从他的论述看，大众文化鼓励和满足的就是虚假的需要。与阿多尔诺有所不同的是，马尔库塞晚年在《论解放》（1969）中注意到了嬉皮士等亚文化现象所具有的反抗潜能。

当然，在法兰克福学派中，“对大众文化分析最广的是洛文塔尔”[③]。洛文塔尔是法兰克福学派乃至西方马克思主义文学社会学研究的代表人物，著有《文学与人的形象》（1957）、《文学、通俗文化与社会》（1961）、《失控的过去》（1987）等，其学术生涯贯穿了对大众文化的关注与研究。洛文塔尔虽然在思想倾向和学术特色方面继承了法兰克福学派对资本主义大众文化的批判立场，但是他“二战”结束后没有返回德国，毕生致力于把发端于欧陆的西方马克思主义的思辨精神与英美的实证研究相结合，沟通人文科学与社会科学。其大众文化研究把理论思辨、精神分析、个案调查、数据分析有机结合，形成了鲜明特色，取得了较大成功。

洛文塔尔在大众文化批评领域所做的工作主要体现在两个方面。首先，他深化了阿多尔诺对大众文化的分析和批判。他把文学划分为作为艺术的文学和作为商品的文学两种类型，“一方面是艺术，一方面是市场导向的商品”[④]。前者是纯文学，后者是大众文学，二者的分化始于18世纪。纯文学是个性化的创造、个人经验的表达，能够发现并记录时代的主要特征，是研究人与社会关系的根本资源之一。而大众文学不能给人提供真理与洞见，只能给人提供娱乐和信息。洛文塔尔进一步发挥了阿多尔诺的观点，认为恰恰是无反思能力的个体催发了大众文化。“个体的衰落导致了大众文化的产生，这种文化取代了民间艺术和高雅艺术。流行文化的产品毫无任何真正的艺术特性。然而，在其众多的

① 马尔库塞：《单向度的人》，刘继译，上海：上海译文出版社1989年版，第12页。

② 马尔库塞：《单向度的人》，刘继译，上海：上海译文出版社1989年版，第6页。

③ 马丁·杰：《法兰克福学派史》，单世联译，广州：广东人民出版社1996年版，第244页。

④ Leo Lowenthal, *Literature, Popular Culture, and Society*, New Jersey: Prentice-Hall, 1961, p.xii.

媒介方式中，这种文化已被证明有其自身的艺术特性：标准化、俗套、保守、虚伪，是一种操纵消费者的商品。”[①] 大众文化的商业性、娱乐性及其给受众提供的虚幻满足，使其具有维护资本主义统治秩序的意识形态功能。其次，洛文塔尔把西方马克思主义美学原本注重对文学生产和创造领域的研究转向文学的传播和消费问题，研究读者的阅读取向和文学消费情境的变迁，进而通过对大众文化的研究对社会文化走向进行判断和预测。比如在对大众文化的研究中，洛文塔尔选择20世纪上半叶的传记作为考察对象，指出在头25年开放、自由的社会需要树立榜样来鼓励人们自我奋斗，所以传主多来自生产领域，企业家、发明家、科学家的传记十分走红。而到了30~40年代之后，由于技术革命，奢侈品不断变为必需品，人们追求物质消费，安逸和舒适成为生活的目标，转而追捧演艺、体育、娱乐明星。他称这种现象为从“生产偶像”（idols of production）到“消费偶像”（idols of consumption）的转变[②]。这类传记淡化传主与政治、社会的关系，热衷于展示传主的私人生活如父母亲朋、个人癖好、娱乐活动，用血统和天赋异禀解释传主的成功，消弭了人的创造性追求，提供了消费性的生活方式。而单调重复的大众文化之所以流行，正因为人们日常工作缺乏变化，需要不断重复的休闲活动为之辩护，并在对常识的认同和消费的满足中确认自己生存的合法性。洛文塔尔由此得出结论：“在合作的资本主义社会中产生一个企业家已经成为一个纯粹的神话；中产阶级社会已经演变为消费社会。”[③]

洛文塔尔的大众文化研究借鉴经验技术和实证分析，从中提取经验类型和理论命题，进行社会预测，弥补了西方马克思主义美学过于偏重思辨研究的缺陷。洛文塔尔关于大众文化的可复制性、商业性、娱乐性和保守性的批判给后人提供了思想启迪。但是洛文塔尔的大众文化研究致力于文学与社会的互证，对作品自身的多义性有所忽略，并且他的二元对立的文学概念也体现了近代美学观念所暗含的等级秩序，把大众文化的构成和功能看成铁板一块，忽视了大众文化的多元特征和读者的抵抗潜能。

英国马克思主义美学对大众文化基本上持相对包容和肯定的立场，代表人物为威廉斯、霍加特、霍尔、托尼·本尼特等人。英国马克思主义这一脉学者不少人出身平民，并曾任教于伯明翰大学当代文化研究中心，带有明显的平民主义取向。从表面上看，该派致力于消除高雅、大众文化的二元对立，对所谓通俗文化与文学的价值进行了重估，比如威廉斯从对高雅文化、文学经典的研究转到对电影、电视和广告等的表意实践的研究。

---

① Leo Lowenthal，*Literature and Mass Culture*，New Jersey：New Brunswick，1984，p.14.

② Leo Lowenthal，*Literature*，*Popular Culture*，*and Society*，Englewood New Jersey：Prentice-Hall，1961，p.115.

③ Leo Lowenthal，*An Unmastered Past.* Berkley and Los Angeles，California：University of California Press，1987，p.133.

威廉斯首先对“大众”（mass）概念进行了探讨，指出这个词的含义是与“群氓”（mob）联系在一起的，实际上是文化精英以民主为幌子对共同社会群体的蔑称，“事实上没有所谓的大众，有的只是将人视为‘大众’的观察方式”。[①] 大众原本的含义是民享、民有，但在特权阶级和受过良好教育的群体眼中却成为庸俗、低级的代名词。其次，威廉斯指出，大众社会的来临使得文化的创造取决于精英对“大众”的倾听和在此基础上的创造。“‘大众’对社会方向产生影响不是通过参与，而是通过表达某种模式的需要和偏好——这是一种新型市场的法则——而对精英们来说，这就成了一个起点：仔细研究大众的需要和偏好（通过诸如市场调查和民意测验之类的技术手段），然后再去设法说服他们。”[②] 也就是说，文化是精英和大众互动的结果。但是仔细推究起来，该派事实上推崇的是通俗文化或平民文化，对精英文化和商业文化同样持反对态度。例如霍加特的《识字的用途》虽然肯定了街头小报、廉价杂志、通俗小说、体育、俱乐部等在工人阶级中所起的有益的作用，但是对流行音乐、流行小说等以牟利为目的的商业文化仍然给予了批评。霍尔在《编码，解码》一文中，试图证明大众尽管控制不了大众文化的生产，却能控制大众文化的消费。即作者虽然有意在作品中贯彻自己的意图，但编码和解码并不完全对称。读者除了服从作者的意图外，还可以进行选择性感知，将文本符号置入与其他符号的创造性关系中，甚至作出完全对抗性的阅读。英国马克思主义在大众文化问题上的贡献，首先在于区分了大众文化的不同层面——通俗文化与商业文化。对于与传统的民间文化相对应的通俗文化，他们在一定程度上持正面肯定态度，认为其对于资本主义文化有抵抗的潜能，而对于以赚钱为目的的商业文化则持批判态度。其次，他们试图在文化权力的网络中来分析文化制品的作用机制，注意到大众文化既可成为统治阶级的工具但同时也可成为抵抗的资源的多重性或暧昧性。但英国马克思主义学派又有过高估计大众文化的积极意义和读者阅读潜能的调和主义倾向。“最大的问题在于，它把不同阶级之间，以及同一阶级之内的矛盾与利益冲突一笔勾销了，如此一来，文化这个概念也就无须对阶级支配这样的现象担负任何责任了。”[③]

关于大众文化的争论作为知识分子或马克思主义美学家、批评家内部的争论有其内在的局限性。首先，学者们对大众文化的肯定或批评并没有顾及大众本身的态度与感受，因而关于大众文化的讨论本身就属于一种精英主义话语。“大众文化这样的概念，似乎是

---

① 威廉斯：《文化与社会》，高晓玲译，长春：吉林出版集团有限责任公司 2011 年版，第 315 页。译文略有改动。

② 威廉斯：《漫长的革命》，倪伟译，上海：上海人民出版社 2013 年版，第 119 页。

③ 阿兰·斯威伍德：《大众文化的神话》，冯建三译，北京：生活·读书·新知三联书店 2003 年版，第 60 页。

把人群生硬地分作二类，认为凡夫俗子合当听命，不必也无能参与，而精英或精英集团则提出主张，替大众遂行决策，作其君师。”[①] 其次，无论是法兰克福学派，还是英国马克思主义美学家和批评家，他们对大众文化的研究在很大程度上仍然没有摆脱高雅文化、大众文化的二元对立，对二者的关联和相互作用研究不够。詹姆逊认为，“我们必须重新思考高雅文化和大众文化的对立，传统上兴起的对价值的强调……倾向于在某种永恒的、绝对的美学评价领域发生作用——应该被一种真正历史地和辩证地探讨这些现象的方法所替代。这样一种方法要求我们在阅读高雅文化和大众文化时，把它们作为客观上关联的、辩证地相互依赖的现象，作为在资本主义之下分裂的美学生产的孪生的、不可分开的形式”[②]。这个观点值得重视。

然而，我们如今回过头来再来看奥尔特加关于大众的论述，便会发现关于大众文化的讨论似乎还有着更深一层的含义。奥尔特加在提出大众与精英的区分时已经指出，大众与精英不是一个代表“上层”与“下层”的阶级或阶层划分的概念，大众是随着生活的改善和政治权利的提高而安于现状、不思进取的平均的人，在民主政体下“大众人”占据了统治地位，精英则是对自己提出重大要求并赋予自己重大责任与使命的人。也就是说，在上层阶级与下层阶级中都存在着大众与精英。奥尔特加对“大众人”把资本主义生活秩序视为一种自然状态表现出了一种深深的忧虑。这样看来，马克思主义美学内部关于大众文化的争论，无论是基于平民主义立场还是精英主义立场，说到底都是面对当代资本主义这个倾向于拉平现象与本质、现实与理想的社会现状，如何保持文化、艺术与审美对社会现实的批判潜能、维持对于未来社会的想象力的问题。马克思主义美学内部关于艺术究竟应当介入社会还是保持艺术的自律性的争论，其实在一定程度上仍然是这一问题的延续。

三、介入或自律：艺术与社会关系的不同思考

马克思主义创始人关于艺术与社会的关系问题有过不同的思考。前述恩格斯现实主义理论的情况就是个例子。恩格斯的现实主义理论在主要方面重视描写现实，重视作家的主观倾向服从生活的客观倾向，他的“现实主义的最伟大胜利”的说法包含了对艺术自主性的认知。但是恩格斯有时候又要求作家把所描写的事实和一般的环境联系起来，写出典型环境中的典型人物。从中可以看出，马克思主义经典作家偏于学术的美学立场

① 阿兰·斯威伍德：《大众文化的神话》，冯建三译，北京：生活·读书·新知三联书店2003年版，第8页。
② 詹姆逊：《可见的签名》，王逢振等译，南京：南京大学出版社2012年版，第17页。

和偏于政治的公共立场之间存在某些差异。就前者来说，艺术的社会评价与艺术的美学评价具有一致性。这也符合恩格斯不止一次说过的文艺批评的美学的和历史的标准，恩格斯甚至把美学标准放在第一位。就后者来看，艺术的美学评价又似乎服从于艺术的社会历史评价。马克思对艺术的看法相对包容，但是他在一定程度上也存在这个问题。比如他作为文艺批评家，对莎士比亚、古希腊悲剧与神话等有高度的鉴赏力。但是作为革命家，他也对早期处于萌芽或稚嫩状态的无产阶级诗歌进行了高度评价。他称赞西里西亚纺织工人之歌《血腥的屠杀》，“这是勇敢的战斗的号令。这支歌根本没有提到家庭、工厂、地区，相反，无产阶级一下子就决不含糊地、尖锐地、毫不留情地、威风凛凛地大声宣布，它反对私有制社会”[①]。

马克思的后继者在艺术与社会关系问题上的立场既与他们对马克思主义的理解有关，也与各自的理论背景有关，在西方马克思主义美学家那里集中表现为“介入”（commitment）与“自律”（autonomy）的分歧与争论。我们以萨特、阿多尔诺、马尔库塞为例加以分析。作为“存在主义的马克思主义”者，萨特批判资产阶级丧失了革命性，坚持社会主义的信念与前景。但他认为社会主义只是人类达到最终目的的手段，最终目的是使人人享有自由，所以他又批评苏联的政治专制和法国共产党的亲苏政策，认为文学应该超越阶级和党派。关于文学艺术与社会的关系，萨特实际是从他的存在主义哲学的核心观念即自由出发，“存在主义的核心思想是什么呢？是自由承担责任的绝对性质”，“我们是为自由而追求自由”[②]。在回答“何为写作”时，萨特指出艺术的功能是“介入”。萨特说：“不管你是以什么方式来到文学界的，不管你曾经宣扬过什么观点，文学把你投入战斗；写作，这是某种要求自由的方式；一旦你开始写作，不管你愿意不愿意，你已经介入了。”而介入就是“保卫自由”。[③] 自由是公民的权利，是自我挣脱、自我解放的运动。没有现成的自由，必须克服情欲、种族、阶级、民族的羁绊去争得自由。人的解放、无阶级社会的来临都是艺术的绝对目的。文学作为创造性活动的自由产品，显示了人的整体状况，以否定性与建设性的双重面貌呈现于世人面前。就否定性而言，文学具有社会批评职能。我们生活在愚弄的时代，文学需要为读者揭穿骗局，反对社会的不公正，反对物质压迫和对自由的侵犯，在社会政治斗争中占有一席之地。萨特认为，现代资产阶

① 马克思：《评一个普鲁士人的〈普鲁士国王和社会改革〉一文》，见《马克思恩格斯全集》第 2 版第 3 卷，北京：人民出版社 2002 年版，第 390 页。

② 萨特：《存在主义是一种人道主义》，周煦良、汤永宽译，上海：上海译文出版社 1988 年版，第 23 页、第 27 页。

③ 萨特：《什么是文学？》，见施康强选编《萨特文论选》，北京：人民文学出版社 1991 年版，第 136 页。

级执意企图把艺术纳入通常的市场关系，隔断文学艺术家与社会政治活动之间的联系并阻碍他们对自由的追求与呼唤。但是文学还有建设性的一面，文学表现世界始终意味着在一种可能发生变化的前景下揭示这个世界，我们每个人在发明自己的出路的同时也就发明了自己。文学应该让读者看到他们生活在其中的世界只能参照他们投到自己面前的未来才能得到定义。萨特把自由选择作为一个普遍原则，既是哲学观念，也是伦理意义上的行为准则。

萨特认为，不是所有文学类型都要介入。诗歌不需要介入，需要介入的应该是散文类文学，因为散文写作代表了一种精神姿态，是从事文学事业时特别合适的工具。散文家放弃了对世界进行描绘的不偏不倚的态度，他通过揭露而行动，来改变世界。“作家选择了揭露世界，特别是向其他人揭露人，以便其他人面对赤裸裸向他们呈现的客体负起他们的全部责任。”“既然创造只能在阅读中得到完成，既然艺术家必须委托另一个人来完成他开始做的事情，既然他只有通过读者的意识才能体会到他对于自己的作品而言是最主要的，因此任何文学作品都是一项召唤。……作家向读者的自由发出召唤，让它来协同产生作品。”[①] 作家为诉诸读者的自由而写作，作品是作为目的被提供给读者的自由，自由是在文学的创造性行为中被感知的。阅读伴随着读者的自由意识，读者意识到自己是自由的。由于审美意识是通过介入、通过盟誓而形成的信任，阅读成了一场自由的梦。读者把他的整个身心都奉献出来，自由贯穿了他的全身，从而改变他的感情里最黑暗的成分。作家还要求读者们把他给予他们的信任再归还给他，要求他们承认他的创作自由，要求他们通过一项对称的、方向相反的召唤来吁请他的自由。这就形成了一种辩证的往复关系：读者阅读时自由要求得到满足，并向作者的自由提出更多的要求；而作者的自由在揭示自身的同时揭示了别人的自由。

法兰克福学派的阿多尔诺、马尔库塞则以倡导艺术的自律性来表达艺术的社会政治诉求。在阿多尔诺那里，所谓艺术的自律性，就是“艺术本身割断了与经验现实和功能综合体（也就是社会）的关系”[②]，即艺术追求自身的价值和独立性。但阿多尔诺认为艺术还有社会性，即艺术实际上同时具有自律性与社会性的双重属性，“一方面是艺术的自为存在，另一方面是艺术与社会的联系。艺术这一双重本质显现于所有艺术现象中”[③]。阿多尔诺意识到艺术一味追求自律性的危险，赞同萨特对“为艺术而艺术”（art for art’s sake）

① 萨特：《什么是文学？》，见施康强选编《萨特文论选》，北京：人民文学出版社1991年版，第103页、第121页。

② 阿多诺：《美学理论》，王柯平译，成都：四川人民出版社1998年版，第430~431页。

③ 阿多诺：《美学理论》，王柯平译，成都：四川人民出版社1998年版，第388页。

的批判，认为这种说法对资产阶级同样是可以接受的。“如果艺术抛弃自律性，它就会屈就于既定的秩序；但如果艺术要固守在其自律性的范围之内，它同样会被同化过去，在其被指定的位置上无所事事，无所作为。”① 为了摆脱被同化或陷入自我封闭这双重困境，艺术需要对社会弊端作出反应。“与艺术作品的认知特质相适应的唯一主观倾向是一种认知倾向。艺术作品通过给予习以为常的事物以新的阐释来对抗盛行的需求，藉此适应了改变意识的客观需求，这种意识最终可能会导致现实的变化。”② 阿多尔诺认为艺术的社会性是其充当了现实的反题，“艺术之所以是社会的，不仅仅是因为它的生产方式体现了其生产过程中各种力量和关系的辩证法，也不仅仅因为它的素材内容取自社会；确切地说，艺术的社会性主要因为它站在社会的对立面。但是，这种具有对立性的艺术只有在它成为自律性的东西时才会出现。通过凝结成一个自为的实体，而不是服从现成的社会规范并由此显示其‘社会效用’，艺术凭藉其存在本身对社会展开批判”③。按照他的说法，现代艺术应当具有否定的功能。它应当摆脱意识形态的同化和文化工业的收编，在善恶、美丑的冲突中，从荒诞、迷惘、颓废、躁动和喧闹中认清这个世界的现状，揭露现代文明的危机和人性的弊病，抵制社会的总体化运动。在这个过程中，艺术形式具有独特的意义。他说：“艺术是革命性的。艺术虽然反对政治，但参与政治。当然，形式本身是一种具有破坏作用的抗议，这是当前形式所特有的事实，在这里社会结构已经完完全全地融为一体了。”所以阿多尔诺反对单纯地注重艺术的宣传价值，“由于无视任何矛盾，毕加索和萨特选择了一条有损于艺术家的追求的政治路线，这条路线之所以容忍艺术家的存在，也只是为了剥削利用他们的宣传价值”。④ 他不赞成萨特所推崇的介入艺术，在《介入》一文中阿多尔诺继续写道：“对于萨特来说，文学的任务就是唤醒人们的自由选择，以期达到本真性的存在，迫使读者改变中立立场。但是赋予介入以美学的优先权也使得艺术家放弃了对于艺术内在内容的追求。”⑤ 他甚至批评布莱希特的史诗剧由于过浓的政治性作为发达资本主义时代的一种艺术类型已经失效，只有卡夫卡、贝克特等人的作品才能改变生活于资本主义社会中人们的生活态度。

马尔库塞的观点与阿多尔诺相近。他指出：“文学的革命性，只有在文学关心它自身

① 阿多诺：《美学理论》，王柯平译，成都：四川人民出版社 1998 年版，第 406 页。

② 阿多诺：《美学理论》，王柯平译，成都：四川人民出版社 1998 年版，第 415 页。

③ 阿多诺：《美学理论》，王柯平译，成都：四川人民出版社 1998 年版，第 386 页。

④ 阿多诺：《美学理论》，王柯平译，成都：四川人民出版社 1998 年版，第 435 页、第 436 页。

⑤ Theodor W.Adorno，“Commitment”，in *The Essential Frankfurt School Reader*，Andrew Arao and Eike Gephardt，eds，New York：Urizen Books，1978，p.305.

的问题，只有把它的内容转化成为形式时，才是富有意义的。因此，艺术的政治潜能仅仅存在于它自身的审美之维。艺术同实践的关系毋庸置疑是间接的、存在中介以及充满曲折的。艺术作品直接的政治性越强，就越会弱化自身的异在力量、越会迷失根本性的、超越的变革目标。”[①] 因而马尔库塞倡导艺术对现实的“大拒绝”（great refusal），就不是偶然的了，“艺术无论仪式化与否，都包容着否定的合理性。在其先进的位置上，艺术是大拒绝，即对现存事物的抗议。它那些使人和物出场、吟唱、述说和讲演的方式，是拒绝、破坏和重新创造其实际存在的方式”[②]。

在阿多尔诺、马尔库塞那里，艺术对社会的批判与反抗，很大程度上体现于语言与形式的变革中。对马尔库塞来说，“艺术的批判功能，艺术为自由而奋争所作出的奉献，存留于审美形式中。一件艺术作品的真诚或真实与否，并不取决于它的内容。……确实，审美形式使艺术摆脱阶级斗争的现实性，即摆脱那种既纯粹又简单的现实性。审美形式构成了自律，使艺术与‘给定的东西’区别开来。不过，艺术的这种超然独立产生出的不是‘虚假的意识’或纯粹的幻象，而是一种反抗的意识：即对现实中随波逐流的心灵的否定”[③]。“这种审美变形的实现，是通过语言、感知和理解的重组，以致于它们能使现实的本质在其现象中被揭示出来：人和自然被压抑了的潜能。”[④] 所以他也反对萨特“介入”的说法，“赋予艺术的非妥协的、自律的性质，就是让艺术从‘介入的文学’中挣脱出来，从实际生活和生产过程的王国挣脱出来。艺术有其自身的语言，而且也只能以自身的语言形式去揭示现实”[⑤]。在此，我们有必要把同样既受到马克思主义又受到形式主义影响的巴尔特与阿多尔诺、马尔库塞做一番比较。我们知道，巴尔特的《写作的零度》（1953）也是针对萨特的介入理论并且强调文学的语言形式的。按照他的说法，“当作家不再是一种不幸意识的普遍证明时（大约在 1850 年左右），他的最初姿态就是去选择其形式的因素，……因此古典时代的写作破裂了，从福楼拜到我们时代，整个文学都变成了一种语言的问题”。他倡导一种中性的写作，写作成为作家思考文学的一种方式。“这种中性的新写作存在于各种呼声和判决的汪洋大海之中而又毫不介入，它正好是由后者的‘不在’所构成。但是这种‘不在’是完全的，它不包含任何隐蔽处或任何隐秘。于是我们可以说，

① 马尔库塞：《审美之维》，李小兵译，北京：生活·读书·新知三联书店 1989 年版，第 206 页。
② 马尔库塞：《单向度的人》，刘继译，上海：上海译文出版社 1989 年版，第 59 页。
③ 马尔库塞：《审美之维》，李小兵译，北京：生活·读书·新知三联书店 1989 年版，第 212 页。
④ 马尔库塞：《审美之维》，李小兵译，北京：生活·读书·新知三联书店 1989 年版，第 211 页。
⑤ 马尔库塞：《审美之维》，李小兵译，北京：生活·读书·新知三联书店 1989 年版，第 222 页。

这是一种毫不动心的写作，或者说一种纯洁的写作。”[①] 在巴尔特眼中，写作的自由在于摆脱语言秩序的一切束缚，追求话语最初的清新性。这些说法显然走向了形式主义。

从中我们可以看出，法兰克福学派所追求的艺术自律，包含了对艺术语言与形式社会政治潜能的重新审视，即艺术以其审美的形式发挥反抗与解放的功能。这样做固然有助于打破形式主义对文学形式孤立、静止的研究，为艺术语言、艺术形式与社会相沟通开辟了一条道路，但是又显然高估了艺术的力量，走向了审美的乌托邦。由此我们也过渡到下一个话题，即 20 世纪马克思主义美学在语言学及符号学方面所取得的进展。

① 巴尔特:《写作的零度》，李幼蒸译，见巴尔特《符号学原理》，北京:生活·读书·新知三联书店 1988 年版，第 65 页、第 102 页。

第十二章　马克思主义与语言及符号学问题

马克思重视语言的实践性、交往性与建构功能，与20世纪的语言学转向相关联。经过巴赫金、法兰克福学派的努力，马克思主义美学发展出一个从洪堡（又译作洪堡特）到马克思，再到巴赫金和哈贝马斯这样一个重视对话与交往的语言学传统。此外，马克思在其政治经济学批判中无意贯穿着对商品世界的符号性和象征性的分析，为列斐伏尔、鲍德里亚符号政治经济学批判的出场准备了条件。

一、马克思的语言观与马克思主义语言学的发展

（一）马克思的语言观

语言是马克思学术思考当中一个关注不是太多，但是又十分重要的环节。有人说："马克思试图在实践之中，在与意识形态、阶级和社会关系的关联中为语言定位。"[①] 的确，马克思的语言学思考有自己的鲜明特点。首先，马克思揭示了语言的社会历史方面的起源。"这种语言上的名称，只是作为概念反映出那种通过不断重复的活动变成经验的东西，也就是反映出，一定的外界物是为了满足已经生活在一定的社会联系中的人（这是从存在语言这一点必然得出的假设）的需要服务的。"[②] 其次，马克思视语言为一种现实存在，认为语言是一种对于现实的意识，是社会交往的产物，具有实践性。"'精神'从一开始就很倒霉，受到物质的'纠缠'，物质在这里表现为振动着的空气层、声音，简言之，即语言。语言和意识具有同样长久的历史；语言是一种实践的、既为别人存在因而也为我自己存

① 列斐伏尔：《马克思的社会学》，谢永康等译，北京：北京师范大学出版社2013年版，第52页。

② 马克思：《评瓦格纳的"政治经济学教科书"》，见《马克思恩格斯全集》第19卷，北京：人民出版社1963年版，第405页。

在的、现实的意识。语言也和意识一样，只是由于需要，由于和他人交往的迫切需要才产生的。”[①]“对哲学家们说来，从思想世界降到现实世界是最困难的任务之一。语言是思想的直接现实。正像哲学家们把思维变成一种独立的力量那样，他们也一定要把语言变成某种独立的特殊的王国。这就是哲学语言的秘密，在哲学语言里，思想通过词的形式具有自己本身的内容。……无论思想或语言都不能独自组成特殊的王国，它们只是现实生活的表现。”[②]再次，马克思意识到到语言的建构作用，认为思想和语言具有同一性，语言是思想的存在方式。他不止一次说过，“观念的社会性同观念并存于语言中，就像价格同商品并存一样。观念不能离开语言而存在”[③]；“思维本身的要素，思想的生命表现的要素，即语言，是感性的自然界”[④]；等等。最后，马克思尤其重视语言的交往性，并把上层建筑诸领域的生产活动视为通过语言而进行的精神生产。“语言本身是一定共同体的产物，同样从另一方面说，语言本身就是这个共同体的存在，而且是它的不言而喻的存在。”[⑤]“思想、观念、意识的生产最初是直接与人们的物质活动，与人们的物质交往，与现实生活的语言交织在一起的。人们的想象、思维、精神交往在这里还是人们物质行动的直接产物。表现在某一民族的政治、法律、道德、宗教、形而上学等的语言中的精神生产也是这样。”[⑥]“我们彼此进行交谈时所用的唯一可以了解的语言，是我们的彼此发生关系的物品。”[⑦]恩格斯甚至认为，“语言和劳动一起，成了（按：人类发展的）两个最主要的推动力”[⑧]。此外，马克思还谈到，事物的名称是约定俗成的，“物的名称对于物的本性来说完全是外在的。——即使我知道一个人的名字叫雅各，我对他还是一点不了解。同样，在镑、塔勒、法郎、杜卡特等货币名称上，价值关系的任何痕迹都消失了”[⑨]。上述这些方面表明马克思重视从交往实践、生活形式、建构功能方面看待语言，与20世纪以索绪尔、维特根斯坦等人为代表的语言学转向相通，说明马克思的语言学思想具有现代性质。

马克思对资本主义的批判也包括了语言批判。马克思对形而上学的拒斥，对资产阶

① 马克思、恩格斯：《德意志意识形态》，见《马克思恩格斯选集》第1卷，北京：人民出版社1995年版，第81页。

② 马克思、恩格斯：《德意志意识形态》，见《马克思恩格斯全集》第3卷，北京：人民出版社1960年版，第34页、第525页。

③ 马克思：《政治经济学批判（1857—1858年手稿）》，见《马克思恩格斯全集》第2版第30卷，北京：人民出版社1995年版，第112页。

④ 马克思：《1844年经济学哲学手稿》，见《马克思恩格斯全集》第2版第3卷，北京：人民出版社2002年版，第308页。

⑤ 马克思：《政治经济学批判（1857—1858年手稿）》，见《马克思恩格斯全集》第2版第30卷，北京：人民出版社1995年版，第482页。

⑥ 马克思、恩格斯：《德意志意识形态》，见《马克思恩格斯选集》第1卷，北京：人民出版社1995年版，第72页。

⑦ 马克思：《詹姆斯·穆勒〈政治经济学原理〉一书摘要》，见《马克思恩格斯全集》第42卷，北京：人民出版社1979年版，第36页。

⑧ 恩格斯：《自然辩证法》，见《马克思恩格斯选集》第4卷，北京：人民出版社1995年版，第377页。

⑨ 马克思：《资本论》第1卷，见《马克思恩格斯全集》第2版第44卷，北京：人民出版社2001年版，第121页。

级意识形态、法权等的批判，常常都是从语言切入的。在其政治经济学批判中，马克思也通过语言分析揭露了资产阶级国民经济学中所包含的内在矛盾。例如，马克思在揭露了斯密在“工资的自然价格”问题上的循环论证之后，又指出他混淆概念：“把作为内在尺度同时又构成价值实体的那个价值尺度，同称货币为价值尺度这个意义上的价值尺度混淆起来。由此就试图找到一个价值不变的商品作为后一种意义上的尺度，把它当作其他商品的不变尺度”，马克思分析说：“亚·斯密的矛盾的重要意义在于：这些矛盾包含的问题，他固然没有解决，但是，他由于自相矛盾便提出了这些问题。”[①] 马克思上述语言学思考和做法，到了20世纪进一步发展为巴赫金的超语言学、法兰克福学派的语言批判与建构。

（二）巴赫金的超语言学

20世纪初发生了语言学转向。针对语言研究的新进展和新变化，巴赫金具有创立马克思主义语言学派的自觉意识。“语言哲学问题对于马克思主义来说，目前具有特殊的迫切性和重要性……科学研究、文艺学、宗教学、伦理学等基础，它们都最密切地与语言哲学问题联系在一起。”[②] 巴赫金对马克思主义的语言学研究旨在这方面作出努力，他称之为“超语言学”（translinguistics）。他的语言学既批判了以索绪尔为代表的在语言内部研究语言的结构和规则的形式主义语言学，又批判了以洪堡、克罗齐等人从人的心理活动研究语言的个人主观主义语言学，试图研究存在于符号和意识中的意识形态的折射及其形式和结构，因此他所探讨的语言哲学也被他称为“意识形态的符号哲学”，其核心是强调语言的社会交往性，所以也有人称之为“社会符号学”[③]。在巴赫金看来，符号表意行为同所有的社会物质行为密不可分。语言作为对于现实的一种把握，既被各种社会活动所渗透，也渗透到各种社会活动中去。

巴赫金关注的是语言交流中理解得以实现所需要的条件，称话语（discourse）为超语言学的研究对象，认为“话语只有在人们的一切相互影响、相互交往中真正起作用：劳动协作、意识形态的交流、偶尔的生活交往、相互的政治关系等。在话语里实现着浸透了社会交际的所有方面的无数意识形态的联系”[④]。生产关系和由它直接决定的社会政

---

① 马克思：《政治经济学批判（1861—1863年手稿）》，见《马克思恩格斯全集》第2版第33卷，北京：人民出版社2004年版，第136页、第135页。

② 巴赫金：《马克思主义与语言哲学》，张杰等译，见钱中文主编《巴赫金全集》第2卷，石家庄：河北教育出版社1998年版，第348页。

③ 张杰、康澄：《结构文艺符号学》，北京：外语教学与研究出版社2004年版，第149页。

④ 巴赫金：《马克思主义与语言哲学》，张杰等译，见钱中文主编《巴赫金全集》第2卷，石家庄：河北教育出版社1998年版，第359页。

治结构决定着人们可能的话语交往。日常伦理、价值判断以及社会政治意识无不渗透于语言活动之中。任何符号都建立在有社会组织的人们之间,建立在他们的相互交往过程中,因而符号的形式是由使用符号的人们的社会组织以及由他们相互作用的最接近的环境所决定的。巴赫金认为，对话是语言的基本性质，“作为一个话语，正是说话者与听话者相互关系的产物。任何话语都是在对‘他人’的关系中来表现一个意义的。在话语中我是相对于他人形成自我的……话语,是连结我和别人之间的桥梁”①。所以威廉斯说,巴赫金“把整个语言问题放到马克思主义那种总体的理论格局当中加以重新考虑的。这使他能够把‘活动’(洪堡特之后的那种唯心主义强调之所长)看做是社会活动;又把‘系统’(新的客观主义语言学之所长)看做是与这种社会活动密切相关的”②。

巴赫金批评结构主义语言学忽视语言和意识形态的关系，把语言学研究纳入马克思主义社会存在决定社会意识、经济基础决定上层建筑的分析框架之中，突出语言的社会历史性和意识形态性。“一切意识形态的东西都有意义：它代表、表现、替代着在它之外存在的某个东西，也就是说，它是一个符号。哪里没有符号，哪里就没有意识形态。”③符号与人的社会意识之间具有不可分割的联系，意识形态是在符号中构成并实现的，并且个人意识也是社会意识形态的事实。生活感受以及与之直接相连的外部表现的总和构成生活意识形态。社会伦理、科学、艺术以及宗教构成意识形态体系，已经从生活意识形态中独立出来，并给生活意识形态以反作用。语言作为人类最完备、复杂的符号系统，必然具有意识形态性。语言在实现过程中，不可避免地与意识形态相联系，因此话语是一种独特的意识形态力量。

文学活动不仅是一种语言现象，而且是一种社会文化和意识形态现象。巴赫金批评“现代的形式主义美学将艺术形式确定为材料形式。由于一贯遵循这个观点，结果忽略了内容，在艺术作品中没有了内容的位置。……由于这样的理解，形式失去了自己积极的评价性质，并仅仅成为在接受过程中完全消极的愉快感觉唤起者”④。因而形式主义建立的是一种彻底的非社会性诗学。与其倡导社会学的语言观念相对应，巴赫金也倡导一种社会学诗学:“必须学会把诗歌语言理解为从头到尾的社会语言。社会学诗学应当实现这

① 巴赫金:《马克思主义与语言哲学》，张杰等译，见钱中文主编《巴赫金全集》第2卷，石家庄：河北教育出版社1998年版，第436页。

② 威廉斯:《马克思主义与文学》，王尔勃、周莉译，开封：河南大学出版社2008年版，第36页。

③ 巴赫金:《马克思主义与语言哲学》，张杰等译，见钱中文主编《巴赫金全集》第2卷，石家庄：河北教育出版社1998年版，第349页。

④ 巴赫金:《生活话语与艺术话语》,吴晓都译,见钱中文主编《巴赫金全集》第2卷,石家庄:河北教育出版社1998年版,第95页。

一点。”[①] 社会学诗学主张“形式和内容在语言中得到统一，而这个语言应理解为是一种社会现象；它所活动的一切方面，它的一切成素，从声音形象直至极为抽象的意义层次，都是社会性的”[②]。在巴赫金看来，一方面，每个时代都有其意识形态视野的价值中心，形成这个时代文学的基本主题。艺术家使用材料时，他便使它与现实发生价值联系，从而赋予它以意识形态的现实性。另一方面，语言在艺术作品中创造出从主人公外形、性格、环境、行为到伦理生活的整体，而不再是纯语言，“词语已不再是词语、句子、诗行、章节了，因为审美客体的实现过程，即实现艺术任务本质内容过程，便是语言学意义上和布局意义上的词语整体不断转化为审美建构的已完成的事件整体的过程”[③]。文学语言所表达的思想含义、价值评价等就属于意识形态。但是在巴赫金那里，语言符号对社会现实不是一种简单的反映关系，而是一种折射，甚至集体符号如某种意识形态符号也不仅仅只表达该团体或阶级的意见，而可能包含着不同倾向的社会意见，因此每一种意识形态符号也都包含着多重音性。

正因为文学语言是一种社会化的语言，所以它不可能是纯粹的形式化的或审美化的语言，而是和各种社会交往活动融会在一起，使文学语言不可避免地带有杂语共生性质，巴赫金在《文学作品中的语言》一文中称之为“多语体性”:“在文学作品中我们可以找到一切可能有的语言语体、言语语体、功能语体，社会的和职业的语言等等。（与其他语体相比）它没有语体的局限性和相对封闭性。但文学语言的这种多语体性和——极而言之——‘全语体性’正是文学基本特性所然。”[④] 巴赫金的超语言学对于形式主义的语言观念具有纠偏作用，对我们全面理解文学语言活动的社会属性具有重要意义。

（三）法兰克福学派的语言批判与建构

法兰克福学派的批判理论，包括了对发达工业文明时代的语言批判。阿多尔诺反思了实证主义思维影响下文化工业制品语言的虚假性与欺骗性。“文化工业产品通过语言的表达，表现出了它们本身具有的广告文化的性质。就是说，语言越是完全地变成了进行宣传的工具，词汇越是严重地从实际包含着意义的承担物变成没有内容的符号，它们越是单纯地和清楚地表达了它所应表达的意思，它们本身同时就越是变得不清楚。摆脱神话学影响的语言，作为整个启蒙过程中的因素，又返回来具有了神话般的魔力。语言词

① 巴赫金:《文艺学中的形式主义方法》，李辉凡等译，桂林：漓江出版社 1989 年版，第 47 页。

② 巴赫金:《长篇小说的话语》，白春仁译，见钱中文主编《巴赫金全集》第 3 卷，石家庄:河北教育出版社 1998 年版，第 37 页。

③ 巴赫金:《文学作品的内容、材料与形式问题》，晓河译，见钱中文主编《巴赫金全集》第 1 卷，石家庄：河北教育出版社 1998 年版，第 350 页。

④ 巴赫金:《文学作品中的语言》,潘月琴译,见钱中文主编《巴赫金全集》第 4 卷,石家庄:河北教育出版社 1998 年版,第 276 页。

汇与内容相互区别和分离开来。如痛苦、历史、甚至生活这些概念，变成了抽象和失去了这些内容的空词汇。词汇的形式同时也构思和反映这些概念。把词汇解释为偶然的，把词汇所包含的对象解释为随心所欲的，这种彻底地分离开词汇与词汇所表达的内容的做法，倒是清除迷信的把词汇与事实混为一体的做法。按照固定的字母顺序排列的词汇来判断事物的做法，被看做不清楚的词汇和形而上学而加以排斥了。但是这样一来只能画出而不再具有意义的词汇，只是表示了那种固定为公式的事物。语言和对象都有这种情况。净化的词汇不是从对象中吸取经验，而是把对象表示为一种抽象因素的状况，把其他一切词汇都强制地变为绝对空洞的表达，什么含义也没有，因此也就没有实在的内容。……实证主义把世界归结为数据所具有的盲目性和呆板迟钝性，也转移到了限于记录那些数据的语言本身上了。因此，符号本身也变成不清楚的了，它们具有一种附着力，一种撞击力，这种力量使它们变成与自己完全对立的魔力。”[①] 按照阿多尔诺的说法，语言只有揭示了表达和意指之间的差异关系时才具有真实性。“语言的力量证明，表达和事物在反思中彼此分离开来。只有当人们意识到表达和被意指之物的非同一性时，语言才能成为真实性的一个尺度。”[②]

马尔库塞对语言的批判是其对资本主义单向度社会批判的一部分。他认为，资本主义社会形成了一套全面管理的语言。“社会宣传机构塑造了单向度行为表达自身的交流领域。该领域的语言是同一性和一致性的证明，是有步骤地鼓励肯定性思考和行动的证明，是步调一致地攻击超越性批判观念的证明。……在社会思想习惯的表达式中，现象和实在、事实和动因、实体和属性之间的紧张逐渐隐没。意志自由、发现、证明和批判的要素在指谓、断定和模仿时不起作用。魔术似的、专横的、礼仪的要素充斥于言语和语言之中，话语的作为认知和认知评判发展阶段的那些中间环节被剥夺。曾经把握了事实并因而超越了这些事实的概念正在失去其可靠的语言表现力。”[③] 他进而指出这类语言具有欺骗性而成为资本主义社会控制的一部分。“语词每天都把社会传递给它的成员，因为，它成为由现存社会构造、成型、使用的对象的名称。色彩、形状、音色并不具有这样的‘含义’：它们的含义就其社会应用来说，更普遍、更‘中立’。相反，语词必定会失去它们超越性的意义。社会越是接近对言谈天地完全控制的阶段，语词就越趋向于失去其超越意义。因此，我们当然可以说‘名称与其对象的一致’，但这是虚假、强制的、欺骗的一致，是控制的

① 霍克海默、阿多尔诺：《启蒙辩证法》，洪佩郁、蔺月峰译，重庆：重庆出版社 1990 年版，第 154~155 页。
② 阿多尔诺：《否定的辩证法》，张峰译，重庆：重庆出版社 1993 年版，第 109 页。
③ 马尔库塞：《单向度的人》，上海：上海译文出版社 1989 年版，第 78 页。

工具。”[①]

不仅如此，马尔库塞进一步认为，发达工业社会的社会科学研究有步骤地排斥及物概念的分析，使自己附属于一种虚假的意识。概念的操作处理具有政治功能，支配着对个人或社会、精神或物质等人类现实的分析，达到了一种虚假的具体性。“语言的控制是通过下列途径来实现的：减少语言形式和表征反思、抽象、发展、矛盾的符号；用形象取代概念。这种语言否定或吞没超越性术语；它不探究而只是确认真理和谬误并把它们强加于人。”“思想和表达，理论和实践，将被引导到同人们的生存事实相一致的路线上来，于是对这些事实的概念批判不再有任何余地。当概念思维逐步成为在现存社会制度内探究和改善现存社会条件的手段时，操作概念的治疗特征就非常明白地表现在工业社会学、消费心理、市场情况和公众舆论的研究中。”[②] 其做法是使事实孤立化、原子化，使事实固定在压抑性的总体之内，并把这一总体的范围当作分析的范围。

马尔库塞还特别批判了以罗素、维特根斯坦为代表的分析哲学以经验主义的概念或感觉的碎片世界，来取代形而上学、神话、传说和幻想的世界，实际上培植了认同性的思维方式。“这种分析由于立足于物化的日常话语领域，由于是在此物化领域之内来揭示和澄清日常话语的，因此它要从否定的、异己的、对立的、不能按照既定用法来理解的事物中进行抽象。它通过对意义进行澄清、归类和分离来消除矛盾、幻想和越轨的思想言语。……它所采用的方法贬损或‘转译’了引导人们去理解处于压抑性不合理结构中的已确立现实的概念，也即否定性思维的概念。”[③] 哲学语言必须从它所极力理解的对象中摆脱出来，必须不同于日常用语以便解释后者的意义。即便在日常话语范围内运动时，它也应当是对抗性的，即把意义的已确立的经验背景分解成其现实的背景。而分析哲学从话语和生活的更大的背景中后退，从形成概念的媒介中转移，将概念还原成非超验的东西，把哲学变成了单纯的语词分析。

在这种情况下，马尔库塞主张构建新感性，需要一种新的语言来界定和传导新的价值。这里的语言是广义的，包括语词、意象、姿态、音色等，“一场革命在何种程度上出现性质不同的社会条件和关系，可以用它是否创造出一种不同的语言来标识，就是说，与控制人的锁链决裂，必须与控制人的语汇决裂”。“诗的语言只是在它的异在性和超越性中，吸取着所有的力量和真理。而且，当所有的交往都被‘单面性的社会’垄断和确

① 马尔库塞：《审美之维》，李小兵译，北京：生活·读书·新知三联书店1989年版，第181页。
② 马尔库塞：《单向度的人》，刘继译，上海：上海译文出版社1989年版，第94页、第97页。
③ 马尔库塞：《单向度的人》，刘继译，上海：上海译文出版社1989年版，第164页。

定后，对现存体制的革命否弃，和新意识的交往，必定更加依赖于它们自身的语言了。……今天，与现存体制的语言天地决裂，将会更加彻底，这就是说，在抗议的最激进的领域，它将表现为在方法论上对意义的颠倒。”[①] 而马尔库塞所说的反抗现实的审美形式，很大程度上也与语言有关。“在作品形式中，具体环境被置于既定现实显示自己实际面目的另一种向度之下。因而它述说了有关它自身的真理；其语言不再是欺骗、无知和屈从的语言。虚构的作品叫出了事物的名称，事实的王国因此便土崩瓦解；因为虚构之物推翻了日常经验并揭示了其残缺不全和虚假之处。但艺术只有作为否定力量才能拥有这种魔力。只有当形象是拒绝和驳斥已确立秩序的活生生的力量时，它才能讲述自己的语言。”[②]

在法兰克福学派各个成员中，哈贝马斯的语言观念更具有建设性。他认为，社会成员的整合是通过交往而形成的。他把人的活动分为劳动（Arbeit）和相互作用（Interaktion）两种类型，前者指的是根据经验知识和技术规则进行的工具性活动，后者是人们按照共同遵守的规范、以符号为媒介的交往活动[③]。故此哈贝马斯在20世纪80年代试图建立一门关于交往的普遍条件的学说，他称之为“普遍语用学”（universal pragmatics），主张任何处于交往活动中的人，在施行任何言语行为时，必须满足若干普遍的有效性要求并假定其可验证。“言说者必须选择一个可领会的表达以便说者和听者能够相互理解；言说者必须有提供一个真实陈述（或陈述性内容，该内容的存在性先决条件已经得到满足）的意向，以便听者能分享说者的知识；言说者必须真诚地表达他的意向以便听者能相信说者的话语（能信任他）；最后，言说者必须选择一种本身是正确的话语，以便听者能够接受之，从而使言说者和听者能够在以公认的规范为背景的话语中达到认同。”[④] 哈贝马斯从他的交往语用学出发，也反思了从弗雷格到维特根斯坦的形式语义学，认为“仅仅从语义学视角出发的语言分析会让完成式的‘自我’表达中呈现出来的自我关系意义消失得无影无踪。因为它反过来又用命题与事态之间的一种完成式关系，代替了主体与对象以及系统与周围世界之间的双重关系，因而对自我关系依然充满了认识论上的短见。相反，自我用经验命题表达出来的体验，被认为是一种特殊的事态或内心的事件，并进而与世界中的实体等同起来。传统观点认为，这种自我关系是自我意识，它既有所表现，又有所遮蔽。我们只有从语用学的角度对我们的语义学视角加以拓宽，才能真正理解这种自

① 马尔库塞：《审美之维》，李小兵译，北京：生活·读书·新知三联书店1989年版，第114~115页、第115~116页。

② 马尔库塞：《单向度的人》，刘继译，上海：上海译文出版社1989年版，第57页。

③ 哈贝马斯：《作为意识形态的技术与科学》，李黎、郭官义译，上海：学林出版社1999年版，第49页。

④ 哈贝马斯：《交往与社会进化》，张博树译，重庆：重庆出版社1989年版，第3页。

我关系。因此，不是对指涉性‘自我’表达的意义分析，而是对完成式的‘自我’表达的意义分析，在人称系统中为解决自我意识难题提供了广阔的前景”①。

如果我们考虑马尔库塞说过的“按照古典语法哲学，一个句子的语法主词首先是一个‘实体’，而在该句子所断定的主词的各种状态、功能和性质中它仍然是如此。……用威廉·冯·洪堡的话来说：充当语法主词的名词指称的是能够进入某些关系、但并不等同于这些关系的东西”②，这样，我们就发现了从马克思到巴赫金再到法兰克福学派的一个容易被人忽视的环节，即通过对实证主义语言观及其与资本主义同谋关系的揭示与批判，当代马克思主义语言哲学发展出一条勾连了洪堡—马克思—巴赫金（对话）—哈贝马斯（交往语用学）的语言学传统。洪堡把语言与交往相联系，主张每一种语言都有一种独特的世界观，语言是民族精神的表现。“对于人类精神力量的发展，语言是必不可缺的；对于世界观（Weltanschauung）的形成，语言也是必不可缺的。因为，个人只有使自己与他人的、集体的思维建立起清晰明确的联系，才能形成对世界的看法。……由此可以认为，人类的语言创造力量始终运行不息，直到它部分地或是全部产生出那些能够最大限度和最完美地满足上述内在需求的形式为止。”③洪堡实际上重视语言与人类主体及其交往活动的关系，这就为重建语言的社会性提供了契机。从反思的层面来说，巴赫金的超语言学包含了对洪堡语言学和索绪尔语言学的批判性借鉴。而马尔库塞在汲取洪堡语言学合理成分的同时，还借鉴了在结构主义语言学基础上发展起来的什克洛夫斯基的陌生化理论，来表示他所说的艺术的反抗与颠覆功能，体现了马克思主义美学与20世纪语言学的对话所取得的成果。这无疑代表了20世纪马克思主义语言学的一个重大进展。

二、从政治经济学批判到符号政治经济学批判

（一）马克思的物化－拜物教批判与生产优先性之间的裂痕

如前所述，马克思的物化－拜物教理论一方面是对资本主义把人的社会关系转变为物与物关系的揭露和还原，以破除商品世界的神秘性。马克思指出，“资本不是一种物，而是一种以物为中介的人和人之间的社会关系”④。正如阿多尔诺所指出的，“马克思已经表达了作为批判产物的客体的优先地位同现存的客体的讽刺画、商品特性对客体的歪曲

① 哈贝马斯：《交往行为理论》第1卷，曹卫东译，上海：上海人民出版社2004年版，第379页。

② 马尔库塞：《单向度的人》，刘继译，上海：上海译文出版社1989年版，第87~88页。

③ 洪堡特：《论人类语言的结构差异及其对人类精神发展的影响》，姚小平译，北京：商务印书馆1999年版，第24页。

④ 马克思：《资本论》第1卷，见《马克思恩格斯全集》第2版第44卷，北京：人民出版社2001年版，第877页。

之间的差别。交换作为一个过程有现实的客观性，但同时在客观上又是不真实的，违犯了它自身的原则——平等的原则。这就是它为什么必然产生一种虚假意识、即市场偶像的原因。……物化本身是虚假客观性的反映形式。”[①] 另一方面，马克思也注意到资本主义社会物化的表现和生产力的发展有关，是资本主义社会结构的外在表现，具有某种社会协调功能，“在交换者看来，他们本身的社会运动具有物的运动形式。不是他们控制这一运动，而是他们受这一运动控制。……正是商品世界的这个完成的形式——货币形式，用物的形式掩盖了私人劳动的社会性质以及私人劳动者的社会关系，而不是把它们揭示出来”[②]。所以，马克思把物化视为资本主义的必然阶段，肯定了交换价值对生产力发展乃至人的全面发展的历史作用。

马克思的物化－拜物教批判是对资本主义社会交往过程中物与物的社会关系遮蔽人的生产关系进而渗透于生活世界的指认。马克思指明这种情况的出现具有历史性和必然性，但却摧毁了主体间的道德关系，使之成为工具关系。“个人只是作为交换价值的所有者互相对立，作为各自用自己的产品即商品为对方提供某种物的存在的所有者互相对立。从在流通中发生的社会的物质变换的观点来看，没有这种客体的中介，他们彼此就不会有任何关系。他们只是物质上彼此为对方存在，这种情况在货币关系中才得到进一步发展，在这种关系中，他们的共同体本身对一切人来说表现为外在的、因而是偶然的东西。通过独立的个人的接触而表现的社会联系，对于他们同时既表现为物的必然性，同时又表现为外在的联系，这一点正好表现出他们的独立性，对于这种独立性来说，社会存在固然是必然性，但只是手段，因此，对个人本身来说表现为某种外在的东西，而在货币形式上甚至表现为某种可以捉摸的东西。他们是作为社会的个人，在社会里生产并为社会而生产，但同时这仅仅表现为使他们的个性对象化的手段。因为他们既不从属于某一自然发生的共同体，另一方面又不是作为自觉的共同体成员使共同体从属于自己，所以这种共同体必然作为同样是独立的、外在的、偶然的、物的东西同他们这些独立的主体相对立而存在。这正是他们作为独立的私人同时又发生某种社会关系的条件。”[③]

由于马克思的物化指的是商品交换过程中发生的社会关系物化，其重心已经不自觉地转移到资本主义制度下人的社会关系如何转化为物与物的关系的现象，或者说，转到

① 阿多尔诺：《否定的辩证法》，张峰译，重庆：重庆出版社 1993 年版，第 188 页。

② 马克思：《资本论》第 1 卷，见《马克思恩格斯全集》第 2 版第 44 卷，北京：人民出版社 2001 年版，第 92~93 页。

③ 马克思：《政治经济学批判（1857—1858 年手稿）》，见《马克思恩格斯全集》第 2 版第 31 卷，北京：人民出版社 1998 年版，第 354~355 页。

由商品交换而来的社会关系重组方面来。马克思在《资本论》中曾经对资本拜物教的形成过程进行了论证。随着交换的普遍化，“物满足直接需要的效用和物用于交换的效用的分离固定下来了。它们的使用价值同它们的交换价值分离开来”。交换的扩大需要一种特殊的产品既便于携带又不易损坏，于是货币产生了。自从商品的价值以货币的形式同商品分离甚至对立时起，特别是随着资本主义的发展，货币从原初的流通手段，由于对商品的关系表现出越来越大的独立性，而成为一切财富的代名词，“价值成了处于过程中的价值,成了处于过程中的货币,从而也就成了资本”①。这就是资本拜物教产生的秘密。马克思指出，“在生息资本上，这个自动的物神，自行增殖的价值，会生出货币的货币，纯粹地表现出来了，并且在这个形式上再也看不到它的起源的任何痕迹了。社会关系最终成为一种物即货币同它自身的关系。这里显示的，不是货币到资本的实际转化，而只是这种转化的没有内容的形式。……在这个形式上，利润的源泉再也看不出来了，资本主义生产过程的结果也离开过程本身而取得了独立的存在”②。货币或商品独立于再生产之外而具有增殖资本的神秘能力，物的关系遮蔽了人的社会关系。詹姆逊认为，“这一客观性的幻觉形成了我们生活的生存组织，而我们的生活以信仰这种物化现象为特征（拜物教就是一种信仰），全神贯注于一般的商品获取与消费。另一方面，社会生活现实又在于劳动过程本身,在于人类劳作和行动的透明性,这种劳作和行动最终既为生产的商品负责，又为商品在其中形成基本生产范畴的社会方式负责。但在我们自己的社会里，社会生活的这一真相被隐蔽起来，通过批判分析才能间接地见到”③。巴利巴尔也说:“马克思所说的商品之间的关系（等价、价格、交换）是带有自主性的，所以它们之间的关系不但代替商品交换的关系，而且代表了人与人之间的关系。”④

但是，众所周知，马克思的政治经济学研究是以生产为中心的。在生产、流通、分配和消费各个环节的关系上，马克思明确地把生产置于中轴位置。马克思的物化－拜物教理论是在预设了生产活动的优先性地位的情况下，对物与物的关系遮蔽人与人关系的指认。随着资本主义消费领域相对自主性的加强，马克思建立在拜物教理论基础上的物化批判与其对生产活动优先性的强调产生了某种程度的裂痕，因为它暗示着交换价值以金钱或资本的形式获得了某种独立，“对商品拜物教的分析是围绕着一种隐喻进行的，那

---

① 马克思:《资本论》第1卷，见《马克思恩格斯全集》第2版第44卷，北京：人民出版社2001年版，第107页、第181页。

② 马克思:《资本论》第3卷，见《马克思恩格斯全集》第2版第46卷，北京：人民出版社2003年版，第441~442页。

③ 詹姆逊:《马克思主义与形式》，李自修译，南昌：百花洲文艺出版社1995年版，第251页。

④ 巴利巴尔:《马克思的哲学》，王吉会译，北京：中国人民大学出版社2007年版，第102页。

就是将社会与历史现象具体化为'自然现象'。由于商品的交换掩盖了商品生产的过程，市场规律掩盖了通过具体的人的活动与关系对规律相似物的构建，非拜物教化的话语将生产与交换、使用价值与交换价值、人类的构建活动与文化中的现象对立起来……改变了马克思授予生产的本体论的优先权。生产领域并不是如同本质之对现象一样支持流通领域。随着生产领域不断增进的合理化和生产与交换的日益集中，垄断资本主义开始发展成一种社会现实，所有的反差都消失了，除现在之外的各种选择都变得令人难以置信"[①]。而马克思的物化–拜物教批判本身也包含了对由交换关系所构成的人类世界变化及社会关系重组的揭示，这就使马克思政治经济学意义上的物化–拜物教批判过渡为列斐伏尔、鲍德里亚等人的符号政治经济学批判提供了可能。

（二）马克思对商品世界的符号分析

有学者指出："与符号学结合最顺理成章的是马克思主义；符号学本质上是批判性的，它把符号意指，看成文化编织话语权力网的结果，与马克思主义的意识形态批判，精神上至为契合。"[②]事实上，无论是意识形态批判，还是异化、物化与拜物教批判，马克思都无意中贯穿着符号分析。马克思在其关于异化的讨论中，就已经包含了对金钱所造成的交换价值的抽象化的论述。早在《1844年经济学哲学手稿》中，马克思就注意到货币在商品世界中的转换与替代功能："货币是一种外在的、并非从作为人的人和作为社会的人类社会产生的、能够把观念变成现实而把现实变成纯观念的普遍手段和能力。……因为货币作为现存的和起作用的价值概念把一切事物都混淆了、替换了，所以它是一切事物的普遍的混淆和替换，从而是颠倒的世界，是一切自然的品质和人的品质的混淆和替换。"[③]在其后对资本主义的政治经济学批判中，马克思又注意到商品交换的符号性和象征性。"商品的交换价值在价格上得到的只是观念的存在，在货币上得到的只是代表性的、象征性的存在。这样，交换价值只是表现为想象的或用物代表的东西，它除了对象化着一定量劳动时间的商品本身以外不具有任何现实性。因此，表面上看来，价值符号直接代表商品的价值，它不表现为金的符号，而表现为在价格上只表示出来、在商品中才实际存在的交换价值的符号。但是，这个表面现象是虚假的。价值符号直接地只是价格的符号，因而是金的符号，它间接地才是商品价值的符号。……强制通用的国家纸币是价值符号的完成形式，是直接从金属流通或简单商品流通本身中

① 塞拉·本哈比布：《工具理性之批判》，见齐泽克编《图绘意识形态》，方杰等译，南京：南京大学出版社2002年版，第107~108页。
② 赵毅衡：《符号学：原理与推演》，南京：南京大学出版社2011年版，第15页。
③ 马克思：《1844年经济学哲学手稿》，见《马克思恩格斯全集》第2版第3卷，北京：人民出版社2002年版，第363~364页。

产生出来的纸币的唯一形式。”①

马克思认为金银不是以使用价值，而是以交换价值来标明自己的价值的。由于资产阶级生产必须把财富在一种唯一的物的形式上作为物神结晶起来，金银就成为这种财富的相应化身。“金属本身在直接生产过程中的重大意义是同它们当作生产工具的作用联系在一起的。撇开金银稀少不谈，仅就它们比铁甚至比铜（指古人所用的硬铜）软而论，这已经使它们不适于这种用途，因此，这在很大程度上使它们丧失了一般金属的使用价值所依以存在的那种属性。它们不仅在直接生产过程中没有什么用处，而且作为生活资料，作为消费对象，它们同样不是必需的。……另一方面，金银不只是消极意义上的剩余的东西即非必要的东西，而且它们的美的属性使它们成为满足奢侈、装饰、华丽、节日需要的天然材料，总之，成为剩余和财富的积极形式。它们可以说表现为从地下世界发掘出来的天然的光芒，银反射出一切光线的自然的混合，金则专门反射出最强的色彩——红色。而色彩的感觉是一般美感中最大众化的形式。”② 在《政治经济学批判（1857—1858年手稿）》中，马克思揭示了商品具有自然差别，但是商品又需要等价交换，二者的矛盾导致货币的产生。商品“作为价值的属性不仅可能，而且必然同时取得一个和它的自然存在不同的存在。……因此，商品的价值也必然取得一个在质上可以和商品区别的存在，并且在实际交换中，这种可分离性必然变成实际的分离，这是因为商品的自然差别必然和商品的经济等价发生矛盾，两者所以能够并存，只是由于商品取得了二重存在，除了它的自然存在以外，它还取得了一个纯经济存在；在纯经济存在中，商品是生产关系的单纯符号，字母，是它自身价值的单纯符号”。要使得商品实现交换，必须创造一个能在更大范围内交换的作为一切商品价值象征或符号的商品，这就是货币。“同各种商品本身相脱离并且自身作为一种商品又同这些商品并存的交换价值，就是货币。商品作为交换价值的一切属性，在货币上表现为和商品不同的对象，表现为和商品的自然存在形式相脱离的社会存在形式。”③ 也就是说，货币能够把商品的自然属性“过滤”掉，转化为纯经济存在。“货币作为商品价格的转瞬即逝的客观反映，只是当作它自己的符号来执行职能，因此也能够由符号来代替。”④ 马克思的上述分析实际上触及了资本主义社会商品拜物教、货币拜物教和资本拜物教的形成秘密，并通过资本主义社会物化现象的分析，揭露了商

① 马克思：《政治经济学批判》，见《马克思恩格斯全集》第2版第31卷，北京：人民出版社1998年版，第509~510页。
② 马克思：《政治经济学批判》，见《马克思恩格斯全集》第2版第31卷，北京：人民出版社1998年版，第549页。
③ 马克思：《政治经济学批判（1857—1858年手稿）》，见《马克思恩格斯全集》第2版第30卷，北京：人民出版社1995年版，第90页、第94页。
④ 马克思：《资本论》第1卷，见《马克思恩格斯全集》第2版第44卷，北京：人民出版社2001年版，第152页。

品交换逻辑在资本主义社会中的作用，预示了资本主义社会符号化的演变趋势，为马克思主义对资本主义的符号批判奠定了基础。

当然，马克思为符号批判进一步奠定基础主要是通过《资本论》。在《资本论》中，马克思指出，资本主义有使产生结构的过程、创造形式的内容静止化的倾向，造成了自然事物与社会事物之间的混淆。“对人类生活形式的思索，从而对这些形式的科学分析，总是采取同实际发展相反的道路。这种思索是从事后开始的，就是说，是从发展过程的完成的结果开始的。给劳动产品打上商品烙印、因而成为商品流通的前提的那些形式，在人们试图了解它们的内容而不是了解它们的历史性质（这些形式在人们看来已经是不变的了）以前，就已经取得了社会生活的自然形式的固定性。”① 因而对结构与形式的分析本身或许可以诊断出资本主义社会的矛盾机制。所以有人说：“《资本论》提供了另一种解释方法，这种解释的中心是权力和金钱，这样才有了今天人们所谓的象征性结构分析（尽管当时马克思还不会使用这个词汇，但它确能帮助我们理解马克思的解释方式的意义。在马克思谈及商品世界时，他的语言具有双重含义：一是由货币符号规定的平衡与限度，二是由法律规定的责任、契约）。”②

马克思对商品世界的符号分析，无疑启发了列斐伏尔、鲍德里亚的符号政治经济学批判。

（三）列斐伏尔等人的符号政治经济学批判的出场

符号学家吉罗说：“形象观念，讯息观念，以及通过对公众的内心动机的了解来操纵公众，已成为目前我们文化的一种关键。”③ 在马克思主义美学史和文艺批评史上，洛文塔尔是较早注意到资本主义社会的运转模式从生产转向消费的学者。他用从生产偶像到消费偶像的变迁来表示这一转变。但是，如何用符号学，或者说，如何运用马克思主义观点对这一现象进行符号分析，则需要一定的转换环节，因为现代符号学原本发端于索绪尔的结构主义语言学，具有形式主义特征而相对排斥价值判断，和马克思主义的政治经济学批判有一定的距离。福柯曾经说：“我们把那些能使人们让符号讲话并揭示其意义的全部认识和技巧，称作解释学；把那些能使人们区分符号的场所、限定把符号构成为符号的一切并知晓符号是如何以及依据什么规律而联系在一起的全部认识和技巧，称作符号学：16 世纪以相似性为形式把解释学和符号学重叠在一起。探寻意义，也就是阐明相

① 马克思：《资本论》第 1 卷，见《马克思恩格斯全集》第 2 版第 44 卷，北京：人民出版社 2001 年版，第 93 页。
② 巴利巴尔：《马克思的哲学》，王吉会译，北京：中国人民大学出版社 2007 年版，第 103~104 页。
③ 吉罗：《符号学概论》，怀宇译，成都：四川人民出版社 1988 年版，第 135 页。

似性。探寻符号的规律,也就是去发现相似的事物。存在物的语法,就是对这些事物做诠释。它们所讲的语言必须告诉我们的,只是把它们结合在一起的句法是什么。”[①] 这就意味着,需要研究社会亚系统的编码方式,把它们纳入一定的符号关系系统,剖析其含义和信息。社会是人与人的关系系统,个人与个人在集团内部或集团与集团在集体内部的身份地位由一定的标志或招牌来指明,如制服、装束、膳食、住所等,反映了一定的社会价值和社会等级的状况。这就需要把发端于结构主义语言学的符号学研究推衍到社会文化亚系统,“把符号学分析视为对组成一个象征形式或符号的各成分之间的关系的研究,以及对这些成分与这一象征形式或符号所属的更大系统的成分之间关系的研究。以这个意义认识的符号学分析一般涉及对生产与接收象征形式的社会－历史条件的方法论抽象。它集中于象征形式本身并设法分析它们的内部结构特征、它们的构成因素与相互关系,并把这些联系到它们所属的系统和准则”[②]。列斐伏尔和后继的鲍德里亚所做的正是这方面的工作。

列斐伏尔注意到“二战”后的资本主义控制并组织了消费,社会是按照消费而不是生产组织群体,所以他把在其他社会学家那里分别加以研究的技术、消费者、丰裕、闲暇作为一个整体加以考察,提出“消费受控的科层制社会”(the bureaucratic society of controlled consumption)这一概念。列斐伏尔批评索绪尔的语言学把意义放在所指上,从而把语言转变成实证的东西,而马克思的《资本论》则在资本主义现实关系中考察能指和所指的关系,把交换视为可以脱离其内容(劳动力)的存在,为分析资本主义社会消费的状况提供了基础。

列斐伏尔考察了近代以来能指、所指与指称物关系的变迁。他发现19世纪中期语词与句子的关系以指称物为依据,到了20世纪之后,随着声、光、电等现代技术的发展,能指链破碎走向瓦解,人们对世界的感知不再依赖于指称物,而让位于功能性的技术客体所营造的符号图景。由于“真正的”指称物被驱逐了,语言成为唯一的指称物。在一个商品主导的社会中,语言获得了自足的存在,能指链失去了和所指的关系,商品拜物教向符号拜物教转变。“伴随着文化的支离破碎以及交换价值对使用价值的支配,语言与符号逐渐脱离它们所指涉的对象……语言反过来成了现实的最高本质,一种能够自我复制语言的元语言”[③]。技术语言对世界编码,调节能指、所指之间的关系,形成“符号－物”

① 福柯:《词与物》,莫伟民译,上海:上海三联书店1998年版,第40~41页。译文略有改动。
② 汤普森:《意识形态与大众文化》,高铦等译,南京:译林出版社2005年版,第308页。
③ 刘怀玉:《现代性的平庸与神奇——列斐伏尔日常生活批判的文本学解读》,北京:中央编译出版社2006年版,第318页。

体系的语言异化。语言赋予事物以价值，但在这个过程中却使语言自身贬值。列斐伏尔以公共宣传品（publicity）为例，指出其不仅提供了一种消费的意识形态，而且创造了一种消费者的"自我"形象，让他在行动上实现自己并使自己与理想形象保持一致，但其实际是建立在对事物的想象性存在的误认的基础上。公共宣传品以诗性的方式侵入经验，激发人们的消费欲望，使物品的消费和符号的消费连为一体。"消费主要与符号而不是与商品本身相联系。"[①] 例如商品广告便采用了文学的修辞手法，产生吸引消费者眼球的假象（make-believe），使消费者成为消费主义意识形态的俘虏。消费者把被煽动起来的欲望投射到物品之中，填平了真实和假象之间的鸿沟，模糊了现实和想象的界限。这样一来，"文化"就成了这个社会消费的物件，因为消费品巧妙地利用虚构、假象来进行包装。"符号消费值得我们给与特别的关注，……每种物体和产品都获得了双重性的存在，即可见的和假象的存在；凡是能够被消费的都变成了消费的符号，消费者靠符号，靠灵巧和财富的符号、幸福和爱的符号为生；符号和意味取代了现实，这就有了大量的替代物。"[②] 虽然资产阶级对工人阶级的压迫和剥削加深了，但是由于消费替代了生产，成功地消解了工人阶级的阶级意识，使得这种压迫关系变得模糊了。这方面，列斐伏尔明显受到巴尔特的影响。巴尔特在对大众文化的研究中，指认意识形态"将历史转化为自然"，读者"被引导、通过能指来将所指合理化"[③]。神话是去政治化表现为正当化的非透明的意指过程，它通过对符号运作程序的掩盖，赋予事物以清白的外衣。巴尔特旨在使之大白于天下。

列斐伏尔的符号政治经济学批判为他的学生鲍德里亚所继承和发展。我们知道，马克思在政治经济学研究中提出了商品的使用价值和交换价值的区分，使用价值对应于商品的自然存在，交换价值对应于商品的社会存在。"价值的第一个形式是使用价值，是反映个人对自然的关系的日常用品；价值的第二个形式是与使用价值并存的交换价值，是个人支配他人的使用价值的权力，是个人的社会关系。"但是由于资本主义生产以交换为目的，商品便获得了脱离使用价值的一般存在，"产品成为商品；商品成为交换价值；商品的交换价值是商品内在的货币属性；商品的这个货币属性作为货币同商品相脱离，取得了一个同一切特殊商品及其自然存在形式相分离的一般社会存在"。马克思甚至认为，"商品是否能够转化为货币，是否能够同货币相交换，它的交换价值是否能够实现，取决于本来和作为交换价值的商品毫不相干的、不以它为转移的各种情况。商品转化的可能

① Henri Lefebvre，*Everyday Life in the Modern World*，New Brunswick & London：Transaction Publishers，1984，p.91.

② Henri Lefebvre，*Everyday Life in the Modern World*，New Brunswick & London：Transaction Publishers，1984，p.108.

③ 巴特：《神话——大众文化诠释》，许蔷蔷等译，上海：上海人民出版社 1999 年版，第 189 页。

性取决于产品的自然属性；货币转化的可能性是和货币作为象征化的交换价值的存在结合在一起的。”[①]鲍德里亚受此启发，但是比列斐伏尔走得更远，他质疑马克思对生产活动基础性地位的认定。鲍德里亚认为在生产主义语境中，消费被想象成一种休闲、舒适，而个人仅仅被视为一种生产的力量，其实“消费不仅要在结构的意义上被界定为交换体系和符号体系，同时还要在策略的意义上被界定为一种权力机制”[②]。他主张不应把消费视为生产的一种功能，相反，消费力本身就是一种生产力的结构模式。在鲍德里亚眼中，使用价值反而是符号的交换价值的结果。“物远不仅是一种实用的东西，它具有一种符号的社会价值，正是这种符号的交换价值才是更为根本的——使用价值常常不过是一种对物的操持的保证（或者甚至是纯粹的和简单的合理化）。”[③]进一步说，由于鲍德里亚把符号分析纳入交换研究中，符号交换的物品不依赖于使用价值，而依赖于与其他符号的差异关系，所以他认为，资本主义的消费“建立在符号/价值的交换模式之上，即在差异性交换的基础之上，同时也就是建立在有区别的物质载体，以及由此产生的潜在的共同体的基础之上”[④]。显然，鲍德里亚把物的效用不是归为有用性，而是社会符号的编码，对这一象征性符号价值的消费是一种能指拜物教。比如奢侈性消费或炫耀性消费就是为了显现身份或威望，珠宝、艺术品，甚至半自动洗衣机换成全自动洗衣机，这类消费都带有炫耀的性质，与物品的有用性无关，而标志着身份等级。所以他指责马克思关于商品拜物教的说法是对交换价值的崇拜。这样，鲍德里亚便把马克思对商品消费的生产性的物性功能的分析引向对物品功能性要素及权力关系的分析，从而对马克思的政治经济学发起了挑战，因为他指认这种政治经济学即便探讨消费，探讨的也是从商品生产中发生的使用价值与交换价值关系链条中的生产性消费。

应当说，列斐伏尔对资本主义社会的符号政治经济学分析还是借用符号学的一些概念和方法来思考资本主义从生产向消费转向过程中发生的问题，大的方面没有脱离马克思对于资本主义的政治经济学批判框架。鲍德里亚则不然，他摒弃了物质生产的基础性地位甚至商品的有用性本身，把商品社会归结为符号交换统治的王国，甚至设想原始的礼物关系或象征性交换的复归，其视野已经转向符号学本身。这种分析虽然还带有从马克思的政治经济学脱胎而来的痕迹，却明显地走向对马克思思想本身的背离与修正。

① 马克思：《政治经济学批判（1857—1858年手稿）》，见《马克思恩格斯全集》第2版第30卷，北京：人民出版社1995年版，第127页、第96页、第97页。

② 鲍德里亚：《符号政治经济学批判》，夏莹译，南京：南京大学出版社2009年版，第70页。

③ 鲍德里亚：《符号政治经济学批判》，夏莹译，南京：南京大学出版社2009年版，第2页。

④ 鲍德里亚：《符号政治经济学批判》，夏莹译，南京：南京大学出版社2009年版，第109页。

然而，这种尽管认同马克思主义对资本主义的激进批判，但拒斥马克思主义的理论基础和分析范式，弃绝工人阶级作为社会变革的主体的做法，正是最近 20 多年来西方兴起的后马克思主义思潮的一个显著特征。鲍德里亚可谓这股思潮的代表人物之一。

结语　马克思与中国当代美学建构

马克思的美学思考具有哲学、政治经济学、社会学、美学和文艺批评等多重视野。在20世纪变化了的美学情境中，他的异化－物化观、自然观、意识形态批判等偏经济学－哲学－社会学等的准美学话题焕发了活力与生机，感性、艺术生产等与美学有关的话题也得到拓展与延伸，而他和恩格斯相对偏于艺术本身的现实主义理论则走向了衰微。中国的情况有其特殊性。由于处于已建成社会主义国家的现实状况中，马克思与美学有关的话题中偏于对资本主义进行社会文化批判的部分在中国没有得到展开，而马克思哲学层面一些基本命题（实践观、唯物主义等）以及列宁的反映论被引入美学与文艺批评领域，推动了中国当代几个代表性美学派别和艺术反映论批评范式的形成。20世纪50年代中期与80年代，马克思早期的人道主义话语在美学与文艺批评中得到勃兴。而如今随着环境问题的凸显和生态文明的倡导，马克思的自然观又引起了人们的重视。我们从马克思《1844年经济学哲学手稿》与中国当代美学建构、马克思的实践观与中国当代美学，以及马克思早期的人道主义话语与中国当代文论与美学中的人学范式三个方面大致探讨一下马克思对当代中国美学建构的影响，并对中国马克思主义美学的现状与未来进行概要式分析与展望。

一、《1844年经济学哲学手稿》与中国当代美学建构

1956年，人民出版社出版了何思敬翻译的马克思《1844年经济学哲学手稿》(以下简称《手稿》)，1979年又出版了刘丕坤的新译本，同年中央编译局根据刘译本参考俄文本校订收入《马克思恩格斯全集》第42卷出版，成为通行本。马克思的《手稿》与我国当代美学建构有着密切的关系。有学者甚至指出：“《手稿》不但从宏观上推进了中国当代马克思主义美学的学术演进，而且还在哲学基础、基本范畴和命题、理论体系上深深

地实现着中国当代马克思主义美学的建设。”[①] 虽然说《手稿》究竟在多大程度上影响了中国当代马克思主义美学的哲学基础还有待进一步评估，但是毫无疑问，《手稿》在相当大的程度上推动了我国20世纪50年代和80年代两次美学大讨论，甚至在一定程度上影响和推动了中国当代四大主要美学派别——以李泽厚为代表的实践派、以蔡仪为代表的客观派、以高尔泰（高尔太）为代表的主观派和以朱光潜为代表的主客统一派——的形成和发展。我们在这里主要从基本范畴和命题延伸的角度，来分析一下《手稿》中马克思提出的与美学有关的重要命题如人化的自然或自然的人化、人的本质力量对象化、人也按照美的规律来构造、对于不辨音律的耳朵最美的音乐也毫无意义等，对中国当代美学的影响。其中特别是马克思在《手稿》中提出的关于美的规律的说法，“动物只是按照它所属的那个种的尺度和需要来构造，而人懂得按照任何一个种的尺度来进行生产，并且懂得处处都把内在的尺度运用到对象；因此，人也按照美的规律来构造”[②]，更是引起了广泛的讨论与论争。

早在20世纪50年代的第一次美学大讨论中，一些论者如李泽厚、朱光潜、高尔泰、蒋孔阳等人就开始征引马克思《手稿》中的一些相关论述来论证自己关于美的问题的看法。李泽厚在其发表于1956年的《论美感、美和艺术》中就运用了马克思《手稿》中关于五官感觉是以往全部世界历史的产物、对于非音乐的耳朵最美的音乐也毫无意义、社会人的感觉不同于非社会人的感觉等思想，论证美感的个人心理的主观直觉性和社会心理的社会功利性矛盾统一的二重性，“五官的生理的存在使它表现快感，社会的存在使它表现美感”，“美感的这种表面上的个人主观偶然的心理活动，就完全是客观必然地决定于那个时代和社会的”。李泽厚还运用马克思人的一切对象都是他本身的对象化的观点，论证美是客观的社会存在，“它客观地存在于人类社会生活之中，它是人类社会生活的产物”。[③] 紧接着在《美的客观性和社会性》里，李泽厚又运用马克思《手稿》中关于人化的自然的说法来论证美是客观性和社会性的统一[④]。蒋孔阳则从马克思关于非社会人的感觉不同于社会人的感觉和人也按照美的规律来构造的论述中得到启发，论证美是一种社会现象。“无论作为审美对象的现实，或者作为主体的人的审美能力，都是社会历史的产物，都是

① 周维山：《美学传统的形成与突破——〈1844年经济学哲学手稿〉与中国当代马克思主义美学》，北京：中国社会科学出版社2011年版，第4页。

② 马克思：《1944年经济学哲学手稿》，见《马克思恩格斯全集》第2版第3卷，北京：人民出版社2002年版，第274页。

③ 李泽厚：《论美感、美和艺术》，载《哲学研究》1956年第5期。

④ 李泽厚：《美的客观性和社会性》，载《人民日报》1957年1月9日。

人们在劳动实践的过程中，客观地形成起来的。”[1]李泽厚、蒋孔阳重视美的客观社会性，成为实践派的代表。当然，从更大的背景看，中国实践美学的萌发还受到苏联以万斯洛夫、斯托洛维奇等为代表的社会派美学家的影响。他们以马克思的《手稿》为理论依据，凸显马克思的实践观在其理论体系中的地位，又运用人化的自然与人的本质力量对象化理论来解释美的产生，对草创期的中国实践美学有启发价值。比如万斯洛夫说：“实际改造世界的物质社会实践，是客观地实现在对象中表现人，在自然中表现社会，在事物的可感觉的物质属性中表现理想内容的基础，正是这种观点，把马克思主义在这个问题上同它以前的一切学说区别开来。……只有‘人化的’自然，对于人来说才具有审美意义，也只是由于以此为基础的人的审美能力的发展，人才开始从审美上对待他周围的现实世界。”[2]

朱光潜的美学思想解放后处于转型中，即由原先克罗齐直觉表现说的追随者转而接受马克思主义，提出美是客观的自然事物和主观的意识形态的统一。他在20世纪50~60年代较多地借鉴马克思的《手稿》，认为美的本质就是马克思《手稿》里所说的人化的自然和人的本质力量的对象化。“从历史发展看，在人类社会出现之前，自然就不能有所谓美丑。美是随社会的人的出现而出现的。自然本来是与人相对立的。人自从从事劳动生产、成了社会的人之日起，自然就变成人的实践和认识的对象，成为人所征服和改造的对象，成为为人服务的生产资料和生活资料。只有到了这个时候，自然才开始对于人有意义、有价值、有美丑。人为什么感觉到自然美？马克思曾经反复说明过，这首先是由于人借生产劳动征服了自然，原来生糙的自然就变成了‘人化的自然’，它体现了人的‘本质力量’，满足了人的理想和要求，人在它身上看到他自己的劳动的胜利果实，所以感受到快感，发现它美。这是最原始的也是最本质的美感经验。”[3]从马克思《手稿》中关于人的本质力量对象化等说法中，朱光潜推断出“美感这种‘本质的力量’也就是人类在长期认识自然和改变自然的实践过程中生长起来、发展起来和丰富起来的。据我的理解，这就是马克思在《经济学哲学手稿》里谈到‘人的对象化’和‘人化的自然’的那一段非常重要而且也非常艰深的话的大意”[4]。但是本时期朱光潜的美学理论仍然处于变动之中，比如他以马克思《手稿》中“对于非音乐的耳朵最美的音乐也毫无意义，不是对象”这段话论

① 蒋孔阳：《简论美》，载《学术月刊》1957年第4期。
② 万斯洛夫：《美的问题》，杨成寅译，上海：上海译文出版社1986年版，第42页。
③ 朱光潜：《山水诗与自然美》，载《文学评论》1960年第6期。
④ 朱光潜：《论美是客观与主观的统一》，载《哲学研究》1957年第4期。

证他的物甲（自然物）、物乙（自然物的客观条件加上人的主观条件形成的社会物）说：“马克思这里所说的‘不是对象’并不是要取消最美的音乐（物甲）的存在，而只是说这最美的音乐（物甲）对于不能欣赏音乐的耳（主观条件的差异）不能产生美的形象（物乙）。”①

高尔泰则运用马克思关于非音乐的耳朵最美的音乐也没有意义的说法来论证美的主观性。“美，只要人感受到它，它就存在，不被人感受到，它就不存在。……但是这美，是对于有‘音乐的耳’的人来讲的，所谓音乐的耳，是人类文化发展的结果，按其本质，就是感受。”②高尔泰把美等同于美感，便认为《手稿》中所说的美的规律是主观的。“美既然是主观的东西，美的规律也只有到主观中去寻找，也就是说，到心理结构的变化逻辑中去寻找，到人的理智、情感、自由联想等多种心理过程的组合法则中去寻找。只有善与爱是一切组合法则的共同原则。”③

综上可见，20世纪50年代中国美学界对马克思《手稿》的吸收和借鉴还是零散的、有限的。虽然有的学者把《手稿》的相关论述和各自美学体系的建立挂钩，却并没有和对哲学基础的自觉思考结合在一起。

20世纪70年代末至80年代的第二次美学大讨论，是伴随着新时期思想解放同步发生的。在“文化大革命”刚刚结束这个特定的时代背景下，《手稿》中探讨较多的人性、人道主义、异化等问题一并进入美学与艺术研讨的视野，因而《手稿》对本次美学大讨论的影响在深度和广度方面远远超出上一次的范围，波及哲学基础、美学基本范畴和理论体系建构等各个层面。

20世纪80年代，李泽厚补充、完善他的实践美学体系，认为马克思的历史唯物主义就是实践论，是以制造和使用工具为标志的对世界的征服和改造，并在研读康德哲学的基础上阐发他的马克思主义主体性实践哲学，认为实践就其人类的普遍性来说，它转化为人类的逻辑、认识结构，就其个体性而言，它表现为个体行为、情感、愿望、意志的具体性与现实性。李泽厚在援引了马克思《手稿》中关于男女之间的关系是人与人之间最直接、自然、必然的关系，从这种关系中可以判断出人类的整个文明程度这段论述后指出，“性欲成为爱情，自然的关系成为人的关系，自然感官成为审美的感官，人的性欲成为美的情感。这就是积淀的主体性的最终方面，即人的真正的自由感受。它和认识

① 朱光潜：《美学怎样才能既是唯物的又是辩证的》，载《人民日报》1956年12月25日。

② 高尔泰：《论美》，载《新建设》1957年第2期。

③ 高尔泰：《论美》，载《新建设》1957年第2期。

论的自由直观、伦理学的自由意志构成主体性的三个主要方面和主要内容”①。李泽厚改造了马克思关于人的本质力量对象化的说法用来解释美的规律：“因为具有内在目的尺度的人类主体实践能够依照自然客体规律来生产，于是，人类就能够依照客观世界本身的规律来改造客观世界以满足主观的需要，这个改造了的客观现实存在的形式便是美，是‘按照美的规律来造形’。”②因而美的规律就是实践的规律，是主观合目的性和客观合规律性的统一。李泽厚还应用《手稿》中自然的人化理论解释美感与美的生成。他认为，“自然的人化”“包括两个方面，一个方面是外在自然，即山河大地的‘人化’，是指人类通过劳动直接或间接地改造自然的整个历史成果，主要指自然与人在客观关系上发生了改变；另一方面是内在自然的人化，是指人本身的情感、需要、感知、愿欲以至器官的人化，使生理性的内在自然变成人。这也就是人性的塑造”③。外在的自然人化生成了美，内在的自然人化形成了美感。此外，李泽厚还注意到马克思以《手稿》为代表的早期著作中的感性论思想在美学史上的意义，在20世纪80年代后期倡导建立新感性。这样，李泽厚便通过对《手稿》中相关命题的解读，拓展了自己早年的客观社会说，形成了一套比较完整的实践论美学体系。

客观派的代表蔡仪的美学思想形成于20世纪40年代。按照他的说法，美是事物的客观性质。“我们认为美是客观的，不是主观的；美的事物之所以美，是在于这事物本身，不在于我们的意识作用。但是客观的美可以为我们的意识所反映，是可以引起我们的美感。而正确的美感的根源正是在于客观事物的美。”蔡仪进一步指出，美就是典型。“我们认为美的东西就是典型的东西，就是个别之中显现着一般的东西；美的本质就是事物的典型性，就是个别之中显现着种类的一般。”④到了70年代后期，蔡仪尽管对《手稿》评价不高，认为它“虽然从费尔巴哈跨出了一大步，而根本上还是没有超越人本主义的观点”。但是他也借鉴《手稿》中所论述的一些与美学有关的命题来为自己的理论主张做论证，认为美的规律就是美的本质，就是典型的规律。“所谓人也按照美的规律来造形，即承认事物的美有它的美的规律，承认事物的美是由它本身的美的规律形成的；也承认美的规律是人们可以认识，可以依照它来造形的；同时也即承认事物的美不是由观赏者的美感决定的，不是由人的意识决定的。……对于不辨音律的耳朵，最美的音乐也毫无意义，

① 李泽厚：《批判哲学的批判》（修订本），北京：人民出版社1984年版，第435~436页。
② 李泽厚：《美学三题议》，见李泽厚《美学论集》，上海：上海文艺出版社1981年版，第163页。
③ 李泽厚：《美学四讲》，北京：生活·读书·新知三联书店1989年版，第96页。
④ 蔡仪：《新美学》，见蔡仪《美学论著初编》（上），上海：上海文艺出版社1982年版，第237~238页。

但这音乐还是最美的。对于矿物商人，他没有矿物学的感觉，看不到矿物的美；但这矿物还是美的。同样，忧心忡忡的穷困的人，对于最美的景色无动于衷，但这景色还是最美的。”[①] 于是他不仅将马克思所说的美的规律视为美的事物的根本性质，也认为马克思所说的忧心忡忡的穷人对最美的景色也无动于衷、对于不辨音律的耳朵最美的音乐也毫无意义，正好证明了美在于客观对象自身。到了 80 年代，随着李泽厚通过对《手稿》特别是其中关于人的本质的对象化和自然的人化的新的解读不断扩大自己的美学影响力，蔡仪又发表了数篇关于《手稿》的论文，除了重申对马克思这部书属于不成熟早期著作的看法外，还指出人的对象化和自然的人化的说法代表不了马克思主义，而只是人本主义的或唯心主义的说法，“由于马克思哲学的强调主观能动作用，所以在人本主义原则的人和自然的统一关系中，不仅单纯地由自然规定人和人的本质，也强调由人和人的本质规定自然，因此一方面主张‘人的本质对象化’，同时另一方面又提出‘自然的人化’。这样的自然和人互化的理论，就完全表明《手稿》中的人本主义原则的思想实质，已‘化’成地地道道的主观唯心主义了”[②]。由于坚持自己原有的理论观点，蔡仪实际上放弃了通过《手稿》调整自己理论架构的契机。

到了 20 世纪 80 年代，高尔泰认为马克思《手稿》“把美的问题纳入哲学范畴，把美的哲学放置在更为广义的人的哲学基础上，指出美是‘人的本质的对象化’，的确是为美学研究指出了一个正确的方向”，进而通过人的本质是自由，美是人的本质对象化，来论证他的“美是自由的象征”这一命题[③]。

朱光潜“文化大革命”后重新翻译了马克思《手稿》中若干重要的片段，对马克思所说的美的规律进行了新的阐释，认为美的规律体现了三点内容：一是人通过实践来创造一个对象世界，即对无机自然进行加工改造；二是人的普遍性和自由就在于人不但按人自己的物种的需要和标准去创造，还可以按照任何一个物种的需要和标准去进行自由的创造；三是美的规律体现了马克思强调以一种整体的人的观点去掌握人的全面的本质[④]。

20 世纪 90 年代之后美学热退潮，我国美学出现了深刻的转型。一些原先的美学派

---

① 蔡仪：《〈经济学－哲学手稿〉初探》，见蔡仪《美学论文选》，长沙：湖南人民出版社 1982 年版，第 290 页、第 303~304 页。其中马克思《1844 年经济学哲学手稿》中的引文参照《手稿》新版译文略有改动。

② 蔡仪：《论人本主义、人道主义和“自然的人化”说》，见蔡仪《美学论文选》，长沙：湖南人民出版社 1982 年版，第 368 页。

③ 高尔泰：《美是自由的象征》，北京：人民文学出版社 1988 年版，第 43~44 页。

④ 参见朱光潜《马克思〈经济学－哲学手稿〉中的美学问题》，见《朱光潜全集》第 5 卷，合肥：安徽教育出版社 1989 年版，第 418~420 页。

别在走向凋零，一些新的美学范式如超越美学、生态美学等出现了。就是曾经成为主流的实践美学也面临质疑、挑战甚至内部分化，李泽厚本人也修正了自己的一些观点，提出人类学本体论。在这种情况下，《手稿》对我国美学的影响在逐渐减小。

我们首先必须承认，中国当代美学建构受到马克思《手稿》的深刻影响。但是对各家各派的影响程度不一。相对来说，《手稿》对于当年尚处于创立期的李泽厚、高尔泰美学思想的影响更大、程度更深一些。李泽厚的实践论美学从范畴到架构到哲学基础明显地受到《手稿》的影响。高尔泰较多地汲取了《手稿》中的人道主义思想。但是从总体上看，《手稿》对当代中国美学的影响多数还是属于命题或范畴方面的，对哲学基础包括理论体系本身虽有影响，却还是局部的、有限的。我国当代美学界对马克思《手稿》的借鉴和吸收还带有明显的实用色彩，也就是说，有时是某派（如客观派）的美学思想的形成在先，然后再对马克思的论述做合乎自己需要的解释。此外，我国当代美学研究习惯于把美学问题归结为认识论问题，忽视了马克思看待美学问题的人生论或生存论维度，对马克思《手稿》等著作中暗含的可能引起哲学思维和美学思维方式变化的理论质点开掘和引申不够。无论客观派把美视为客观事物的美，还是实践派把人化的自然视为认识对象和实践对象，以及主观派认为美要从人的心理结构的变化逻辑中去找，实际上都是把美的问题当做认识论的问题来研究。本来20世纪美学已经不太关注美的本质的探讨，而在相当长的一段时间里，我国当代美学建构却沿袭近代美学的思维模式，一方面热衷于美的本质的探讨，一方面又引用反形而上学的马克思的论述作为自己立论的佐证。正如有学者指出的，“美学研究各派之间争论虽然非常激烈，但在根本出发点上是一致的，即从本体论的存在和思维的关系角度去探讨美的本质”①。这可能是马克思本人所始料未及的。这些情况说明，尽管《手稿》对我国当代美学研究的影响在缩小，但是这并不等于说《手稿》中所论及的与美学有关的问题得到了很好的研究或解决，更不等于说《手稿》对我国当代美学建构所包含的多方面的潜能已经完全被认知并得到了释放。

二、马克思的实践观与中国当代美学

马克思所说的实践主要指社会生产活动，包括社会交往。英国学者拉雷恩说，马克思所说的“实践意味着人类有意识的和感性的活动，人们在这里生产自己的物质存在形式和生产关系，这也是人们得以生活，并因此改造自然、社会和自身的方式”②。经过20

① 应必诚：《〈巴黎手稿〉与美学问题》，载《中国社会科学》1998年第3期。

② 拉雷恩：《马克思主义与意识形态》，张秀琴译，北京：北京师范大学出版社2013年版，第17页。

世纪50~60年代以及80年代初两次美学大讨论，以李泽厚为主要代表的实践美学成为中国当代最重要的美学派别之一。实践美学家把马克思的实践观视为历史唯物主义的核心范畴，建构自己的美学理论。代表人物有李泽厚、蒋孔阳、刘纲纪、邓晓芒等。我们看到，对实践的含义以及实践在马克思主义哲学中的地位与作用的不同理解，在很大程度上决定了实践美学的不同建构方式。我们在此主要以部分代表性的实践派美学家为例证，考察马克思的实践观与中国当代美学建构的关系。

如前所述，到了新时期，李泽厚把制造与使用工具进行能动的现实物质活动视为马克思实践观的基本含义，通过对马克思《手稿》“自然的人化”“人的对象化”等相关命题的阐发，进一步丰富和完善了他的实践美学体系。李泽厚1979年在《批判哲学的批判》一书中写道:“马克思主义的美学不把意识或艺术作为出发点,而是从社会实践和‘自然的人化’这个哲学问题出发。……唯物主义的思维与存在同一性即人能动地改造自然的实践论，才是问题的正确回答。通过漫长历史的社会实践，自然人化了，人的目的对象化了。自然为人类所控制改造、征服和利用，成为顺从人的自然，成为人的‘非有机的躯体’，人成为掌握控制自然的主人。自然与人、真与善、感性与理性、规律与目的、必然与自由，在这里才具有真正的矛盾统一。真与善、合规律性与合目的性在这里才有了真正的渗透、交融与一致。理性才能积淀在感性中，内容才能积淀在形式中，自然的形式才能成为自由的形式，这也就是美。美是真、善的对立统一，即自然规律与社会实践、客观必然与主观目的的对立统一。”[①]20世纪80年代之后，他发现康德、席勒、马克思、弗洛伊德共同关注人性问题，又提出“工具本体”与“心理本体”，“主体性实践哲学”或“人类学本体论哲学”来修订与补充他的学说。1981年他在《康德哲学与建立主体性论纲》中说:“历史唯物论是马克思主义的核心和主题。历史唯物论就是实践论。实践论所表达的以生产力为标志的人对客观世界的征服和改造，它们是一个东西，……‘人性与实践’是马克思主义哲学的基本观念，也是今天哲学的中心课题，它们之间本来有密切联系，它们构成马克思从早年到暮岁基本哲学思想的主线。我以为只有在这个基础上讲存在决定意识、物质第一性精神第二性才能与旧唯物主义区别开来，才是涉及人性或人的本质的哲学,我叫它为人类学本体论的实践哲学,也就是主体性的实践哲学。”[②]“人性与实践”大致相当于心理本体与工具本体。也就是说，在这个过程当中，李泽厚其实已经慢慢地淡化了马克思实践观在其美学架构中的决定地位。到了1989年出版《美学四

① 李泽厚:《批判哲学的批判》(修订本)，北京：人民出版社1984年版，第414~415页。

② 李泽厚:《康德哲学与建立主体性论纲》，见《李泽厚哲学美学文选》，长沙：湖南人民出版社1985年版，第154~155页。

讲》时,“人类如何可能”已经成为李泽厚所认为的哲学的“第一课题”[①]。这样他就从突出制造与使用工具的工具本体走向强调人类文化心理结构的心理本体。所以有学者评论说:“当他(按:指李泽厚)觉得可以在马克思的‘人化的自然’的基础上说一些自己的话,而且可以说得更为圆满的时候,便自觉地从马克思主义中游离了出来。”[②]

其他实践美学家对马克思实践观的借鉴也各不相同。刘纲纪始终坚持马克思主义的实践观。在他眼中,“正是马克思主义实践观点的提出才使传统的美学宣告终结,为一种新的美学的产生开辟了广阔的道路”[③]。刘纲纪认为实践是为了满足人的需要所进行的有意识、有目的的活动,是以掌握客观必然性以取得自由的创造性活动。“美是人的自由的表现(也就是人与自然、个体与社会的统一的表现),而人的自由不是精神活动的产物,不是主观幻想的产物,而是人在实践中掌握了必然,实际改造和支配了世界的产物。”[④]他特别推崇马克思“劳动创造了美”的命题,认为该说法“从人类社会实践的高度上,第一次揭示了理解美的本质的秘密所在,指出了产生美的现实的、也是终极的、最后的根源。……美作为实践创造的产物当然不能只限于生产劳动这一种实践,但由于生产劳动实践是最终决定其他一切实践的东西,因而从终极的意义上说,劳动正是美的最后的根源,此外再无别的根源”[⑤]。在此基础上,刘纲纪梳理了美从物质生产劳动的领域到超越物质生产劳动的领域的发展:第一阶段是从“美”与“好”的合一到“美”与“好”的区分,这还是处在物质生产劳动的领域之中;第二阶段是从“美”与“善”的合一到“美”与“善”的区分,这已经越出了物质生产劳动的领域[⑥]。

蒋孔阳的美学被称为“实践创造美学”。他主要依据马克思《1844年经济学哲学手稿》中提出的人的活动“是有意识的生命活动”“一切对象对他来说成为他自身的对象化”等相关思想,把实践视为主体意识经由主体物质活动作用于客观对象的过程,认为美是“人类在自己的物质与精神的劳动过程中,逐渐客观地形成和发展起来的”[⑦]。“美离不开人,是人创造了美,是人的本质力量在客观现实中实现出来……美是人的本质力量的对象化。”“美的创造,是多层次的积累所造成的一个开放系统:在空间上,它有无限的排列与组合;在时间上,它则生生不已,处于永恒不停息的创造与革新之中。……自

① 李泽厚:《美学四讲》,北京:生活·读书·新知三联书店1989年版,第36页。
② 阎国忠、杨道圣:《作为科学与意识形态的美学》,上海:上海社会科学院出版社2007年版,第49页。
③ 刘纲纪:《马克思主义实践观与当代美学问题》,见刘纲纪《美学与哲学》,武汉:武汉大学出版社2006年版,第438页。
④ 刘纲纪:《关于美的本质问题》,见刘纲纪《美学与哲学》,武汉:武汉大学出版社2006年版,第32页。
⑤ 刘纲纪:《关于“劳动创造了美”》,见刘纲纪《美学与哲学》,武汉:武汉大学出版社2006年版,第58页。
⑥ 参见刘纲纪《从劳动到美》,见《美学与哲学》,武汉:武汉大学出版社2006年版,第115页。
⑦ 蒋孔阳:《美和美的创造》,南京:江苏人民出版社1981年版,第18页。

然物质层，决定了美的客观性质和感性形式；知觉表象层，决定了美的整体形象和感情色彩；社会历史层，决定了美的生活内容和文化深度；而心理意识层，则决定了美的主观性质和丰富复杂的心理特征。”[①] 正因为把精神劳动纳入实践，蒋孔阳又借鉴狄德罗的“美在关系”的说法，主张从人与现实之间的审美关系入手研究美。人通过感觉器官和现实建立关系，而“审美关系是人作为一个整体来和现实发生关系，人的本质力量能够得到全面的展开”。他认为马克思《手稿》中所谈到的“视觉、听觉、嗅觉、味觉、触觉、思维、直观、感觉、愿望、活动，爱”都是人的本质力量，“我们应当把美看成是一个开放性的系统，不仅由多方面的原因与契机所形成，而且在主体与客体交相作用的过程中，处于永恒的变化和创造的过程中”[②]。

邓晓芒自称其美学为人学实践论美学。他认为马克思的历史唯物主义“是一种实践哲学，……不再只是一种本体论、认识论、逻辑学的‘理论’（如亚里士多德的‘第一哲学’），而且同时是一种‘实践的’价值论和伦理学，甚至也是一种美学”[③]。在邓晓芒那里，实践是精神活动与物质活动相统一的过程，在历史的进程中呈现出不同的形态，起初精神活动统一于物质活动，后来精神实践活动慢慢从物质生产活动中分化、独立出来。他认为他的人学实践论美学“主要内容便是研究人在人类精神实践中所形成的美和艺术的一般规律。这一研究服膺于历史唯物主义关于社会存在决定社会意识、经济基础决定上层建筑的原理，但它主要着眼于人类审美意识和艺术精神如何‘反作用’于社会物质生活，甚至在一定范围内成为更高的物质生活的尺度”，进而从马克思关于人的本质力量的对象化的学说中，得出关于美的三个基本定义：“（1）审美活动是人借助于对象而与别人交流情感的活动，在其现实性上，它就是美感；（这一定义逻辑地包含着后面两个定义）（2）艺术是人的情感的对象化；（3）美是对象化了的情感。”[④]

除了实践派的美学家，一些其他派别的美学家有时也借鉴马克思的实践观，作为自己理论建构的论证环节。比如朱光潜认为，“无论是劳动创造，还是艺术创造，基本原则都只有一个：‘自然的人化’或‘人的本质力量的对象化’。……从马克思主义的实践观点看，‘美感’起于劳动生产中的喜悦，起于人从自己的产品中看出自己的本质力量的那种喜悦”[⑤]。他以此说明劳动生产的社会性和美感的社会性。但是由于马克思的实践观在这

① 蒋孔阳：《美学新论》，北京：人民文学出版社 1993 年版，第 160 页、第 144~145 页。

② 蒋孔阳：《美学新论》，北京：人民文学出版社 1993 年版，第 13 页、第 136 页。

③ 邓晓芒：《实践唯物论新解：开出现象学之维》，武汉：武汉大学出版社 2007 年版，第 10 页。

④ 邓晓芒：《实践唯物论新解：开出现象学之维》，武汉：武汉大学出版社 2007 年版，第 80 页。

⑤ 朱光潜：《生产劳动与人对世界的艺术掌握——马克思主义美学的实践观点》，载《新建设》1960 年 4 月号。

些美学家的理论座架中不起基础性作用，在此不多论述。

实践美学把马克思的实践观引入美学研究，在一定程度上突破了以往以认识论与反映论为中轴的美学构架或现实主义理论模式，为美学研究开辟了新思路；实践美学把对美的静态追问，转向美的动态生成，强化了美学研究的历史维度，把中国当代美学研究推向一个新的发展水平与理论高度，因此要给予充分的肯定。但是也应当看到，由于实践美学家大多把马克思所说的实践理解为制造并使用工具改造世界的物质活动，马克思实践观中的交往维度和精神生产维度没有得到足够的重视与引申；而马克思以物质活动为核心的实践观又主要是在政治经济学或哲学层面提出来的，有其自身的语境与适用范围，美（包括艺术）的创造与欣赏活动与物质实践活动尽管有相通之处，却还是有所区别的，以之作为美学研究的出发点无疑会造成理论上的困难或偏差。实践美学之所以到后来陷入各种各样的困境，除了理论家自身的原因之外，无疑也与实践美学倡导者对马克思实践概念的阐释与使用有关。有人说："实践美学的根本问题是试图以实践（物质实践）解释所有的审美现象。而审美从根本上说却不属于或不完全属于实践的问题。"①"'实践美学'有一个根本的矛盾，就是作为物质实践的劳动与作为精神现象的审美活动，作为劳动产物的美的事物与作为哲学意义上的美，作为美的事物的本源与作为美的本源与本质的奇妙的混同。"②比如有的实践美学家把马克思所说的美的规律解释成实践的规律，就是值得商榷的。这样看来，实践美学到后来在李泽厚那里成了马克思与康德、荣格、皮亚杰等的嫁接，在蒋孔阳那里成了马克思与狄德罗的嫁接，在邓晓芒那里成了马克思与现象学的嫁接可能也属于无奈的必然之举，但是当他们这样做时有时候又难免会造成不同理论立场与出发点之间的摩擦或龃龉。

三、马克思与中国当代美学和文论中的人学范式

人性、人道主义、个人的全面发展和人的解放是马克思学说的基本主题之一，对中国当代美学与文论建构也产生了重要影响。实际上，20世纪50年代的美学与文论研究中，以人及人道主义为核心建构美学或文论模式就有萌发的迹象，如巴人、钱谷融等人的理论探讨。钱谷融在1957年发表的《论文学是人学》中认为："在文学领域内，一切都决定于怎样描写人，怎样对待人，真正的艺术家绝不把他的人物当作工具，当作傀儡，而是把他当成一个人，当成一个和他自己一样的有着一定的思想感情、有着独立的个性

---

① 阎国忠：《走出古典——中国当代美学论争述评》，合肥：安徽教育出版社1996年版，第408页。

② 阎国忠、杨道圣：《作为科学与意识形态的美学》，上海：上海社会科学院出版社2007年版，第71~72页。

的人来看待的。他一定是充分尊重这个人的个性的，……他绝不能把自己的意志强加到他的人物身上去，强使他的人物来屈从自己的意志。在生活中是如此，在作品中也是如此。”“人道主义精神的作用，恐怕还要远比我上面所说的大得多……假如人民性、爱国主义、现实主义等概念，并不是在每一篇古典文学作品的评价上都是适用的话，那么，人道主义这一概念,却是永远可以适用于任何一篇古典文学作品上的。”[①] 虽然钱文表面上引证的是高尔基等人的著作支持他的论点，但考虑到1956年后社会主义阵营内部短暂出现的相对松动的思想氛围，我们还是明显可以感觉到马克思早期著作中的人道主义话语对他的影响。但是此后由于反右派斗争的开展，美学与文论中的这股人学话语一露头就被压制下去了。新时期伴随着思想解放运动以及对马克思《1844年经济学哲学手稿》的研究兴起的第二次“美学热”，中国美学和文学理论重新出现了人学话语的勃兴。这股话语绵延了相当长一段时间，乃至形成了新时期美学与文论中的人学研究范式[②]。这种研究范式的演进大致经历了两个阶段：20世纪70年代末至80年代初关于人性、人道主义问题的讨论,80年代中后期关于文学主体性的论争,此为第一阶段;90年代之后的人文精神、新理性精神的讨论为第二阶段。在这个过程中，马克思早期的人性、人道主义思想发挥了重要作用。

1979年以后，人性、人道主义问题被重新思考，有着深刻的时代背景，“在长期把人不当人之后，要求‘把人当作人’的呼声，自然就会高起来”，“表现在文学上，就是人性、人情、人道主义的重新提出”[③]。短短三年内,全国围绕这个问题累计发表了100多篇文章,期间和此后还出版了一系列专著或论文集，如钱谷融的《论“文学是人学”》(1981)、王若水的《为人道主义辩护》(1986)、陆梅林的《马克思主义与人道主义》(1987)等。一些相关的文献汇编和论文集，如中央编译局编选的《〈1844年经济学哲学手稿〉研究》(1983)、复旦大学哲学系编选的《西方学者论〈1844年经济学哲学手稿〉》(1983)、程代熙主编的《马克思〈手稿〉中的美学思想讨论集》(1983)、中国人民大学编选的《马克思恩格斯论人性、人道主义和异化》(1984)、北京大学哲学系编选的《人道主义和异化问题研究》(1985)、陆梅林和程代熙编选的《异化问题》(1986)等，也于本时期出版。这场讨论一开始就恢复了人性、人道主义在马克思主义中的地位。朱光潜认为，人性“就是人类自然本性”。他以马克思《1844年经济学哲学手稿》为依据，认为“马克思《经

① 钱谷融:《论“文学是人学”》，载《文艺月报》1957年5月号。

② 参见拙文《人学与语言艺术：新时期两大文学理论的演进与汇通》，载《思想战线》2008年第5期。

③ 何西来:《人的重新发现》，载《红岩》1980年第2期。

济学－哲学手稿》整部书的论述，都是从人性论出发，他证明人的本质力量应该尽量发挥，他强调的‘人的肉体和精神两方面的本质力量’便是人性。马克思正是从人性论出发来论证无产阶级革命的必要性和必然性，论证要使人的本质力量得到充分的自由发展，就必须消除私有制。因此，人性论和阶级观点并不矛盾”。人性与阶级性是包容关系，是共性与特殊性或全体与部分的关系①。钱谷融是这一时期的风云人物。他在50年代就提出文学是人学的说法，到了80年代，他的《〈论文学是人学〉一文的自我批评提纲》进一步论证了文学与人性、人道主义的关系：“文学既以人为对象，既以影响人、教育人为目的，就应该发扬人性、提高人性，就应该以合乎人道主义的精神为原则。”“不同时代、不同民族、不同阶级所产生的伟大作品之所以能为全人类所爱好，其原因就是由于有普遍人性作为共同基础。”②如果说钱谷融此前的说法多少以文学作品为依据的话，本时期他则把人性问题提高到了文学存在本体的高度。钱中文认为，这场讨论的一个结果，是多数学者认识到除了阶级性之外，还有共同人性。人性大于阶级性，文学常常倾向于表现共同人性。问题不仅仅在于承认共同人性，还在于如何描写和评价共同人性，“只有那些具体、生动地描写了健康的、符合生活逻辑的人性共同形态的作品，才能给人以审美享受”③。

这一时期的讨论出现了一个引人注目的现象，就是忽视马克思主义的多重维度，把马克思主义人道主义化，把人性、人道主义非历史化、抽象化，对人性的个体性、差异性以及非理性、潜意识关注不够，具体表现为把表达普遍人性、人类之爱树为文学的最高目标。例如，周扬就说，“马克思主义是包含人道主义的”④，王若水更主张“人是马克思主义的出发点”⑤。这种情况也表现在刘再复的文学主体性理论中。

在《论文学的主体性》中，刘再复综合借鉴了马克思早期的人道主义、马斯洛的人本主义心理学以及经过李泽厚阐发的带有康德色彩的马克思主义主体性实践哲学等，提出要把实践的人看作历史运动的轴心，高度重视人的精神主体的能动性、自主性和创造性。文学主体性体现在创造主体、对象主体和接受主体三个方面。创造主体性体现在作家超越人的低层次的需要升华到“自我实现”的精神境界，自我实现的过程一般表现出超常性、超前性和超我性，而自我实现的达成，归根到底是超我的、超血缘的、超宗教的、超国界的爱的推移。对象主体性的实现，是要求作家把笔下的人物当成独立的个体，当作具

① 朱光潜：《关于人性、人道主义、人情味和共同美问题》，载《文艺研究》1979年第3期。
② 钱谷融：《〈论“文学是人学”〉一文的自我批判提纲》，载《文艺研究》1980年第3期。
③ 钱中文：《论人性共同形态描写及其评价问题》，载《文学评论》1982年第6期。
④ 周扬：《关于马克思主义几个理论问题的探讨》，载《人民日报》1983年3月16日。
⑤ 王若水：《为人道主义辩护》，北京：生活·读书·新知三联书店1986年版，第200页。

有自主意识和自身价值的活生生的人，而不是任人摆布的玩物。接受主体性指的是人在接受过程中发挥审美创造的能动性，实现人的自由自觉的本质，使人由不自由、不全面、不自觉的状态复归为自由、全面、自觉的状态，即接受的过程是人性复归的过程，是把人应有的价值、尊严和使命归还给人的过程[①]。刘再复的主体性理论，包含了对我国长期流行的文学反映论和文学工具论的反叛，对于讨论主体性及其在文学中的表现，有极大的启发性，尤其是刘文提出文学应该成为“人的心灵学，人的性格学，人的精神主体学”，使“文学是人学”的命题大大向前推进了一步。但是，刘再复对人的主体性的描述基本上是先验的、静态的，“将一个受制于历史具体性的有限能动的‘主体’演化成一个漫游于历史时空之外的无限能动的‘主体’”[②]。刘再复以人为出发点、归宿和思维中心，从类的高度肯定人的能动性与丰富性，又以这类的能动性和丰富性去要求作家和作品中的人物形象，没有意识到人道主义或主体性自身的局限性，说明他的主体性理论是建立在文艺复兴以来的古典人道主义和主客二元对立的思维模式基础上的。实际上，主体性是一个演化的过程，刘再复的主体性理论缺乏应有的时代内涵和逻辑设定。美国学者埃伦费尔德指出，人道主义对人类知觉、知识和力量的信念、对理性能够指出正义之路的假设，是以人无所不能为基础的，他称之为“人道主义的僭妄”[③]。本时期中国学界相当一部分论者对人性、人道主义的讨论可以说陷入了类似埃伦费尔德所说的人道主义的僭妄之中。

20世纪90年代初，随着中国步入市场经济，文学从精神价值的立场上后退，文学的神圣性和作为人的精神自由的生存方式面临危机，一些批评家提出人文精神的重建问题，但人文精神倡导者对人文精神形而上层面的过度关注陷入理想化，与其自身的世俗关怀相矛盾，也未能触及中国当代人文状态的精神机制问题。钱中文提出的新理性精神是对人文精神讨论的一个深化。新理性精神主张继承本民族优秀的精神文化传统，以新的人文精神来对抗人的精神失落与平庸。新理性精神重新审视人的生存意义，认为非理性与理性一样是人的心理、认识的固有能力，主张将非理性纳入其中，成为一个组成部分。文学艺术是人的精神家园的一个重要组成部分，除了给人以愉悦之外，在铸造人的血肉和良知方面起着不可忽视的作用，同时还有无可替代的反思和批判精神。新理性精神在文化交流中力图贯彻对话精神，利用其他民族文化中的异质性成分，以补充自己[④]。后来，

① 刘再复:《论文学的主体性》，载《文学评论》1985年第6期。
② 夏中义:《新潮学案》，上海：上海三联书店1996年版，第31页。
③ 埃伦费尔德:《人道主义的僭妄》，李云龙译，北京：国际文化出版公司1988年版，第7页。
④ 钱中文:《文学艺术价值、精神的重建——新理性精神》，载《文学评论》1995年第5期。

钱中文进一步将新理性精神概括为以现代性为指导，以新人文精神为内涵，以交往对话确立人与人之间的关系，包含了感性的理性精神。这是以我为主导的、一种对人类一切有价值的东西实行兼容并包的、开放的实践理性，是一种文化的、文学艺术的价值观[①]。钱中文的新理性精神除了借鉴西方现代一些理论资源之外，其对交往、实践、理性和超越性的强调明显具有马克思主义的色彩。

由于文学的人学话题具有某种永恒性，到了21世纪，文学理论研究中的人学范式还在延续之中，并且同样借助马克思。如朱首献在《文学的人学维度》中认为，马克思的人学思想“实现了从感性、理性、社会性、超越性等维度立体地描绘出人的图景，使人第一次以真实的形态呈现在人学的视野之中。也正是如此，我们认为，同以往的任何人学相比，马克思主义人学完整地描绘了人的形象，实现了对于人的总体性的理解”[②]。他所主张的文学要在肯定人的感性世界的同时，还要通过对人的自我观照、认识和思考，促使人的类意识的觉醒，使感性的人向理性的人、自然的人向社会的人和道德的人过渡等见解，无疑有马克思人学思想的影子。

四、中国马克思主义美学研究的现状与未来

中国马克思主义美学研究大致经历四个阶段：20世纪20~40年代为创立阶段，新中国成立后的50~60年代为发展阶段，新时期70~90年代为复苏阶段，90年代至今为转型阶段。20世纪20~40年代以引进和翻译马克思、恩格斯、列宁经典著作包括文艺论著为主，期间也涌现了中国自己的一批马克思主义美学家与文艺批评家，如瞿秋白、冯雪峰、胡风、周扬、蔡仪等，创立了自己的理论形态。受到彼时中国实际的革命斗争和苏联马克思主义美学与文艺理论的影响，这一时期的马克思主义美学研究以艺术与现实的反映关系为基本框架，重视文艺的思想倾向性，重视艺术和审美与阶级、党派的关系，强调意识形态斗争。有人称这种理论形态从大的方面看属于“政治型马克思主义文艺美学”[③]，应该说有一定的道理。由于当时对马克思、恩格斯著作的文献整理与翻译还不完备，又受到夺取政权的现实政治任务的规约，这种类型的马克思主义美学研究有一定的局限性。到了20世纪50年代第一次美学大讨论，方才从一定程度上把美学研究的视野拓宽到审美与人生，形成了中国当代几个主要的美学派别。

---

① 钱中文：《新理性精神与文学理论》，载《东南学术》2002年第2期。

② 朱首献：《文学的人学维度》，杭州：浙江大学出版社2007年版，第141页。

③ 谭好哲：《后经典时期马克思主义文艺美学的形态与主题》，载《山东大学学报》社科版2011年第6期。

改革开放以后至90年代是中国马克思主义美学研究的黄金时期，国外一些研究马克思美学思想的专著如柏拉威尔《马克思与世界文学》(1980)、里夫希茨《马克思论艺术和社会理想》(1983)等被引进出版，关于马克思、恩格斯论美和艺术的大型资料汇集如程代熙编辑的《马克思、恩格斯论艺术》、杨炳编辑的《马克思、恩格斯论文艺和美学》也于1982年出版。特别是1983年围绕着马克思逝世一百周年，人民文学出版社推出了一系列马克思主义美学的基础文献，如梅林《论文学》、拉法格《论文学》、卢森堡《论文学》、葛兰西《论文学》、卢那察尔斯基《论文学》、高尔基《论文学》，以及中国学者论述马克思、恩格斯美学的论文选集《马克思、恩格斯美学思想论集》等。此外，卢卡契《审美特性》(1988，1991)、卡冈《马克思主义美学史》(1987)、齐斯《马克思主义美学基础》(1985)等国外当代有代表性的马克思主义美学著作被引进。

这一时期研究马克思主义美学的专著、教材数量相当可观。专著有何洛等《实践与美学——学习马克思主义美学论著》(1982)、程代熙《马克思主义与美学中的现实主义》(1983)、董学文《马克思与美学问题》(1983)、郑涌《马克思美学思想论集》(1985)、刘纲纪《美学与哲学》(1986)、吕德申主编《马克思主义文艺理论发展史》(1990)、陆贵山《马克思主义与文艺思潮》(1992)、朱立元《历史与美学之谜的求解》(1992)、王善忠等《马克思主义美学思想史》(1999)，教材有陆贵山等《马克思主义文艺论著选讲》(1982)、马列文论百题编委会编《马列文论百题》(1982)、赵宪章主编《马克思主义文艺美学基础》(1992)、陆贵山等《马克思主义文艺学概论》(1999)等。其中有不少是专门研究马克思本人的美学思想的。

进入21世纪以来，经典马克思主义美学研究的数量呈现减少的趋势，主要有冯宪光《马克思美学的现代阐释》(2002)、王杰《马克思主义与现代美学问题》(2004)、谭好哲《艺术与人的解放——马克思主义美学的主题学研究》(2005)、马驰《艰难的革命：马克思主义美学在中国》(2006)、李云芝《马克思主义美学观与现实审美实践》(2008)、阎国忠等《作为科学与意识形态的美学——中西马克思主义美学比较》(2007)、李益荪《马克思"艺术生产"理论研究》(2010)、周维山《美学传统的形成与突破——〈1844年经济学哲学手稿〉与中国当代马克思主义美学》(2011)等，教材类有童庆炳等《马克思与现代美学》(2001)等。上述研究总体上已经从以前偏重宏观研究向具体问题或专题研究迈进，标志着我国马克思主义美学研究的学理推进和深化。但是，伴随着成果数量的减少，经典马克思主义美学研究也面临着研究队伍逐渐老化，后续研究者青黄不接的问题。而自20世纪80年代之后，随着卢卡契、萨特、伊格尔顿、詹姆逊、阿多尔诺、本雅明、马尔库塞、阿尔都塞、戈德曼、鲍德里亚、威廉斯、托尼·本尼特等人著作中文版的陆续出版，以及陆梅林编选的《西方马克思主义美学文选》（1988）、董学文编选的《现代美学新维度——西方马克思主义美学论文精选》（1990）等西方马克思主义美学文选的出版，西方马克思主义美学逐步取代经典马克思主义美学成为马克思主义美学研究的热点。最先得到关注的是欧洲大陆的马克思主义美学，自90年代以来，对卢卡契以及法兰克福学派美学的本雅明、阿多尔诺、马尔库塞、洛文塔尔、哈贝马斯的研究已经形成规模效应。21世纪以降，关于阿尔都塞、戈德曼、列斐伏尔、鲍德里亚、齐泽克、阿格丽斯·赫勒等人也不断有高质量的研究成果出版。近年来英美马克思主义美学得到重视，对伊格尔顿、詹姆逊、威廉斯、霍尔、托尼·本尼特等人的研究方兴未艾。对西方马克思主义美学的研究不仅范围与领域在扩大，研究水准也在提高，专题研究、流派研究、文本学探讨近年来也已经有一些研究成果（包括专著和博士学位论文）出现①。

中国马克思主义美学研究也面临不少问题。主要表现在：一是研究方法不够多样化。一些研究停留于朴素的、经验式的阐释层次，甚至是教科书式的评述与介绍。这类研究追求以马克思本人的著作为依归，不仅假设马克思本人前后期思想具有内在的一致性，还暗示了在阅读中马克思对文本意义具有主宰性与控制权，研究者的主动性与创造性受到限制。二是研究视野与格局不够大，个案研究居多，宏观的派别或思潮研究较少；材料梳理较多，专题探讨较少；孤立的文本研究较多，把同一时期或不同时期文本相互关联比照进行互文性研究较少。这种情况在对经典马克思主义美学和西方马克思主义美学研究中都有不同程度的存在。

展望未来，丰富对马克思及马克思主义文本的阅读路径首先是推进马克思及马克思主义美学研究的一个路径。比如，马克思的著作存在着大量比喻与借代，具有鲜明的修辞性特征。而后现代语境中的哲学家如德里达、罗蒂等人关注到哲学与语言、文学的相通性，在哲学与文学的边界处思考问题。马克思著作中的修辞性特征几乎还没有为国内马克思主义美学研究者所注意和开掘。再比如，国内马克思主义哲学界早已经有人倡导对马克思的著作进行征候阅读及互文性阅读并取得了一定的成效，“征候式阅读可以修复马克思文本中有空缺的表述，并根据马克思做出的回答生产出相应的问题”。“立足于互

① 这方面已经出现一些著作和博士学位论文，如李弢《非总体化的星丛——对阿多诺〈美学理论〉的文本解读》（上海人民出版社2008年版）；杨建刚《从对抗到对话：马克思主义与形式主义关系史研究》（南京大学博士学位论文，2009）；张碧《从文学到文化——马克思主义符号学研究》（四川大学博士学位论文，2011）等。

文式阅读，马克思的文本得以在哲学、政治经济学和科学社会主义之间融会贯通。”[①] 但是马克思主义美学研究者中却鲜有人这样做。阿尔都塞提出的征候阅读本身就是在他阅读马克思的《资本论》中提出来的，理所当然地可以运用于对马克思本人的美学研究。征候阅读强调的不仅是维护马克思著作的连续性与统一性，而是要注意其中的空缺、非连续性，并生产出相应的问题。互文性阅读不仅致力于马克思一些文本群（如《1844年经济学哲学手稿》《政治经济学批判》《政治经济学批判（1857—1858年手稿）》《资本论》《剩余价值论》等）之间关联性的研究，而且可以沟通马克思学说的各个组成部分，进行对照比较研究。马克思、恩格斯美学思想关系研究、马克思与同代人及后继者美学思想关系也可以成为互文性阅读的论题。

推进我国马克思主义美学研究的另一个路径是拓宽研究视域，进行多领域多学科嫁接互动。例如把马克思的某个命题与其他学说相互嫁接形成新的命题或学术形态，这也是20世纪马克思主义美学发展的一个成功经验。研究马克思、发展马克思主义和马克思主义美学，不能固守原有的思维模式与学术疆界，需要打破学科壁垒，走向内联外合、兼容并包，在不同思想的碰撞中求新求变。在中国当代美学中，李泽厚的积淀说就是把马克思的自然的人化与皮亚杰的发生认识论以及荣格的原型理论相嫁接取得成功的例子。再比如，近年来，一些研究者致力于打通马克思的自然观、海德格尔的天地神人四重奏以及中国传统的天人合一思想，构建本土生态美学与生态批评理论，这种尝试应该是值得鼓励的。鉴于20世纪以来美学研究疆界的扩大，打通哲学、美学、艺术、社会学、政治经济学和文化的跨学科研究，以及将经典马克思的美学与东西方马克思主义美学融为一体的研究，将是马克思主义美学研究下一步的生长点。

最后，推进对马克思的研究，发展马克思主义美学，尤其需要创新理论思维，即用当代视域对马克思的某些命题进行对接与重释，应用于美学与文艺理论研究。我们以王元骧为例，王元骧主要是从事文艺美学研究的，他因为提出艺术的实践性，把马克思主义的实践观应用于文学艺术领域而引人注目。但是王元骧结合自己所理解的康德哲学对马克思的实践观进行了重释，把实践理解为与认识活动、人生活动不可分的感性物质活动，“虽然实践、包括物质生产在内是属于意志的活动，它与作为理智活动的认识不同，但这两者是互为前提不可分割的”。认识与实践作为人类活动的两个基本领域，虽然各有侧重，但又是相互联系、相互渗透。“美从本质上说不是事物的实体属性而是事物的价值属性，

① 张立波：《阅读、书写和历史意识——对马克思的多重表述》，北京：北京大学出版社2008年版，第16页、第18页。

价值属性作为由于事物满足人的需要所形成的一种关系属性，它不是脱离人而存在，而是在实践的基础上形成，并随着实践的发展而不断地发生变化的。”[①] 这当中目的成为沟通认识与实践的中介，是整个实践活动过程的意识前提和行动目标。艺术固然是社会生活的反映，但这种反映不是直接的模仿和再现，而是在实践的基础上通过主客体的相互作用而作出的，具有创造的性质，而且以艺术家的审美情感为中介与客体建立联系的，并通过审美情感的选择和调节，把自己的心灵倾注于自己所构造的意象之中。这就决定了一切艺术作品都是再现与表现、反映与创造的统一。更重要的，艺术在对人的思想、情感等内部世界的建构方面还有着重要意义和作用，即艺术的实践性不仅指能动地改变对象的感性物质活动，通过这种活动创造出艺术作品，还能通过对人的内心世界的改造而间接地改造物质世界。艺术的价值不完全取决于是否真实、深刻地反映生活，使人获得认识上的满足，更重要的在于它作为作家所创造的美的形态，还会发动和调控人的情感，引导读者对社会人生的积极介入。“从实践的角度来理解艺术，我认为它的价值就在于通过强化人的自我意识，来帮助人在人生实践中确立普遍而自由的行为原则。”“艺术作为一种精神现象，一种社会的意识形态，它的实践的本性主要也在于按照自由的原则来改造人的意志，为人生实践确立高尚的目的和理想。”[②] 这样，在王元骧那里，实践论便突破了反映论与现实主义，而成为一种人生论，一种对现实的介入。所以艺术的实践性是一种双重创造，不仅创造了作品，而且通过对人的改造，最终实现改造世界的目的。这样就把艺术与人生、艺术的认识效用与评价效用、艺术的实践性与人生的实践性关联起来。这说明，创新理论思维，重释马克思，是发展马克思主义美学的一条可行的路径。

---

① 王元骧:《论“实践论美学”的发展路向》，见王元骧《论美与人的生存》，杭州:浙江大学出版社2010年版，第208~209页。

② 王元骧:《艺术的实践本性》，见王元骧《文学理论与当今时代》，杭州:浙江大学出版社2002年版，第66页、第69页。

参考文献

（一）中文部分

《马克思恩格斯全集》第1版第1~50卷，北京：人民出版社1956—1984年版。

《马克思恩格斯全集》第2版第1、2、3、10、30、31、32、33、44、46卷，北京：人民出版社1995、2005、2002、1998、1995、1998、1998、2004、2001、2003年版。

《马克思恩格斯选集》第2版第1~4卷，北京：人民出版社1995年版。

［法］科尔纽：《马克思的思想起源》，王瑾译，北京：中国人民大学出版社1987年版。

［苏］里夫希茨：《马克思论艺术和社会理想》，吴元迈等译，北京：人民文学出版社1983年版。

［英］柏拉威尔：《马克思和世界文学》，梅绍武等译，北京：生活·读书·新知三联书店1980年版。

［苏］尼·拉宾：《马克思的青年时代》，南京大学外文系俄罗斯文学教研组译，北京：生活·读书·新知三联书店1982年版。

［英］戴维·麦克米伦：《青年黑格尔派与马克思》，夏威仪等译，北京：商务印书馆1982年版。

［意］德拉·沃尔佩：《卢梭和马克思》，赵培杰译，重庆：重庆出版社1993年版。

［法］列斐伏尔：《马克思的社会学》，谢永康、毛林林译，北京：北京师范大学出版社2013年版。

［法］德里达：《马克思的幽灵》，何一译，北京：中国人民大学出版社1999年版。

［美］维塞尔：《马克思与浪漫派的反讽——论马克思主义神话诗学的本源》，陈开华译，上海：华东师范大学出版社2008年版。

［法］埃蒂安·巴利巴尔：《马克思的哲学》，王吉会译，北京：中国人民大学出版社2007年版。

［美］奥尔曼：《异化：马克思论资本主义社会中人的概念》，王贵贤译，北京：北京师范大学出版社2011年版。

［美］奥尔曼：《辩证法的舞蹈——马克思方法的步骤》，田世锭、何霜梅译，北京：高等教育

出版社2006年版。

[美]乔恩·埃尔斯特:《理解马克思》，何怀远等译，北京：中国人民大学出版社2008年版。

[法]雅克·阿塔利:《卡尔·马克思》，刘成富等译，上海：上海人民出版社2010年版。

[日]柄谷行人:《马克思，其可能性的中心》，中田友美译，北京：中央编译出版社2006年版。

[美]特雷尔·卡弗:《马克思与恩格斯：学术思想关系》，姜海波等译，北京：中国人民大学出版社2008年版。

[英]奥兹本:《弗洛伊德和马克思》，董秋斯译，北京：生活·读书·新知三联书店1986年版。

[英]莱姆克等:《马克思与福柯》，陈元等译，上海：华东师范大学出版社2007年版。

[加]弗莱切:《记忆的承诺：马克思、本雅明、德里达的历史与政治》，田明译，上海：华东师范大学出版社2009年版。

[日]今村仁司等:《马克思、尼采、弗洛伊德、胡塞尔——现代思想的源流》，卞崇道等译，石家庄：河北教育出版社2002年版。

[美]约翰·贝拉米·福斯特:《马克思的生态学——唯物主义与自然》，刘仁胜、肖峰译，北京：高等教育出版社2006年版。

[意]理查德·贝洛菲尔、[意]罗伯特·芬奇主编:《重读马克思——历史考证版之后的新视野》，徐素华译，北京：东方出版社2010年版。

[美]卡弗:《政治性写作：后现代视野中的马克思形象》，张秀琴译，北京：北京师范大学出版社2009年版。

[英]乔纳森·沃尔夫:《当今为什么还要研读马克思》，段忠桥译，高等教育出版社2006年版。

[意]马塞罗·默斯托编:《马克思的〈大纲〉——〈政治经济学批判大纲〉150年》,闫月梅等译，北京：中国人民大学出版社2011年版。

[英]罗纳尔多·蒙克:《马克思在21世纪——晚期马克思主义的视角》，张英魁等译，南京：江苏人民出版社2011年版。

复旦大学哲学系编:《西方学者论〈1844年经济学哲学手稿〉》,上海:复旦大学出版社1983年版。

中央编译局编:《〈1844年经济学哲学手稿〉研究》，长沙：湖南人民出版社1983年版。

[苏]巴日特诺夫:《哲学中革命变革的起源》,刘丕坤译,北京:中国社会科学出版社1981年版。

[德]柯尔施:《马克思主义和哲学》，王南湜、荣新海译，重庆：重庆出版社1989年版。

[法]加罗蒂:《马克思主义的人道主义》，刘若水等译，北京：生活·读书·新知三联书店1963年版。

[英]佩里·安德森:《西方马克思主义探讨》，高铦等译，北京：人民出版社1981年版。

[英] 佩里 · 安德森:《当代西方马克思主义》，余文烈译，北京：东方出版社 1989 年版。
[加] 本 · 阿格尔:《西方马克思主义概论》，慎之等译，北京：中国人民大学出版社 1991 年版。
[英] 麦克莱伦:《马克思之后的马克思主义》，李智译，北京：中国人民大学出版社 2004 年版。
[德] 费彻尔:《马克思与马克思主义：从经济学批判到世界观》，赵玉兰译，北京：北京师范大学出版社 2009 年版。
[波] 沙夫:《结构主义与马克思主义》，袁晖、李绍明译，济南：山东大学出版社 2009 年版。
[英] 伯尔基:《马克思主义的起源》，伍庆、王文扬译，上海：华东师范大学出版社 2007 年版。
[法] 雷蒙 · 阿隆:《想象的马克思主义：从一个神圣家族到另一个神圣家族》，姜志辉译，上海：上海译文出版社 2007 年版。
[英] 肖恩 · 塞耶斯:《马克思主义与人性》，冯颜利译，北京：东方出版社 2008 年版。
[英]乔治 · 拉雷恩:《马克思主义与意识形态》,张秀琴译,北京:北京师范大学出版社 2013 年版。
俞可平编:《全球化时代的“马克思主义”》，北京：中央编译出版社 1998 年版。
周凡、李惠斌主编:《后马克思主义》，北京：中央编译出版社 2007 年版。
[南非] 达里尔 · 格雷泽、[英] 戴维 · M. 沃克尔:《20 世纪的马克思主义——全球导论》，王立胜译，南京：江苏人民出版社 2011 年版。
[美] 詹姆斯 · 奥康纳:《自然的理由——生态学马克思主义研究》，唐正东、臧佩洪译，南京：南京大学出版社 2003 年版。
[英] 大卫 · 麦克米兰:《意识形态》，孔兆政、蒋龙翔译，长春：吉林人民出版社 2005 年版。
陆梅林编选:《西方马克思主义美学文选》，桂林：漓江出版社 1988 年版。
董学文、荣伟编选:《现代美学新维度——西方马克思主义美学论文精选》，北京大学出版社 1990 年版。
[英] 马尔赫恩编:《当代马克思主义文学批评》,刘象愚等译,北京:北京大学出版社 2002 年版。
苏联艺术研究院编:《艺术论集——马克思主义者对西方现代派文艺的评述》，姜其煌等译，北京：文化艺术出版社 1987 年版。
张黎编选:《表现主义论争》，上海：华东师范大学出版社 1992 年版。
[美] 马丁 · 杰:《法兰克福学派史》，单世联译，广州：广东人民出版社 1996 年版。
[德] 魏格豪斯:《法兰克福学派：历史、理论及政治影响》，孟登迎等译，上海：上海人民出版社 2010 年版。
上海社会科学院哲学研究所外国哲学研究室编:《法兰克福学派论著选辑》，北京：商务印书馆 1998 年版。

[俄]普列汉诺夫:《普列汉诺夫美学论文集》1、2，曹葆华译，北京：人民出版社1983年版。

[苏]托洛茨基:《文学与革命》，刘文飞译，北京：外国文学出版社1992年版。

[苏]巴赫金:《马克思主义与语言哲学》，钱中文主编:《巴赫金全集》第2卷，石家庄：河北教育出版社1998年版。

[苏]巴赫金:《文艺学中的形式主义方法》，李辉凡、张捷译，桂林：漓江出版社1989年版。

[苏]弗里德连杰尔:《马克思恩格斯和文学问题》，郭值京等译，上海：上海译文出版社1984年版。

[苏]万斯洛夫:《美的问题》，杨成寅译，上海：上海译文出版社1986年版。

[东德]科赫:《马克思主义和美学》，佟景韩译，桂林：漓江出版社1985年版。

[奥]弗洛伊德:《精神分析引论》，高觉敷译，北京：商务印书馆1984年版。

[奥]弗洛伊德:《精神分析引论新编》，高觉敷译，北京：商务印书馆1987年版。

[奥]弗洛伊德:《一个幻觉的未来》，杨韶钢译，北京：华夏出版社1999年版。

[苏]卢那察尔斯基:《关于艺术的对话》,吴谷鹰译,北京:生活·读书·新知三联书店1991年版。

[匈]卢卡契:《历史与阶级意识》，杜章智等译，北京：人民出版社1992年版。

[匈]卢卡契:《审美特性》第1卷，徐恒醇译，北京：中国社会科学出版社1986年版。

[匈]卢卡契:《审美特性》第2卷，徐恒醇译，北京：中国社会科学出版社1991年版。

《卢卡契文学论文集》(1)，北京：中国社会科学出版社1980年版。

《卢卡契文学论文集》(2)，北京：中国社会科学出版社1981年版。

《卢卡契文学论文选》第一卷，范大灿编选，北京：人民文学出版社1986年版。

[德]布洛赫:《希望的原理》第1卷，梦海译，上海：上海译文出版社2012年版。

[德]布莱希特:《布莱希特论戏剧》，丁扬忠等译，北京：中国戏剧出版社1990年版。

[法]阿尔都塞:《保卫马克思》，顾良译，北京：商务印书馆2006年版。

[法]阿尔都塞、[法]埃蒂安·巴利巴尔:《读〈资本论〉》，李其庆、冯文光译，北京：中央编译出版社2001年版。

陈越编:《哲学与政治：阿尔都塞读本》，长春：吉林人民出版社2003年版。

[法]萨特:《辩证理性批判》，林骧华等译，合肥：安徽文艺出版社1998年版。

施康强选译:《萨特文论选》，北京：人民文学出版社1991年版。

[法]梅洛-庞蒂:《辩证法的历险》，杨大春、张尧均译，上海：上海译文出版社2009年版。

[德]霍克海默:《批判理论》，李小兵等译，重庆：重庆出版社1989年版。

曹卫东编选:《霍克海默集》，上海：上海远东出版社2004年版。

［德］本雅明:《机械复制时代的艺术作品》，王才勇译，杭州：浙江摄影出版社 1993 年版。
［德］阿伦特编:《启迪——本雅明文选》，张旭东、王斑译，北京：生活·读书·新知三联书店 2008 年版。
［德］霍克海默、［德］阿多尔诺:《启蒙辩证法》，洪佩郁、蔺月峰译，重庆：重庆出版社 1990 年版。
［德］阿多尔诺:《否定的辩证法》，张峰译，重庆：重庆出版社 1993 年版。
［德］阿多诺:《美学理论》，王柯平译，成都：四川人民出版社 1998 年版。
［德］马尔库塞:《审美之维》，李小兵译，北京：生活·读书·新知三联书店 1989 年版。
［德］马尔库塞:《爱欲与文明》，黄勇、薛民译，上海：上海译文出版社 1987 年版。
［德］马尔库塞:《单向度的人》，刘继译，上海：上海译文出版社 1989 年版。
［德］马尔库塞:《理性与革命》，程志民等译，重庆：重庆出版社 1993 年版。
［德］马尔库塞:《苏联的马克思主义》，张翼星、万俊人译，北京：中国人民大学出版社 2012 年版。
［德］马尔库塞:《现代文明与人的困境——马尔库塞文集》，李小兵等译，上海：上海三联书店 1989 年版。
［德］弗洛姆:《在幻想锁链的彼岸——我所理解的马克思和弗洛伊德》，张燕译，长沙：湖南人民出版社 1986 年版。
黄颂杰主编:《弗洛姆著作精选》，上海：上海人民出版社 1989 年版。
［德］哈贝马斯:《作为"意识形态"的技术和科学》，李黎、郭官义译，上海：学林出版社 1999 年版。
［德］哈贝马斯:《认识与兴趣》，郭官义、李黎译，上海：学林出版社 1999 年版。
［德］哈贝马斯:《交往行为理论》，曹卫东译，上海：上海人民出版社 2004 年版。
［德］哈贝马斯:《在事实与规范之间》，童世骏译，北京：生活·读书·新知三联书店 2003 年版。
［德］哈贝马斯:《理论与实践》，郭官义、李黎译，北京：社会科学文献出版社 2010 年版。
［德］哈贝马斯:《交往与社会进化》，张博树译，重庆：重庆出版社 1989 年版。
曹卫东选译:《哈贝马斯精粹》，南京：南京大学出版社 2004 年版。
［英］威廉斯:《关键词：文化与社会的词汇》，刘建基译，北京：生活·读书·新知三联书店 2005 年版。
［英］威廉斯:《现代主义的政治》，阎嘉译，北京：商务印书馆 2002 年版。
［英］威廉斯:《马克思主义与文学》，王尔勃、周莉译，开封：河南大学出版社 2008 年版。
［英］威廉斯:《文化与社会》，高晓玲译，长春：吉林出版集团有限责任公司 2011 年版。
［英］威廉斯:《漫长的革命》，倪伟译，上海：上海人民出版社 2013 年版。

［英］伊格尔顿:《美学意识形态》，王杰等译，桂林：广西师范大学出版社1997年版。
［英］伊格尔顿:《马克思主义与文学批评》，文宝译，北京：人民文学出版社1980年版。
［英］伊格尔顿:《文学原理引论》，刘峰等译，北京：文化艺术出版社1987年版。
［英］伊格尔顿:《马克思为什么是对的》，李杨等译，北京：新星出版社2011年版。
［美］杰姆逊:《后现代主义与文化理论》，唐小兵译，西安：陕西师范大学出版社1987年版。
［美］詹姆逊:《语言的牢笼　马克思主义与形式》，钱佼汝、李自修译，南昌：百花洲文艺出版社1995年版。
［美］詹姆逊:《政治无意识》，王逢振、陈永国译，北京：中国社会科学出版社1999年版。
［美］詹姆逊:《时间的种子》，王逢振译，桂林：漓江出版社1997年版。
［美］詹明信:《晚期资本主义的文化逻辑》，张旭东编，北京：生活·读书·新知三联书店1997年版。
［美］詹姆逊:《可见的签名》，王逢振等译，南京：南京大学出版社2012年版。
［美］詹姆逊:《重读〈资本论〉》，胡志国、陈清贵译，北京：中国人民大学出版社2013年版。
王逢振主编:《詹姆逊文集》（第1~4卷、第5卷），北京：中国人民大学出版社2004、2010年版。
［斯洛文尼亚］齐泽克:《意识形态的崇高客体》，季广茂译，北京：中央编译出版社2002年版。
［斯洛文尼亚］齐泽克、［英］戴里:《与齐泽克对话》，孙晓坤译，南京：江苏人民出版社2005年版。
［斯洛文尼亚］齐泽克编:《图绘意识形态》，方杰译，南京：南京大学出版社2002年版。
［英］汤普森:《意识形态与现代文化》，高铦等译，南京：译林出版社2005年版。
［法］鲍德里亚:《生产之镜》，仰海峰译，北京：中央编译出版社2005年版。
［法］波德里亚:《消费社会》，刘成富、全志钢译，南京：南京大学出版社2000年版。
［法］波德里亚:《象征交换与死亡》，车槿山译，南京：译林出版社2006年版。
［法］鲍德里亚:《符号政治经济学批判》，夏莹译，南京：南京大学出版社2009年版。
［法］布迪厄:《艺术的法则——文学场的生成和结构》，刘晖译，北京：中央编译出版社2001年版。
［比利时］布洛克曼:《结构主义》，李幼蒸译，北京：商务印书馆1980年版。
［美］库兹韦尔:《结构主义时代》，尹大贻译，上海：上海译文出版社1988年版。
［法］列维－斯特劳斯:《野性的思维》，李幼蒸译，北京：商务印书馆1987年版。
［法］列维－斯特劳斯:《结构人类学》，谢维扬、俞宣孟译，上海：上海译文出版社1995年版。
［法］福柯:《词与物——人文科学考古学》，莫伟民译，上海：上海三联书店2001年版。
［法］福柯:《规训与惩罚》，刘北成、杨远婴译，北京：生活·读书·新知三联书店1999年版。

[法] 福柯:《必须保卫社会》, 钱翰译, 上海: 上海人民出版社 1999 年版。
[德] 彼得·比格尔:《先锋派理论》, 高建平译, 北京: 商务印书馆 2002 年版。
[美] 理查德·沃林:《文化批评的观念》, 张国清译, 北京: 商务印书馆 2000 年版。
[美] 迈克尔·哈特、[意] 安东尼奥·奈格里:《帝国》, 杨建国、范一亭译, 南京: 江苏人民出版社 2005 年版。
[英] 奥斯汀·哈灵顿:《艺术与社会理论》, 周计武、周雪聘译, 南京: 南京大学出版社 2010 年版。
[英] 约翰·斯道雷:《文化理论与大众文化导论》, 常江译, 北京: 北京大学出版社 2010 年版。
刘放桐:《马克思主义与西方哲学的现当代走向》, 北京: 人民出版社 2002 年版。
张一兵:《回到马克思——经济学语境中的哲学话语》, 南京: 江苏人民出版社 1999 年版。
张一兵:《文本的深度耕犁》第一卷, 北京: 中国人民大学出版社 2004 年版。
张一兵:《文本的深度耕犁》第二卷, 北京: 中国人民大学出版社 2008 年版。
张一兵:《问题式、症候阅读与意识形态: 关于阿尔都塞的一种文本学解读》, 北京: 中央编译出版社 2003 年版。
邓晓芒:《实践唯物论新解: 开出现象学之维》, 武汉: 武汉大学出版社 2007 年版。
俞吾金:《重新理解马克思——对马克思哲学的基础理论和当代意义的反思》, 北京: 北京师范大学出版社 2005 年版。
王东:《马克思学新奠基: 马克思哲学新解读的方法论导言》, 北京: 北京大学出版社 2006 年版。
李云峰:《马克思学说中人的概念》, 北京: 人民出版社 2007 年版。
张永红:《马克思的休闲观及其当代价值》, 长沙: 湖南人民出版社 2010 年版。
张立波:《阅读、书写和历史意识——对马克思的多重表述》, 北京: 北京大学出版社 2008 年版。
刘仁胜:《生态马克思主义概论》, 北京: 中央编译出版社 2007 年版。
刘怀玉:《现代性的平庸与神奇——列斐伏尔日常生活批判哲学的文本学解读》, 北京: 中央编译出版社 2006 年版。
高亚春:《符号与象征——波德里亚消费社会批判理论研究》, 北京: 人民出版社 2007 年版。
范晓丽:《马尔库塞批判的理性与新感性思想研究》, 北京: 人民出版社 2007 年版。
萧净宇:《超越语言学——巴赫金语言哲学研究》, 上海: 上海人民出版社 2007 年版。
李泽厚:《李泽厚哲学美学文选》, 长沙: 湖南人民出版社 1985 年版。
李泽厚:《美学四讲》, 北京: 生活·读书·新知三联书店 1989 年版。

蒋孔阳:《美学新论》，北京：人民文学出版社 1993 年版。

刘纲纪:《美学与哲学》，武汉：武汉大学出版社 2006 年版。

郑涌:《马克思美学思想论集》，北京：中国社会科学出版社 1985 年版。

董学文:《马克思与美学问题》，北京：北京大学出版社 1983 年版。

冯宪光:《"西方马克思主义"美学研究》，重庆：重庆出版社 1997 年版。

冯宪光:《马克思美学的现代阐释》，成都：四川教育出版社 2002 年版。

朱立元:《历史与美学之谜的求解》，上海：学林出版社 1992 年版。

周宪:《20 世纪西方美学》，南京：南京大学出版社 1997 年版。

张旭东:《批评的踪迹：文化理论与文化批评 1985—2002》，北京：生活·读书·新知三联书店 2003 年版。

凌继尧:《苏联当代美学》，哈尔滨：黑龙江人民出版社 1986 年版。

阎国忠:《走出古典——中国当代美学论争述评》，合肥：安徽教育出版社 1996 年版。

阎国忠、杨道圣:《作为科学与意识形态的美学——中西马克思主义美学比较》，上海：上海社会科学院出版社 2007 年版。

马海良:《文化政治美学：伊格尔顿批评理论研究》，北京：中国社会科学出版社 2004 年版。

赵勇:《整合与颠覆：大众文化的辩证法——法兰克福学派的大众文化理论》，北京：北京大学出版社 2005 年版。

杨东篱:《伯明翰学派的文化观念与通俗文化理论研究》，济南：山东大学出版社 2011 年版。

吴冶平:《雷蒙德·威廉斯的文化理论研究》，兰州：甘肃人民出版社 2006 年版。

张伟:《走向现实的美学——〈巴黎手稿〉美学研究》，北京：人民出版社 2004 年版。

周维山:《美学传统的形成与突破——〈1844 年经济学哲学手稿〉与中国当代马克思主义美学》，北京：中国社会科学出版社 2011 年版。

温恕:《精神生产与社会生产——二十世纪国外马克思主义艺术生产理论研究》，成都：巴蜀书社 2008 年版。

（二）英文部分

Adorno, Theodor W. *The Culture Industry: Selected Essays on Mass Culture*. J. M. Bernstein, ed. London and New York: Routledge, 1991.

Adorno, Theodor W. *Notes To Literature*. Rolf Tiedemann, ed. New York: Columbia University

Press, 1992.

Adorno, Theodor W. *Prisms*. London: MIT press, 1997.

Arato, Andrew and Eike Gephardt, eds. *The Essential Frankfourt School Reader*. New York: Urizen Books, 1978.

Bauman, Zygmunt. *Socialism: The Active Utopia*. London: Allen & Unwin, 1976.

Benjamin, Walter. *Reflections: Essays Aphorisms, Autobiographical Writings*, edited by Peter Demetz. New York: Harcourt Jovanovich, 1986.

Benjamin, Walter. *Selected Writings: 1913–1926*. London: Harvard University Press, 2002.

Bennett, Tony. *Formalism and Marxism*. London and New York: Methuen, 1979.

Carter, Alan. *Marx: A Radial Critique*. Brighton: Wheatsheaf Books Ltd, 1988.

Culler, Jonathan. *The Pursuit of Signs: Semiotics, Literature, Deconstruction*. London: Routledge and Kegan, 1981.

Deleuze, Gilles and Félix Guattari. *Anti–Oedipus*. London and New York: Continuum, 2004.

Eagleton, Terry. *Criticism and Ideology*. London: Verso, 1978.

Eagleton, Terry. *Ideology: An Introduction*. London: Verso, 1991.

Erlich, Victor. *Russian Formalism*. The Hague: Mouton Publishers, 1980.

Foucault, Michel. *Language, Counter–Memory, Practice*. New York: Cornell University Press, 1977.

Haslett, Moyra. *Marxist Literary and Cultural Theories*. London: Macmillan Press, 2000.

Jay, Martin. *Marxism and Totality: The Adventure of a Concept from Lukacs to Habermas*. Berkeley and Los Angeles: University of California Press, 1984.

Kain, Philip J. *Shiller, Hegel, and Marx: State, Society, and the Aesthetic Ideal of Ancient Greece*. Kingston and Montreal: McGill–Queen's University Press, 1982.

Lefebvre, Henri. *Dialectical Materialism*. London: Jonathan Cape Ltd, 1968.

Lefebvre, Henri. *Everyday Life in the Modern World*. New Brunswick & London: Transaction Publishers, 1984.

Lowenthal, Leo. *Literature, Popular Culture, and Society*. New Jersey: Prentice–Hall, 1961.

Lowenthal, Leo. *Literature and Mass Culture*. New Jersey: New Brunswick, 1984.

Lowenthal, Leo. *An Unmastered Past*. Berkley and Los Angeles, California: University of California Press, 1987.

Lukács, Georg. "The Ideology of Modernism." In *Marxist Literary Theory: A Reader*, edited by Terry Eagleton and Drew Milne, 141–162. Cambridge: Blackwell Publishers, 1996.

Lunn, Eugene. *Marxism and Modernism: An Historical Study of Lukács, Brecht, Benjamin, and Adorno*. Berkeley and Los Angeles: University of California Press, 1982.

Lyotard, Jean-FranÇois. *Libidinal Economy*. Iain Hamilton Grant, trans. London and New York: Continuum, 2004.

Macherey, Pierre. *A Theory of Literary Production*. London: Routledge & Kegan Paul, 1978.

Pensky, Max, ed. *The Actuality of Adorno Critical Essays on Adorno and the Postmodern*. New York: State University of New York Press, 1997.

Rose, Margaret A. *Marx's Lost Aesthetic: Karl Marx and Visual Arts*. London: Cambidge University Press, 1984.

Swingwood, Alan. *Marx and Modern Social Theory*. New York: John Wiley & Sons, 1975.

Terrell, Carver, ed. *The Cambridge Companion to Marx*. London: Cambridge University Press, 1991.

Wolff, Janet. *Aesthetics and the Sociology of Art*. London: Macmillan Press, 1993.

Zima, Peter V. *The Philosophy of Modern Literary Theory*. London and New Brunswick NJ: The Athlone Press, 1999.

Zuidervaart, Lambert. *Adorno's Aesthetic Theory*. London: The MIT Press, 1991.

人名索引

F

G

H

I

J

K

L

M

N

T

V

W

主题索引

E

F

G

H

Y

Z

后　　记

本书为我主持的2009年度教育部哲学社会科学后期资助项目“马克思与20世纪美学问题”（编号: 09JHQ036）最终结项成果，同时本研究也得到教育部“新世纪优秀人才支持计划”资助。

我从事马克思主义文论与美学的教学与研究已经有二十余年。期间我有一个强烈的感觉，就是马克思与当代美学的关联是马克思与当代思想关联的一个重要方面，写一部探讨马克思与20世纪美学关系问题的著作也是我多年的愿望。自2001年起，我一直担任南京大学文学院硕士研究生“马克思主义文艺理论”课程的教学工作。在教学中，我感到单纯解读原著的教学方式相对零碎，而以一个个人物为线索进行梳理也难以形成整体感。我认为这门课最重要的是应当凸显马克思在当代美学范式转换中的地位，以及我们可以从中获得的思想和方法论的启迪。所以在授课中，我有意识地把马克思主义文艺理论讲解为马克思与20世纪美学的关系，试图以问题史的方式探讨马克思与当代美学的关联。为了推进我在教学中引发的一些思考，我2001年申报了江苏省哲学社会科学项目“马克思与当代美学”，2007年又申报了江苏省哲学社会科学项目“马克思主义与文学形式: 历史、方法与理论”，均获准立项，期间发表了近10篇相关学术论文。在此基础上，我于2009年申报了教育部哲学社会科学后期资助项目“马克思与20世纪美学问题”并获得批准，使我的研究得以系统化地稳步推进。

屈指算来，本书的写作不知不觉历经了整整13年，其中甘苦难以用语言来表达。古人云“十年磨一剑”，但是我却不敢有更大的奢望，宁可把本书视为本人对马克思的美学以及马克思与当代美学关系的一种理解与建构的尝试。由于马克思本人学术思考的跨学科性，也由于20世纪美学问题和语境的变化，“马克思与20世纪美学问题”所涉及的学术领域几乎覆盖了当代整个思想史、哲学史与美学史、文艺批评史，成为极其宏大而以我的学力功力又一时难以把握的问题。从我既往的学术研究经历来说，我通常是被归入做“纯理论”研究的人，而这个课题所牵引的哲学、社会学、政治经济学、文化批评等领域远远超出了我惯常所涉足的美学或文论范围，给本书的写作带来很大的困难和挑战。就我个人而言，可以说本书的写作过程也是一个不断突破自我学术研究格局的学习过程。此外，国内马克思主义美学研究与国内马克思主义哲学研究、国外马克思主义研究还存在着一定程度的脱节现象。鉴于此，本书力求整合国内外马克思主义研究的新成果、新方法，以图在一个比较大的视域中，从美学这一个侧面对马克思与20世纪思想史的关联进行新的解释和论证，并以21世纪的当下为立足点，重新审视马克思的美学思考与马克思主义美学研究在未来的前景。

在本课题的研究过程中，曾得到钱中文、王元骧、曾繁仁、周宪、赵毅衡、朱国华、张永清、董晓、张清民、刘旭光、陈越、杨建刚、李永新等多位学术前辈、师友及同行的支持、关心或启发，在此表示感谢！尤其是业师赵宪章教授一直关心本书的写作，还在百忙中审阅书稿并赐序，多有抬爱与鼓励。感谢责任编辑孙璐女士为本书出版付出的辛勤劳动！我的博士研究生李珺、吴天天协助我做了一些技术性工作并提出了一些有益的建议。《中国人民大学学报》《南京大学学报》《文艺理论研究》《文艺理论与批评》《学习与探索》《江汉论坛》《江西社会科学》《学术论坛》《思想战线》《陕西师范大学学报》《上海师范大学学报》《湖北大学学报》《西南民族大学学报》《社会科学家》《黑龙江社会科学》《南京师范大学文学院学报》等多家期刊的编辑朋友们刊发了我的相关研究成果，也一并表示感谢！

汪正龙

2014年暮春